René Martens
FC ST. PAULI
You'll never walk alone

Der Verlag dankt allen Freunden und Sponsoren des FC St. Pauli, die das Erscheinen dieses Buches mit einer Anzeige unterstützt haben:

B.A.F.F., Buchhandlung im Schanzenviertel, Clubheim des FC St. Pauli, Confront Druck, Deutscher Ring, Docks, Fan-Laden des FC St. Pauli, Fettes Brot, Grünspan, Hasseröder, Hattrick, Hundertmark, Impact Records, Jack Daniel's, Jet-Tankstellen, konkret, Stud!o K7/Max Dax, Laatzen GmbH, Lederladen, Motorrad Süderelbe, nasty vinyl, Pony-Park Padenstedt, Hotel Pacific, PIAS Germany, Prinz Hamburg, Schöller Eiscreme, Shamrock, Sport-Mikrofon, Café Stenzel, Café Stern, Strange Ways Records, Szene Hamburg, taz Hamburg, Tollshock, Vier-Drei-Neun, Ristorante Vito, Zitty Zound.

René Martens

FC ST. PAULI

You'll never walk alone

Mit Fotos von Herbert Perl

**Aus der Reihe
Große Traditionsvereine**

VERLAG DIE WERKSTATT

CIP-Aufnahme der Deutschen Bibliothek:

Martens, René:
FC St. Pauli : you'll never walk alone / René Martens. - Göttingen :
Verl. Die Werkstatt, 1997
    ISBN 3-89533-204-6

1   2   3   1999   1998   1999

Copyright © 1997 by Verlag Die Werkstatt GmbH,
Lotzestr. 24a, D-37083 Göttingen
Alle Rechte vorbehalten.
Gesamtherstellung: Verlag Die Werkstatt
Gesetzt nach den Regeln der neuen Rechtschreibung – angesichts
herrschender Verwirrungen aber nur soweit, wie es unser ästhetisches
Empfinden zuließ.
ISBN 3-89533-204-6

Inhalt

St. Pauli Wonderland: Geschichten rund um den Klub

Namen und Daten

Das Spiel ist rund und ein Abtanzball dauert 90 Minuten

FETTES BROT

Forza

St. Pauli!

Lieder zum Spiel

„Hinein!"

*(geschrieben von Hans ut Hamm,
Widmung zur Hamburger Meisterschaft, 1947)*

Wir sind der Club vom Millerntor,
St. Pauli auch genannt,
Im Fußball macht man uns nichts vor
An Hamburgs Elbestrand
Dort riecht es schon nach Ozean,
Dort fanden wir als Schatz
Den Heimathafen Reeperbahn
Als schönsten Ankerplatz.

> Refrain:
> Wir sind mit Stolz Sankt Paulianer
> Als Hummels von der Waterkant
> Die Heil'gengeistfeld-Indianer
> Vom besten Club am Elbestrand!

Das Hemd ist weiß, die Hose braun,
Der Dress ist akkurat,
So lieben uns St. Paulis Fraun
Beim Spiel und auch privat.
Selbst allerkleinste Mägdelein
Die wispern schon im Chor:
Die Club-Parole heißt: „Hinein!"
Ein Schuss! – Ein Schrei! – Ein Tor!

> Refrain.

Am Sonntag feuern Mariann,
Mariechen und Kathrein
Am Millerntor elf Männer an:
St. Pauli, hepp! Hinein!
Wir schnappen uns dann schnell die Nuss,
Von diesem Ruf betört,
Weil jeder Schuss ja sitzen muss,
Wie sich's beim Club gehört!

    Refrain.

Ob Schalke oder Ha-Es-Vau,
Das ist uns ganz egal,
Wir machen weder flau noch blau
„Hinein!" bleibt das Signal.
Wir fürchten keinen Gegenwind,
Das kommt bei uns nicht vor,
Wir bleiben, was wir heute sind:
Der Club vom Millerntor!

    Refrain.

Und ist die Meisterschaft geschafft,
Dann, Jungens, schenket ein!
Ob Reben- oder Gerstensaft,
Parole bleibt: „Hinein!"
Die Tassen hoch der ganze Trupp,
Noch ist St. Pauli da!
Es lebe hoch der schönste Club
Der Frau Hammonia!

    Refrain

1:0 St. Pauli vor

*(Musik und Text: Schwebel/Westermann,
erschienen 1987 als Single bei Henko Records,
noch erhältlich auf der CD „Auf ein Lied, FC!"
bei Weser Label/Indigo)*

1:0 St. Pauli vor
2:0 am Millerntor
Fliegt der Ball zur Reeperbahn,
Fangen wir von vorne an
3:0 St. Pauli vor
4:0 am Millerntor
Fällt auch mal ein Gegentor,
Tragen wir es mit Humor

In Hamburg sind die Nächte lang,
Jedem Gegner wird angst und bang
Ist der Sieg verdient vollbracht,
Wird die Nacht zum Tag gemacht

1:0 St. Pauli vor
2:0 am Millerntor
Fliegt der Ball zur Reeperbahn,
Fangen wir von vorne an

Läuft es einmal nicht so gut,
Jungs, verliert nicht gleich den Mut
Der nächste Pass bringt schon den Jubel
Auf St. Pauli ist halt immer Trubel

(Verschiedene Stimmen:)

Ich segel rund um Afrika,
Bin oft auf hoher See
Und wenn ich mal in Hamburg bin,
Dann geh' ich zum FC –
St. Pauli!

Ich fahr nicht mehr nach Düsseldorf,
Den Rhein brauch ich nicht sehen
Ich brauch auch keinen Karneval.
Ich hab doch den FC –
St. Pauli!

Zum Frühstück trink ich Kaffee,
Am Abend trink ich Tee,
Nachts brauch ich keinen Ehemann,
Da träum ich vom FC –
St. Pauli!

Ich fahr nicht mehr nach Düsseldorf
Ich fahr nicht mehr zur See
Ich mach mich schön fürs Stadion
(alle:) Wir gehen zum FC –
St. Pauli!

1:0 St. Pauli vor
2:0 am Millerntor
Fliegt der Ball zur Reeperbahn,
Fangen wir von vorne an
3:0 St. Pauli vor
4:0 am Millerntor
Fällt auch mal ein Gegentor,
Tragen wir es mit Humor
5:0 St. Pauli vor
6:0 am Millerntor
Macht der Gegner keine Zicken,
Darf er auf dem Kiez mal –
Toooor!

Die 1994 verstorbene „Fan-Mutter" Charlotte (rechts), hier im Fan-Laden, war lange Zeit eine bedeutungsvolle Figur in der St.-Pauli-Szene.

Der Mythos St. Pauli

Einleitung

Andere legendenumwobene Vereine haben mindestens eine Ikone der Kategorie Szepan und Kuzorra hervorgebracht, womöglich mehrere Deutsche Meisterschaften gewonnen und zeitweilig auch international erfolgreich gespielt. Andere Vereine haben also Jahrzehnte gebraucht, um sich einen Mythos zu erarbeiten oder zumindest ein symbolisches Kapital, das auch in sportlich tristen Zeiten überleben hilft. Der FC St. Pauli hingegen wurde innerhalb von nicht einmal fünf Jahren zu einem Mythos. Die Ursprünge liegen in der Mitte der 80er Jahre, die ersten umfänglichen Betrachtungen erschienen 1987, und spätestens nachdem sich die damals vom jetzigen Manager Helmut Schulte trainierte Mannschaft in der Serie 1988/89 in der Bundesliga bewährt hatte, sprach die gesamte Fußball-Republik vom Mythos St. Pauli.

Gewiss, kurz nach dem Zweiten Weltkrieg bot der FC teilweise besseren Fußball als der HSV, und zwischen 1948 und 1951 spielte der Klub vom Millerntor jedes Jahr um die Deutsche Meisterschaft mit. So stand der Name FC St. Pauli seinerzeit für Spitzenfußball. Von einem „etwas anderen Verein" aber war noch lange nicht die Rede.

Eine Zeit lang wurden gern vermeintliche Parallelen zwischen dem FC und dem TSV 1860 München betont – zumindest bis letzterer ins Olympiastadion umzog. Die beiden Klubs eint, dass sie schon einmal „ganz unten" waren (naja, in der 3. Liga), und solche existenziellen Erfahrungen sind ja marketingstrategisch durchaus hilfreich für einen Verein, der ein Mythos sein will. Ansonsten haben 1860 und St. Pauli kaum etwas gemeinsam: Die Sechziger waren zwischen 1945 und 1963 abwechselnd mit dem FC Bayern die Nummer eins in der Stadt, während St. Pauli in der Zeit nur einmal den HSV hinter sich lassen konnte und viermal hinter Altona 93 sogar nur die drittbeste Mannschaft in Hamburg war. Und von 1963 bis 1970, als St. Pauli einer von rund 80 Regionalligisten war, spielten die „Löwen" in der Bundesliga und wurden in dieser Zeit sogar jeweils einmal Deutscher Meister und Pokalsieger. Damals wollten durchschnittlich 23.000 Menschen 1860 sehen, der FC hingegen, der mittlerweile Anhänger in jedem Winkel der Republik hat, konnte – und das gilt auch fast für die gesamte Zeit der Zweitklassigkeit in den 70er Jahren – auf einen harten Kern von teilweise nicht einmal 3.000 St. Paulianern und Rest-Hamburgern zählen.

Auch die gemeinsame Leidenszeit in den 80er Jahren, als beide lange in der 3. Liga spielten, ist von Unterschieden geprägt. Die Münchener hatten in der Zeit bei Spitzenspielen gegen Fürth und Unterhaching zwischen 25.000 und 30.000 Zuschauer, denn den Mythos 1860, wenn man ihn denn so nennen will, gab es damals schon. Zum Vergleich: Noch in der Saison 1985/86, als für St. Pauli eine sechsjährige Erfolgsphase begann, hatten Jahn Regensburg, Hamborn 07 und elf weitere der damals 141 Amateur-Oberligisten einen besseren Zuschauerschnitt als die Hamburger (2.100). Der FC verfügte eben bei weitem nicht über das symbolische Kapital des TSV 1860. Heute ist das anders. Sollte St. Pauli, was wir natürlich nicht hoffen, irgendwann mal wieder gezwungen sein, sich in der 3. Liga zu verdingen, würden wohl auch zu Heimspielen gegen Atlas Delmenhorst noch mindestens 8.000 Zuschauer kommen.

Sein Image verdankt der FC heute bekanntlich zum großen Teil seinen Fans. Wie aber konnte es dazu kommen? Warum entstand der Mythos St. Pauli? Wahrscheinlich waren die zeitgeschichtlichen Umstände einfach ideal: Das immer forschere Auftreten von Rechtsextremisten im Volksparkstadion vertrieb viele Anhänger aus Bahrenfeld. Da traf es sich gut, dass am Millerntor eine über mehrere Jahre gewachsene Mannschaft einen sportlichen Aufschwung erlebte und dass dort eine Stimmung herrschte, die noch im nachhinein für die Leichenschauhaus-Atmosphäre in der HSV-Arena entschädigte.

Außerdem änderten im Laufe der 80er Jahre viele linke und halblinke Intellektuelle ihre grundsätzliche Einstellung zum Fußball. Immer seltener trat die unfreiwillig komisch anmutende Ignoranz zu Tage, die die Mehrheit der (Post-)68er dem Spiel und seinen Fans entgegengebracht hatte. Warum sich das Verhältnis der Linken zur Balltreterei wandelte – das ist eine andere Geschichte. Jedenfalls hatte St. Pauli für vorher kaum an Fußball interessierte Linke ein ideales role model: Volker Ippig, der im revolutionären Nicaragua am Aufbau eines Krankenhauses mitgewirkt und mal in der Hafenstraße gewohnt hatte.

Darüber hinaus profitierte der Verein davon, dass der Stadtteil St. Pauli in der zweiten Hälfte der 80er Jahre an kultureller Attraktivität gewann.

Das sei „für den großen Zustrom der 'Neulinge' natürlich von entscheidender Bedeutung", schrieb die Zeitschrift „Szene Hamburg" bereits im Juli 1987 (siehe dazu: „Der Stadtteil. Samples aus Geschichte und Gegenwart"). Nicht zuletzt spielt es eine Rolle, dass die Erfolgsgeschichte des FC ab 1986 parallel zu den Veränderungen in der Fußball-Berichterstattung verlief. Die sogenannten Privatsender interessierte nicht mehr der Fußball allein, sondern auch was drumherum passiert – das ist, trotz aller „ran"-mäßigen Ausuferungen, auch heute noch allemal als Fortschritt zu werten. Wer weiß, ob in den Zeiten, als noch die „Sportschau" regierte, der Mythos St. Pauli überhaupt nennenswerte Verbreitung gefunden hätte.

Zum Image, das der FC jetzt seit rund zehn Jahren hat, passt die Legende, dass er ein „Arbeiterverein" gewesen sei. Manchmal wird er sogar heute noch so genannt, und das ist natürlich absurd, weil es mittlerweile ja kaum noch Arbeiter gibt – nicht nur in Hamburg, das heute keine Industrie- und Hafenstadt mehr ist, sondern eine Medien- und Dienstleistungsmetropole. In der Vergangenheit war zwar St. Pauli unzweifelhaft ein Arbeiter-Stadtteil, der FC aber keineswegs ein proletarischer Verein. Die 90 Prozent der rund 1.000 männlichen Mitglieder, die 1949 einen Beruf ausübten, lassen sich zum Beispiel grob in zwei Gruppen einteilen: 42 Prozent von ihnen waren im kaufmännischen Bereich, als Beamte, kleine und mittelständische Unternehmer tätig (nicht zuletzt in der Gastronomie), während 58 Prozent als Berufsbezeichnung Arbeiter, Handwerker oder Seemann angaben.

Sportbegeisterte sozialdemokratische oder kommunistische Arbeiter aus St. Pauli favorisierten vor 1933 die linken Vereine Fichte St. Pauli und Hansa 10, die beide dem Arbeitersportbund angehörten. Der FC hingegen war ein bürgerlicher und nationalistischer Verein. „Die Aufgabe eines modernen Sportvereins soll es sein, … ein starkes Geschlecht heranzuziehen, das in der Lage ist, im Kampf ums Dasein erfolgreich zu bestehen… Wir wollen (den sportlichen Gedanken) pflegen als Dienst am deutschen Volke…", proklamierte der Verein 1930 in der Festschrift zum 20jährigen Jubiläum (siehe dazu den Abschnitt „Braunweiße Politik", S. 80ff). Immerhin noch 1968, als die Bundesrepublik im Zeichen der außerparlamentarischen Opposition stand, erschien in der November-Ausgabe der Vereinszeitung „Millerntor" als Aufmacher ein nicht sehr zeitgemäßer Text zum Gedenken an alle „Kameraden", die einst im Verein aktiv und dann in zwei deutschen Angriffskriegen „gefallen" waren.

20 Jahre später waren die Verfechter der alten Klub-Ideologie entweder tot oder hatten keinen nennenswerten Einfluss mehr. Sonst hätte sich im Umfeld des Vereins keine linke Fan-Szene etablieren können, mit deren Positionen – zu Unrecht selbstverständlich, aber unter Image-Aspekten hilfreich – bald der gesamte FC identifiziert wurde.

Ihre Positionen artikulierten St.-Pauli-Fans ab 1989 auch in organisierter Form. Seinerzeit erschien zum Beispiel erstmals das wegweisende Fanzine „Millerntor Roar!". Im Laufe der 90er Jahre haben die Aktivitäten der St. Paulianer die Supporter-Szenen in anderen Städten stark beeinflusst. Auch hier entwickelte sich ein neues Fan-Selbstverständnis: Anhänger gründeten Klub-Fanzines, initiierten antirassistische Aktionen, reflektierten die politischen Aspekte des Fußballs im allgemeinen und mischten sich in Vereinspolitik ein, insbesondere, wenn es um originäre Fan-Belange ging.

Spuren des Mythos um den Millerntor-Klub sind somit heute vielerorts sichtbar. Das Symbol FC St. Pauli hat sich teilweise sogar verselbständigt. Im Winter 1996/97 tauchte zum Beispiel in einem „Tatort" aus Frankfurt eine Figur auf, die einen der berühmten, mit dem Schriftzug St. Pauli sowie einem Totenkopf bedruckten Kapuzenpullover trug. Die Folge hatte aber überhaupt nichts zu tun mit dem FC St. Pauli oder dem Stadtteil oder Fußball im allgemeinen oder all dem, was sich damit gemeinhin assoziieren lässt.

Das Totenkopf-Design scheint für einige Leute aus ähnlichen Gründen attraktiv zu sein, wie es für andere die Motive und Schriftzüge von amerikanischen Basketball-, Football- oder Baseball-Teams sind. Wer eine Chicago-Bulls-Kappe trägt, tut das nicht zwangsläufig, weil er einen besonderen Bezug zu dem Verein hat, sondern weil er es für hip oder cool hält, und mit dem Tragen von Totenkopf-Pullis oder -Kappen verhält es sich manchmal ähnlich – zumindest wenn der- oder diejenige weit außerhalb Hamburgs lebt.

Die mediale Aufmerksamkeit für die Szene am Millerntor empfinden viele „alteingesene" Fans – das heißt in den meisten Fallen jene, die seit ungefähr 1988 dabei sind – als unangenehm, weil die Berichterstattung in den 90er Jahren auch Zuschauer angelockt hat, die nicht vom Geist der ach so glorreichen Zeiten beseelt sind. Da manche Medien den Eindruck erwecken, St.-Pauli-Fans feierten immer, und wenn schon nicht die Mannschaft, dann sich selbst, sind am Millerntor in der Tat Leute aufgetaucht, die das Stadion zur sinnfreien Spaßhölle machen wollen.

Die Debatte um das Auftreten solcher und anderer „Mode-Fans" wurde öffentlich erstmals 1994 im Fanzine „Der Übersteiger" geführt, als sich Redakteure und Leser über mehrere Ausgaben zur Entwicklung des Mythos St. Pauli äußerten. Innerhalb des breiten Diskussionsspektrums ließen sich zwei radikale Positionen ausmachen. Ein Verfechter der ersten kritisierte „das mechanische Abspulen von Ritualen im zweiwöchentlichen Turnus, die Huldigung eines Klischees. Und das ist genauso erstrebenswert wie der tägliche, monotone achtstündige Arbeitstag. Das Virus der La-Ola hat sich breitgemacht am Millerntor, nur eben auf geistiger Ebene." Das Gegenargument: „Die Forderung…, dass…jedwede Person im Stadion originell und phantasievoll zu sein hat, diese Forderung ist nicht nur absurd, sondern absolut elitär." Letztere Kritik verrät auch das Wissen darum, dass Veränderungen der Publikumsstruktur völlig normal sind und dass sich letztlich die wahren oder vermeintlichen Protagonisten von Subkulturen seit jeher genervt fühlen von Nachahmern, die irgendetwas „falsch verstanden" haben.

Der Mythos lebt auf jeden Fall noch, ansonsten hätte sich ein großer Teil der Fans kaum einen, positiv ausgedrückt, romantischen Blick auf den Verein bewahren können: In einer Umfrage der St. Pauli Marketing GmbH mochten der Aussage, dass der FC St. Pauli ein Wirtschaftsunternehmen sei, nur 12,8 Prozent der befragten Anhänger vorbehaltlos zustimmen. 29,1 Prozent beurteilten die Aussage als teilweise richtig, 25,1 Prozent konnten ihr „wenig" abgewinnen, und immerhin ein Drittel hielt sie schlichtweg für falsch. Kurios ist das insofern, weil man sicher sein kann, wie das Ergebnis aussähe, wenn ein linker Buchverlag, ein Independent-Label oder ein Programmkino seiner Zielgruppe auf den Zahn fühlte: Niemand unter den noch so heterogenen Sympathisanten würde behaupten, dass der Kulturdistributor seines Vertrauens kein Wirtschaftsunternehmen sei.

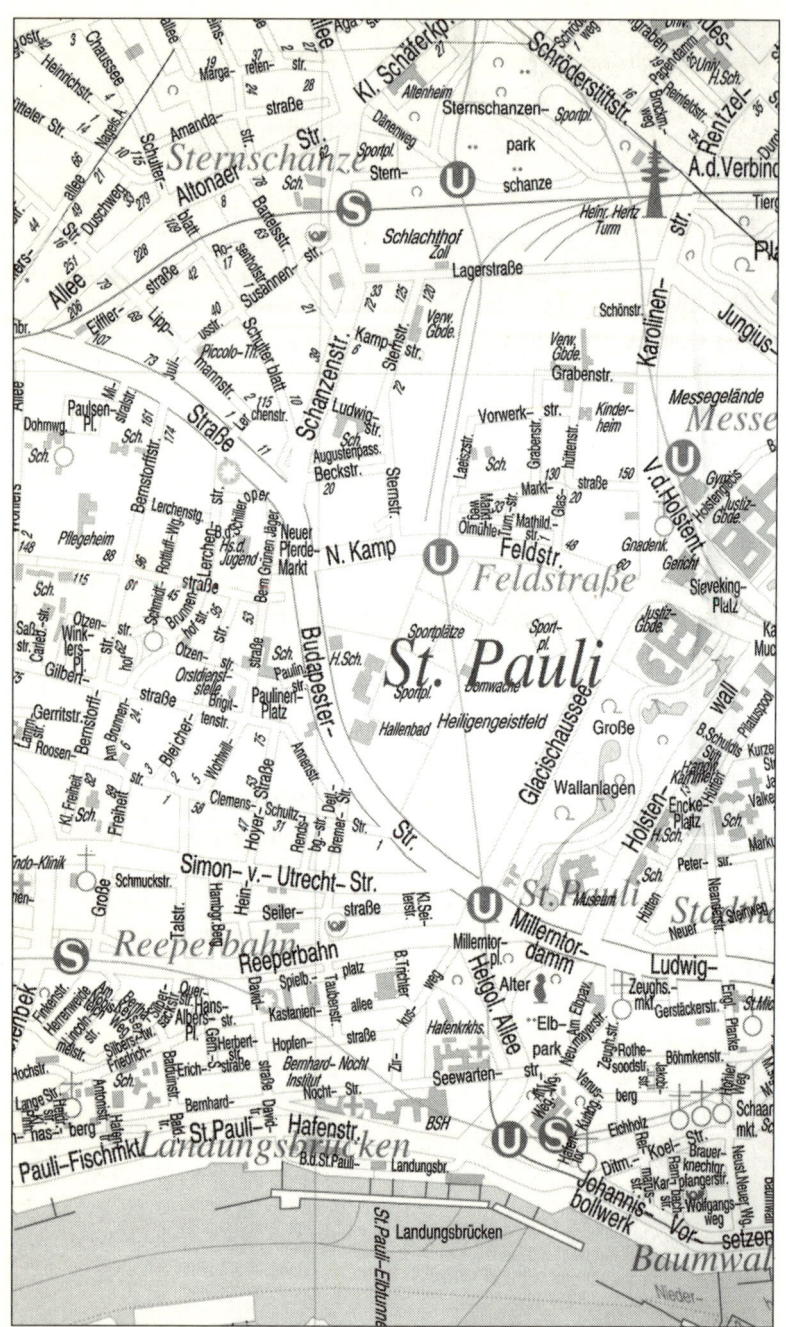

Der Stadtteil

Samples aus Geschichte und Gegenwart

„Ganz Hamburg ist ein Dorf. Die Dorfstraße heißt Reeperbahn. Sie umfaßt ungefähr fünf Straßenecken, fünfzig Läden und hundertfünfzig Schilder auf der einen Seite und auf der anderen Seite ungefähr genauso viele Ecken, die Davidwache, ein paar weniger Läden und genauso viele Schilder. Die Anzahl möglicher Kamerafahrten ist begrenzt." So skizzierte Ulf Erdmann Ziegler in der taz-Serie „Stadt im Film" ein Bild, das republikweit verbreitet ist.

Das „Dorf" hat einen Mittelpunkt: das Polizeirevier. Spätestens seit dem prototypischen Werk „Die Davidwache", 1964 vom notorischen Berufs-St.-Paulianer Jürgen Roland gedreht, ist das so. Die Film- und Serien-Szenen, die danach auf der Wache entstanden, zeichnen sich durch immer wiederkehrende Motive aus: Eine Prostituierte beschwert sich darüber, dass Beamte sie einkassiert haben, irgendein Freier beschwert sich auch, allerdings darüber, dass ihm eine andere Prostituierte gerade „die Brieftasche" gestohlen hat, und meistens sieht man auch noch, wie ein paar Kontrahenten aus der Kneipe ihre handgreiflichen Auseinandersetzungen fortführen. Bis die Polizisten eingreifen: vordergründig behäbige, fast väterlich wirkende Typen, die wie Felsen in der Brandung stehen.

Dieses St. Pauli – das ist eine verruchte, aber letztlich idyllische Puppenstube. Denselben Eindruck erwecken die meisten dokumentarischen Filmbilder aus dem Viertel, egal ob sie die Proteste gegen die Schließung des Hafenkrankenhauses illustrieren oder ob sie einen Bericht über den FC St. Pauli atmosphärisch aufpeppen sollen; auch hier ist die Anzahl der Kamerafahrten begrenzt. Bleibt also die Frage: Was war und ist St. Pauli tatsächlich?

Der weltbekannte Stadtteil gehört erst seit 1894 zu Hamburg, und seinen jetzigen Namen hat er auch erst rund 60 Jahre vorher bekommen. Vorher hieß St. Pauli noch Hamburger Berg, weil die so bezeichnete Gegend höher lag als das Stadtgebiet. An den alten Namen der damaligen

Vorstadt erinnert heute noch die kurze Verbindung zwischen Reeperbahn und Simon-von-Utrecht-Straße; hier befindet sich zum Beispiel der überregional bekannte und Anfang der 90er Jahre trendsetzende Tanzklub Tempelhof.

Die Frühgeschichte

Zum ersten Mal erwähnt wird das heute als St. Pauli bekannte Terrain im 13. Jahrhundert. Den Siedlungskern im damals überwiegend bewaldeten Gebiet bildeten das Dorf und das Nonnenkloster Herwardeshude – rund um den jetzigen Hein-Köllisch-Platz im Süden des Stadtteils. Heute strahlt dieser Ort einen gewissen mediterranen Charme aus – jedenfalls an heißen Sommerabenden. Da sitzen die Besucher des dort ansässigen Café Geyer nicht einfach nur auf den notorisch wenigen Stühlen vor dem Lokal, sondern auch notgedrungen zu Dutzenden auf dem Kopfsteinpflaster.

1245 gründete die Gräfin Heilwig das Kloster, das sich bei den wohlhabenden Bürgern Hamburgs – Mitte des 13. Jahrhunderts wurde das Gebiet der späteren Vorstadt St. Pauli der Hoheit und Gerichtsbarkeit Hamburgs unterstellt – schnell einen guten Ruf erwarb. 1293 hatte das Kloster genug Spendengelder beisammen, um ein Dorf im Gebiet des heutigen Harvestehude abreißen und dort ein neues Kloster errichten zu lassen – in der Gegend also, wo inzwischen bekanntlich der andere bundesweit bekannte Hamburger Fußballklub residiert.

So gesehen ist der HSV eigentlich ein Verein aus St. Pauli. Ein weiteres Indiz für diese, äh, sensationelle These: Der SC Germania von 1887, eine der Urzellen des HSV, trug seine Spiele bis 1903 auf dem Heiligengeistfeld aus, zumindest teilweise. Oder wie formulierte es der ehemalige Hamburger Bürgermeister Paul Nevermann in den 50er Jahren einmal in einer Rede: „Meine Herren von St. Pauli, Ihre Herkunft ist also viel besser, als manche Ihrer heutigen Kritiker wahrhaben möchten."

Die Vorstadt Hamburger Berg unterschied sich von der Stadt durch ihren tonerdigen Boden, der sich als optimal für die Herstellung von Ziegeln erwies. Im Laufe der Zeit wurde der Boden immer weiter abgetragen, so dass das Viertel seine Höhenlage fast komplett einbüßte. Das Verschwinden des Bergs hatte allerdings auch militärische Gründe. Kurz vor Beginn des Dreißigjährigen Krieges ließ Hamburg einen außergewöhnlich starken Festungswall um die Stadt bauen – das Material stammte fast ausschließlich vom Hamburger Berg. Im Zuge der Verteidigungsvorbereitungen änderte sich auch das Gebiet. Der östliche Teil, der seinerzeit ungefähr bis zur heutigen U-Bahnstation Rödingsmarkt reichte, wurde abgetrennt und hieß fortan, wie er immer noch heißt: Neustadt.

Heute nimmt den einst bergigen Charakter der Gegend noch wahr, wer vom Elbufer kommt und die Treppen zur Bernhard-Nocht-Straße oder zum Pinnasberg hochgeht, vorbei an den Hafenstraßen-Kneipen „Ahoi" und „Onkel Otto" oder am „Golden Pudel Club", dem Treffpunkt der halbakademisch-proletarischen Bohème. Aber auch gewöhnliche Kiez-Touristen werden darauf aufmerksam, wenn sie von der Reeperbahn ein kurzes Stück Richtung Wasser marschieren – die David- oder die Silbersackstraße hinab zum Beispiel.

1626, in der Anfangsphase des Dreißigjährigen Kriegs, wurde das Millerntor gebaut, um einen Durchgang durch die Festungsanlage zu schaffen. Das Tor war aber vorerst nur tagsüber geöffnet. Woher der Name stammt, der heute Fußballfans in der gesamten Republik geläufig ist, ist nicht hundertprozentig zu klären. Der St.-Pauli-Historiker Bernhard Jungwirth hält es für am wahrscheinlichsten, dass er von der englischen Königin Milradis stammt, deren Bild lange Zeit an der Außenseite des Tores zu sehen war.

Die Vorstadt war seinerzeit spärlich besiedelt, weil der Senat verfügt hatte, dass alle Häuser im Falle eines Krieges sofort abgerissen werden. Die Kanoniere auf dem Festungswall, so die Argumentation der Hamburger Politiker, bräuchten dann schließlich ein freies Schussfeld, genannt „Glacis". Zwei Straßen rund um das Wilhelm-Koch-Stadion erinnern heute noch an diese Zeit: die Glacischaussee und das Holstenglacis.

Weil also niemand wusste, ob es sich wirklich lohnte, sich auf dem Hamburger Berg einzurichten, wohnten dort überwiegend Menschen, die sich das Leben in der Stadt nicht leisten konnten. Hamburg begann jetzt damit, in der Vorstadt Gewerbe anzusiedeln, das unerträglichen Gestank verbreitete oder derart viel Platz benötigte, dass man es den eigenen Bürgern nicht zumuten wollte. Dass die Stadt Hamburg St. Pauli bis heute auf verschiedene Weise benachteiligt – den Ursprung dafür sehen manche Stadtteilbewohner in dieser Zeit.

1649 entstanden am Elbhang des Hamburger Berg zahlreiche Tranbrennereien. Hier wurde der Wal- und Robbenspeck verarbeitet, den die Hamburger Grönlandfahrer massenweise anschleppten. Als wichtigstes Gewerbe in der Vorstadt galt jedoch die Reepschlägerei, die hier von 1626 bis 1883 ansässig war. Auf zehn zirka 300 Meter langen Bahnen sponnen und drehten die Reepschläger, auch Reeper genannt, aus geröstetem Hanf Taue für die Hamburger Schifffahrt. Das hört sich womöglich leichter an als es war: Ein 50 Meter langes Schiff benötigte zum Beispiel 6.000 Meter Taue. Die berühmteste Straße Hamburgs verdankt ihren Namen diesem Gewerbe, trägt ihn aber eigentlich zu Unrecht, denn dort haben die Taue-Hersteller nie gearbeitet, vielmehr auf einem 56.000 Quadratmeter großen Areal nördlich davon.

Zwischen dem Ende des 17. und dem Beginn des 19. Jahrhunderts wurde der Hamburger Berg zweimal dem Erdboden gleichgemacht: 1686 im Zuge einer Auseinandersetzung zwischen Hamburg und Dänemark sowie 1813/14, als französische Truppen – seinerzeit herrschte Napoleon in Hamburg – die Vorstadt niederbrannten, um zu vermeiden, dass ihre Feinde, die gerade die Stadt belagerten, in den dortigen Häusern Schutz finden. Somit hatte der Hamburger Berg, wie Bernhard Jungwirth in seinem Buch „St. Pauli im Wandel" schreibt, „aufgehört zu existieren".

Die Vorstadt boomt

Der wesentliche Wiederaufbau dauerte ungefähr fünf Jahre. 1819/20 wurde im alten Siedlungskern – dort, wo einst Gräfin Heilwig mit ihren Nonnen hauste – eine Kirche gebaut. Sie wurde nach dem Apostel Paulus benannt, und das sollte bekanntlich Folgen haben.

1820 entstand, zwei Steinwürfe von der Kirche entfernt, die heutige Lincolnstraße, die eine gewisse Berühmtheit erlangte, weil hier die Wurzeln des Tierparks Hagenbeck liegen. Der Vater des Zoo-Gründers Carl Hagenbeck betrieb in dem 1835 erbauten Gebäude mit der Nummer 33 ein Fischgeschäft, und im Hof stellte er Tiere aus. 1848 zog der „Thierpark" Richtung Reeperbahn zum Spielbudenplatz, rund 25 Jahre später in den Norden St. Paulis zum Neuen Pferdemarkt, wo auch „Eingeborene" aus Afrika „ausgestellt" wurden, und 1907 schließlich an seinen heutigen Standort in Stellingen.

Ein maßgebliches Datum in der Geschichte des Stadtteils ist der 18. Juni 1816. An diesem Tag machte das erste Dampfschiff am Anleger „Beim Jonas" fest (heute St.-Pauli-Landungsbrücken). Der Aufschwung für dieses Verkehrsmittel bedeutete auch einen Aufschwung für St. Pauli, denn aufgrund des zunehmenden Andrangs der Matrosen, die vom Anleger den Berg hinaufströmten, um sich zu vergnügen, entstanden in der Vorstadt immer mehr Kneipen.

Die 30er Jahre brachten entscheidende Veränderungen im Verhältnis zu Hamburg mit sich. 1833 erließ der Senat ein „Reglement" bezüglich der beiden Vorstädte St. Georg und St. Pauli – eine Reaktion auf den Protest der Bevölkerung St. Georgs, die mehr Rechte eingefordert hatte. Die Grundbesitzer der Vorstädte erhielten jetzt gewisse politische Mitspracherechte, die überwiegende Mehrheit der Bürger allerdings noch lange nicht. In besagtem Reglement wurde auch festgelegt, dass der Hamburger Berg „von nun an, nach der dortigen Kirche, Vorstadt St. Pauli zu benennen ist".

Drei Jahre später hob der Senat, nicht zuletzt auf Drängen der Bevölkerung, den Torschluss auf, so dass es jetzt auch erstmals am Abend möglich war, durchs Millerntor nach Hamburg oder in die Vorstadt zu gelangen. Dennoch: Um das Tor in der Dunkelheit passieren zu können, waren hohe Gebühren von vier bis 16 Schillingen erforderlich. Und nach Mitternacht war das Tor endgültig zu.

1838 lebten auf St. Pauli 11.000 Menschen in 51 Straßen. Seinerzeit gab es dort schon 13 Tanzlokale, während ganz Hamburg nur zehn hatte. Aber die größte Berufsgruppe stellten die Handwerker. 20 Prozent von ihnen verdienten zum Beispiel als Schuhmacher ihren Lebensunterhalt; sie profitierten davon, dass viele Hamburger und auch Bürger aus anderen Städten gern auf St. Pauli einkauften – eine Angewohnheit, die sich bis heute gehalten hat. Viele Geschäfte im Norden, im Schanzen- und Karolinenviertel, könnten ohne Kunden aus anderen Stadtteilen gar nicht existieren.

Dass Handwerker die Geschichte St. Paulis mitgeprägt haben – das ist weitgehend vergessen. Obwohl ironischerweise die Reeperbahn, mit der ganz Deutschland ungehemmtes Vergnügen verbindet, genau auf das Vergessene hinweist, darüber hinaus Straßennamen wie Glashüttenstraße oder Ölmühle.

Großen Einfluss auf die Bevölkerungsentwicklung hatte die Hamburger Brandkatastrophe von 1842, denn viele der 20.000 Obdachlosen zog es nach St. Pauli. In dieser Zeit liegen auch die Wurzeln des heutigen Schanzenviertels – die Gegend hatte bis dahin nur aus Weiden, Äckern und ein paar Bauernhöfen bestanden.

Die Sperre am Millerntor wurde erst am Silvesterabend 1860 aufgehoben, und dabei muss es ähnlich zugegangen sein, wie rund 130 Jahre später in Berlin, als die Mauer geöffnet wurde. „Die Möglichkeit, nun zwischen Sonnenuntergang und Sonnenaufgang über St. Pauli spazieren zu können, ist Anlass zu jubeln: Mehrere tausend Hamburger Bürger versammeln sich in der Silvesternacht am Millerntor, um fröhlich durch das Tor hin- und herzuwandern", schreibt Bernhard Jungwirth. Als Zollgrenze blieb das Millerntor vorerst erhalten, so dass Gewerbetreibende aus der Vorstadt ihre Waren in Hamburg nicht gewinnbringend verkaufen konnten – erneut ein Indiz für die Benachteiligung St. Paulis.

Wäre die Torsperre nicht aufgehoben worden, hätte 1862 kaum der Basisklub des FC St. Pauli, der Hamburg St. Pauli Turnverein, entstehen können. Wie der Name schon vermuten lässt, schlossen sich in ihm ein Klub aus Hamburg und einer aus St. Pauli zusammen. Diese Fusion war auch ein Symbol für die politische Vereinigung.

Ende des 19. Jahrhunderts galt St. Pauli nicht bloß als Zentrum für profanes Amüsement, vielmehr lockte es auch die Konsumenten sogenannter Hochkultur an. Dramatiker wie Ibsen, Strindberg oder Hauptmann wurden hier erstaufgeführt; in den Theatern auf dem Kiez herrschte ein Experimentierwille, den sich die großen Bühnen erst leisteten, als sie Subventionen bekamen. Hauptmanns „Vor Sonnenaufgang" lief schon im Oktober 1893 vor Mitgliedern des „Vereins freie Volksbühne" im St. Paulianer Carl-Schultze-Theater und zehn Jahre später an selber Stelle das erste Mal für die breite Öffentlichkeit. Bezeichnend: In den großen Theatern Hamburgs, dem Thalia und dem Schauspielhaus, war das Stück erst 1912 beziehungsweise 1922 zum ersten Mal zu sehen.

Das rote Viertel

Ende des vorigen Jahrhunderts war Hamburg „die Hauptstadt des Sozialismus", wie August Bebel, einer der Begründer der Sozialdemokratischen Partei, es in den 90er Jahren formulierte. In geringerem Maße traf das auch noch für die ersten fünf Jahre nach dem Ersten Weltkrieg zu. Und der dänische Schriftsteller Martin Andersen-Nexö machte sogar noch Ende der 20er Jahre hier „das Kraftzentrum der revolutionären Weltliteratur" aus, unter anderem weil in Hamburg Willi Bredel seine Bücher schrieb, die in der Reihe „Der Rote 1-Mark-Roman" erschienen. Der Däne ließ sich denn auch zeitweilig in der Hafenstraße nieder.

Der Stadtteil St. Pauli spielt in der Geschichte der Hamburger Linken eine wesentliche Rolle, denn zunächst bestand diese zu einem erheblichen Teil aus Hafenarbeitern, die ja damals auf St. Pauli lebten. Außerdem

Der heutige Hans-Albers-Platz zu Beginn des 20. Jahrhunderts. Auf der rechten Seite ist die Buch- und Papierhandlung der Familie Schmelzkopf zu sehen. Zwei der Schmelzkopfs gehörten zu den ersten Fußballern im St. Pauli Turnverein.

erwies sich das Heiligengeistfeld, das vom Sport und vom Dom zwar schon mitgeprägt, aber noch nicht dominiert wurde, aufgrund seiner Größe und zentralen Lage als ideal für Kundgebungen.

Überregionales Interesse rief der große Hafenarbeiter-Streik von 1896/97 hervor. Im November legten 16.000 Mann die Arbeit nieder, um unter anderem gegen die niedrigen Tagelöhne von drei bis vier Mark zu protestieren. Der Historiker Hannes Heer stellt fest, „dass in einer fünfköpfigen Hafenarbeiterfamilie pro Kopf und Tag 42 Pfennig für Lebensmittel zur Verfügung standen. Das war weit unter dem Existenzminimum." Im Laufe des Streiks, der nach fast drei Monaten ergebnislos abgebrochen wurde, kamen rund 500 Arbeiter in Haft.

Seinen politischen Höhepunkt erlebte das Heiligengeistfeld am 8. November 1918: 40.000 Mann ließen dort die sozialistische Republik hochleben, nachdem bereits zwei Tage zuvor der Hamburger Arbeiter- und Soldatenrat gebildet worden war. Vom Heiligengeistfeld marschierten die Massen zum Sitz des Armeekorps, das nach kurzer, aber blutiger Gegenwehr kapitulierte. Der Arbeiter- und Soldatenrat regierte bis zum 26. März 1919.

Über die folgenden Ostertage, nach Ausrufung der Münchener Räterepublik, stand St. Pauli im Zentrum von Erwerbslosendemonstrationen und Plünderungen hungernder Bürger. Im Zuge dieser Aktionen wurden Polizeiwachen, zum Beispiel in der heutigen Budapester Straße, gestürmt, Polizisten und Soldaten entwaffnet und die Waffen an die Bevölkerung verteilt. Die Ordnungspolizei bekam die Sache erst nach einigen Tagen in den Griff, als sie die Reeperbahn und die umliegenden Straßen fast eine Woche lang abriegelte, die Häuser dort durchkämmte und „Rädelsführer" verhaftete.

Zwei Jahre später war der brutale Einsatz der Sicherheitskräfte gegen Demonstranten rund ums Heiligengeistfeld tagelang Stadtgespräch. Die kommunistische „Hamburger Volkszeitung" hatte am 22. März die Erwerbslosen der Stadt aufgerufen, auf die Werften zu ziehen und einen Arbeitsplatz für sich zu einzufordern und sich am Nachmittag zu einer Abschlusskundgebung auf dem Heiligengeistfeld zu versammeln. Das war jedoch völlig abgeriegelt, zum Teil mit Panzern. Als die Menge den Riegel zu durchbrechen versuchte, eröffnete die Polizei das Feuer, es gab elf Tote. Rund ums Millerntor hatte sie vorher schon Plakate aufstellen lassen: „Halt! Es wird geschossen!"

Beim berühmten „Hamburger Aufstand" von 1923 spielte der Stadtteil St. Pauli aber keine große Rolle. Kommunisten stürmten seinerzeit Polizeiwachen in Barmbek und Billstedt und töteten 20 Staatsdiener. Wegen organisatorischer Probleme und mangels Unterstützung aus dem übrigen Reich verpuffte der Aufstand allerdings nach zwei Tagen.

Im Laufe der 20er Jahre gewann das Schanzenviertel an politischer Bedeutung. 1930 erstochen Kommunisten hier im Zuge einer Straßenschlacht den stadtbekannten Faschisten Heinrich Dreckmann. Dem vermeintlichen Märtyrer setzten die Nazis ein Denkmal, als sie die Susannenstraße und später auch einen der fünf Ortsteile St. Paulis nach ihm benannten. Erst dank der britischen Besatzer verschwand der Name des Nazis wieder aus dem Stadtteil.

Die Verwurzelung der Linken im Schanzenviertel hat auch Niederschlag in der Literatur gefunden, nämlich 1931 in Willy Bredels Roman „Rosenhofstraße", benannt nach der bogenartigen Verbindung zwischen Schulterblatt und Susannenstraße. Die Geschichte erzählt von einem Mieterstreik Ende der 20er Jahre: 40 Prozent der Straßenbewohner protestierten damals gegen Mieterhöhung, indem sie die Mietzahlung einstellten – der Auslöser für die Selbstorganisation von Mietern in anderen Arbeitergegenden. So entstanden die sogenannten Mieterausschüsse, und Häuserblocks brachten eigene Zeitungen heraus, zum Beispiel „Das rote Licht St. Paulis".

Rund um die Große Freiheit

Erst 1937 und 1938 wurde das Gebiet der Hansestadt Hamburg neu geordnet. Am 1. April trat das sogenannte Groß-Hamburg-Gesetz in Kraft, demgemäß das bisherige Stadtgebiet um die Städte Altona, Harburg und Wandsbek sowie 27 Gemeinden erweitert wurde. Die Zahl der Bewohner wuchs somit um zirka 40 Prozent.

Ein Jahr später gliederten die Nazis die Stadtteile neu. Für St. Pauli und das gerade erst eingemeindete Altona bedeutete das maßgebliche Veränderungen: Der historische Siedlungskern, inklusive jener Kirche, die St. Pauli den Namen gegeben hatte, wurde dem Nachbar-Stadtteil zugeordnet, doch im Gegenzug kam eine Straße hinzu, die bis dahin Altona stark geprägt hatte, heute aber neben der Reeperbahn und der Hafenstraße die bekannteste St. Paulis ist: die Große Freiheit. Jene Straße also, die durch den Hans-Albers-Film „Große Freiheit Nr. 7" bekannt wurde, obwohl der größte Teil davon in Potsdam-Babelsberg gedreht wurde.

Der Name der Straße, wie auch der der teilweise parallel verlaufenden Kleinen Freiheit, spielen nicht, wie die meisten ihrer Besucher glauben, auf zügelloses Vergnügen an. Vielmehr erinnern sie an die Religions- und Zunftfreiheit, die Altona hier Ende des 16. und Anfang des 17. Jahrhunderts mennonitischen und jüdischen Flüchtlingen gewährte. An die Zeit der Mennoniten – die radikalpazifistische Reformationsbewegung entstand in den 30er Jahren des 16. Jahrhunderts – erinnert noch das ehemalige Pfarrhaus in der Großen Freiheit 75. Ein paar Schritte weiter – dort, wo die Clemens-Schultz- in die Paul-Roosen-Straße übergeht – weist eine im Boden verankerte Gedenkplatte auf das Hummeltor, die alte Grenze zwischen Hamburg und Altona hin.

Hier werden auch die topographischen Unterschiede zwischen den beiden einstigen Nachbarstädten sichtbar. Während sich die Paul-Roosen-Straße schlängelt, verläuft die Clemens-Schultz-Straße schnurgerade; während sich auf einstigem Altonaer Gebiet kleinteilige Gebäude aus der Frühzeit des 19. Jahrhunderts befinden, stehen in letzterer Straße vier- oder fünfgeschossige Häuser, die zirka 1870 erbaut wurden.

Die Gegend um die Große Freiheit zog auch 280 Jahre, nachdem die Mennoniten aufgetaucht waren, noch Einwanderer an, nämlich Seeleute aus China, die sich in der Schmuckstraße niederließen, der Verbindung zwischen Großer Freiheit und Talstraße. Heute gilt sie, an der Ecke zum Live-Klub Große Freiheit 36 gelegen, als die hässlichste Straße im Stadtteil, weil nur noch auf einer Seite Gebäude stehen, die zudem ziemlich heruntergekommen sind.

Das sogenannte Chinaviertel blühte bis in die 30er Jahre, Restaurants entstanden ebenso wie Etablissements, wo man dem Glücksspiel oder dem Opiumkonsum frönen konnte. Während des Zweiten Weltkrieges kämpften einige der chinesischen Seeleute sympathischerweise für die britische Marine, was natürlich die Nazis auf den Plan rief. 1944 verhaftete die Gestapo sämtliche 170 Chinesen in der Schmuckstraße, einige Monate später internierten die Schergen sie in einem Arbeitslager in Hamburg-Wilhelmsburg, wo 17 von ihnen innerhalb kürzester Zeit starben.

St. Pauli während des Faschismus

Obwohl Hamburg als rote Hochburg galt, avancierte die Elbmetropole neben München und Berlin zur Lieblingsstadt Adolf Hitlers. Schon im April 1932 lockte er 120.000 Menschen zu einer Veranstaltung, insgesamt besuchte er die Stadt vor 1933 bereits 19mal.

Und obwohl erst recht St. Pauli eine rote Hochburg war, kamen von dort die bekanntesten faschistischen Pastoren Hamburgs: Franz Tügel aus der Gnadenkirche in der Karolinenstraße und sein Freund Adolf Wilhelm Drechsler aus dem Süden des Viertels. Von ihren Kirchtürmen wehten im Dritten Reich die Hakenkreuzfahnen. Als Tügel 1934 zum Bischof ernannt wurde, tönte er: „Wer die Volkskirche in Zukunft bauen will, der wird guttun, mit dieser Bewegung (der nationalsozialistischen – RM) Hand in Hand zu arbeiten."

Auch das Gewerbe, an das jeder Nicht-Hamburger denkt, wenn das Stichwort St. Pauli fällt, veränderte sich während der Nazi-Zeit. Die Faschisten hatten nichts gegen Prostitution an sich, wie ja die Einrichtung von Wehrmachtsbordellen zeigt. Sie wollten das Gewerbe aber unter Kontrolle haben, und so ließen sie es auf St. Pauli in lediglich fünf Straßen zu, kasernierten die Prostituierten hier und übernahmen auch gleich noch die Funktion des Zuhälters. Viele Frauen gingen jedoch weiter „frei" anschaffen, unter anderem Kiezklub-Tänzerinnen, die sich dringend etwas zu ihrem Hungerlohn hinzuverdienen mußten. „Bei der Verfolgung der Prostituierten und 'auffälligen' Mädchen und Frauen – wozu später u.a. Frauen von Soldaten zählten, die alleine ausgingen – arbeiteten Sozialbehörde, Gesundheitsbehörde und Polizei eng zusammen", heißt es in der Broschüre „Sankt Pauli während des Nationalsozialismus". „Wiederholungstäterinnen" wurden, mit Hinweis auf ihr „asoziales Verhalten", entmündigt, um sie in eine Anstalt einweisen zu können – und später sogar zwangssterilisiert.

Die für die Nazis bedeutendste auf St. Pauli ansässige Institution war das Tropeninstitut in der Bernhard-Nocht-Straße – eine „Hochburg der kolonialistischen 'Rassenhygiene'", die besonders wichtig war bei der Ausdehnung des Kampfes „gegen 'fremdrassiges Volkstum' auf die farbigen Völker der Welt", schreibt der im Stadtteil praktizierende Mediziner Karl-Heinz Roth in dem Buch „Heilen und Vernichten im Mustergau Hamburg". Im Tropen-Institut wurden zum Beispiel Menschen „versuchshalber" mit Malaria infiziert.

Relativ starken antifaschistischen Widerstand gab es hingegen im Hamburger Hafen, begünstigt durch die berufsbedingten Kontakte, die Matrosen und Hafenarbeiter zu Menschen aus anderen Ländern hatten. Wie in den anderen norddeutschen Häfen sowie auf zirka 70 Schiffen entstanden hier illegale Gewerkschaftsgruppen, die gegen die durch und durch braunen Reeder opponierten. 1937 streikten in Hamburg sogar Besatzungen von Fischdampfern erfolgreich für die Erhöhung der Heuer. Im März 1939 wandte sich die KPD-Sektion der Werftarbeiter von Blohm und Voss mit einem Flugblatt „gegen die kriegerische Vergewaltigung des tschechoslowakischen Volkes. Wir bekennen offen unsere Sympathie und Solidarität mit dem Befreiungskampf des österreichischen und tschechoslowakischen Volkes gegen den Diktator Hitler…"

Darüber hinaus prognostizierten die kommunistischen Werftarbeiter: „Ein Funke nur noch, und das Pulverfass kann explodieren. Ein neuer, noch viel blutigerer und grausamerer Weltkrieg wäre die Folge…" Und damit behielten sie bekanntlich recht.

Die Nachkriegszeit

Elf Jahre lang wurden Fußball-Fans am Millerntor mit einem Symbol des Antifaschismus konfrontiert. Die alte Eimsbüttelerstraße, wo sich das steinerne Vereinswappen und der Haupteingang des Stadions befinden, trug den Namen des kommunistischen Helden Ernst Thälmann. Ihn hatten die Nazis im August 1944 in Buchenwald ermordet. Nach dem Scheitern des Aufstands in Ungarn im Herbst 1956 wurde die viel befahrene Verbindung zwischen Millerntor und Neuem Pferdemarkt jedoch in Budapester Straße umbenannt. Für die damalige Stadtregierung – eine Mitte-Rechts-Koalition aus CDU, FDP, Deutscher Partei und einem sogenannten Bund der Heimatvertriebenen und Entrechteten – waren die Ereignisse in dem Ostblockstaat allerdings nur ein willkommener Anlass; sie hatte die Eliminierung des Namens Ernst Thälmann aus dem Stadtkern schon vorher forciert. Statt einer zentralen Durchgangsstraße trägt heute nur noch ein kleiner Platz im Stadtteil Eppendorf den Namen des antifaschistischen Widerstandskämpfers.

Seine überlebenden oder nachgeborenen Hamburger Genossen trafen sich in der Nachkriegszeit oft nur ein paar Minuten von der damaligen Ernst-Thälmann-Straße entfernt: im Flora-Theater im Schanzenviertel. Das Gebäude wurde 1988 bundesweit bekannt, weil damals der Unterhaltungs-Industrielle Friedrich Kurz die Fassade für ein Musical-Theater nutzen wollte, damit aber am Widerstand von Anwohnern und Geschäftsleuten scheiterte.

In dem 1888 erbauten Theater hielt die KPD zum Beispiel 1946 eine „Gedenkfeier" für die November-Revolution von 1918 ab. Anfang des folgenden Jahres verabschiedeten die Genossen dort eine Resolution zur katastrophalen Versorgungslage in der Stadt: „Sofortige Beschlagnahme aller noch vorhandenen Brennstoffvorräte in den stillgelegten Betrieben und Häusern der Reichen. Verteilung dieser Brennstoffvorräte unter Kontrolle der Betriebsräte und Gewerkschaften. Restlose Ausgabe aller noch vorhandenen Textilien an die frierende Bevölkerung."

Zumindest auf St. Pauli war nicht überall Not zu spüren. Der Wiederaufbau der Vergnügungsindustrie schritt gut voran, und das empfanden viele Kommunisten als unhaltbar. „Man leistet sich schon wieder allerhand Luxus. Mit kostbarem Material… renoviert man in St. Pauli die Gaststätten von Grund auf… Man kann sich ein ungefähres Bild davon machen, was hier an Zement, Holz, Ölfarben, Linoleum usw. benötigt wird. Die hier vergeudeten Mengen hätten viele Familien von der erdrückenden Sorge um eine menschenwürdige, winterfeste Unterkunft befreit…", kritisierte die „Hamburger Volkszeitung" nach einem Rundgang durch die David-, Friedrich- und Erichstraße im Oktober 1947. „Die katastrophale Lage insbesondere der werktätigen Bevölkerung verlangt

St. Pauli in den 50er Jahren. Auf der rechten Seite ist das alte Stadion zu erkennen.

... die sofortige Überprüfung aller Gaststätten auf ihre gewerbliche Notwendigkeit. Alle überzähligen Wirtschaften und Restaurants müssen für Wohnzwecke freigemacht werden."

Die Probleme in den Neunzigern

Diese Argumentation ist heute insofern interessant, weil sich Spuren davon in der aktuellen Debatte um St. Pauli wiederfinden. Viele Stadtteil-Aktivisten verweisen auf das Missverhältnis zwischen den Umsätzen der hier ansässigen Unterhaltungs-Industriellen und dem sinkenden Lebensstandard vieler Viertel-Bewohner. Bis zu 150.000 Kiez-Besucher pro Wochenende sorgen dafür, dass allein die gastronomischen Betriebe jährlich 625 Millionen Mark umsetzen und somit einen erheblichen Teil zu Hamburgs Gesamtsteueraufkommen beitragen.

Dagegen ist, wie der Stadtsoziologe Jens Dangschat ermittelt hat, das jährliche Pro-Kopf-Nettoeinkommen auf St. Pauli zwischen 1988 und 1996 von 27.000 auf 29.000 Mark gestiegen (also de facto gesunken), während es sich im Besserverdiener-Stadtteil Nienstedten in derselben Zeit verdreifachte (von 120.000 auf 360.000 Mark). Die Hälfte der Kinder auf St. Pauli wachsen in Haushalten auf, die Sozialhilfe beziehen; insgesamt leben 16 Prozent der 31.700 St. Paulianer von Sozialhilfe, fast doppelt soviel wie im Hamburger Durchschnitt, und die Arbeitslosigkeit beträgt 12,2 Prozent. Häufig kann man das Elend auch riechen, denn zumindest in der unmittelbaren Umgebung der Reeperbahn wird soviel in die Gegend uriniert wie wahrscheinlich nirgendwo sonst in Hamburg. So zeichnen sich die Silbersack- und die Talstraße gerade an sehr warmen Tagen durch ein unverkennbares Aroma aus. Allerdings erledigen nicht besoffene Touristen ihre Geschäfte im Freien – Ausnahmen bestätigen die Regel –, sondern Menschen, die im Stadtteil leben, das heißt in diesem Fall: auf der Straße.

Der FC St. Pauli hat mit diesem Alltag insofern etwas zu tun, als dass in seinen Jugendmannschaften viele Kinder spielen, die aus sozial schwachen Familien kommen. In den 70er Jahren ist dem Verein sogar ein bemerkenswerter Spagat gelungen: Mit bis zu 36 Mannschaften verfügte er zeitweise über die größte Fußballjugend-Abteilung der Republik. Und trotz dieses breitensportlichen „Ballasts", den sich andere namhafte Klubs nicht aufhalsen mochten, weil sie ihn der effektiven Nachwuchsarbeit für abträglich hielten, ist die Talentförderung seitdem nicht mehr annähernd so gut gewesen.

Auch wenn der Verein in diesem Sinne dem Stadtteil etwas gegeben hat und immer noch gibt: Es ist bloß Effekthascherei, wenn Reinhard Kock, in den 80er Jahren Ligaspieler beim FC und heute Chefplaner für den Ausbau des Wilhelm-Koch-Stadions, sagt: „Wenn nicht alle zwei Wochen am Millerntor dieses Spektakel stattfindet, würde das Pulverfass St. Pauli explodieren." Sollten die Verelendeten des Viertels tatsächlich irgendwann einmal nicht mehr umhin können, „das Pulverfass St. Pauli" zum „Explodieren" zu bringen – dann wird das nicht davon abhängen, ob am Millerntor alle 14 Tage zwei Profiteams gegeneinander Fußball spielen.

Wie lassen sich die Probleme im Viertel lösen? Stadtteil-Aktivisten wie der ehemalige Bürgerschaftsabgeordnete der GAL, Michael Herrmann, der Pastor Christian Arndt und der Kultur-Unternehmer Corny Littmann haben zum Beispiel darüber diskutiert, ob analog zum Länderfinanzausgleich ein Stadtteilfinanzausgleich wünschenswert wäre. Konkret: Ob man einen wirtschaftlichen Ausgleich dadurch erreicht, dass die Kiez-Etablissements eine Art Kurtaxe nehmen (Herrmann: „Amüsiertaxe müsste man das dann nennen"), indem sie eine Mark auf den Eintritt

Politischer Protest von St.-Pauli-Fans (1990).

aufschlagen. Das Geld würde dann an eine gemeinnützige Stiftung gehen, die damit zum Beispiel Projekte für Kinder finanziert oder für ältere Prostituierte, die weiterhin gezwungen sind, sich anzubieten.

Die Weiterentwicklung solcher Ideen, so Herrmann, scheitere aber an „unseren Arbeitskapazitäten". Außerdem sei „die Motivation insofern gering, weil das Verhalten von Staatsräten und Senatoren derzeit nicht darauf schließen lässt, dass solche Bemühungen irgendwann einmal Erfolg versprechen. Andererseits sind die Probleme so groß, dass man nicht noch zehn Jahre warten kann."

Herrmann fragt sich sorgenvoll, wer St. Pauli wohl „regieren" werde, wenn der 82jährige Willi Bartels stirbt, dem ein Drittel der Reeperbahn gehört und fast die gesamte Große Freiheit. Der Multimillionär steht der Interessengemeinschaft (IG) St. Pauli vor, in der die Geschäftsleute vom Kiez zusammengeschlossen sind. Obwohl der IG die Armut im Stadtteil seit jeher gleichgültig ist: Bartels gilt noch als moderater Vermieter. „Die soziale Einstellung der potentiellen Nachfolger gibt dagegen nicht gerade zu Hoffnungen Anlass. Sein Tod könnte eine Verdrängung ungeahnten Ausmasses zur Folge haben", sagt Herrmann.

Die Not hat auch „Kriegsgewinnler" hervorgebracht. Die Stadt hat einige Hotel- und Pensionsbesitzer auf St. Pauli in Windeseile zu Millionären gemacht, indem sie ihnen bis zu 40 Mark pro Kopf und Nacht dafür zahlte, dass sie Asylbewerber und Obdachlose in kleinen und schäbigen, darüber hinaus mehrfach belegten Räumen unterbringen. Herrmann: „Natürlich müssen solche Gelder fliessen – aber in gemeinnützige Projekte."

Wie Wohnen, das den Bedingungen des Stadtteils gerecht wird, organisiert sein könnte, hat das Hamburger Institut für Finanzdienstleistungen (IFF) erarbeitet – im Auftrag der Lerchenhof Handwerksgenossenschaft St. Pauli, deren Geschäftsführer Michael Herrmann ist. Die IFF entwickelte ein Konzept für „integrationsförderndes" Wohnen: ein über einen Mieterfonds finanziertes Haus, in dem ehemals obdachlose Frauen und finanziell potente Mieter leben, wobei letztere auch die Möglichkeit bekommen, schrittweise Anteile an ihren Wohnungen zu erwerben. Im selben Gebäude wird eine „Beratungsagentur" untergebracht, „die Potenziale an lokaler Ökonomie aufspürt bzw. freisetzt". Sie verfügt über eine Datenbank mit allen Serviceleistungen, die im Stadtteil angeboten werden, außerdem vermittelt die Agentur Räume für Kleinstgewerbetreibende, die sich die in Zeitungen angebotenen Flächen nicht leisten können oder auch gar nicht brauchen. Nicht zuletzt versucht sie, mehrere Kleinstunternehmer dazu zu animieren, sich zusammenzuschließen, damit sie, die von keiner Bank Darlehen erhielten, wenn sie auf sich allein gestellt wären, die Chance auf einen Gruppenkredit haben.

Es gibt vielerlei Pläne, die Lebensqualität im Stadtteil zu erhöhen. Eine Gruppe namens „Park Fiction" kämpft zum Beispiel, wie sich schon denken lässt, für einen Park. Er soll am Elbhang entstehen und Teile der Straße Pinnasberg sowie den Hof jener alten Kirche miteinbeziehen, ohne die St. Pauli heute vielleicht immer noch Hamburger Berg hieße. „Das Ziel ist, so den Blick auf die Elbe von Bebauung freizuhalten, gewissermaßen den letzten Balkon zum Wasser erhalten, den St. Pauli noch hat", sagt die Künstlerin Cathy Skene, ein Mitglied der rund 20köpfigen Initiative.

Ist es nicht kleinbürgerlich, ausgerechnet einen Park zu fordern? Vielleicht führt der Begriff einfach in die Irre: Hier soll kein totgepflegtes Areal entstehen, sondern ein teilweise von Künstlern gestalteter Park, der sich ständig verändert – gemäß den Bedürfnissen der Anwohner. „Vorstellbar ist, dass jährlich 50-Quadratmeter-Parzellen vermietet werden", sagt Skenes Mitstreiter Dirk Paczia.

Auf St. Pauli mittags um halb eins.

**Kaum zu glauben:
Was Grünes auf dem
Kiez.**

Die „Park-Fiction"-Aktivisten verfolgen ihr Ziel seit 1994. Ende letzten Jahres musste die Einrichtung eines Planungsbüros wieder verworfen werden, nachdem die Kulturbehörde bereits zugesagte 125.000 Mark aus dem Etat für Kunst im öffentlichen Raum auf Eis gelegt hatte. Mit Straßenfesten, Raves, Auktionen und Filmvorführungen auf dem beanspruchten Gebiet hat die Gruppe den Park schon mehrmals vorweggenommen. Unter anderem grub sich dabei eine Theatergruppe aus Berlin knietief in den Elbhang ein.

Dummerweise verläuft durch das von „Park Fiction" beanspruchte Gebiet die Grenze zwischen St. Pauli und Altona, so dass zwei Bezirksämter für die Angelegenheit zuständig sind. Die schieben sich, unter Einbeziehung anderer Behörden, gegenseitig die Verantwortung zu. „Vielleicht macht es ihnen auch einfach Sorgen, dass ein Park entstehen könnte, wie sie ihn noch nicht gesehen haben", sagt Cathy Skene. Absurd ist das Verhalten der Behörden insofern, als die Initiative nur ein 1,5 Hektar umfassendes Gebiet beansprucht, von gewöhnlicher Park-Größe also nicht die Rede sein kann. Dennoch: Für St. Paulianer käme der Park am Elbhang einem Regenwald gleich. Die größte zusammenhängende Grünfläche im außergewöhnlich dicht besiedelten Stadtteil – auf einem Quadratkilometer leben 13.000 Einwohner – ist nämlich bisher noch der heilige Rasen im Wilhelm-Koch-Stadion.

Was den Stadtteil attraktiv macht

Der Alltag auf St. Pauli hat noch wesentlich mehr Facetten als die existenzielle Armut, die Enge und der Mangel an Grünflächen. Für Singles unter 40 oder kinderlose Paare, die in ihrer Freizeit mehr unternehmen wollen als vor dem Fernseher zu sitzen und Pizza vom Lieferdienst zu mampfen, lebt es sich hier zum Beispiel ideal. Warum? Die Menge und Vielfalt an Restaurants ist einzigartig in der Stadt, dasselbe gilt für die Tanzklubs rund um die Reeperbahn, und deshalb spielt sich nahezu das gesamte relevante Nachtleben auch dort ab. Darüber hinaus ist auf St. Pauli jene Hamburger Pop-Szene zu Hause, die in den frühen 90er Jahren sogar mal der Nabel der Musik-Republik war. Und nicht zuletzt hat, wie das Stadtmagazin „Szene Hamburg" weiß, St.-Pauli-Nord „die weltweit größte Schallplattenladendichte".

Mitte der 80er Jahre waren noch die Ränder des Schanzenviertels das bevorzugte Terrain für Jungerwachsene mit subkulturellen Vorlieben; der

Kiez galt damals als Touristen-Hölle. Ende der Achtziger aber erlebte er einen Aufschwung, stellvertretend dafür stehen Klubs und Kneipen wie Caesar's Palace, Mary Lou's, Mitternacht, Opera House und Tempelhof, die es größtenteils nicht mehr gibt. Zur selben Zeit, als auf dem Kiez eine neue Underground-Kultur entstand, wurde St. Pauli auch als Wohnort attraktiv für Studenten und jüngere Kreative – überwiegend Menschen, die der italienische Neomarxist und Staatstheoretiker Antonio Negri mittlerweile als „intellektuelles Proletariat" klassifiziert.

In den 70er Jahren war der Stadtteil als Wohnort nicht gefragt. Von 1970 bis 1985 sank die Einwohnerzahl von 31.000 auf 22.000, zehn Jahre später jedoch lebten hier schon mehr Menschen als 1970. Darüber hinaus wurde St. Pauli zwischen 1985 und 1995 jünger: Der Anteil der über 65jährigen an der Gesamtbevölkerung sank von 16 auf sechs Prozent.

Interessanterweise entstand zu der Zeit, als der Stadtteil attraktiver wurde, auch der Mythos um den FC St. Pauli. Man kann zwar nicht gerade behaupten, dass eine relevante Zahl von Menschen hierher gezogen ist, um alle 14 Tage zu Fuß ins Wilhelm-Koch-Stadion gehen zu können. Zumal der Anteil der Stadtteilbewohner am Zuschaueraufkommen ohnehin relativ gering ist: Laut Umfragen, die der Verein selbst in Auftrag gegeben hat, kommen zwischen 7,5 und 8 Prozent der Stadionbesucher aus dem Stadtteil. Doch wäre der Stadtteil nicht gastronomisch und (sub)-kulturell aufgewertet worden – weltweit dürften nur eine Handvoll Profi-klubs ein derart attraktives Stadion-Umfeld haben wie der FC St. Pauli –, hätte der Verein heute allemal eine andere corporate identity.

Auf den Stadtteil St. Pauli trifft zu, was Diedrich Diederichsen 1994 in der Zeitschrift „Texte zur Kunst" für sogenannte Künstlerviertel im allgemeinen beschrieben hat. „Ein neues Kleinbürgertum mit relativ hohem 'Selbstverwirklichungs'-Koeffizienten", schreibt er, fühle sich von denselben altbautenreichen innenstädtischen Zonen angezogen, „die seinen gewählten Volksvertretern… gewisse Schwierigkeiten machen. Denn beide Motive sind miteinander verschränkt: Die Unerwünschten können in bestimmten sozialen Aggregatzuständen gerade das Material für die Romantisierungsbestrebungen der Unabhängigen ergeben. Beide, Migranten und Kreative, haben darüber hinaus einen externen, 'fremden' Blick auf die Stadt, beider Wege überkreuzen sich in bestimmten schummrigen Gegenden, in die den einen die Not, den anderen der Lebensentwurf geführt hat…"

Wie sehr die „intellektuellen Proletarier" bzw. „neuen Kleinbürger"
(Negri und Diederichsen meinen ungefähr dasselbe) den Stadtteil prägen,
zeigt ein sogenannter Express-Supermarkt im Schanzenviertel, der kurz
nach der Änderung des Ladenschlussgesetzes eröffnete und genau auf die
Bedürfnisse dieser Zielgruppe zugeschnitten ist: auf Menschen, die viel
arbeiten und es für cool oder notwendig oder beides halten, kurz vor 22
Uhr noch in einem Supermarkt einzukaufen. Hier kann man des weiteren Spaghetti-Gerichte verschlingen, die innerhalb von 100 Sekunden ess-
fertig gemacht werden – und nebenbei noch faxen und MTV gucken.
Auch das ist St. Pauli.

Die Fans

Fünf Porträts

„Wenn St. Pauli in die 3. Liga absteigt, verlasse ich Deutschland"

Es ist mehr als 20 Jahre her, und dennoch hat Mike Graves immer noch vor Augen, was am 11. Mai 1976 im englischen Cup-Finale zwischen Southampton und Manchester United in der 83. Minute passierte: „Torwart Turner schlägt weit ab auf McCalliog, der läuft kurz mit dem Ball, schlägt dann einen genialen Querpass auf Stokes, alle denken, dass der den Ball weiterpasst, doch Stokes schießt einfach drauf und trifft zum 1:0."

Mike Graves, 42, ist Schweißer.

So machte der Linksaußen Southampton sensationell zum Pokalsieger und bescherte Graves „den größten Tag in meinem Leben".

Die beiden anderen Spiele, die der Engländer bisher in Wembley gesehen hat, verliefen deprimierend: 1973 erlebte er mit, wie die Auswahlmannschaft gegen Polen, oder besser: gegen den legendären Torwart Tomaszweski, das entscheidende Spiel in der WM-Qualifikation verlor. Und beim zweiten Mal, als er Southampton dort unterstützte, scheiterte seine Mannschaft im Finale um den Ligapokal.

Also erlebte Mike Graves die anderen großen Tage seines Lebens an Orten, die fußballhistorisch ein bisschen weniger bedeutend sind: 1991 sah er im Münchener Olympiastadion, wie St. Pauli den FC Bayern ausknockte, ein Jahr später in der Sporthalle Hamburg, wie die Braun-Weißen im Halbfinale des Ratsherrncup-Turniers glorreich den HSV demontierten, und 1995 am Millerntor, wie der FC im letzten Saisonspiel gegen Homburg die Rückkehr in die 1. Liga perfekt machte. „Ich hab' jedes Mal geheult vor Freude", sagt Graves.

Wie kommt es, dass jemand, der den FC Southampton nicht nur nach Wembley, sondern auch nach Liverpool oder Leeds begleitet und also im Mutterland des organisierten Fußballs oft eine phänomenale Stadionatmosphäre erlebt hat – wie kommt es, dass der sich für einen Klub in Deutschland derart begeistert?

„Ich habe mich 1981 ins Wilhelm-Koch-Stadion verliebt – obwohl ich an dem Tag besoffen war", erzählt Graves. „Es erinnerte mich sofort an die grounds in England." Nach einer Tour über den Fischmarkt war er eher zufällig am Millerntor gelandet, wo sich noch zirka 22.000 weitere Zuschauer eingefunden hatten, um sich die A-Jugend des FC St. Pauli in einem Freundschaftsspiel gegen Jupp Derwalls Europameister-Team anzuschauen. Ein Jahr zuvor war der Schweißer aus beruflichen Gründen von Southampton – insgesamt zehn Jahre hat er dort gelebt – nach Hamburg übergesiedelt.

Der FC Southampton und der FC St. Pauli haben einiges gemeinsam. „Mein Heimatverein gilt in der Premier League stets als Abstiegskandidat, hat kaum Geld für neue Spieler und bekommt auch keine Unterstützung von der Stadt", sagt Graves. Außerdem gibt es eine namentliche Verwandtschaft: Der Klub aus der britischen Hafenstadt heißt, wegen seines kirchlichen Ursprungs, umgangssprachlich „The Saints". 1885 hatte ein Reverend ihn unter dem Namen Southampton St Marys YMCA gegründet.

Am Millerntor zelebriert Graves, der auch zum einst dank Stan Matthews berühmt gewordenen FC Blackpool sowie den Glasgow Rangers hält, alle 14 Tage ein Ritual. Er steigt immer an der U-Bahnstation Feldstraße aus, obwohl sein Platz am Ende der Gegengerade, neben dem Polizei-Stützpunkt, von der Station St. Pauli schneller zu erreichen ist. „Für mich ist es wichtig, einmal links ums Stadion herumzugehen. Das ist einfach Tradition", sagt er. Seinen Platz nimmt er dann grundsätzlich anderthalb Stunden vor Spielbeginn ein. „Wenn ich dann noch nicht da stehe, weiß jeder im Block, dass ich krank bin, aber das kommt nur alle drei, vier Jahre einmal vor."

Auswärts hat er St. Pauli zum ersten Mal in der Saison 1985/86 gesehen: beim MTV Gifhorn. Das Ergebnis hat er vergessen, aber das ist verständlich, denn vielen Fans von heute dürfte ja sogar der Name dieses Vereins unbekannt ist. Die kurioseste Reise hat er 1991 mitgemacht, als St. Pauli in der ersten DFB-Pokal-Hauptrunde im pfälzischen Herxheim antrat. „Wir waren mit 13 Mann unterwegs, und besonders die Rückfahrt war problematisch, denn Herxheim hat keinen Bahnhof, und zum nächstgelegenen in Landau fuhr nach dem Spiel kein Bus mehr", erinnert sich Graves. „Wir sind dann getrampt, um überhaupt noch am selben Abend einen Zug in Richtung Hamburg zu erreichen."

Heute fährt er nur noch selten auswärts mit. Der Mob sei ihm zu groß, außerdem behage ihm die im Laufe der Jahre perfektionierte Organisation der Fahrten nicht. Ist das womöglich eine Frage des Alters? „Nee, ich laufe zu den Spielen zum Beispiel immer noch mit meinem St.-Pauli-Trikot auf, und das macht in unserer Clique sonst keiner mehr. Ich bin eben immer noch bescheuert."

Aufgrund seiner Herkunft hat Graves natürlich die Reichhaltigkeit des Fan-Liedguts am Millerntor ein bisschen beeinflussen können. Ihm gebührt zum Beispiel das Verdienst, aus England eine inzwischen aber weitgehend wieder vergessene Variante von „You'll Never Walk Alone" eingeführt zu haben: „Fuck off, fuck off/With soap in your arse/And you'll never walk again." Diese Version richtet sich grundsätzlich an Spieler der gegnerischen Mannschaft, die verletzt am Boden liegen. „Es ist ganz lustig, dass heute, wenn beinahe das gesamte Stadion 'You'll Never Walk Alone' singt, einige statt 'with hope' 'with soap in your heart' singen, weil sie das 'th' nicht aussprechen können", meint Graves. So lebt zumindest ein Teil der derben Fassung weiter.

Seine Lieblingsspieler waren stets die Stürmer: in den 80er Jahren Franz Gerber und „Sonny" Wenzel („Solche Typen bräuchte St. Pauli jetzt") und heute Jens Scharping, dessen Weg er schon verfolgte, als der noch in der Amateurmannschaft des FC spielte. Das Trikot, das Scharping in der Saison 1993/94 trug, liegt bei Graves zu Hause im Schrank. „Im Sommer 1994 hat er mir das bei einem Freundschaftsspiel überreicht und gesagt: Ich habe das extra für dich aufbewahrt, weil du mich immer unterstützt hast", erzählt der Engländer.

Martin Driller ist der einzige Spieler, gegen den Graves mal eine ausgeprägte Antipathie hatte – das war aber, bevor der Ex-Dortmunder am Millerntor zum Volkshelden avancierte, ist also schon eine Weile her. Eines Abends im Klubheim gab Graves dem Profi nicht nur zu verstehen, was er von ihm hielt („Du bist kein St. Paulianer!"), sondern unterstrich das auch nonverbal. Doch Driller fand es offensichtlich okay, dass ihm mal jemand

die Meinung gegeigt hatte. „Heute haben wir ein prima Verhältnis",
meint Graves. „Er hat mir durch seine Verbindungen nach Dortmund
zum Beispiel auch mal Karten für das Champions-League-Spiel Borussia
– Rangers besorgt."

Die Zukunft des FC St. Pauli und die von Mike Graves – sie sind miteinander verknüpft. Vor sechs Jahren nämlich hat der Engländer einen
Schwur abgelegt. Es war am Tag, nachdem der FC das entscheidende
Relegationsspiel gegen die Stuttgarter Kickers verloren hatte: Zuerst trafen sich Graves und zwei seiner Freunde, um sich „St. Pauli – ein Pakt fürs
Leben" auf die Haut tätowieren zu lassen. Und hernach legte er seine,
naja, eidesstattliche Versicherung ab: „Wenn St. Pauli in die 3. Liga
absteigt, verlasse ich Deutschland."

Zwei Jahre später, als St. Pauli das letzte Spiel gegen Hannover 96
gewinnen musste, um nicht aus der 2. Liga abzusteigen, und es zur Pause
immer noch 0:0 stand – da schauten alle im Block wie gebannt auf ihn.
Doch dann traf Manzi.

„Ich hätte mein Wort gehalten, und ich werde es auch tun, falls wir
jemals in die Regionalliga absteigen", sagt Graves. Und was würde er dann
in England machen? „Keine Ahnung."

Graves' ewige St.-Pauli-Top-Elf:

Ippig

Duve   Dammann   Trulsen

Driller   Zander   Golke   Olck   Flad

Wenzel   Gerber

„Der HSV ist wie U2"

Drei Spieler haben Olaf Dose in den vergangenen zehn Jahren besonders imponiert: Gustavo Acosta, Dirk Zander und Bernhard Olck. „Fan von Acosta war ich, weil der so genialisch und lauffaul war wie ich und auch gern hinter den Spitzen geparkt hat", sagt der ehemalige Bezirksligaspieler. „Zander hingegen hat auf mich immer so menschlich gewirkt, vielleicht weil ich jemanden kenne, der jemanden kennt, der ihn mal nackt unter der Dusche gesehen hat, als er noch bei Texaco gearbeitet hat. Und Olck?

Olaf Dose, 36, ist Marktforscher und Rock-Soziologe.

Dose hat die Parole „Wir sind das Olck!" kreiert, das sagt ja wohl alles.

Seit Herbst 1984 steht er mit einer Clique von drei Freunden bei Heimspielen in der Gegengerade. Immer an derselben Stelle: zwischen der St.-Pauli-Trainerbank und der Strafraumgrenze des Nordkurven-Tores. Gefehlt hat er nur zweimal. „Mein Vater war bei meiner Geburt nicht dabei, der hat sich am selben Tag zwei Amateurfußballspiele in Hamburg angeschaut, eins vormittags, eins nachmittags", sagt Olaf Dose. „Insofern bin ich vorbelastet."

Seine Fan-Karriere allerdings begann, wie bei vielen eingefleischten St.-Pauli-Fans, nicht am Millerntor, sondern im Volksparkstadion. Zwischen 1973 und 1982 stand er – gemeinsam mit den Leuten, mit denen er heute zu St. Pauli geht – im Block E der Westkurve, bis ihn „der abgeklärt-strategische Langweilerfußball", den der HSV unter Ernst Happel kultiviert hatte, immer mehr anödete. „Diesen Stil geradezu verkörpert hat ja Manfred Kaltz, der den Ball rechts an seinem Gegenspieler vorbeigespielt hat und dann in den Mann gerannt ist, um einen Freistoß herauszuholen", erinnert sich Dose. „Zum Schluss war meine Beziehung zum HSV wie die zwischen zwei Ehepartnern, die sich nichts mehr zu sagen haben."

Danach nahm er Fußball eine Zeitlang nur noch am Rande wahr, zumal er jetzt in einer trotzkistischen K-Gruppe mitwirkte, in der Fans bestenfalls belächelt wurden. „Wenn man gegen alles Bürgerliche ist, kann man natürlich nicht zum Fußball gehen", sagt Dose. „Sogar meine Schallplatten habe ich damals verkauft." Diese fatale Entscheidung hatte aber keine schwerwiegenden Folgen, denn später konnte er alle Platten wiederbeschaffen. Heute besitzt er 6.000 Alben, und auf denen ist unter anderem „jeder Ton" von David Bowie drauf.

Auch die Fußball-Pause währte nur anderthalb Jahre. Ein Kneipengespräch mit den Leuten aus der alten HSV-Clique brachte die Wende: „Uns wurde plötzlich klar, dass wir alle große Lust hatten, wieder zum Fußball zu gehen. Als einer sogar gestand, schon öfter 'heimlich' bei St. Pauli gewesen zu sein, fühlten wir uns erleichtert, und es stand sofort fest, dass wir das nächste Mal zusammen hingehen würden. Andererseits kamen sich diejenigen, die konsequent auf Fußball verzichtet hatten, wie betrogene Ehefrauen vor."

Der Zufall wollte es, dass zum ersten Spiel nach der Besinnungsrunde – im Oktober 1984 – der 1. FC Nürnberg mit dem ehemaligen HSV-Torwart Rudi Kargus zum Zweitliga-Punktspiel am Millerntor anzutreten hatte. „Somit war das auch ein Spiel gegen meine Vergangenheit", sagt Dose. Es lief perfekt: „Sonny" Wenzel und Hansi Bargfrede schossen innerhalb einer Minute einen 2:0-Sieg gegen den späteren Bundesliga-Aufsteiger heraus, und Kargus sah bei einigen Flanken alt aus. „Von diesem mit Hingabe praktizierten Fußball britischer Art war ich sofort angefixt", gesteht Dose. „Kein Wunder angesichts des schablonenhaften Robotergekickes, das ich zuletzt beim HSV gesehen hatte."

Eine Saison später, in der damaligen Amateuroberliga, stabilisierte sich die Liebe zum neuen Verein. „Der Abstieg hat uns nicht so hart getroffen, weil wir ja noch nicht lange dabei waren. Außerdem kristallisierte sich in der Oberliga immer stärker heraus, dass die Mischung in der Mannschaft ideal war: einerseits junge Spieler, wie Golke und Gronau, mit denen man sich, so klischeehaft das auch klingt, identifizieren konnte, andererseits Kult-Recken wie Demuth und Nogly", sagt er.

Dass in besagter Saison im Schnitt gerade mal 2.000 Zuschauer kamen, hätte dem Erlebniswert keinen Abbruch getan, im Gegenteil: „Das haben unter anderem die alten Meckerer ausgeglichen, denen man anmerkte, dass sie schon seit Ewigkeiten zum Fußball gingen, und die sich in der kleinen Menge viel besser bemerkbar machen konnten. Außerdem war es damals noch möglich, während des Spiels im Stadion herumzugehen." So wechselten Dose und seine Kumpel in der Pause immer hinter das Tor des Gegners, um den Torwart nervös zu machen. Wohl auch eine Reminiszenz an Teenager-Zeiten im Volksparkstadion. Sogar dort war es einmal möglich, in der Halbzeit beispielsweise von der West- in die Ostkurve zu gehen. Irgendwann in der ersten Hälfte der 70er Jahre war's damit vorbei. „Ich habe das damals als maßgebliche Einschränkung meines Fußball-Vergnügens empfunden", erinnert er sich. Der erste Höhepunkt in Doses Laufbahn als St.-Pauli-Anhänger war 1986 die Rückkehr in die 2. Liga, besiegelt im letzten Aufstiegsrunden-Heimspiel gegen Rot-Weiß Essen. Im Lauf der folgenden Saison, die mit einem phänomenalen dritten Platz enden sollte, begann sich das Publikum am Millerntor entscheidend zu verändern, sogar Doses einst fußballfeindliche Genossen, von ihrer politischen Arbeit zunehmend desillusioniert, tauchten jetzt im Wilhelm-Koch-Stadion auf. Womöglich brauchten sie Trost.

„Im Nachhinein ist es eine zwiespältige Angelegenheit, dass damals und auch noch viel später Leute dazugestoßen sind, die sich für Fußball vorher nicht interessiert haben", sagt Dose. „Ich habe nichts dagegen, wenn 20.000 im Stadion sind, aber wenn 4.000 davon der Sachverstand fehlt, oder wenn einer noch am zehnten Spieltag fragt, wer denn eigentlich der Spieler mit der Neun ist – dann empfinde ich das als unangenehm."

Dose und seine Freunde waren von den Leistungen in der Serie 1986/87 so überwältigt, dass sie fürs letzte Spiel gegen Braunschweig extra ein Transparent anfertigten. „Danke für die tolle Saison!" stand da drauf. Wenn er an diese eher teenagerhafte Aktion denkt, muss er grinsen. Heute käme der konsumorientiert arbeitende Marktforscher – vor der Produkteinführung beispielsweise eines Shampoos lässt er testen, ob das Volk einen grünen oder roten Deckel besser findet – bestimmt nicht mehr auf solche Ideen. Aber „rührend" findet er den Spruch auf dem Transparent immer noch.

Kurz darauf verpasste St. Pauli im zweiten Relegationsspiel gegen den FC Homburg nur knapp den Bundesliga-Aufstieg – 90 Minuten, mit denen Dose heute ambivalente Erinnerungen verknüpft: „Bei keinem anderen Spiel, außer vielleicht noch 1996 beim 3:2 gegen Rostock, war ich so sehr in Trance. Es war irrsinnig spannend, wir hatten unzählige Torchancen und wurden auch noch vom Schiedsrichter benachteiligt. Zumindest hat sich das in meinem Gedächtnis eine Zeitlang so festgesetzt." Zwei Jahre später – mit, wie er dachte, genug Abstand zu diesem dramatischen Abend – wagte er es, sich den 2:1-Sieg noch mal auf Video anzuschauen. Und bekam einen Schock. „Das Spiel war nämlich überhaupt nicht rasant oder chancenreich oder sonstwie attraktiv, sondern grottenschlecht, und der Schiedsrichter hatte auch überhaupt keine Fehlentscheidungen getroffen", sagt Dose. „Nachdem ich die Aufzeichnung gesehen hatte, fühlte ich mich von der ganzen Welt verraten."

Mittlere Berühmtheit in Fan-Kreisen erlangte der nebenberufliche Rock-Soziologe durch einen Auftritt in der 1991 gedrehten Video-Dokumentation „…und ich weiß, warum ich hier stehe". Offensichtlich hatte Dose die Zuschauer mit dem Bekenntnis beeindruckt, am Morgen nach der Aufstiegsfeier 1988 um sechs Uhr auf Hamburgs meistbefahrener Durchgangsstraße aufgewacht zu sein – auch wenn es „nur" auf einer Verkehrsinsel war. „Noch heute fragen mich wildfremde Leute: 'Bist du nicht der aus dem Film?'", erzählt er.

Dose gehörte damals zu den paar hundert Fans, die am Flughafen die Rollbahn stürmten, als die Mannschaft vom entscheidenden Spiel aus Ulm zurückkehrte. „Es war anarchisch, nicht so organisiert wie die Aufstiegsfeier 1995 auf dem Spielbudenplatz", erinnert er sich. „Ich hab' gedacht, in solchen Momenten könnte auch die Revolution stattfinden. Vielleicht hätte man an dem Tag einfach sagen sollen: 'Kommt, lasst uns den NDR besetzen'." In der allgemeinen Euphorie ließ es sich auch verschmerzen, dass die Taxifahrt zurück in die Innenstadt angesichts verstopfter Straßen 170 Mark kostete – rund fünfmal soviel wie üblich.

Wenn er an seine negativen Erlebnisse als St.-Pauli-Fan denkt, fallen ihm zuerst zwei Stichworte ein: Dirk Fengler und Wolfsburg. Fengler war jener Spieler, den die St.-Pauli-Fans 1991 während der Relegationsspiele gegen die Stuttgarter Kickers hassen lernten, weil der irgendwie skinhead-mäßig wirkte, öfter grob foulte und zu allem Überfluss im entscheidenden Spiel in Gelsenkirchen ein Tor schoss. Dose erinnert sich an den Namen des inzwischen irgendwo in der Regionalliga versunkenen Spielers allerdings noch aus einem anderen Grund. Nach dem Spiel in Gelsenkirchen war er dort nämlich auf einer Party eingeladen. Der Gastgeber hieß – ebenfalls Dirk Fengler. Auch heute noch wundert sich Dose, „dass ich damals nicht alles kurz und klein geschlagen habe".

Wolfsburg hingegen bleibt in schlechter Erinnerung, weil dort am letzten Spieltag der Saison 1993/94 einige sogenannte St.-Pauli-Fans unangenehm auffielen: Der FC und der „befreundete" TSV 1860 München, der in Meppen spielte, kämpften an diesem Tag in einem Fernduell um den letzten Aufstiegsplatz in die Bundesliga. Als die Hamburger hoffnungslos zurücklagen, 1860 führte und somit die Entscheidung gefallen war, skandierte eine nicht unbeträchtliche Zahl sogenannter St.-Pauli-Fans plötzlich „60-60-1860!" „Einfach unglaublich! Solchen Typen fehlt einfach eine gewisse Portion gesunder Fanatismus. Ich konnte es noch nie verstehen, dass sich Leute mit der 2. Liga abfinden. Ich will vielmehr in die Champions League, ich bin erst zufrieden, wenn wir den Weltpokal holen."

Ähnlich heftig ging ihm zeitweilig auf die Nerven, dass manche Anhänger Spieler wie Manzi und Steubing, die den Anforderungen des Profifußballs nicht genügten, zu Kultfiguren stilisierten: „Ich hatte eigentlich gehofft, dass diese 'So-schlecht-dass-es-schon-wieder-gut-ist-Masche' mit den 80er Jahren untergegangen sei."

Immerhin: Auswüchse wie damals in Wolfsburg, glaubt Dose, seien heute nicht mehr möglich. „Wie bei allen Drogen ist es schwer, wieder herunterzukommen", meint Dose. „Wenn es zur Normalität geworden ist, dass man am Millerntor Elber und Bobic sehen kann, ist die Vorstellung, gegen Gütersloh spielen zu müssen, nicht mehr besonders verlockend."

Weil Dose „großem Fußball" etwas abgewinnen kann, schaut er sich sogar noch HSV-Spiele an – sehr selten allerdings. „Dort gucke ich großen Fußball, am Millerntor echten", präzisiert er. „Wenn der HSV in einem internationalen Wettbewerb ist, bin ich für den HSV, da bin ich Hamburger Patriot. Und wenn der HSV als einziger Verein aus der Stadt in der Bundesliga spielte, wäre ich auch für den HSV. Ich würde auch zum SV Lurup halten, wenn er der einzige Hamburger Bundesligaklub wäre."

Wie lässt sich diese Einstellung denn mit der Rivalität vereinbaren, die zwischen den Fans herrscht? „Als ich anfing, zu St. Pauli gehen, war die bei weitem nicht so ausgeprägt wie heute. Da war der HSV eine europäische Spitzenmannschaft und St. Pauli stand in der 2. Liga im Abstiegskampf. Und für mich sind das auch heute noch völlig verschiedene Welten." Die Klubs, sagt Olaf Dose, verhielten sich zueinander ungefähr wie U2 zu Blumfeld. „Und die konkurrieren ja auch nicht direkt miteinander."

Doses ewige St.-Pauli-Top-Elf:

Ippig

Trulsen   Duve   Studer

Gatti   Gronau   Acosta   Zander

Golke   Gerber   Wenzel

„Als Mutter denkst du samstags nicht an Fußball"

Wie einigen sich fußballbegeisterte Eltern kleiner Kinder am Spieltag ihrer Mannschaft? Wer „darf" ins Stadion, wer „muss" zu Hause bleiben? Nick Hornby beschreibt in seiner berühmten Fan-Autobiographie „Fever Pitch", wie er und seine damalige Freundin und heutige Frau zum ersten Mal darüber diskutierten. Noch Wochen und Monate später, so Hornby, habe ihn dieses Gespräch „verfolgt", weil sie vorgeschlagen hatte, dass man sich ja abwechseln

Sylvia Strauß, 30, ist Krankenschwester.

könne – und dabei so getan, als sei es das Selbstverständlichste von der Welt; als würde er, der jahrelange Hardcore-Fan, das einfach so akzeptieren. Für Sylvia Strauß und ihren Mann ist so eine Regelung tatsächlich das Selbstverständlichste von der Welt. Der Haushalt hat eine St.-Pauli-Dauerkarte, und die wird alternierend genutzt. Auch die Tatsache, dass Dortmund ein attraktiverer Gegner ist als Karlsruhe, bringt keinen Streit mit sich.

Thore heißt der 19 Monate alte Sohn der beiden, und der hat durchaus etwas mit dem FC tun. „Natürlich sind wir durch Tore Pedersen darauf gekommen, ihn so zu nennen. Es ist aber nicht so, dass wir ihn als Spieler besonders gut finden. Der Name ist halt klasse", sagt Sylvia Strauß. „Wir durften unseren Kleinen allerdings nicht Tore nennen, weil das nach Auffassung des Standesamts kein eindeutiger Männername ist. Das ist jetzt durch das h gewährleistet."

Fußball hat sie „immer kalt gelassen", bis sie sich im September 1988 von Freunden überreden ließ, mit zum Millerntor zu kommen. Und womöglich wären die nächsten sieben Jahre ihres Lebens völlig anders verlaufen, wenn an diesem Freitagabend nicht ausgerechnet dieses fantastische Spiel stattgefunden hätte, das sich für viele in dieser Zeit hinzugekommene Anhänger als Schlüsselerlebnis entpuppte: Der Aufsteiger FC St. Pauli traf auf den VfB Stuttgart, den verlustpunktfreien Tabellenführer. Stuttgart, damals mit Klinsmann, spielte klar überlegen, vergab aber viele Chancen und führte somit nur mit 1:0. Mitte der zweiten Halbzeit, nachdem André Golke das 1:1 markiert hatte, kippte das Spiel auf eine Weise, wie es hierzulande nur am Millerntor möglich ist oder zumindest war. Fortan bestimmten die Zuschauer das Geschehen, die St.-Pauli-Kicker wirkten wie aufgeputscht und der Gegner wie paralysiert. Die Folge: Jürgen Gronau gelang in der 86. Minute noch der Treffer zum 2:1-Sieg.

Strauß' Fan-Laufbahn entwickelte sich danach ziemlich rasant, und wenn der Krankenschwester nicht der Schichtdienst in die Quere gekommen wäre, hätte sie wahrscheinlich sogar angefangen, beim FC St. Pauli Fußball zu spielen. 1989 schloss sie sich dem Fanklub „Heilige Geister" an, mit dem sie per Bus zu Auswärtsspielen fuhr. „Die intensive Beziehung zu den Geistern hat vielleicht zwei Jahre gehalten, weil ich später die vom Fanladen organisierten Zugfahrten reizvoller fand, allein schon weil man da in einer größeren Gruppe unterwegs ist, speziell in Sonderzügen", sagt sie. „Aber Mitglied im Fanklub bin ich weiterhin – falls der noch existiert."

Ab 1989 schaute sich Strauß auch die Begegnungen der Amateur-Mannschaft an, und eine Zeitlang fand sie, dass man sich „an einem Sonntagvormittag in einem kleinen Kreis von Leuten, die alle die Folgen der vorangegangenen Nacht hinter einer Sonnenbrille verbergen", noch wohler fühlt, als wenn 20.000 im Stadion sind. Das Amateur-Team ist auch mittelbar verantwortlich für den härtesten Kater ihres Lebens: „Es war eine Saisonabschlussparty im Klubheim, die bis sieben Uhr morgens dauerte. Am Nachmittag bin ich um fünf Uhr aufgewacht und dachte, das Leben würde nicht mehr weitergehen."

Als Strauß 1991 für drei Jahre auf den Kiez zog, wurde der Bezug zum FC noch enger, denn die Wohnung lag nur ein paar Schritte von ihrer Stammkneipe entfernt. Der Laden in der Friedrichstraße, als dessen Personifizierung der Wirt Hermann galt, war Ende der 80er, Anfang der 90er Jahre die St.-Pauli-Fankneipe schlechthin. „Die Abende verliefen immer nach einem ähnlichen Muster", erzählt Strauß. „Nach den Bierchen kamen die Sauren, dann schmiss irgendjemand die Musikbox an, und zum Schluss wurde auf den Tischen getanzt, egal wie das Spiel ausgegangen war."

Die Bundesliga-Jahre zwischen 1988 und 1991 kann sie jederzeit Revue passieren lassen, denn aus dieser Zeit hat sie Zeitungsartikel über den FC aufbewahrt, außerdem hat sie noch vier Videotapes im Schrank, auf denen TV-Kurzberichte zu jedem Spiel mitgeschnitten sind. Ist sie denn ein Sammlertyp? „Nein, und ich kenne sonst auch niemanden, der das gemacht hat." Die Kassetten dienten oft der moralischen Aufrüstung: „Nach schlechten Spielen hab' ich immer mal wieder durch die Tapes gespult, um mir ein gutes anzuschauen."

Der meistgesehene Bericht stammt allerdings aus dem Juni 1991: vom 1:3 im dritten Relegationsspiel gegen die Stuttgarter Kickers. Die bewegenden Bilder, die der NDR-Mann Wolfgang Biereichel damals zusammengestellt hat, rührten sie auch beim soundsovielten Wiedersehen zu Tränen. Strauß erinnert sich noch genau an den Tag nach dem Spiel: „Als ich morgens im Viertel spazieren gegangen bin, kam mir alles noch trister vor, als es an einem Sonntagmorgen auf dem Kiez ohnehin schon ist. Der Abstieg schlug sich noch zusätzlich auf die Atmosphäre nieder. Ich hab' es an dem Tag nicht allein in meiner Wohnung aushalten und bin deshalb zu meinen Eltern gefahren."

Zu den bedrückenden Erinnerungen gehören auch die Attacken von HSV-Hooligans und ähnlich gesinnter Pflegefälle, denen sich ihre Stammkneipe einst regelmäßig ausgesetzt sah. „In mir kochte immer wieder diese Mischung aus Angst und Wut", sagt Strauß. „Ich hatte nie ein Faible für Hauereien, während es bei manchen St.-Pauli-Fans ja durchaus die Bereitschaft zu einem offenen Schlagabtausch gibt. Aber in diesen Momenten hätte nicht viel gefehlt, und ich hätte mir eine Flasche gegriffen und zurückgeworfen."

Zu dieser Zeit musste sie sich von manchen Freunden, die mit Fußball nichts am Hut hatten, die Frage gefallen lassen, warum sie das eigentlich alles mitmache. Sie selbst hat sich das zum ersten Mal kurz vor ihrer Schwangerschaft gefragt: „Ich habe in einem Gespräch mit Freunden gemerkt, dass ich bemüht war, interessante Dinge aus meinem Leben zu erzählen, die nichts mit dem FC St. Pauli zu tun haben. Als ich aber festgestellt habe, dass es da gar nichts gibt, hat mir das doch zu schaffen gemacht."

Dank Thore haben die interessanten Dinge ihres Lebens jetzt nur noch zu einem geringen Teil mit dem FC St. Pauli zu tun. Während der ersten Wochen der Mutterschaft sei es ein komisches Gefühl gewesen, zu Hause zu sitzen, wenn der FC spielt, aber „man akzeptiert ja schnell, dass Mutter zu sein eine Lebensumstellung bedeutet, die alle Bereiche erfasst, und dann denkt man auch nicht mehr zwangsläufig an Fußball, wenn man am Samstagnachmittag zu Hause sitzt".

Seit Thores Geburt hat Sylvia Strauß bisher ein Spiel mit ihrem Mann gemeinsam gesehen. Die beiden hatten sich dafür extra ein besonders wichtiges ausgesucht: das DFB-Pokal-Viertelfinalmatch bei Energie Cottbus im November 1996. „Eigentlich hatten wir gedacht, wir machen uns mal einen schönen Tag ohne den Kleinen", sagt sie, und mittlerweile kann sie schon ein bisschen darüber schmunzeln. „Wer konnte denn ahnen, dass es so deprimierend ausgehen würde?"

Strauß' ewige St.-Pauli-Top-Elf:

Ippig

Trulsen   Kocian   Duve

Golke   Knäbel   Zander   Studer

Ottens   Manzi   Wenzel

„Es ist blöd, ständig ums Überleben zu kämpfen"

Der Publizist Diedrich Diederichsen hat in den 80er Jahren einmal geschrieben, dass er bei den besten Konzerten immer an Fußball denke, und das kann Thilo Schütt durchaus nachvollziehen. „Bei richtig guten Konzerten pushen sich Band und Publikum gegenseitig hoch", sagt er. „Aber bei einem Fußballspiel beeinflussen die Fans die Darbietungen der Darsteller noch viel stärker und vor allem häufiger. Zumindest ist das bei St. Pauli so, da spielst du als Zuschauer

Thilo Schütt, 21, ist Zivildienstleistender.

mit. Wenn die Mannschaft gewinnt, weißt du, dass du zum Sieg etwas beigetragen hast, und das ist ein gutes Gefühl."

Schütt weiß selbst, wie es ist, wenn man im Mittelpunkt steht und auf Beifall hofft: Er singt – und schreit – in der Band Scream Team, die sich allerdings noch in einer frühen Entwicklungsphase befindet, weil sich die Musiker noch nicht darüber einigen können, ob sie sich eher an AC/DC oder an Die Sterne orientieren sollen. Weitaus öfter allerdings schreit – und singt – Schütt, damit ein anderer, der zwar viel schreit, aber niemals singt, das Beste auch sich herausholen kann: Klaus Thomforde.

1990 hat Thilo Schütt sogar den „Fanklub Klaus Thomforde" gegründet, und das, obwohl der einstige Finanzbeamte damals nur zweiter Torwart hinter Volker Ippig war. 15 Mitglieder sind organisiert in dem Klub, der mittlerweile „Fausto Klaus" heißt, aber viele andere Supporter glauben, er bestehe aus Schütt allein. Das hört der Hobby-Sänger einerseits nicht gern, weil er die anderen Thomfordisten nicht zurückgestuft sehen möchte, doch andererseits weiß er zu schätzen, dass die Leute sich sein Gesicht so leicht einprägen. Schließlich will er eine Schauspielschule besuchen, wenn er seinen Zivildienst beendet hat.

Aber warum bloß Thomforde? „Klaus ist lange unterschätzt worden, seinen Enthusiasmus wissen die Fans ja erst zu würdigen, seit der auch nach außen dringt, seit ihn alle als Tier im Tor kennen", sagt Schütt. „Er hat immer für den Fußball, oder besser: für St. Pauli gelebt, und ich kann mir nicht vorstellen, dass er jemals woanders hätte spielen wollen. Es ist aber nie so gewesen, dass ich mit ihm so stark sympathisiert habe, weil ich dem Volksheld-Image, das Volker Ippig hatte, etwas entgegensetzen wollte. Einige Fans haben das ja – als ob ich das überhaupt gekonnt hätte! – tatsächlich geglaubt."

Als Schütt zum ersten Mal ein Spiel am Millerntor sah, hatte Thomforde schon ein Jahr beim FC hinter sich. An diesem Frühsommertag des Jahres 1984, als St. Pauli gegen den SV Lurup um den Aufstieg in die 2. Liga spielte, stand aber nicht er im Tor, sondern Uwe Bonik – ein Keeper, an den sich heute wohl nur noch die wandelnden Archive unter den Fans erinnern.

Schütt ging seinerzeit auch noch regelmäßig zum HSV: „Wie viele, die heute am Millerntor stehen, bin ich als kleiner Junge ins Volksparkstadion geschleppt worden." Doch schnell beeindruckte ihn bei St. Pauli etwas, das er aus der Bahrenfelder Arena nicht kannte. „Bei einem Heimspiel gegen Hessen Kassel in der 2. Liga, das zweite oder dritte, das ich gesehen habe, lag St. Pauli 0:2 hinten, als Matthias Ruländer mit einem Freistoß den Anschlusstreffer erzielte", erinnert er sich. „Und eigenartigerweise wurde der stürmisch gefeiert, obwohl es ja nur das 1:2 war." Erst nachdem St. Pauli in die Bundesliga aufgestiegen war, stand für ihn fest, dass er fortan nur noch den FC unterstützen wollte, und so kaufte er sich seine erste Dauerkarte. „Man musste sich einfach entscheiden. Ausschlaggebend fürs Millerntor waren die Volksnähe und das Umfeld. Außerdem konnte man sich mit den St.-Pauli-Spielern besser identifizieren. Politische Gründe waren damals höchstens zweitrangig, obwohl es mir auch als 12jährigem schon klar war, dass ich mit Rechten nichts zu tun haben wollte. Und die waren beim HSV ja damals stark vertreten."

Die Stimmung in den Bundesliga-Jahren 1988 bis 1991, in seinen ersten drei als Stammgast also – Schütt hält sie bis heute für unerreicht. „Ich hoffe, dass sie zurückkommt. Mittlerweile sind zuviele im Stadion, die nur sehen und gesehen werden wollen", sagt er, und es klingt natürlich schon ein bisschen komisch, wenn ein 21jähriger die alten Zeiten verklärt.

Die ersten sechs Jahre als Dauerkartenbesitzer hat Schütt in der Nordkurve gestanden – bis ihm das Niveau einiger Schreihälse zu primitiv wurde. „Leute, die alles mitbrüllen, sind nicht meine Welt. Was an Gesängen wie 'Schmadtke, zieh die Hose aus!' witzig sein soll, weiß ich nun wirklich nicht." Also wechselten er und einige seiner Kumpel in die Gegengerade. „Wenn von dort derbe Sprüche kommen, sind die gleichzeitig auch kreativ. Und so soll's ja sein."

70 Prozent seines Geldes gibt Schütt, der noch bei seinen Eltern wohnt, für den FC aus, zumal er möglichst auch kein Spiel der Amateurelf verpasst. „Ich würde auch zu St. Pauli gehen, wenn die erste Mannschaft in der Kreisklasse spielte. So sehr fühle ich mich dem Klub mittlerweile verbunden, obwohl ich ja zum Beispiel nie im Stadtteil St. Pauli gelebt habe", sagt er.

Der Thomforde-Fanatiker gehört zu der kleiner werdenden Gruppe von Fans, die den Verein lieber in der 2. Liga spielen sehen. „Es ist doch blöd, ständig ums Überleben zu kämpfen", sagt er. In der 2. Liga brauche man sich nicht so ausgiebig über die Medien ärgern, denn die Berichterstattung ginge ja automatisch zurück, es gäbe mehr Erfolgserlebnisse, und ein paar Auswärtsfahrten bekämen wieder Kult-Charakter, weil da der sogenannte harte Kern unter sich bleibe. Anderseits kann Schütt überhaupt nicht mit Typen, die nach einer Niederlage wie auf Knopfdruck anfangen, „Scheißegal, scheißegal" zu lallen oder trotz unterirdischer Leistungen noch Jubelgesänge anstimmen.

Zu Auswärtsspielen fährt Schütt lieber mit dem Auto als mit dem Sonderzug, weil er immer früher im Stadion sein will als die Masse, um das „Fausto-Klaus"-Transparent an einem günstigen Platz aufzuhängen und sich selbst den besten Platz zu sichern. Um an einem Freitagabend vor dem Rest in Freiburg zu sein, ist er mal mit ein paar Freunden schon um vier Uhr morgens ins Auto gestiegen. „Und ich bin froh darüber, denn das war einer der Höhepunkte unter den Auswärtsfahrten", sagt er. Kein Wunder: Der FC siegte damals 2:0.

Hingegen sei es besonders deprimierend, eine Auswärts-Niederlage mitzuerleben, wenn es vorher viel Organisation und Stress bedurft hatte, um überhaupt zum Spiel fahren zu können. Zum Beispiel, „wenn man an einem Mittwoch nach Homburg hetzt, um sich im Regen – in Homburg regnet es ja sowieso immer – ein Spiel anzuschauen, und das dann 1:2 verloren geht, weil Dieter Schlindwein in der letzten Minute den Ball verstolpert".

Wer glaubt, Thilo Schütt habe womöglich zuviel St. Pauli im Kopf, der irrt. „Ich lege Wert darauf, dass trotz all der Fahrten meine Freunde nicht zu kurz kommen", sagt er. Fußball und Freundeskreis – das sind für ihn zwei Welten. „Bei St. Pauli treffe ich mich mit Leuten, mit denen ich gern ein Bier trinke", sagt er. „Die meisten sind Kumpels. Und das andere sind – naja, Freunde eben."

Schütts ewige St.-Pauli-Top-Elf:

Thomforde

Trulsen   Dammann   Fröhling

Olck   Golke   Pröpper   Gronau   Ottens

Manzi   Scharping

„Ich vermisse oft eine gewisse Intensität"

Den wahren Fußballfan erkennt man daran, dass er am Wochenende ungenießbar ist, weil sein Verein verloren hat. Wenn diese These stimmt, ist Werner Geyer keiner. „Ich bin in erster Linie Fußball- und in zweiter Linie St.-Pauli-Fan, deshalb macht mir eine Niederlage nicht viel aus", sagt er. Am liebsten steht der geborene Nürnberger unten am Zaun, in der Nähe des Spielereingangs: „Ich mag diesen Tunnelblick – quasi das Stadion vor mir zu haben. Und ich will den Persönlichkeiten, die man

Werner Geyer, 34, ist Gastronom und hat die bronzene Vereinsnadel.

sonst nur aus dem Fernsehen kennt, ins Gesicht gucken." Ihn interessiert das Ereignis Fußball, die ganze „Paadie" drumherum dagegen überhaupt nicht. Dennoch muss er zugeben, dass er eines seiner markantesten Erlebnisse am Millerntor 1989 hatte, als es im ersten Heimspiel nach der Öffnung der Berliner Mauer einen Freistoß für den FC St. Pauli in Tornähe gab. Da riefen die Fans etwas, was sie früher auch schon gerufen hatten, aber unter humoristischen Aspekten jetzt viel besser kam: „Die Mauer muss weg!"

Der 34jährige geht zum FC St. Pauli aus Verbundenheit mit dem Viertel, in dem er lebt und arbeitet. Sein Geld verdient Geyer in einer Branche, die Auswärtige für stadtteiltypisch halten: Er führt ein Café im alten Kern des Stadtteils, das unter seinem Namen firmiert, den Mikro-Klub Lounge in einem Eckkeller vor dem Eingang zur Herbertstraße, die Bar Tele 5 sowie einen Laden in Eimsbüttel.

Weil er „in erster Linie Fußball-Fan" ist, stört es ihn, dass es in Hamburg kein Spitzenteam gibt: „Das ist ein großes Manko dieser Stadt. Zum HSV kann man nicht gehen, weil die Mannschaft zu schlecht ist und außerdem natürlich das Stadion und die Fans untragbar sind. Ich habe beim Lokalderby mal mit einem Freund und unseren beiden Söhnen auf der Haupttribüne des Volksparkstadions gesessen. Da wurde dann öfter mal was von 'Vergasen' gerufen – wohlgemerkt auf der Tribüne, nicht in der Kurve."

Werner Geyer lebt seit 1983 auf St. Pauli, und in der Zweitliga-Saison 1984/85 hat er die ersten Spiele am Millerntor gesehen. „Ich wollte unbedingt in eine Großstadt, und da kamen nur Berlin und Hamburg in Frage, obwohl mir zu Hamburg damals nicht viel mehr eingefallen ist als die Stichworte 'Uwe Seeler' und 'Hafen'", erzählt er. „Ich bin ein Wochenende hier gewesen, habe sofort eine Lehrstelle als Kellner angeboten bekommen, und damit war dann die Entscheidung gefallen."

Der Gastronom ist nicht nur FC-Konsument, sondern seit fünf Jahren auch im Verein aktiv – in der 3. Herren, einer Mannschaft, die einen Teil des Images widerspiegelt, das den Stadtteil seit Mitte der 80er Jahre prägt: Hier kicken Leute, die in den Bereichen Design, Film, Kunst, Medien, Musik und Nachtleben arbeiten. Ihre Trikots hat einer der Design-Experten mit Freunden in filigraner Handarbeit hergestellt, und deshalb sieht das Vereinswappen auf jedem Jersey anders aus. Weil die Freizeitkicker damit so erfolgreich sind, haben sie bereits die bronzene Vereinsnadel verliehen bekommen.

Früher hat Geyer beim 1. FC Nürnberg gespielt und bei 73 Süd, einem dortigen Vorstadtverein. „Im Vergleich zu meinen beiden alten Klubs geht es bei St. Pauli ziemlich provinziell zu", meint Geyer. „Beim FCN hatten wir seinerzeit ein Trainingsgelände mit 16 Rasenplätzen. Und das Klubhaus von 73 Süd machte mehr her als das am Millerntor – auch wenn letzteres seinen ganz speziellen Charme hat." Mit 17 hat er seine Karriere beendet – oder unterbrochen, wie man will. In den nächsten rund acht Jahren hatten „Frauen, Drogen und Alkohol" Priorität, zumal es „nicht hip war, sich zum Beispiel auf Partys über Fußball zu unterhalten. Das hatte sicherlich mit Jupp Derwall zu tun und den langweiligen Spielen bei der EM 1980 und der WM 1982. Außerdem war das die Zeit, in der ich meine Persönlichkeit entwickelt habe, und unter den Fußballern gab es damals definitiv keine role models, die das hätten positiv beeinflussen können."

Zu Teenager-Zeiten in Nürnberg war er noch in erster Linie Klub- und erst in zweiter Linie Fußballfan. „Als Elfjähriger ins Olympiastadion nach München zu fahren, von größeren Freunden beschützt zu werden und dann noch gegen 1860 zu gewinnen – das sind Erlebnisse, die einen prägen." Damals wurde er im Frankenstadion – dessen jetziges „80er Jahre-Design" er fürchterlich findet – manchmal als Balljunge eingesetzt, und vielleicht mag er ja deshalb heute die Tunnel-Perspektive am Spielereingang des Wilhelm-Koch-Stadions. „Als Fan habe ich Dieter Nüssing bewundert, als Spieler fand ich Rainer Bonhof cool, ich hab' auch ungefähr seine Position gespielt", erzählt Geyer.

Bei St. Pauli haben ihm immer die Spieler gefallen, die Leidenschaft und Siegeswillen verkörpern: Studer, Hollerbach und Driller etwa. „Pröpper passt eher zu Bayer Leverkusen, auch wenn er da vielleicht nur auf der Bank sitzen würde. Aber ich verteidige ihn immer, wenn ihm mal jemand vorwirft, dass er zu pomadig spielt", sagt der Gastronom. Eine Persönlichkeit, die „übers Spielfeld hinaus" etwas ausstrahlt, sieht er nicht.

Und was fällt Geyer zum „Mythos St. Pauli" ein? „Je professioneller der Klub wird, desto stärker betont er seine Andersartigkeit. Heute ist er ja immerhin clever genug, den Kult-Faktor mit zu vermarkten. Es gab ja Zeiten, wo der Verein zum spirit der Fans überhaupt keinen Bezug zu haben schien. Ich denke an die Zeit, als Schorsch Volkert noch Manager war, der in der Halbzeit Autos auf dem Rasen paradieren ließ."

Für Geyer hat der FC durchaus etwas mit dem Viertel zu tun – aber in einem anderen Sinne als es der Klub selbst propagiert. Das Publikum im Wilhelm-Koch-Stadion, meint der Franke, spiegele die Umstrukturierung St. Paulis wider: „Die Leute, die den Stadtteil früher geprägt haben und die man heute nirgendwo mehr trifft: den rechtschaffenen Handwerker, den klassischen Puffkellner oder Hafenarbeiter – die sieht man auch im Stadion nicht. Es gibt ja auch immer weniger Kneipen, in denen sich kleinbürgerliche oder proletarische Kiezianer über 40 treffen. Entweder weil es immer weniger von ihnen gibt, weil die hier nicht mehr wohnen, oder weil sie sich zu Hause verkriechen."

Eine weitere Gemeinsamkeit zwischen Verein und Viertel: Beide sind zu einem folkloristischen Medienprodukt geworden. „Das Bild, das von St. Pauli verbreitet wird, hat kaum einen Bezug zum Leben der Stadtteilbewohner", sagt Geyer. Fünf Jahre hat er zwischen Reeperbahn und Elbe gelebt, im öden St.-Pauli-Süd. „Wenn ich morgens zum Bäcker gegangen bin, dem einzigen weit und breit, musste ich im Winter erst einmal an gefrorenen Pissepfützen vorbei und im Sommer an Kotzehaufen, die noch keiner weggespült hat", sagt er. Deshalb ist Geyer ins Schanzenviertel umgezogen, dem attraktivsten Teil St. Paulis.

Berührungspunkte zwischen Nachtleben und Fußball, Synergieeffekte gar – die sieht Werner Geyer trotz der räumlichen Nähe auf St. Pauli kaum. Nur bei den „Fußball-Bars", die er mit befreundeten Gastronomen anlässlich von Europa- oder Weltmeisterschaften veranstaltet, hat er das erlebt: „Wenn Leute, die sowohl im Nachtleben als auch im Fußball verankert sind, sich gebannt eine Fernseh-Übertragung anschauen, entsteht eine gewisse Intensität, die ich am Millerntor oft vermisse." Inwiefern? „Wenn man mit einer größeren Gruppe im Stadion ist, sich ein paar Leute über alles mögliche unterhalten, sich einer einen Joint dreht und ein anderer für längere Zeit zum Bierholen verschwindet, dann leidet darunter die Erlebnisqualität eines Fußballspiels." Doch damit muss ein St.-Pauli-Fan, der sich nur für Fußball, aber nicht fürs Drumherum interessiert, nun mal leben.

Geyers ewige St.-Pauli-Top-Elf:

Ippig

Olck   Duve   Dammann   Studer

Driller   Wohlers   Zander   Hollerbach

Wenzel   Knoflicek

Die frühen Jahre

1907 bis 1945

St. Pauli Turnverein – die Vorgeschichte des FC

Die Geschichte des „FC St. Pauli von 1910" beginnt nicht, wie der Name vermuten lässt, im Jahr 1910, sondern mindestens drei Jahre früher. Seine Ursprünge sind untrennbar verbunden mit der des Hamburg-St. Pauli Turnvereins von 1862, der übrigens heute noch existiert. Dort wurde bereits ab 1907 gegen den Ball getreten, allerdings noch nicht im Rahmen eines geregelten Spielbetriebs. Erst 1910 traten die Kicker des Klubs dem Norddeutschen Fußball-Verband bei, 1911 bestritten sie die ersten Punktspiele, und 1924 trennten sie sich schließlich vom Turnverein und gründeten den FC St. Pauli.

Die erste Keimzelle des FC entstand vor mittlerweile 145 Jahren. Seinerzeit gründete sich der Hamburger Turnverein von 1852, einer der zwei Klubs, die sich zehn Jahre später zum Hamburg-St. Pauli Turnverein zusammenschlossen. Der andere trug einen poetischeren Namen: Turnverein St. Pauli und vor dem Dammthore von 1860.

Die beiden Klubs bildeten sich, als das Turnen boomte. Mehr als ein Vierteljahrhundert hatte es in der gesamten Stadt nur einen Sportklub gegeben: die Hamburger Turnerschaft von 1816 (HT 16), den ältesten Turnverein der Welt. 1819 hatten die Länder des Deutschen Bundes das Turnen verboten, weil sie die Sportler allzu liberaler Ideen verdächtigten. Erst 1842 wurde diese sogenannte Turnsperre aufgehoben, was im Laufe der folgenden Jahre dazu führte, dass sich immer mehr Menschen, die auf organisierte Leibesübungen erpicht waren, in Vereinen zusammenschlossen.

Turner bekamen aber weiterhin Schwierigkeiten mit der Obrigkeit, wie Aufzeichnungen Friedrich Steudels zeigen, der in den 50er Jahren des 19. Jahrhunderts, bevor er beim St. Pauli Turnverein aktiv wurde, als Wanderturnlehrer in Norddeutschland unterwegs war, um überall Vereinsgründungen anzuregen. „In Northeim (wurde ich) von einem Polizei-

Die erste Halle des St. Pauli Turnvereins in der Feldstraße (um 1900).

beamten und in Lampspringe von zwei Gendarmen verhaftet und wie ein gefährlicher Staatsverbrecher des Ortes verwiesen", schreibt er.

Wie den meisten Klubs, die sich Mitte des 19. Jahrhunderts bildeten, fehlte es dem Turnverein von 1852 und dem von St. Pauli und vor dem Dammthore an geeigneten Räumen. Beide waren auf der Suche nach einem Grundstück, auf dem sich eine Halle bauen ließ, und beide stellten entsprechende Anträge beim Senat. Gustav Godeffroy, der die damalige Vorstadt St. Pauli im Senat vertritt, unterstützte die Begehren – allerdings nur unter der Bedingung, dass die Vereine miteinander fusionieren. Was sie dann, am 1. April 1862, auch taten, um sogleich ein Gelände zu erwerben. Die Wahl fiel auf eines in der Feldstraße, eine jener Straßen, die das Heiligengeistfeld umschließen.

Innerhalb eines knappen halbes Jahres errichteten die Mitglieder des Hamburg-St. Pauli Turnvereins (TV) ihre erste Halle. Im September strömten mehrere tausend Schaulustige herbei, um der Einweihungsfeier beizuwohnen, die „um 3 Uhr… mit dem Liede 'Deutschland, Deutschland über alles' eingeleitet" wurde, wie in der Festschrift zum 50jährigen Jubiläum nachzulesen ist. Die Halle befand sich dort, wo 1901 eine Verbindung zwischen Feld- und Markstraße durchgebrochen wurde. Man taufte sie aus naheliegenden Gründen Turnerstraße.

1878 wurde die Halle noch einmal ausgebaut, doch gegen Ende des 19. Jahrhunderts reichte die Kapazität angesichts steigender Mitgliederzahlen nicht mehr aus. Im Mai 1900 bekam der Verein zur Miete einen 12.671 Quadratmeter großen Platz an der Ecke Glacischaussee/Eimsbüttlerstraße (heute Budapester Straße) zugewiesen, um dort eine neue Halle zu bauen. Die Arbeiten konnten aber erst zehn Monate später beginnen, nachdem die Klubführung unter den Vereinsmitgliedern 125.000 Mark aufgetrieben hatte – der Grundstock für die Baukosten. Die seinerzeit größte Turnhalle Norddeutschlands – laut Vereinschronik „ein Denkmal für turnerischen Opfermut und Opfersinn" – weihte der TV schließlich im Januar 1902 ein.

Im Jahr 1900 erschien zum ersten Mal die monatliche Vereinszeitung „Die Monats-Kneipe". Sie kostete 15 Pfenning, Werbekunden zahlten 5 Pfennig pro Zeile. In der August-Nummer nimmt den meisten Raum

Titelbild der Vereinszeitung „Die Monats-Kneipe" im August 1900.

der Abdruck von drei Liedtexten ein, die anlässlich eines Kreisturnfestes in Güstrow entstanden. Und in der Rubrik „Vereins-Nachrichten" ist zu lesen: „Der Verein besitzt seit kurzem eine hochfeine Sekunden-Stechuhr, welche … hoffentlich recht oft benutzt werden möge." Das Beste am Heft sind indes die Anzeigen, die allesamt in gereimter Form erscheinen. Als talentiertester Dichter erwies sich der Milchhändler Max Schwartau aus der Feldstraße. Sein Motto: „Bei Schwartau ist die Milch nie flau / Mitunter nur ein wenig blau."

Die Anfänge des Fußballs am Millerntor

Die für die Geschichte des FC St. Pauli wichtigste Persönlichkeit unter den damaligen Mitgliedern ist Franz Reese. Er gründete 1899, ein Jahr nach dem Deutschen Turnfest auf dem Heiligengeistfeld, eine Spiel- und Sportabteilung, deren Mitglieder zunächst bevorzugt Schlag- und Faustball betrieben. „Diese Abteilung lebte zunächst im Verborgenen und wurde von älteren Mitgliedern als nicht vollwertig angesehen", heißt es in der Festschrift zum 125jährigen Jubiläum. Das war aber nicht das einzige Problem: Das Heiligengeistfeld war seinerzeit nicht planiert, und Fußgänger kümmerten sich nicht um die Sportler, sie marschierten einfach durch die Spielfelder.

Es dauerte bis 1907, ehe sich bei August Tenne, einer Kneipe im Viertel, einige fußballbegeisterte Mitglieder der Spiel- und Sportabteilung zusammensetzten, um für ihren Sport eine eigene Sparte zu gründen. Darunter waren Henry Rehder, Amandus Vierth, Heini Schwalbe, „Papa" Friedrichsen, dessen Sohn Hans und „Nete" Schmelzkopf – sie alle avancierten in den folgenden Jahren zu maßgeblichen Figuren in St. Paulis Fußball-Frühgeschichte. Im November 1907 wurde auf einer Versammlung der Spiel- und Sportabteilung der erste „Ordnungswart" für Fußball gewählt: Henry Rehder, der spätere FC-Präsident.

Zwei Spiele fanden in diesem Jahr statt – im Rahmen von Turnfesten. Beide Male spielte St. Pauli gegen eine Mannschaft des Schwimmvereins Aegir. Die erste Begegnung endete 1:1, die zweite gewann der TV mit 7:1. Die meisten Pioniere aus der Kneipe kickten mit, wobei Schmelzkopf gleich als brillanter Techniker auffiel. Obwohl die Spieler noch lange kein Geld verdienten, hatte die Fußballsparte bereits mit finanziellen Schwierigkeiten zu kämpfen. 1908 stand zum Beispiel ein Minus von 79 Mark zu Buche.

Das Jahr 1909 brachte für die Fußballer im St. Pauli TV zwei wesentliche Ereignisse mit sich. Amandus Vierth setzte im März durch, dass alle Kicker des Klubs fortan in einheitlicher Kleidung auflaufen: in dunkelbraunen Trikots mit weißen Aufschlägen und weißen Hosen. Deshalb gilt er als Erfinder der FC-Vereinsfarben. Außerdem gastierte mit Schwerin 03 der erste auswärtige Gegner am Millerntor, nachdem die St. Paulianer dafür „nicht unerhebliche finanzielle Opfer" gebracht hatten, wie es in der Jubiläumsbroschüre von 1930 heißt.

Wie unterentwickelt der Fußball im St. Pauli TV derzeit war, zeigen zwei Beispiele: Als die Kick-Enthusiasten den Antrag auf Mitgliedschaft im Norddeutschen Fußballverband (NFV) vorbereiteten, gab der Vorsitzende der Spiel- und Sportabteilung, Henry Rechtern, zu verstehen, „dass unsere Fußballspieler... nicht nur im Winter Fußball spielen, sondern während der warmen Jahreszeit Schlag- und Faustball treiben". Und in einem Versammlungsprotokoll des St. Pauli TV vom April 1910, dem Monat des NFV-Beitritts, erwähnt der offensichtlich der alten Turner-Schule zuzurechnende Verfasser die „zum Teil sehr schwierigen Fußball-regeln".

Der St. Pauli TV vor dem Freundschaftsspiel gegen Schwerin 03. Von links nach rechts: „Papa" Friedrichsen (in zivil), Schwalbe, C. Schmelzkopf, H. Friedrichsen, Sperling, H. Schmelzkopf, C. Friedrichsen, Kulik, Munulla, F. Knoop, H. Knoop; daneben die Mecklenburger.

Die Jäger-Ära – aus der Frühgeschichte des Hamburger Fußballs

Als Fußball im St. Pauli Turnverein noch keine allzu große Bedeutung besaß bzw. noch nicht einmal gespielt wurde, genossen andere Hamburger Klubs bereits überregionale Popularität. Allen voran der SC Germania, Altona 93 und der SC Victoria. Im zweiten Jahrzehnt dieses Jahrhunderts verschwand Germania aus der Spitze, um 1919 im HSV aufzugehen, dafür spielten sich der Eimsbütteler TV, dessen ganz große Zeit aber erst in den 30er Jahren kam, sowie Union 03 Altona in den Vordergrund.

Es dauerte bis zum Sommer 1895, ehe in Hamburg die erste Punktspielrunde ausgespielt wurde – mehr als 30 Jahre, nachdem die englische Football Association die Regeln für den Fußball, wie wir ihn kennen, festgelegt hatte. Und rund 15 Jahre, bevor St. Pauli erstmals zu Punktspielen antrat. Die Meisterschaft holte sich in dieser ersten Saison der SC Germania, der teilweise auf englische Spieler zurückgreifen konnte.

In den ersten Jahren des Spielbetriebs gingen sämtliche Begegnungen auf den acht Plätzen der Exerzierweide in Altona über die Bühne. 1903 stellten hier, in der Nähe des heutigen S-Bahnhofs Diebsteich, 1.500 Zuschauer einen neuen Rekord für Punktspiele in Hamburg auf. Anlass war das Entscheidungsspiel um den Titel in der A-Klasse, das Altona 93 mit 3:1 gegen Germania gewann. Kurz darauf fand auf der Exerzierweide auch das erste Endspiel um die Deutsche Fußballmeisterschaft zwischen dem VfB Leipzig und dem DFC Prag statt. Franz Behr, der 1. Vorsitzende von Altona 93 und 2. Vorsitzende des DFB, musste seinerzeit den Platz herrichten, jeden einzelnen der 500 Zuschauer abkassieren und hernach auch noch das Spiel pfeifen.

Zwischen 1906 und 1913 machten Altona und Victoria den Titel in Hamburg praktisch unter sich aus. Der AFC war überregional erfolgreicher, stand 1903 und 1909 im Halbfinale um die Deutsche Meisterschaft, die Elf aus dem Stadtteil Hoheluft dagegen nur einmal

(1907). Dafür baute Victoria die erste nennenswerte Tribüne Norddeutschlands. So avancierte das Stadion zu einer Fußball-Hochburg; zahlreiche Länder-, Verbands- und Städteauswahlspiele fanden hier statt.

Außerdem brachte der SC Victoria bis 1934 mehr DFB-Auswahlspieler hervor als jeder andere Verein der Stadt: insgesamt elf. So stellte „Vicky" am 5. April 1908 mit Hans Weymar den einzigen Hamburger für das erste offizielle Länderspiel ab (3:5 gegen die Schweiz). Zwei Monate später spielte gegen Österreich ein weiterer Victorianer im DFB-Dress: Verteidiger Hermann „Etsche" Garrn. Darüber hinaus debütierte in diesem Spiel der legendäre Altonaer Mittelstürmer Adolf Jäger, der das erste seiner elf Länderspieltore schoss. Beim Länderspiel gegen England am 14. April 1911, das 2:2 endete und den ersten großen internationalen Erfolg in der DFB-Geschichte bedeutete, war ausnahmsweise keiner von Victoria dabei, dafür spielten aus Hamburg der Verteidiger Hermann Neiße (Eimsbütteler TV, später Vienna Wien) und der AFC-Stürmer Karl Hanssen.

Adolf Jäger, „eines der größten Genies des deutschen Fußballsports" (Herberger-Vorgänger Otto Nerz), durfte seinerzeit zumeist nur zu Länderspielen reisen, wenn er einen Vertrauten von Altona 93 als Aufpasser akzeptierte. Der Verein hatte einfach Angst, dass im Rahmen der internationalen Begegnungen jemanden seinen Star abwarb. Sogar ein sehr gutes Angebot aus Brasilien soll Jäger irgendwann einmal bekommen haben.

Der neben dem Altonaer Kult-Stürmer beste Spieler der Zwischenkriegszeit war Otto „Tull" Harder vom HSV, der in 15 Länderspielen 14 Tore schoss, eines davon beim 1:0 gegen Norwegen auf der Hoheluft – dem vierten DFB-Auswahlspiel, das in Hamburg stattfindet. Ohne ihn wäre die große Zeit der Rothosen in den 20er Jahren nicht denkbar. Dennoch: Harder bleibt weniger als Fußballer in Erinnerung denn als SS-Scherge und hochrangiger KZ-Aufseher. Bezeichnend dafür, wie Fußballvereine mit ihrer faschistischen Vergangenheit oder der ihrer Mitglieder umgingen, war das Verhalten des HSV nach Ende des Dritten Reiches: Nachdem Harder als Kriegsverbrecher verurteilt worden war, schloss man ihn aus dem Verein aus. Doch kaum war er, schon vier Jahre später, wieder auf freiem Fuß, wurde am Rothenbaum eine Jubelfeier für ihn organisiert. ■

Als die Fußballer sich dem NFV anschlossen, bestand der gerade erst fünf Jahre. Zirka 140 Vereine gehörten ihm zu dieser Zeit an, bis zum Beginn des Ersten Weltkriegs waren es 300. Zu den führenden Klubs unter ihnen gehörten Altona 93, Victoria und der Eimsbütteler TV, und gegen die trug der St. Pauli TV im Frühjahr auch seine ersten Punktspiele aus – allerdings gegen deren dritte oder vierte Mannschaften. Die Braun-Weißen liefen mit einer Truppe auf, die sich teilweise mit der ersten Schlagballmannschaft des Vereins überschnitt. Henry Rehder spielte zum Beispiel eine Zeitlang für beide Teams.

Im Sommer 1911 führte der Hamburger NFV-Bezirk eine 1C-Klasse ein und gliedert die St. Paulianer dort ein. Die Konkurrenten waren unter anderen Hermannia aus dem Stadtteil Veddel, der Rothenburgsorter FK, Eintracht Lokstedt und Holsatia Elmshorn. Die Gegner schienen nicht unattraktiv zu sein, denn der St. Pauli TV ging jetzt dazu über, Eintrittsgelder zu nehmen. Spielort seinerzeit: ein gerade mal 56 mal 80 Meter großer Platz neben der Turnhalle.

Die Helden hießen zu der Zeit Heini Schwalbe und „Nete" Schmelzkopf; sie bestritten bereits am 15. März 1914 ihr 100. Spiel für den Verein. Auf der Titelseite der Commers-Zeitung (Commers, manchmal auch mit k geschrieben, ist ein alter Begriff für Trinkfest), die Schwalbe an diesem Tag herausbrachte, prangt das Motto: „Es wird so wir's hoffen / Auch heute wie sonst gesoffen". Das Heft, vier Seiten dünn, enthält Zeichnungen, handschriftlich verfasste Texte sowie einige kurzweilige Mitteilungen für Insider des Vereins. „Für das Entscheidungsspiel der 2ten Mannschaft empfehle ich mich als Mittelstürmer", schreibt jemand, der sich „der harte Mann" nennt. Und ein Spieler der vierten Mannschaft teilt mit: „Groth! Rendezvous Donnerstag unmöglich, da Hemd in der Wäsche." Nur was der Wirt des Vereinslokals zu übermitteln hatte, ging wohl alle an. Er empfahl seinen „Deutsch-Südwestafrikanischen Telegraphenstangen Wurzel Bitterlikör".

Im folgenden Jahr trat erstmals in der Vereinsgeschichte Richard Sump in Erscheinung. Als 15jähriger debütierte er – notgedrungen, denn viele ältere Mitspieler kämpften gerade für den Kaiser oder waren bereits dabei draufgegangen – in der ersten Mannschaft des St. Pauli TV. Der spätere Vizepräsident kam vom Straßenfußballklub Apollo, einem jener damals zahlreichen „wilden" Vereine, die so genannt wurden, weil sie nicht dem Hamburg-Altonaer Fußballbund angehörten.

St. Paulis Elf nach einem 3:1-Sieg über den Eimsbütteler TV III in der ersten Punkt-
spielsaison.

In der vierten Mannschaft spielte Amandus Vierth, der Erfinder der braun-weißen Ver-
einsfarben (obere Reihe, zweiter von rechts).

Karikaturen der Spieler Schmelzkopf, Prinzlau, Schwalbe und Brombacher in der „Commers-Zeitung" (August 1914).

Der erste große Erfolg gelang 1916, als die mittlerweile in die B-Klasse aufgestiegene Mannschaft das Endspiel um die Meisterschaft in dieser Liga erreichte, gegen den SC Concordia allerdings mit 2:4 verlor. Die Zusammensetzung der Elf änderte sich jetzt ständig; überliefert ist die Aufstellung einer TV-Truppe, die 1917 gegen die Turnerschaft 1816 mit 5:3 gewann: Ratjens, Friedrichsen, Krambeck, Klatte, Kulik, Schrödter, Klotz, Cordts, Cohn, Heins, Hirsch.

Nach dem Ersten Weltkrieg peilte der Verein eine Fusion mit St. Pauli Sport und Favorit Hammonia an, doch der Plan scheiterte. Dafür gelang es, unter den Mitgliedern 35.000 Reichsmark aufzutreiben, um das an den Sportplatz grenzende Panorama abzubrechen – ein Wahrzeichen des Heiligengeistfeldes, das ein Reliefbild der „Schlacht von Weißenburg" aus dem deutsch-französischen Krieg von 1870/71 enthielt. Doch Wahrzeichen hin oder her: Das Ding musste weg, weil es sonst nicht möglich gewesen wäre, die Spielfläche zu vergrößern. Probleme in Sachen Platz gab es aber weiterhin, denn der Klub war gezwungen, seine Heimspiele woanders auszutragen, wenn auf dem Heiligengeistfeld der Dom oder Ausstellungen stattfanden.

Einen Aufschwung erlebte jetzt die Jugend-Abteilung, die innerhalb kürzester Zeit ihre Mitgliederzahl verdoppelte. Das war vor allem das Verdienst des neuen Jugendleiters Richard Rudolph, genannt „Käppen". Der gelernte Barkassenschiffer, Jahrgang 1895, avancierte in der Zwischenkriegszeit zu einem mythenbeladenen Vereins-Faktotum, weil er unzählige Talente, unter anderem den späteren DFB-Auswahlspieler Karl Miller, entdeckte und überhaupt den ganzen Tag nichts anderes tat als für die Jugend-Abteilung zu arbeiten. Bezeichnend für den Ruf, den „Käppen" genoss, ist die etwas holprige Eloge, die Franz Strohkar, einer seiner Nachfolger, 1951 für seine Chronik „Das Wunderteam" schrieb: „Ja, es ging sogar in Deiner Glanzzeit die Mär / Zog man in fernen Landen umher / Und wollte bringen einen Gruß Dir dar / Von Asien, Amerika oder Australien gar / So sollt' man nur schreiben, ja, staunst nur sehr / 'Käppen' – Europa – ... und die Post lief nicht verkehrt."

Im Sommer 1919 stieg der St. Pauli Turnverein erstmals in die höchste Spielklasse auf. Die Klubs spielten die Meisterschaft nach einem Modus aus, der zirka 70 Jahre später in ähnlicher Form noch einmal in der 2. Bundesliga Anwendung fand: Nach der Hinrunde wurde die Klasse in eine Meisterschafts- und eine Abstiegsrunde geteilt. Weil dem St. Pauli TV nur zwei Siege gelangen, belegte er am Ende den letzten Platz. Zwei Jahre

Der A-Klassen-Vertreter St. Pauli TV 1920: Mannschaftsleiter Gengenbach, Fischer, Röbe, Spreckelsen, Rahlf, Soltwedel, Sump, Hadlich, Kutter, Witt, Nack, O. Schmidt.

später kehrte er zurück, begünstigt allerdings dadurch, dass der Verband eine zweigleisige erste Hamburger Liga mit 16 Mannschaften einführte (vorher zehn in einer Staffel).

In der Saison 1923/24 eskalierte der schon lange schwelende Konflikt zwischen der Deutschen Turnerschaft (DT) und den Sportverbänden, nachdem es den Funktionären der DT sowie Fußballern, Schwimmern und Leichtathleten nicht gelungen war, eine gemeinsame Dachorganisation zu installieren. Der maßgebliche Grund: Die Turner kannten weiterhin nur einen wahren Sport, nämlich ihren. Schließlich verfügte die DT, dass es allen Mitgliedern ihrer Vereine fortan untersagt sei, an Wettkämpfen der Spiel- und Sportorganisationen, also zum Beispiel der Fußballverbände, teilzunehmen. Daran hielt sich – nachdem er zunächst Widerstand angekündigt hatte – auch der St. Pauli Turnverein. So wurde es unvermeidlich, dass sich die Kicker des Vereins auf eigene Füße stellten: Sie gründeten den FC St. Pauli und deklarierten das Jahr des NFV-Beitritts zum Geburtsjahr. Zum ersten Präsidenten wählten die Mitglieder den Kaufmann Henry Rehder, des weiteren kamen Jonny Barghusen, ebenfalls Kaufmann, sowie der Beamte Amandus Vierth in den Vorstand.

Der Fußball avancierte in der Weimarer Republik seinerzeit zu der neben Boxen populärsten Publikumssportart. Das Niveau des Spiels stieg, weil es seit der Einführung des Acht-Stunden-Tages im Jahr 1919 bessere Trainingsmöglichkeiten gab, und 1920 hatte der DFB schon 756.000 Mitglieder, fast fünfmal soviel wie vor dem Ersten Weltkrieg. Somit fiel die Geburt des FC St. Pauli in die Zeit des ersten großen Fußball-Booms. Der St. Pauli Turnverein, heute ein reiner Breitensportklub, trat zwischen 1968 und 1972 sowie in der Saison 1975/76 in der Hamburger Fußball-Szene kurzzeitig wieder in Erscheinung. Eine Mannschaft des Vereins nahm am Spielbetrieb der untersten Liga teil, wurde aber meistens Letzter, 1976 sogar mit 0:52 Punkten.

Von den beiden berühmtesten Mitgliedern in der Geschichte des Turnvereins kennt man heute nur noch einen. An den Kunstspringer Albert Zürner, der aus diesem Klub hervorgegangen ist und 1908 Olympiasieger wurde, erinnern sich wahrscheinlich nicht einmal mehr Schwimmsport-Experten. Der Name Clemens Schultz hingegen ist noch relativ geläufig – und wenn es nur deswegen ist, weil sich in der Straße, die nach dem ehemaligen St. Paulianer Pastor benannt ist, heute die republikweit bekannte Fan-Gaststätte „Zum letzten Pfennig" befindet.

Die Jahre im „Fahrstuhl"

Sump, Bergemann, Hadlich, Spreckelsen, Röbe, Ralf, Nack, Soltwedel, Otto Schmidt, Schreiner, Jordan – das war die erste Mannschaft, die unter dem Namen FC St. Pauli antrat. Sie belegte in der Saison 1924/25 in der Alsterkreis-Staffel des NFV unter acht Mannschaften den sechsten Platz, 17 Punkte hinter Meister HSV. Auffälligster Spieler der Elf war Berni Schreiner: Der Linksaußen, von Beruf Journalist, rannte immer mit einem Taschentuch in der Hand die Linie entlang; der Multitalentierte – dreimal gewann er den Langstreckenlauf „Quer durch Brandenburg" – brauchte den Stofffetzen, weil er ständig stark schwitzte.

Insgesamt gab es drei erste Ligen mit Mannschaften aus dem heutigen Gebiet des Hamburger Fußball-Verbandes; in der Nordhannover-Liga setzte sich Rasensport Harburg und in der Elbekreis-Staffel Altona 93 durch. In letzterer Liga spielte auch der unmittelbare Nachbarverein St. Pauli Sport, der in den folgenden fünf Jahren besser als der FC abschnitt. Der Konkurrent hatte auch diverse Hamburger Auswahlspieler in seinen Reihen, zum Beispiel Karl Politz, der später zum HSV wechselte und 1934 gegen Ungarn auch einmal das DFB-Trikot trug.

Dass der FC unter Zwang gegründet worden ist – darüber sinnierte schon nach wenigen Monaten niemand mehr. Vielmehr wurde allenthalben zufrieden konstatiert, „dass die volle Selbständigkeit nur von Nutzen ist", wie Präsident Henry Rehder sagte. Allerdings: Im zweiten FC-Jahr stiegen die Kicker als Tabellenletzter ab, um nach einem Jahr in der A-Klasse wieder zurückzukehren. Der FC St. Pauli begann, sich den Ruf einer Fahrstuhlmannschaft zu erarbeiten.

1928 wurde der Hamburger Fußball von einer Revolte erschüttert. Die größeren Vereine waren, wahrscheinlich aus finanziellen Gründen, unzufrieden damit, dass die erste Liga in eine Alsterkreis- und eine Elbekreisstaffel aufgeteilt war, und boykottierten deshalb die angesetzten Punktspiele. Der HSV, Union 03, der Eimsbütteler TV, Altona 93, St. Pauli Sport, die Spvgg. Polizei, Ottensen 07, St. Georg und der SC Victoria spielten statt dessen mit Holstein Kiel eine wilde „Runde der Zehn" aus; der reguläre Spielbetrieb kam zum Erliegen. Der NFV beugte sich schließlich dem Widerstand und führte für ganz Norddeutschland sechs Oberligen ein, dafür eine für Groß-Hamburg. Der FC St. Pauli war nicht in ihr vertreten, denn der siebte Platz aus der Saison 1927/28 reichte nicht, um sich zu qualifizieren.

So spielten die Braun-Weißen in der Serie 1929/30 in der Elbe-Staffel der neugegründeten Bezirksliga und wurden unter der Leitung Richard Sumps mit fünf Punkten Vorsprung Meister, wobei man die Hinrunde ohne jeden Punktverlust überstand. Den Aufstieg schafften die Spieler Borgwardt, Willi Schmidt, Kracht, Salz, Wulf, Wrede, Wolf, Stamer, Klages und Giza. Weil die Meisterschaft schon früh feststand, sagten einige Akteure für die letzten Spiele „begreiflicherweise" ab, „teils auch, um privaten Interessen nachzukommen", schrieb Richard Sump in der Vereinszeitung. Im Klub ging es also offensichtlich noch sehr gemütlich zu.

Wer waren die herausragenden Spieler? Auf alle Fälle der Bankbeamte Alex Giza, der 1980 im Alter von 67 Jahren starb. Seine Schnelligkeit und seine Flanken aus vollem Lauf animierten Franz Strohkar 1951 dazu, ihn in der Chronik „Das Wunderteam" als „St. Paulis größten Linksaußen" zu feiern. Die Presse hingegen fand besonders Gefallen an Jonny Salz, weil der Name Stoff für Kalauer bot. „Salz war genügend da, nur der Pfeffer fehlte", ließ sich zum Beispiel ein Medienarbeiter einfallen. Man sieht: Beckmänner hat es schon immer gegeben.

Der beste Spieler war in der Saison ohne Zweifel Oschi Stamer. Am Bußtag 1929 kam er sogar erstmals in der Hamburger Auswahl zum Einsatz, in einer Sturmreihe mit dem bereits erwähnten Politz von St. Pauli Sport. Trotz eines Stamer-Tores verloren die Hanseaten im Victoria-Stadion gegen Berlin mit 1:2. „20.000 Zuschauer anwesend und als Senatsver-

Die Meisterelf der Bezirksliga, Elbekreis (1930). Von links nach rechts; hinten: Klages, Stamer, Wrede, Wulf, Schumann, Wolf, Salz, Giza, Mannschaftsleiter Sump; vorn: Kracht, Borgwarth, W. Schmidt.

treter nur ein Subalternbeamter", mokierten sich die „Hamburger Nachrichten" tags darauf in einer Sub-Headline. Und die Vereinszeitung lobte natürlich ihren Helden: „Oscar Stamer … war mit Sommer (HSV) zusammen der unbedingt bessere Flügel, wie er wohl in der ersten Halbzeit überhaupt der bessere Innenstürmer gewesen ist."

Nach Otto Schmidt (der allerdings noch als Spieler des St. Pauli Turnvereins) war Stamer erst der zweite Auswahlkicker der Braun-Weißen. Der Stürmer traf fortan übrigens jedes Mal, wenn er in die Auswahl berufen wurde: im Juni 1932 einmal beim 5:0 gegen Aarhus (Erwin Seeler besorgte den Rest), im November desselben Jahres beim 6:2 gegen Berlin dreimal und im November 1935 beim 2:0 gegen Mecklenburg einmal.

Im Lauf der nächsten Jahre wurden die ersten Aktivitäten jener Vereinsfreunde aktenkundig, die man heute Sponsoren nennt. Zum wichtigsten Gönner in den Dreißigern wurde Alexander Richter, der seinerzeit das Operettenhaus und die Hamburger Volksoper führte. Er beschäftigte einige Spieler als Portier in seinen Etablissements, am liebsten den langen Mittelstürmer Fritz Schumann, der seine Elfmeter gern „überkreuz" schoss, das heißt, indem er den rechten Fuß hinten um das linke Standbein herumschwang. „Schumann war auch als Portier besonders beliebt, weil er von allen Ligaspielern am galantesten mit den Damen umzugehen wusste", attestierte ihm Horst Frese 1973 in der „Bild"-Zeitung.

In der Saison 1930/31 spielte der FC erstmals in einer Liga mit St. Pauli Sport – vier Jahre, bevor dieser Name verschwand, weil der Nachbar mit einem Verein namens FC Amateure zu Sport 01 fusionierte. Am Ende stand der FC St. Pauli auf dem sechsten Platz, einen Punkt besser als der Rivale. Erstmals glänzte in der braun-weißen Elf der Stürmer Arnold Tegge, „Deutschlands schnellster Maurermeister" (Franz Strohkar). Tegge, nach dem Krieg übrigens kurzzeitig als Schweinezüchter tätig, entwickelte sich zu einem der namhaftesten St.-Pauli-Kicker der 30er Jahre.

Womöglich waren die Erfolge zu Beginn des Jahrzehnts ja auf die Trainingsmethoden zurückzuführen. „Wenn unser Verein den Namen 'Fußballclub' führt und der Fußball bei uns König ist, so erkennen wir aber auch, dass, wenn wir erfolgreich spielen wollen, wir beim Fußballspielen in erster Linie unseren Körper beherrschen müssen, und um dieses Ziel zu erreichen, heißt es Leichtathletik und Gymnastik zu betreiben. Der Vorstand hat deshalb in richtiger Erkenntnis dieses Umstandes einen Sportlehrer, und zwar Herrn Kötke, verpflichtet, der allen Mitgliedern in Gymnastik und leichtathletischen Übungen Unterricht erteilt", berichtete die Vereinszeitung seinerzeit. Rainer Sonnenburg war also beileibe nicht der erste Konditionstrainer der Vereinsgeschichte.

Im März 1931 qualifizierte sich der FC durch ein 4:3 über den Eimsbütteler TV sogar für die Spiele um die Norddeutsche Meisterschaft. Quest, Kracht, Willy Schmidt, Wulf, Alex Schmidt, Salz, Dr. Wolff (ein Ökonom), Stamer, Wrede, Klages und Giza gewannen gegen einen ETV, der immerhin mit den späteren DFB-Auswahlspielern Ebbe, Stührck und Rohwedder antrat. „Wir spielten mit vier Läufern und vier Spitzen. Mit dieser Taktik kam Eimsbüttel nicht zurecht", sagte Alex Schmidt, ein anderes St.-Pauli-Idol, später. Das Image des künstlerisch begabten Mittelfeldspielers – bei Mannschaftsfeiern in einschlägigen Kiez-Lokalen spielte er häufig Klavier – litt allerdings beträchtlich, als er zur Betriebsmannschaft der Margarinefabrik Rama wechselte. Als SV Rama spielte die Truppe in den 30er Jahren zeitweilig in Hamburgs zweithöchster Spielklasse.

Der grandiose Sieg gegen den ETV verleitete Vereinswirt Franz Blunk dazu, der Mannschaft, die nach Heimspielen bis dato mit Waschschüsseln hatte vorlieb nehmen müssen, drei Duschen zu spendieren. Womöglich bereute der Gastronom seine Freigiebigkeit bald, denn das Achtelfinal-Spiel um die „Norddeutsche" verloren die St. Paulianer am Rothenbaum –

sie wählten den Platz aus, weil sie in der Punktrunde beide Spiele gegen den HSV gewonnen hatten – mit 1:6 gegen Phönix Lübeck. Vor 7.000 Zuschauern vermochte der FC vor allem gegen den Halbrechten Schaar, den Spielmacher, nichts auszurichten. „Nicht, dass wir verloren haben, sondern wie wir verloren, hat uns sehr enttäuscht", kritisierte die Klubzeitung. Dass Phönix mit einer besseren Einstellung zu gefährden gewesen wäre, ahnte man, als die Lübecker im Viertelfinale gegen Holstein Kiel ausschieden.

1931 war nicht nur aufgrund der Teilnahme an der norddeutschen Meisterschaft ein wichtiges Jahr in der Frühgeschichte des Vereins, sondern nicht zuletzt, weil Henry Rehder aus beruflichen Gründen nach Berlin übersiedelte und Wilhelm Koch ihn ablöste. „Der Verein ist in voller Fahrt, zu einer Zeit, wo dem deutschen Fußball die ernstesten Gefahren drohten, nämlich im Berufssport zu versinken", blickte der Klub vier Jahre später in „25 Jahre Sport am Millerntor" zurück.

Diese „Gefahren" waren zwei Jahre später beseitigt, weil die Faschisten Profisporttum selbstverständlich für verwerflich hielten. Einen Tag, bevor Hindenburg Hitler zum Reichskanzler ernannte, am 29. Januar 1933, geht der FC mit 1:8 bei Victoria unter, wobei Erwin Seeler sechsmal trifft – „ein grandioses Abschieds-Feuerwerk, so kann man es im Nachhinein sehen, für die Weimarer Republik", schrieb der Fußball-Historiker Jens-Reimer Prüß 1995 im Fanzine „Unhaltbar!".

Im Sommer des Jahres 1933 wurde der FC mal wieder zweitklassig – allerdings nur, weil der sechste Platz der Vorsaison nicht reichte, um für die neu eingeführte Gauliga Nordmark zugelassen zu werden. In der Bezirksliga lieferte sich St. Pauli dann ein Kopf-an-Kopf-Rennen mit Borussia Harburg, das letztere Mannschaft für sich entschied. Dennoch nahm der FC an den Aufstiegsspielen zur Gauliga Nordmark teil, weil die Harburger in den Spielbetrieb in Niedersachsen eingegliedert wurden. Quest, Miller, Heß, Salz, Wrede, Leffler, Klingler, Klages, Heini Schmidt, Stamer und Tegge schafften schließlich die Qualifikation. Aus der Mannschaft ragte der kopfballstarke und temperamentvolle Heini Schmidt heraus, der sowohl Läufer als auch Stürmer spielen konnte.

Günther Peine, fünf Jahre später Verteidiger in der Ligamannschaft, hatte damals allerdings einen anderen Favoriten. „Mein Idol war Eugen Heß. Seine Konstanz, seine Härte – absolut beeindruckend", sagt der heute 77jährige, der seit 65 Jahren im selben Haus lebt, drei Minuten vom Millerntor entfernt.

Das erste Mannschaftshaus an der Glacischaussee, erbaut 1934.

Der FC im Jahr 1935. Von links nach rechts: Stamer, Leffler, Worthmann, Tegge, Quest, Miller, Wrede, Klages, Dobert, H. Schmidt, Timmermann, Trainer Otto Schmidt.

Im Jahr des Wiederaufstiegs in die höchste Spielklasse entstand das erste Vereinshaus – allerdings kein Klubheim im heutigen Sinne. Vielmehr wurde das ehemalige Eisbahn-Gebäude an der Glacischaussee so umgebaut, dass sich dort immerhin 18 Mannschaften gleichzeitig umziehen konnten. „Das hat vor allem der Jugendabteilung Auftrieb gegeben", meint Günther Peine.

Umso deprimierender dann das Jubiläumsjahr 1935: Im Frühjahr nahmen die Nazis für die „Reichsnährstand-Ausstellung", eine ihrer Propaganda-Veranstaltungen, den gerade erst ausgebauten Platz der Liga-Elf in

Beschlag. Der Rasen wurde „völlig verwüstet", wie es in der Festschrift aus demselben Jahr heißt. Und dann stieg der FC auch noch aus der Gauliga ab, während sich der Eimsbütteler TV mit sechs Punkten Vorsprung vor dem HSV den Titel holte.

Erst anderthalb Jahre später war der Rasen am Millerntor wieder bespielbar, weshalb der FC seine Heimspiele bis dahin auf den Plätzen am Kaifu-Bad in Eimsbüttel oder auf der Exerzierweide in Altona austrug. Das Spiel zur Wiedereinweihung gewann St. Pauli mit 6:2 gegen Blau-Weiß Berlin. Als Höhepunkt des Rahmenprogramms sah die Klubzeitung den „Einmarsch unserer Aktiven, der für einen Sonnabendnachmittag recht stattlichen Zahl von 225 Mann". In dem Jahr hatte der FC die größte Fußballabteilung Hamburgs, das heißt – heute unvorstellbar – 24 Herren- und 26 Jugendmannschaften.

Obwohl die Braun-Weißen nicht am Millerntor spielen konnten, gelang ihnen 1935/36 unter dem ehemaligen Ligaspieler Otto Schmidt die Rückkehr in die erste Liga. Seinen größten Erfolg feierte der Coach, der sich seinen Lebensunterhalt als Kohlenhändler verdiente, in der Spielzeit darauf: Der FC wurde Vierter in der Gauliga, punktgleich mit den Zweit- und Drittplazierten, Holstein Kiel und dem SC Victoria.

Nach Schmidt übernahm Seppl Müller, als Außenverteidiger bei der Spvgg. Fürth bekannt geworden, das Kommando. „Ein wichtiger Trainer. Der hat mir, einem klassischen Linksaußen, beigebracht, wie man mit rechts flankt", erinnert sich der damalige Liga-Spieler Fritz Golombek. Unter Müller, in den 20er Jahren zwölfmal im DFB-Team, schrieb der FC im Winter der Saison 1937/38 Mediengeschichte: Das Spiel gegen Holstein Kiel war das erste, bei dem ein Vor-Ort-Kommentar mitgeschnitten wurde. „Den Beitrag von Herbert Zimmermann konnte man dann abends als Aufzeichnung im Radio hören", erzählt Golombek.

Der nunmehr beidfüßig schießende Linksaußen war in diesem Spiel der überragende St. Paulianer: Nachdem Kuddel Worthmann die Kieler mit einem fulminanten Eigentor in Führung gebracht hatte, egalisierte der „Fummel-Fritze" genannte Stürmer mit einer Flanke, die sich unerwartet ins Tor senkte. Das 3:1 schoss Golombek ebenfalls selbst („Da kam Karl Miller auf mich zugelaufen und hat mich auf die Stirn geküsst"), das 4:1 durch Arnold Tegge bereitete er vor.

In den Spielzeiten 1937/38 und 1938/39 belegte der FC jeweils einen soliden fünften Platz in der Gauliga, wurde in der ersten Kriegssaison jedoch mal wieder seinem Ruf als Gelegenheits-Absteiger gerecht. Der

Fußball-Spielbetrieb erfüllte jetzt, politisch gesehen, zwei Funktionen: Die „großen" Spiele, unter anderem die des DFB-Teams, nutzten die Nazis für Propagandazwecke – wie bisher; die „kleinen", die zum Beispiel am Millerntor stattfanden, boten urlaubenden Soldaten die Gelegenheit, sich für den nächsten Einsatz an der Front zu regenerieren. Sportlich gesehen waren die Punktspiele aufgrund der Fluktuation der eingesetzten Akteure wertlos. Bezeichnend, dass der FC am 3. Oktober 1943 am Rothenbaum mit 8:1 gegen den HSV gewann, im Mai des folgenden Jahres am Millerntor aber mit 0:9 unterging.

Als einer der letzten vermeintlichen Höhepunkte gilt unter Überlebenden das Lokalderby gegen die Spvgg. Polizei am 13. September 1942 im Sternschanzenpark. Stüben, Peine, Busch, Kriczl, Delewski, Tegge, Herbst, Jaudas, Hans Sump, Dominczak und Kühl gewannen mit 2:1.

Nur zwei von ihnen sorgten noch nach dem Krieg, in der ersten großen Mannschaft des FC St. Pauli, für Furore: Der Kupferschmied Walter Delewski, dann allerdings im Tor, sowie Hans Sump.

Braunweiße Politik

Als der FC St. Pauli 1935 „25 Jahre Sport am Millerntor" feierte, machte er gleich auf der dritten Seite des gleichnamigen Jubiläumshefts deutlich, dass er da steht, wo die meisten anderen Vereine auch stehen. Zwei Geleitworte sind dort abgedruckt: eines von Adolf Hitler und eines von „Reichssportführer" von Tschammer und Osten. „Die körperliche Ertüchtigung soll dem einzelnen die Überzeugung seiner Überlegenheit einimpfen und ihm jene Zuversicht geben, die ewig nur im Bewusstsein der eigenen Kraft liegt, zudem soll sie ihm jene sportlichen Fähigkeiten beibringen, die zur Verteidigung der Bewegung als Waffe dienen", proklamiert Hitler. Und sein Parteigenosse assistiert ihm: „Ein Volk ohne Leibesübungen ist ein Volk ohne Charakterkraft. Kraft und Charakter aber sind uns Deutschen von unseren Ahnen her eingewachsen."

Im, naja, redaktionellen Teil wird unter anderem gelobt, dass die Nazis „den deutschen Sport wieder auf eine ideelle und gesunde Basis" gestellt hätten. Ein wesentlicher Aspekt dieser „gesunden" Sportpolitik: Tschammer verlangte kurz nach Beginn der faschistischen Diktatur von allen Verbänden und Vereinen, das „Führerprinzip" einzuführen. Der FC St. Pauli setzte die Order schon zwei Monate nach dem Ermächtigungsgesetz um: „In der Mai-Versammlung 1933 wird Koch zum Vereinsführer gewählt und Eduard Stülcken zu seinem Stellvertreter." Tatsächlich wurde Koch bestimmt, wählen durften die Klubmitglieder nicht mehr.

Interessant ist im Nachhinein besonders, dass es 1931, als im übrigen „unsere braun-weißen Farben des öfteren Anstoß (erregen)", noch „fast hoffnungslos" schien, die Baupläne für den Ausbau des Liga-Platzes am Millerntor bewilligt zu bekommen, nach der Machtübernahme der Faschisten „unsere Vorstellungen beim Staat" aber plötzlich Erfolg hatten. Daraus kann man schließen, dass die Zusammenarbeit zwischen dem Verein und den Nazis nicht schlecht war.

Natürlich vergisst der Autor des Beitrags nicht zu erwähnen, dass beim Platzbau „die freiwillige Arbeitskameradschaft, die vom Staat ins Leben gerufen war, uns wertvolle Hilfe geleistet (hat)".

Die bedingt relevante Frage, ob der FC St. Pauli aus Überzeugung oder Opportunismus „mitmachte", lässt sich anhand der Lektüre von „25 Jahre Sport am Millerntor" nicht beantworten. Viel aussagekräftiger ist da die Festschrift von 1930, denn derzufolge war bräunliches Gedankengut im Verein bereits drei Jahre vor Beginn des Dritten Reiches gern gesehen. So wird im Nachhinein unter anderem plausibel, warum sich zum Beispiel 1933 die Mitglieder des Arbeitersportvereins Fichte St. Pauli, die wie alle anderen dieser Organisationen von den Nazis verboten wurden, nicht dem FC anschlossen, sondern dem SC Hansa 11, einem anderen Klub aus dem Stadtteil.

Im Editorial, wie man es heute nennen würde, schreibt Paul Duysen: „Zwanzig Jahre von unten auf zu arbeiten,… nur im Bewusstsein einer herrlichen, volksdienlichen Sache,… das bedeutet: Zwanzig Jahre Kämpfer, lebensbejahender Gestalter am Volksleben zu sein. So lange Kräfte dieser Treue und dieses Glaubens dem deutschen Volke und seiner Jugend dienen, so lange… haben wir keinen Anlass, an dem Wiederanstieg unseres Volkes und unseres Sportes zu zweifeln." Duysen schreckt auch vor grotesken Thesen nicht zurück. „Jeder Knabe, der Leibesübung zugeführt, ist den Gefahren der Tuberkulose und der Seuchen entzogen", behauptet er.

Die Kernbotschaft indes spart sich der Agitator natürlich bis zum Schluss auf: „Jeder Mann und jede Frau, die zielbewusst Leibesübung treiben, ist dem Gemeinschaftsgedanken immer stärker und williger hingegeben. Derart bestimmen Dienst am Volke, Treue zum Vaterlande das ganze Handeln. Wenn dann, in hoffentlich nicht allzu fernen Jahren, das ganze deutsche Volk einig ist in seinen Stämmen, deutsch in seinem

Wesen, wiedergegeben seiner kulturellen Bestimmung, zu den schöpferisch-lebendigsten Völkern des Erdballs zu gehören, dann hat auch der Sport – also auch der F.C. St. Pauli an seinem Ort und in seiner Gemeinschaft –, sein gehörig Teil Gut und Blut zu diesem Wiederanstieg beigetragen." Duysen trat am 30. April 1930 – bevor die Operette „Die Fledermaus" von Johann Strauß aufgeführt wurde – auch als Redner bei der Festveranstaltung in der Hamburger Volksoper auf. Wahrscheinlich mit demselben Sermon.

Eine ähnliche Weltanschauung wie Duysen vertrat Vorstandsmitglied Rudi Prinzlau, wie dessen Festschrift-Beitrag zeigt, der Antwort geben sollte auf die Frage: „Was war und ist mir der Fußballclub St. Pauli?" Der Funktionär erzählt von seiner Zeit in der Ligamannschaft, von einer Reise nach Cuxhaven, wo die Braun-Weißen im Juli 1914 einen Marine-Sportplatz einweihten, als „das Gerücht vom Mord in Sarajevo" umging. War aber kein Drama, denn das Vereinsleben ging anderswo weiter: „Wenige Wochen später waren wir in alle Winde zerstreut und jeder stellte seinen durch Sport gestählten Geist und Körper dem Vaterlande zur Verfügung."

Ebenfalls im „20jähr. Jubiläum" zu Wort kam Walther Bensemann, damals Chefredakteur und Herausgeber des „Kicker": „Vor dem Krieg hatten wir… einen Schleifstein, das Militär. Auch hier wurden gewisse Kardinaltugenden beigebracht: Gehorsam, Sauberkeit, Pünktlichkeit. Nach dem Schwinden der allgemeinen Wehrpflicht… muss der Sport den Aufbau bringen…, die Lebensauffassung bilden helfen. Es genügt nicht, Deutschland auf der Zunge oder im Knopfloch zu tragen; es muss im Herzen wohnen. Jeder Deutsche muss in seinem Innersten davon überzeugt sein, dass sein Land vielleicht nicht das erste, aber das beste Land der Welt ist… Für solches Denken ist die Sportabteilung einer Schulanstalt die beste Basis… Wem von frühester Jugend das Gefühl einer Gemeinschaft in Fleisch und Blut übergegangen ist, der wird auch im Ausland Deutscher bleiben…" Drei Jahre, nachdem dieser Text erschien, musste der Jude Walther Bensemann „das beste Land der Welt" verlassen. Der Journalist emigrierte in die Schweiz, wo er kurz darauf starb.

Duysen, Prinzlau, Bensemann – was zeigen diese Beispiele? Die Auffassung, dass Sport „als Waffe" (Hitler) dienen soll, dass er die sogenannte Volksgesundheit und nicht zuletzt die Wehrkraft stärken muss, ist offensichtlich nicht auf dem Mist der Nationalsozialisten gewachsen. Allerdings haben sie diese wahnhafte Sport-Ideologie, die natürlich nicht nur im FC St. Pauli, sondern in vielen bürgerlichen Vereinen verbreitet war, weitaus stärker funktionalisiert als die Nationalisten vor ihnen. Der Publizist Lorenz Pfeiffer betont denn auch 1993 in seinem Aufsatz „Körperzucht und Körpererziehung im Dritten Reich", dass die faschistischen Thesen zum Sport „im Zusammenhang mit dem nationalsozialistischen Rassengedanken und der Volksgemeinschaftsideologie gesehen werden" müssten.

Wie weit die Wurzeln der Ideologie zurückreichen, die die Autoren vom „20jähr. Jubiläum" propagieren, zeigt ein Rückblick aus der Festschrift zum 50jährigen Bestehen des St. Pauli Turnvereins. Daraus geht hervor, dass schon vor mehr als 130 Jahren in der alten Halle in der Feldstraße Sport im Sinne von Wehrertüchtigung beliebt war: „Militärische Marschübungen, Bajonettieren, Fechten und Dauerläufe belebten die abendlichen Turnstunden. Manöverübungen, wie die Pfingstturnfahrt unter Leitung St. Paulianer Turner am 23. Mai 1863 dienten für Kriegsvorbereitungen im Gelände."

Ein Indiz dafür, dass der FC St. Pauli in seinen ersten drei Jahrzehnten nicht nur nationalistisch und militaristisch ausgerichtet war, gibt es aber auch: ausgerechnet ein Bericht des späteren NSDAP-Mitglieds Wilhelm Koch. Er erzählt 1930 in der Jubiläumszeitschrift von der Endphase des Ersten Weltkrieges, als sogenannte Jugendwehren gebildet wurden, um Nachwuchs zu drillen, der noch nicht im militärpflichtigen Alter war. Koch und seine Kameraden vom St. Pauli Turnverein wurden als „Jugendwehr Nr. 7" eingeteilt.

„Damals wusste man noch wenig von Antimilitarismus und Pazifismus, aber komischerweise schienen schon derzeit die Kadetten vom Millerntor versteckte Anhänger dieser Ideen zu sein", schreibt Koch. „Die Führer bemühten sich vergebens mit ihren Künsten, Exerzierübungen fanden keine Gegenliebe und Geländeübungen konnten nicht stattfinden, da die Sonntage fußballerisch und leichtathletisch voll ausgenutzt wurden." Die St. Paulianer, so der spätere Präsident, hätten sich unbeliebt gemacht bei den Wehrsport-Ausbildern, mit lausbübischen wie unfairen Tricks bei einem Gelände-Staffellauf zum Beispiel. Und nachdem die Jungs vom Millerntor bei einer Parade mit Spazierstöcken und Strohhüten aufmarschiert seien, hätte man sie aus den Hamburger Jugendwehren ausgeschlossen.

Eine sympathische Geschichte, natürlich. Allerdings ist es unwahrscheinlich, dass die St. Paulianer hier bewusst politischen Widerstand geleistet haben. Es dürften eher lustbetonte Aktionen von Teenagern gewesen sein, die instinktiv getan haben, was getan werden musste.

Die Vergangenheitsbewältigung

1933 hatte der damalige DFB-Präsident und SS-Obersturmbannführer Felix Linnemann im Hinblick auf die bevorstehende Reichstagswahl in einem Aufruf an die Vereine die „politische Mission" hervorgehoben, die „der Sport… in der Volksgemeinschaft des Dritten Reiches… erhalten" habe. Nach der Niederschlagung des Faschismus wollten weder der Verband in Frankfurt noch seine Vereine mehr etwas von dieser „Mission" wissen. Wer in offiziellen Vereinschroniken etwas über die Zeit zwischen 1933 und 1945 nachlesen will, findet selten mehr als Klagen über den Verlust von Kameraden, die Schäden des Krieges in deutschen Städten und ihre Auswirkungen auf den Sportbetrieb. Allerdings fehlt fast immer der Hinweis darauf, wer für den Krieg verantwortlich war. Kein Wunder, wenn man bedenkt, dass 1945 bei einer in der amerikanischen Zone durchgeführten Umfrage zum Beispiel 70 Prozent der Bürger erklärten, Deutschland trage am Krieg keine Schuld.

Die erste, allerdings nicht offizielle St.-Pauli-Chronik, die nach dem Ende des Dritten Reiches entstand, war „Das Wunderteam" von Franz Strohkar. Sie kursierte 1950 in einer Mini-Auflage am Millerntor. Hier finden sich Passagen, die auch sechs Jahre früher hätten erscheinen können. Im Rückblick auf die Jahre 39 und 40 heißt es dort: „Zu der aufgerufenen Metallsammlung des deutschen Volkes hat der Verein 63 Pokale und dgl. abgeliefert. Wer weiß, wieviele Erinnerungen, schöne Kämpfe und frohe Stunden mit diesen Trophäen verbunden gewesen sind, kann das Opfer ermessen."

Immerhin muss man Strohkar zugestehen, dass er der bisher einzige Chronist ist, der auf Wilhelm Kochs Mitgliedschaft in der NSDAP zumindest angespielt hat – wenn auch nur zwischen den Zeilen. „Im Vorstand des Vereins sind folgende St. Paulianer tätig: Rehder, Friedrichsen, Pestorf, Mücke, Draack, später auch wieder Wilhelm Koch", blickt Strohkar auf das Jahr 1946 zurück. Im Klartext: Kurz nach dem Krieg, im Zuge der Entnazifizierung, durfte Koch noch nicht wieder in einem solchen Gremium sitzen.

Darüber hinaus hat „Das Wunderteam" hat auch seine komischen Momente. „Wir hingen an Deinen Lippen, wenn Du Döntjes erzähltest /

Oder die Heldentaten von 14/18 erwähntest / Die Dir brachten leider, oh Pein / Deine nicht schöne Verwundung ein", dichtet Strohkar in seiner Eloge auf Richard „Käppen" Rudolph, den legendären Jugendleiter der Zwischenkriegszeit. Andererseits ist es schon erstaunlich, dass sich, kaum war der Zweite Weltkrieg vorüber, schon wieder jemand fand, der den Ersten glorifizierte. Das „Käppen"-Porträt im Jubiläumsbuch von 1960 ist übrigens in einem ähnlichen Ton gehalten („Im Jahr 1914 drängte ihn und viele seiner Kameraden der Idealismus zu den Fahnen").

Im selben Band ist ein Bericht Wilhelm Kochs zitiert über die Zeit unmittelbar nach den Angriffen der Alliierten auf Hamburg im Juli 1943, die „endgültig das Leben in unserem Klub auszulöschen (schienen)". Der Präsident betont hier die Rolle des Sports bei der moralischen Wiederaufrüstung: „Unsere Sportanlage am Millerntor wurde in dieser Zeit zwar nur leicht beschädigt, jedoch unser Mannschaftshaus in der Glacischaussee restlos zerstört. Trotz dieser Großangriffe wurden vier Wochen später am Millerntor wieder Spiele… ausgetragen. Diese Spiele hatten eine besondere Bedeutung. Für Tausende von Zuschauern war es ein Wiedersehen mit Sportlern und Sportfreunden nach der größten Katastrophe, die je unsere Stadt betroffen hat."

In der 1958 erschienenen Festschrift der Rugby-Abteilung treibt die Erinnerung an den eigenen Durchhaltewillen groteske Blüten: „An jedem Donnerstag trafen sich alle Rugbyspieler zum Mannschaftsabend – Daheimgebliebene, Urlauber, Durchreisende und Gäste. Von diesen Donnerstagen konnten sie den Humor und die Fröhlichkeit früherer Tage mitnehmen, um den ganzen Schlamassel überstehen zu können. Trotz des fürchterlichen Völkermordens konnte die Rugby-Abteilung des FC St. Pauli dank ihrer vorbildlichen Kameradschaft auch diese schlimme Zeit überstehen." Das muss man sich wirklich alles mal auf der Zunge zergehen lassen. Wie heißt es doch so schön in dem Lied, das wohl in jedem Verein verbreitet ist: „Aber eins, aber eins, das bleibt bestehen…"

Eine zentrale Rolle spielte im Verein zwischen 1939 und 1945 Max Pestorf, der für den Briefkontakt zwischen Verein und Soldaten zuständig war. Ernst Meyer feiert ihn in „Fünfzig Jahre FC St. Pauli" als „unseren Soldatenvater im letzten Kriege". Meyers Wortwahl ist typisch für die Vergangenheitsbewältiger in den Sportvereinen; er erklärt den Zweiten Weltkrieg im Nachhinein zu einer schicksalhaften Naturkatastrophe: „Es sind inzwischen zwanzig Jahre vergangen, seit wir die bitterste Zeit erlebten, die über unser Volk hereinbrach. Die Kriegsfackel zerschlug das

Leben von Millionen Menschen. Unsere Soldaten standen nördlich des Polarkreises, in der Wüste Nordafrikas... oder sonstwo." Meyer schwelgt in der „Erinnerung an etwas, was uns ... immer wieder einen neuen Funken Mut und Selbstvertrauen gab. Es bestand eine Brücke zwischen Front und Heimat, es war ein Kontakt zwischen dem Club und seinen Soldaten." Und Max Pestorf sei „der Brückenwärter" gewesen.

Eigentlich müsste man die Frage stellen, warum der Verehrer des „Soldatenvaters" am Jubliäumsbuch überhaupt mitarbeiten durfte. Denn Ernst Meyer war verantwortlicher Redakteur der Festschrift, die 1935 zum 25jährigen Bestehen erschien, und hatte sich somit ausreichend disqualifiziert. Andererseits ist die Frage naiv: Schließlich hatte der Verein 1960 ja auch noch denselben Präsidenten wie während des Faschismus.

Karl Miller

Der ambivalente Held

In der Geschichte des FC St. Pauli haben bisher drei Spieler den Sprung in die A-Mannschaft des DFB geschafft: Während „Coppi" Beck und Ingo Porges nur jeweils einmal in der Auswahl standen, bestritt Karl Miller gleich zwölf Spiele und dürfte damit einen Vereinsrekord für die Ewigkeit aufgestellt haben. Allerdings keinen, auf den man sonderlich stolz sein kann, denn all seine Berufungen erhielt der Verteidiger zwischen 1940 und 1942. Seinerzeit spielte Miller, geboren 1913, beim Dresdner SC, und dennoch reklamieren alte St. Paulianer ihn mit einem gewissen Recht als „unseren Nationalspieler". Reguläre Vereinswechsel waren während des Zweiten Weltkrieges nämlich verboten; Soldaten wie er, die stationierungsbedingt für andere Vereine kickten, galten lediglich als Gastspieler.

Der Entdecker Millers ist Richard „Käppen" Rudolph, der legendenumwobene langjährige Jugendleiter des FC. Der Schlachtersohn aus der Neustadt, einem Nachbarviertel St. Paulis, fiel dem Talentscout bei einem Spiel zweier Schulmannschaften auf. Einen Tag später spielte Miller bereits für St. Paulis 1. Schüler gegen den SC Victoria im Endspiel um die Hamburger Meisterschaft. Die Jungs vom Millerntor gewannen schließlich 2:1 – durch zwei Tore des Debütanten. „Er hatte furchtbare Angst, denn seine Eltern hatten ihm das Fußballspielen verboten", erzählte „Käppen" später.

Eine andere wichtige Premiere, das erste Spiel für die Liga-Mannschaft, verlief allerdings ernüchternd. Es war in der Saison 1932/33 gegen Union 03: Miller musste Mittelläufer spielen, was ihm sichtlich nicht behagte, und der FC verlor gegen den damals stärksten Sturm der Stadt schließlich mit 1:6. Spätestens 1935 dürfte er das abgehakt haben, denn in dem Jahr durfte er erstmals für die Hamburger Auswahl auflaufen.

Zum Dresdner SC stieß Miller gemeinsam mit Guschi Carstens, einem Stürmer vom HSV. Kapitän des Erfolgsklubs war seinerzeit Heinz Hempel, der andere Mann in der Verteidigerreihe. Die kuriosesten Spiele seiner Karriere erlebte Miller wohl 1943 und 1944, als er im Halbfinale des Vereinspokals sowie um die Deutsche Meisterschaft gewissermaßen gegen sich selbst spielte: mit dem Luftwaffensportverein Hamburg gegen den Dresdner SC. Der St. Paulianer gewann 1943 mit dem LSV 2:1, verlor aber 1944 0:4. Für die Luftwaffe kickten neben Miller unter anderen der später für den FC spielende Nürnberger „Zapf" Gebhardt sowie Heinz Mühle von Altona 93.

Sein Debüt im DFB-Team feierte der linke Verteidiger vom Millerntor beim 7:0 gegen Ungarn am 8. April 1940 in Köln. Hans Rohde vom Eimsbütteler TV spielte Mittelläufer, Helmut Schön schoss zwei Tore, Fritz Walter eines. Wenn Miller das DFB-Trikot trug, verlor die Mannschaft nur einmal, netterweise am „Führergeburtstag" 1941 gegen die Schweiz. Von einer erfolgreichen Phase der Herberger-Truppe zu sprechen, hieße aber die politischen Tatsachen zu verkennen, denn Länderspiele waren schwer zu organisieren, vor allem, weil sich damals viele starke Mannschaften verständlicherweise weigerten, gegen die Auswahlelf des faschistischen Kriegsaggressors anzutreten. Kein Wunder, dass Miller in seiner Länderspielkarriere jeweils gleich zweimal gegen Ungarn, die Schweiz und die Slowakei auflief.

Ohne Zweifel waren die Kicker in Schwarzweiß Propagandawerkzeuge. Am 22. November 1942, als die Deutschen 5:2 im heutigen Bratislava gewannen – es war auf den Tag genau für acht Jahre das letzte Spiel einer DFB-Truppe – attackierte das Publikum Miller und seine Mitspieler denn auch genau deswegen. Wie wichtig die Nazis die Spiele nahmen, belegt eine Mitteilung aus dem Propagandaministerium nach einer 2:3-Niederlage gegen Schweden im September 1942: Es sei „in der heutigen Zeit töricht, ein Fußballspiel durchzuführen, dessen Ausgang aller Voraussicht mit einer Niederlage von uns enden musste".

In dem Jahr zog der braune DFB tatsächlich noch sieben Auswahlspiele durch. Zum Vergleich: 1996, in einer halbwegs friedlichen Zeit, fanden zehn statt (EM nicht mitgerechnet). Miller verdankt seine Karriere als DFB-Kicker also nicht zuletzt einer unhaltbaren Sportpolitik. Der St.-Pauli-Chronist Franz Strohkar argumentiert – natürlich – ganz anders. „Hätte der Krieg den Sport nicht gänzlich zum Erliegen gebracht, so wäre die Berufung an unseren Kalli sicher noch öfter ergangen", mutmaßt er in „Das Wunderteam".

Seinen Status als St.-Pauli-Legende festigte Miller nach dem Krieg, obwohl er seinen fußballerischen Zenit da schon überschritten hatte: Mit dem Hinweis auf die für damalige Verhältnisse schlaraffenlandähnliche Verköstigung, die die Schlachterei seines Vaters garantieren konnte, überzeugte er einige seiner Kameraden aus Dresdener Zeit sowie andere Spitzenspieler, nach Hamburg zu kommen. Das so zusammengestellte Team gehörte fünf Jahre lang zu den besten in der BRD.

Sein letztes Liga-Punktspiel bestritt Miller im Mai 1950. Die Zeit danach verlief ähnlich wie bei vielen großen und auch weit berühmteren Fußball-Stars der Nachkriegszeit. Er bekam sein Leben nicht in den Griff, sein exzessiver Alkoholkonsum tat ein übriges. Miller starb am 19. April 1967 im Alter von 53 Jahren – am selben Tag wie Konrad Adenauer. ∎

Budapest, 3. Mai 1942: Das DFB-Team – mit Karl Miller und dem späteren St.-Pauli-Keeper Helmut Jahn – gewinnt 5:3 gegen die ungarische Auswahl. Oben: vor dem Spiel, unten: Jahn und Miller in Aktion.

Von der Wunderelf zum magischen Viereck

1945 bis 1963

Deutscher Spitzenfußball am Millerntor

Wer von der Wexstraße 39 im Norden des Neustadt-Viertels zu Fuß zum Wilhelm-Koch-Stadion gehen will, braucht nur zirka eine Viertelstunde. Und das in seiner Hässlichkeit schwer zu überbietende Hauptquartier des Springer-Verlags ist gerade mal zwei Steinwürfe entfernt. Hier steht man im Zentrum Hamburgs, und dennoch fühlt man sich wie in der kleinstädtischen Kulisse einer Low Budget-Seifenoper. Denn in der unmittelbaren Nachbarschaft gibt es neben Einrichtungsgeschäften und Friseuren vor allem Kneipen mit weniger metropolitanen Namen: „Schmelztiegel", „Sorgenfrei" und sogar „Agentur".

Der Laden in der Wexstraße 39 verkauft heute robuste hippe Schuhe. In diesem Gebäude betrieb einst Karl Miller Senior eine Schlachterei, und die spielt in der Geschichte des FC St. Pauli eine fast mythisch aufgeladene Rolle. Das Geschäft des Vaters war das Kernstück in der Argumentation von Karl Miller Junior, dem es nach dem Untergang des Dritten Reiches gelang, zahlreiche deutsche Spitzenspieler ans Millerntor zu locken. Und so konnte man in der Wexstraße 39 in der frühen Nachkriegszeit jeden Mittag fast eine komplette Elf beobachten, wie sie Fleischportionen vertilgte, die andere Vereine nicht bieten konnten.

Die Stars, die damals allerdings noch nicht so genannt wurden, kamen größtenteils vom Dresdner SC, einem der erfolgreichsten deutschen Klubs in der ersten Hälfte dieses Jahrhunderts. Der Klub, gegründet am 30. April 1898 und neu gegründet am 1. Juli 1990, war zwischen 1902 und 1933 sechsmal mitteldeutscher Meister sowie von 1933 bis 1944 zweimal Pokalsieger, sechsmal sächsischer und zweimal Deutscher Meister. Die beiden letztgenannten Titel, sportlich allerdings ohne große Bedeutung, holten die Dresdner 1943 im Finale gegen den FV Saarbrücken und 1944 gegen den Luftwaffensportverein Hamburg.

Zwei Spieler aus der Mannschaft, die Ende der 30er, Anfang der 40er Jahre so erfolgreich war, leben noch: Heinz Hempel, der als Jugendspieler 1935 in die DSC-Ligamannschaft kam, und Walter Dzur, der zwei Jahre später hinzustieß. Sie gehörten 1945 zu jenen, die Karl Miller, zu deren großer Zeit ebenfalls in Dresden aktiv, zum FC St. Pauli holte.

„Als wir hörten, dass Karl in Hamburg eine Mannschaft aufbaut, sind Heiner Schaffer, Heinz Köpping und ich von Dresden nach Hamburg getrampt. Das erste Spiel gewannen wir mit 6:0 gegen Sperber", erinnert sich Heinz Hempel. Walter Dzur war schon vorher nach Hamburg gezogen. Das Team, später „die Wunderelf" genannt, komplettierten Fritz Machate, ein weiterer Dresdner, Außenstürmer Rolf Börner aus Riesa, der später zum HSV wechselte, Jupp Famula von Slask Wroclaw, die drei Berliner Henner Appel, „Tute" Lehmann und Helmut Jahn sowie die Hamburger Harald Stender und Hermann Michael. Torwart Jahn blieb allerdings nur kurze Zeit, für ihn kam Willy Thiele, ein weiterer Berliner Keeper. Und für drei Spiele gastierte sogar Helmut Schön beim FC.

„Wir konnten die Dresdner und Berliner Spieler nicht verdrängen, aber ich kann nur Positives über sie sagen. Wir haben zu denen aufgeschaut", erzählt Günther Peine, der vor und während des Krieges in der Liga spielte, sich nachher aber in die Reserve-Mannschaft zurückzog. Zwei langjährige St. Paulianer wollten allerdings mehr sein als Ersatzspieler in einer, wie man heute wohl sagen würde, „zusammengekauften" Truppe. Heinz Mahnke und Hans Franke wechselten deshalb zum Harburger TB.

Ein halbes Jahr lang bestritten die St. Paulianer nur Freundschaftsspiele, die erste Reise machte man zum Beispiel 1945 mit einem LKW nach Essen, um vor 15.000 im Uhlenkrugstadion von Schwarz-Weiss gegen eine einheimische Stadtauswahl zu spielen. In Hamburg spielten im Herbst besagten Jahres 61 Mannschaften in acht Gruppen um acht Plätze in der neuen Stadtliga, die dann im Frühjahr 1946 eine einfache Meisterrunde ausspielte. Der FC brauchte sich nicht für diese Liga zu qualifizieren, er gehörte neben dem HSV, Altona 93, dem SC Victoria und dem ETV zu den gesetzten Klubs.

Während der ersten Hamburger Nachkriegsmeisterschaft mussten die St. Paulianer ihre Heimspiele auf gegnerischem oder neutralen Platz austragen. Der Millerntor-Platz war zerstört, der gesamte Stadtteil hatte verhältnismäßig viel abbekommen. So bauten die Vereinsmitglieder in Eigeninitiative ein neues Stadion – nicht dort, wo das heutige steht, sondern in der gegenüberliegenden rechten Ecke des Heiligengeistfeldes, vis

1946 errichteten FC-Mitglieder ein neues Stadion. Hier machen die Bauarbeiter gerade mal Pause.

à vis der Feuerwache. „Wer Zeit hatte, ging hin und machte mit", sagt Günther Peine. Auf Fotos sieht man sogar einige Liga-Spieler mit einer Schaufel in der Hand – allerdings hatte man die nur aus marketing-strategischen Erwägungen so ablichten lassen.

Als das Stadion fertig war, sorgte auf behördlicher Ebene nachträglich noch die Baugenehmigung für Ärger. St.-Pauli-Veteranen erzählen sich heute manchmal von dem braven Beamten, dem man vorwarf, dem Verein die Erlaubnis vorschriftswidrig gegeben zu haben, und der dann aus Schmach den Freitod wählte. Ob die Geschichte stimmt? Zumindest ist sie nicht schlecht ausgedacht.

In die Stadtliga ging der FC mit dem ersten lizenzierten Coach der Vereinsgeschichte. Hans Sauerwein, an der Hochschule für Leibesübungen in Berlin gemeinsam mit Sepp Herberger ausgebildet, hatte vorher schon acht Vereine trainiert, darunter Schalke 04, Hertha BSC und – natürlich – den Dresdner SC. Es sah zunächst alles danach aus, als werde St. Pauli den Titel holen. Die Elf hatte zwar mit den späteren Absteigern Wilhelmsburg 09 und West Eimsbüttel mehr Mühe, als es die Ergebnisse (6:3 bzw.

▶ **PORTRÄT**

Walter Dzur

Der Lebemann

Wir sitzen vor der Kneipe BMS Atlantic, einen Steinwurf entfernt von Walter Dzurs Wohnung in Hamburg-Neustadt. Zehn Meter weiter stehen ein paar durchaus erwachsene Touristen, die mit Videokameras zugange sind. Allerdings nicht, um einen der größten Hamburger Fußballer aller Zeiten in ihrem Filmarchiv zu verewigen. Nein, sie haben's auf ein Gebäude auf der anderen Straßenseite abgesehen: den Michel.

„Das ist mein erstes Bier seit sechs Wochen", sagt Walter Dzur gleich und erweckt so den Eindruck, als wolle er unbedingt das Image korrigieren, das ihm seit seiner aktiven Zeit anhaftet. Dzur, der Stopper der Wunderelf, galt immer als eigenbrötlerischer Lebemann. Harald Stender, acht Jahre lang sein Mannschaftskamerad, sagt zum Beispiel: „Wenn der solide gelebt hätte, wäre er der beste Mittelläufer Deutschlands geworden."

Es passte perfekt ins Bild, dass Dzur 1957, vier Jahre nach Ende seiner aktiven Laufbahn, auf dem Kiez eine Kneipe eröffnete. „Zum Sportler" hieß das Lokal in der Davidstraße, eines von vielen in der Gegend, das in den 50er Jahren stadtbekannte Fußballer und Boxer anzog. „Bei Trudel Herbert, an der Ecke zur Hopfenstraße, ein paar Schritte von meinem Laden entfernt, konnte man manchmal Max Schmeling treffen. Bei mir war dagegen oft Erwin Seeler zu Gast", sagt Dzur.

Bevor er die Kneipe eröffnete, hatte er in denselben Räumen ein Zigarettengeschäft betrieben. Und als Zuhause diente, insgesamt 20 Jahre lang, eine zum Laden gehörende Wohnung. 1970 ist Dzur in die Neustadt umgezogen, „weil der Hausbesitzer die Miete von 370 auf 2.000 Mark erhöhen wollte". Heute befindet sich dort, wo früher „Zum Sportler" war, eine Spielhalle.

Der Feldwebel, wie ihn die Journalisten gern nannten, weil er auf dem Spielfeld lautstark kommandierte, wurde mit dem Dresdner SC zweimal Deutscher Meister und zweimal Pokalsieger; dreimal lief er

Ex-Mittelläufer Dzur: 100 Meter in 11,2 Sekunden.

für das DFB-Team auf, einmal, 1941 gegen Finnland, gemeinsam mit Karl Miller. Dabei hätte nicht viel gefehlt, und Dzur wäre 100-Meter-Läufer geworden. 1936, ein Jahr, nachdem er in der Ligamannschaft des Dresdner SC debütiert hatte, wollte ihn der damalige Cheftrainer der deutschen Leichtathleten dazu überreden. „Ich war halt ziemlich schnell, bin die 100 Meter in 11,2 Sekunden gelaufen", erinnert sich der 77jährige.

Sein wichtigster Trainer war Schorsch Köhler, der in den 20er Jahren ebenfalls Mittelläufer spielte und seinerzeit fünf A-Länderspiele bestritt. Als stärksten Gegenspieler hat Dzur „Bimbo" Binder in Erinnerung, den Mittelstürmer von Rapid Wien. Gegen den spielte er mit dem DSC 1940 und 1941 im Halbfinale um die Deutsche Meisterschaft. Unter den Hamburgern haben ihm am ehesten Kurt Manja (ETV) und der Concorde Malik Hinsch (später Altona 93) beeindruckt. „Der hat ständig mit den Armen gerudert. 'Da kommt der Ruderer', haben wir immer gesagt", erzählt Dzur.

Worin sieht der Sachse die Unterschiede zwischen dem Fußball von einst und dem von heute? „Bei uns wurde viel mehr auf Angriff gespielt, ohne taktische Zwänge. Machate und Schaffer – das waren Spielmacher, die die meisten Vereine heute gern hätten." Und wer

Dzur kennt, wird sich kaum darüber wundern, wie er das Niveau der jetzigen St.-Pauli-Elf einschätzt: „Pröpper und Dammann sind gut, der Rest unterm Durchschnitt."

Der Kneipier im Ruhestand war schon immer ein Verbalradikaler. Sepp Herberger, der ihn diverse Male ins Aufgebot berufen hatte, ohne ihn aufzustellen, bot er zum Beispiel den Hintern zur Befeuchtung an. Das war immerhin rund 40 Jahre bevor Uli Stein einen anderen bekannten Teamchef, vergleichsweise liebevoll, als Suppenkasper titulierte. Über seinen langjährigen Mitspieler Helmut Schön sagt Dzur, dem habe man „Puderzucker in den Arsch blasen" müssen, damit er für St. Pauli aufläuft. Und einen „Bild"-Journalist, der zuweilen jeglichen Fußballverstand vermissen ließ, beschimpfte Dzur in seiner aktiven Zeit als „ganz großen Schmierfink". Der Ex-DSCer wäre wohl öfter ausgerastet, wenn die Medien Fußball damals so extensiv aufbereitet hätten wie heute. „Früher gab es am Montag einen Spielbericht, und dann war für den Rest der Woche Ruhe", erinnert er sich.

Obwohl Dzur nicht mehr auf dem Kiez wohnt: Er kann von seiner Wohnung aus immer noch innerhalb weniger Minuten zu Fuß zum Millerntor gehen, und das macht ihn zu einer Ausnahmeerscheinung unter all den FC-Helden – sowohl den alten als auch den neuen. Außer ihm wohnt nämlich nur noch Jürgen Gronau in Stadionnähe.

Dzur schaut sich die Profis an, wenn sie sonnabends antreten, die Freitagsspiele hingegen, sagt er, begännen zu einer Zeit, die seinem Alter nicht mehr angemessen sei. Am Sonntagvormittag trifft man ihn gelegentlich am Rande der Grandplätze neben dem Stadion. Die Spiele der Unteren Herren- und Jugendmannschaften interessieren ihn allerdings nur nebenbei, sie sind bloß ein Anlass, „um Luft schnappen zu gehen".

Das kann der legendäre Mittelläufer da in Ruhe tun, denn jene, die da stehen, haben etwas gemeinsam mit den Michel-fixierten Touristen: Sie kennen oder erkennen Walter Dzur nicht. Doch völlig verblasst ist sein Ruhm noch nicht: Immerhin findet er in seinem Briefkasten jeden Monat noch vier bis fünf Autogrammwünsche. ■

2:0) aussagen, führte in der Tabelle aber bis zum 12. Mai 1946, dem vorletzten Spieltag, mit einem Punkt Vorsprung vor dem HSV. An jenem Tag gab es gegen Altona 93 in einem „Heimspiel" am Rothenbaum eine ernüchternde 0:2-Schlappe. „Der Sturm … fand mit seinen engmaschigen Kombinationen bei der famosen Hintermannschaft Altonas keine Durchschlupfmöglichkeit", konstatierte die „Hamburger Volkszeitung".

Das nutzte der HSV aus, der im letzten Spiel gegen den ETV allerdings erst drei Minuten vor Schluss den titelbringenden Treffer erzielte. Mitten im Kampf um die Norddeutsche Meisterschaft mussten die Rothosen dann aber frustriert zur Kenntnis nehmen, dass die britische Militärregierung die weitere Austragung untersagt hatte. Die Briten waren verständlicherweise bestrebt, die Bedeutung von Sport kleinzuhalten, weil sie wussten, welche propagandistische Rolle er im Nationalsozialismus gespielt hatte.

Auf besonderes Interesse beim Publikum stießen bis Ende der 50er Jahre die Duelle zwischen Städtemannschaften. Das erste nach dem Krieg zwischen Hamburg und Niederrhein sahen am 14. April 1946 am Rothenbaum 21.000 Zuschauer. Sechs St. Paulianer sowie unter anderen noch Richard Dörfel und Erwin Seeler liefen für die Heimmannschaft auf. „Das Spiel war keine ungetrübte Freude, wie immer, wenn starke Hintermannschaften schwache Stürmer festlaufen lassen", urteilte die „Hamburger Volkszeitung". Dennoch gelang „Tute" Lehmann nach kluger Vorarbeit von Henner Appel der Treffer zum 2:1-Sieg.

Die Saison 1946/47 sah einen souveränen FC. „Man fühlte sich nach Brasilien versetzt, wenn die St.-Pauli-Truppe den Ball und den Gegner laufen ließ", heißt es im Jubiläumsbuch von 1985. Sicherlich profitierte der Klub davon, dass er ab dem 17. November wieder einen eigenen Platz zur Verfügung hatte. Der wurde eingeweiht vor 30.000 Zuschauern mit einem 1:0 gegen Schalke 04, das mit Ernst Kuzorra und Fritz Szépan angetreten war. Die Massen sahen zwar unterhaltsames technisches Geplänkel, aber letztlich wenig produktive Aktionen. Immerhin gelang Börner gegen den sechsmaligen Deutschen Meister der Siegtreffer. Um den besonderen Tag zu feiern, lud der Verein Spieler, Offizielle und Freunde, unter anderen den später berühmt gewordenen Rundfunkreporter Herbert Zimmermann – nicht zu einem Bankett oder ähnlichem, sondern zu einer Barkassenfahrt.

Einen Monat später gab es im neuen Stadion die ersten, naja, Zuschauerausschreitungen. Kurz nachdem Schaffer gegen Union 03 das 1:0 erzielt hatte, stellte der Schiedsrichter ihn, Lehmann sowie einen gegnerischen Spieler vom Platz, woraufhin Fans den Rasen stürmten und kurzzeitig die Fortsetzung des Spiels verhinderten. Obwohl der FC einen Mann weniger auf dem Platz hatte, gewann er noch mit 2:0.

In der gesamten Serie verlor St. Pauli nur dreimal, darunter einmal auf kuriose Weise das Spiel bei Concordia (mit 3:5 nach einer 3:0-Führung), als der Sieger, so jedenfalls Concordia-Chronist Hans Krogmann, „fast Nationalmannschaftsniveau" unter Beweis stellte. „Die Spiele gegen St. Pauli waren immer brisanter als die gegen den HSV, weil sich St. Pauli für etwas besseres hielt", meint Krogmann. Hört, hört!

Der Sommer 1947 brachte allerlei Ärger hinter den Kulissen. Zunächst weigerte sich der FC, sein Qualifikationsspiel für das Zonenmeisterschafts-Viertelfinale bei Holstein Kiel auszutragen, weil man den Modus für fragwürdig hielt. Das war er tatsächlich: Während die Meister aus Niedersachsen und Bremen sowie die Ersten der drei West-Ligen direkt qualifiziert waren (außerdem der beste Zweite aus dem Westen), mussten die Ersten aus Hamburg und Schleswig-Holstein gegen den jeweiligen Zweiten des Nachbarbundeslandes antreten, um zwei Teilnehmer zu ermitteln. Die Weigerung brachte St. Pauli eine Spielsperre bis zum 15. August ein, strafverschärfend kam hinzu, dass man auch noch – letztlich vergeblich – versucht hatte, den schleswig-holsteinischen Meister VfB Lübeck dazu zu überreden, nicht gegen den HSV anzutreten. Der FC, heißt es im Urteil, habe „grob verstoßen" gegen „Hamburgs sportliches Ansehen".

Zwei Monate später drohte sogar der Ausschluss aus dem Hamburger Fußball-Verband. Auslöser war ein heute absurd anmutender Streit mit dem HSV; beide Vereine hatten damit geworben, für ungefähr den gleichen Termin den 1. FC Nürnberg als Freundschaftsspielgegner verpflichtet zu haben. Als mehrere Beteiligte einander widersprechende eidesstattliche Versicherungen vorgelegt hatten, wurde das Verfahren zu einer Farce.

Die erste Oberliga-Saison begann grandios für die Wunderelf – mit einem 10:0 in Hannover und einem 5:0 gegen Holstein Kiel. Eine Premiere erlebten die Zuschauer am 5. Oktober 1947 am Millerntor beim 4:2-Sieg über Concordia: Gäste-Verteidiger Stuhr und FC-Torwart Willy Thiele, der sich grundsätzlich durch eine ähnlich furchtlose Spielweise auszeichnete, wie man sie Jahrzehnte später bei Gerry Ehrmann sah, kassierten die ersten beiden Platzverweise in der norddeutschen Oberliga-

Die Wunderelfkicker vor dem DM-Viertelfinalspiel in Berlin 1948. Von links: Miller, Machate, Michael, Lehmann, Stender, Hempel, Schaffer.

Geschichte. Die „Hamburger Volkszeitung" kommentierte: „Volkszorn entlud sich nach dem Ende über die allzu harten Concorden. Ein hässliches Bild, ein Zerrbild auf sportliche Gesinnung und Anstand." Sechs Wochen später die nächste Premiere: Gegen den SC Victoria lief erstmals Helmut Schön in einem Punktspiel für die Hamburger auf. „Die stärkste Leistung boten wir in dem Jahr beim 7:2-Sieg gegen Braunschweig, als wir einen 0:2-Rückstand aufgeholt haben", sagt Mittelläufer Walter Dzur. „Man muss ja bedenken, dass die am Ende Dritter geworden sind."

Strapaziös gestaltete sich im Sommer die Reise zum ersten Endrundenspiel um die Deutsche Meisterschaft bei Union Oberschöneweide: Mit dem Bus fuhr die Elf nach Herrenburg bei Lübeck zur damaligen Zonengrenze; bis sie im Osten in einen anderen Bus steigen konnte, musste zu Fuß der Weg durchs sogenannte Niemandsland zurückgelegt werden. „Für unser Gepäck hatten wir einen Blockwagen, den wir selbst ziehen und schieben mussten", sagt Harald Stender. Dennoch gewannen die St. Paulianer vor 80.000 Zuschauern 7:0 gegen den Berliner Meister, bei dem damals Harry Wunstorf im Tor stand.

Im Halbfinale traf St. Pauli auf den 1. FC Nürnberg, der sich kampflos qualifiziert hatte, weil der Ostzonen-Meister SV Planitz wegen fehlender Reiseerlaubnis nicht angetreten war. Die „Allgemeine Sportzeitung", die es vor dem Spiel für 15 Pfennig in einer Sonderausgabe zu kaufen gab, freute sich auf zwei „ausgesprochene Techniker-Einheiten mit viel Kombinationswillen und einer Spielweise, die auch dem Auge Schönes bietet". 37.000 Zuschauer sahen die Partie in Mannheim, 91.000 hatten Karten angefordert. St. Pauli lag bereits 0:2 hinten, als „Zapf" Gebhardt mit einem verschossenen Elfmeter gewissermaßen die Wende einleitete. Die Hamburger schafften noch den Ausgleich, doch schon in der vierten Minute der Verlängerung markierte Pöschl mit einem Volleyschuss das „Golden Goal", das damals allerdings noch niemand so nannte. Die Revanche im Freundschaftsspiel gewannen die Hamburger drei Wochen später im Volksparkstadion zwar mit 5:0, doch das scherte die Nürnberger kaum, waren sie doch mittlerweile durch ein 2:1 über den 1. FC Kaiserslautern Deutscher Meister geworden.

Ein Jahr später kam der FC bis ins DM-Viertelfinale. Die nunmehr von Waldemar Gerschler, einem weiteren Ex-Dresdner, gecoachte Mannschaft (Hans Sauerwein arbeitete inzwischen für den Hamburger Fußball-Verband) verlor zuerst das Entscheidungsspiel um die Nord-Meisterschaft mit 3:5 gegen den HSV, setzte sich in der Qualifikation für die Endrunde dann gegen RW Essen (in Braunschweig) sowie in Hannover in zwei Spielen an zwei aufeinanderfolgenden Tagen (!) gegen Bayern München durch. Im Viertelfinale waren gegen Kaiserslautern wieder zwei Begegnungen notwendig, um einen Sieger zu ermitteln. Beim 1:4 im Wiederholungsspiel machte sich dann der unglaubliche Kräfteverschleiß bemerkbar.

Szene aus dem Halbfinalspiel um die Deutsche Meisterschaft zwischen Nürnberg und St. Pauli 1948: rechts Harald Stender, in der Mitte Max Morlock.

▶ PORTRÄT

Harald Stender

Zwischen Klavierkonzert und Seniorenfußball

„Mein Lieblingsspieler aus der heutigen St.-Pauli-Mannschaft ist Klaus Thomforde. Ich konnte nie verstehen, was manche Leute vor ein paar Jahren gegen ihn hatten. Wie der sich in den Dienst der Mannschaft gestellt und es akzeptiert hat, hinter Ippig und Reinke auf der Bank zu sitzen – das war bewundernswert."

Dieses Bekenntnis Harald Stenders sagt auch viel darüber aus, was für ein Spielertyp er selbst war. Solidität, Einsatzwillen, Zuverlässigkeit – all das hat er 15 Jahre lang am Millerntor verkörpert, bevor er 1960 wegen beruflicher Überbelastung seine Karriere beenden musste. Als 24jähriger war er, das ergab 1948 eine Leserumfrage der „Hamburger Morgenpost", bereits der „beliebteste Sportsmann" der Stadt.

Dass es überhaupt dazu kommen konnte, ist im Nachhinein ein Rätsel. Jedenfalls ein medizinisches. Als Jugendspieler hatte sich Stender, 1924 nahe der Grenze zwischen St. Pauli und Altona geboren, einmal einen Bluterguss am Zeh zugezogen. Eigentlich harmlos, aber eigenartigerweise traten unmittelbar darauf Leistenbeschwerden auf, gegen die kein Arzt ein Gegenmittel fand.

Einen potenziellen Höhepunkt seiner jungen Karriere erlebte Stender 1942 somit nur als Zuschauer. Die Hamburger Jugend-Auswahl bestritt in Berlin das Vorspiel für das Finale um die Deutsche Meisterschaft, das Schalke mit 2:0 gegen Vienna Wien gewann. Immerhin konnte er zu diesem Sieg einen Beitrag leisten. „Heinz Flotho, der Schalker Torwart, hat sich damals meine Hose ausgeliehen", erzählt Stender.

Als Soldat spielte der St. Paulianer dann nur Handball, Fußball war weiterhin nicht möglich. „Aber kaum war ich aus dem Krieg zurück, waren die Beschwerden weg", erzählt Stender. Seine Frau Inge mutmaßt, die Schmerzen seien womöglich psychosomatisch bedingt gewesen, und die Erleichterung über das Kriegsende sei der

Grund für das fortan beschwerdefreie Kicken. Doch der Gatte sagt: „Nee, das ist doch Quatsch."

Als Höhepunkt seiner Karriere nennt Stender, der heute im dörflichen Duvenstedt lebt und gern Klavierkonzerte von Beethoven hört, die Halbfinalspiele um die Meisterschaft in der britischen Zone vor fast 50 Jahren. Der FC musste zweimal gegen Borussia Dortmund ran, bis er als Endspielteilnehmer feststand. „Die Spiele sind mir nachhaltig in Erinnerung geblieben, weil auf der Gegenseite August Lenz stand, und der war schon Nationalspieler, als ich noch ein Kind war." Lenz, Jahrgang 1910, ist so etwas wie Dortmunds Ernst Kuzorra; nach ihm ist die BVB-Geschäftsstelle benannt.

Ungern erinnert sich Stender, ebenso wie seine St. Paulianer Kollegen Schönbeck, Appel, Hempel und Zimmermann hingegen an die Länderpokal-Vorschlussrunde im Januar 1950. 55.000 Zuschauer, die größte Kulisse, vor der eine Hamburger Auswahl nach 1945 aufgelaufen ist, wollten in Ludwigshafen die Pfalz siegen sehen. Und wurden vollauf befriedigt, denn die von Sepp Herberger betreute Mannschaft gewann gegen die Norddeutschen unerwartet hoch mit 5:0. Warum? „Der Platz war eine Eisbahn, und wir rutschten nur hin und her, weil wir Stollenschuhe trugen. Herberger dagegen war clever, der hat seine Leute mit Turnschuhen spielen lassen", erzählt Stender. Der Läufer vom Millerntor, dessen Spezialität es damals war, den gegnerischen Spielmacher auszuschalten, hatte gegen Fritz Walter an diesem Tag nichts zu bestellen.

Ein besonders wichtiges Jahr in seinem Leben war 1951. Aus dreierlei Gründen: Er nahm an einem Sichtungslehrgang für die DFB-Auswahl teil, zog sich im Februar bei einer 0:1-Niederlage gegen Werder Bremen einen doppelten Schädelbasisbruch zu und kam – obwohl der Vereinsarzt nach dem Unfall noch konstatiert hatte, dass „da nichts mehr zu machen" sei – vier Wochen später gerade noch rechtzeitig aus dem Krankenhaus raus, um als Pächter eine Tankstelle in der Stresemannstraße, unweit des Millerntor-Stadions, zu übernehmen.

Das seltsamste Erinnerungsstück an seine sportlich stärkste Zeit ist eine Postkarte, 1951 geschrieben, aber erst 16 Jahre später abgestempelt. „Als 1967 Karl Miller beerdigt wurde, erzählte Sepp Herberger mir etwas von Genesungswünschen, die er mir hatte schicken wollen, als ich mit doppeltem Schädelbasisbruch im Krankenhaus

Harald Stender (rechts) im für ihn bedeutsamsten Spiel seiner Karriere: in der Halbfinalbegegnung um die Meisterschaft in der britischen Zone gegen Borussia Dortmund 1948. Zweiter von links: August Lang.

lag. Aus irgendeinem Grund hat er sie ursprünglich nicht abgeschickt. Ein paar Tage nach der Trauerfeier hatte ich die Karte, unterzeichnet von allen Spielern, die 1951 beim 3:2 gegen die Schweiz dabei waren, dann tatsächlich im Briefkasten", sagt Stender. War schon ein komischer Kauz, dieser Herberger.

Im Gegensatz zu anderen St.-Pauli-Größen der 50er und 60er Jahre hat der 73jährige den Kontakt zu Fußball und Verein nie abreißen lassen. So hat er bis 1994 für eine Alte-Herren-Elf des FC noch Punktspiele bestritten. Der wichtigste Bezug zum Spiel ist für Stender heute die „Donnerstagsrunde", eine Gruppe, in der sich einmal wöchentlich Senioren, die kurz nach 1945 den Hamburger Fußball geprägt haben, zum ungezwungenen Herumditschen treffen. Sie kommen aus verschiedenen Vereinen, unter anderen aus solchen, die längst in der Versenkung verschwunden sind, zum Beispiel Union 03. In der Donnerstagsrunde lassen sie das Gemeinschaftsgefühl weiterleben, durch das sich ihrer Meinung nach die Fußballszene ihrer Zeit über die Vereingsgrenzen hinaus ausgezeichnet hat. Ja, die Gruppe ist für manche Veteranen eine Art Familie. „Ein paar von uns feiern regelmäßig gemeinsam Silvester", sagt Stender. „Und einmal im Jahr fahren wir zusammen in den Urlaub." ∎

Der Umbruch

Aus dem Jahr 1950, als der Verein sein 40jähriges Jubiläum beging, haben viele alte St. Paulianer vor allem zwei internationale Freundschaftsspiele in Erinnerung. Solche Begegnungen gehörten seinerzeit, gerade für die Zuschauer, grundsätzlich zu den Höhepunkten einer Saison. Im Februar verlor der FC vor 30.000 Zuschauern am Millerntor mit 1:4 gegen die Newell Old Boys aus Rosario, den damaligen argentinischen Pokalsieger. Aus der Weltklasseelf ragte der Mittelläufer Colman heraus, der spielte, als sei er nicht von dieser Welt. Nach dem Spiel trugen ihn die entzückten Hamburger Zuschauer auf ihren Schultern vom Platz. Zwei Monate später verlor der FC mit 0:3 gegen Rapid Wien, das mit Ernst Happel (links) und Max Merkel (rechts) in der Verteidigerreihe spielte. Es war eines der letzten Spiele für Karl Miller, der im Mai abtrat.

Im Sommer mussten die Hamburger wieder nach Hannover reisen. In der Vorrunde zur Deutschen Meisterschaft stand das Spiel gegen TuS Neuendorf an. „Die technisch vorzüglich ausgestatteten, aber häufig recht empfindlichen Paulianer haben in letzter Zeit in keiner Weise überzeugen können", hiess es in der Vorankündigung des dortigen „Sport-Programms". Der FC empfand die Sticheleien wohl als Motivation und gewann mit 4:0 gegen die Elf aus Koblenz. Im Viertelfinale war aber wieder Endstation, diesmal erwies sich die Spvgg. Fürth als stärker.

Die Spielzeit 1950/51 war geprägt von Verletzungsproblemen. Stender (auch er wochenlang schwer verletzt) und Hempel mussten beide irgendwann mal im Sturm aushelfen, weil der Kader zu dünn besetzt war. Dennoch gelang es dem FC, die Endrunde um die Deutsche Meisterschaft zu erreichen. Dieses Mal wurden die Finalteilnehmer in Gruppenspielen ermittelt, und die begannen für die Braun-Weißen glänzend: mit einem 2:1 bei Westmeister Schalke 04. Am Ende sprang hinter dem 1. FC Kaiserslautern, der schliesslich in Berlin das Endspiel gegen den West-Vizemeister Preußen Münster gewann, sowie Schalke und Fürth aber nur der letzte Rang heraus.

Doch was heißt hier „nur"? Die Endrunden-Teilnahme 1951 war immerhin der letzte Erfolg der Wunderelf und markiert insofern eine Zäsur in der Geschichte des Klubs. Es war vorauszusehen, dass die Zeit dieser Mannschaft Anfang der 50er Jahre zu Ende gehen würde. Schon im Sommer 1948 beim DM-Halbfinalspiel gegen Nürnberg – dem Abschluss und Höhepunkt der besten Saison, die die Wunderelf spielte – waren

Appel 36, Miller 35, Thiele 34 und Hempel 30 Jahre alt. Erstaunlich also, wie lange die Mannschaft sich in der deutschen Spitze gehalten hat. Und das, obwohl viele Spieler über 30, die ja „nebenbei" noch einen Beruf ausübten, damals Verschleißerscheinungen zeigten, unter denen die Gleichaltrigen von heute aufgrund einer um Lichtjahre besseren medizinischen Versorgung nicht zu leiden haben. Das war möglich, weil zu Zeiten der Wunderelf ein gänzlich anderer Fußball gespielt wurde als jetzt: technisch gut, aber tempoarm und kaum körperbetont.

So sehr sich das Spiel seit dem Ende der Wunderelf auch verändert hat: Die Kicker waren damals ähnlich geschäftstüchtig wie ihre heutigen Kollegen. Die St. Paulianer bewiesen das im Sommer 1951 auf einer gemeinsamen Urlaubsreise: Weil der Verein für den Trip nur ein Freundschaftsspiel vereinbart hatte, organisierten die Spieler drei weitere Begegnungen in Eigeninitiative. Die Einnahmen teilten sie untereinander auf.

Eine ähnliche Gewitztheit hätte man auch den Offiziellen des FC gewünscht. In der Sommerpause bekundeten sie Interesse an Werner Erb, dem Torjäger des gerade abgestiegenen Nachbarn Altona 93. Der absolvierte aber nur zwei Freundschaftsspiele mit Sondergenehmigung, denn irgendwie bekam der Verein die Verpflichtung nicht auf die Reihe, unter anderem, weil Erb seinerzeit noch nicht 21 war, also nicht volljährig, und keinen Vertrag unterschreiben durfte. Schaut man sich heute die ewige Torschützenliste der Oberliga Nord an, wird klar, was der Klub hier für eine Gelegenheit verpasst hat: Erb liegt mit 135 Treffern an fünfter Stelle, 13 Plätze vor Fred Boller, dem ersten St. Paulianer.

Immerhin: Mit der Verpflichtung von unter anderen Fiedler, Wöhler, Wunstorf und Sommerfeld – die beiden letzteren sollten im Laufe des Jahrzehnts zu tragenden Figuren am Millerntor werden – gelang es dem Verein, eine Verjüngung einzuleiten. Die Leitwölfe der Neuen waren drei Spieler, die aus der Wunderelf übrig geblieben waren: Walter Dzur, Harald Stender und Jupp Famula. Stender wusste dank seiner ausgeglichenen Art beinahe jeden Streit zu schlichten, Famula hingegen war der Motivator. „Wenn der einen vor dem Spiel in der Kabine in die Augen geguckt hat, war man bereits eingestimmt", sagt Otmar Sommerfeld.

Vier Spieler waren in der Saison auf ihrer Position die Nummer eins in der Stadt – wenn man die Aufstellung für das traditionelle Spiel zwischen Hamburg gegen Berlin zum Maßstab nimmt, das ausnahmsweise Anfang 1952 mal am Millerntor stattfand. Mit Schönbeck, Boller, Dzur und Stender, der ein Tor schoss, siegten die Gastgeber 2:0.

Ostern wäre Präsident Wilhelm Koch fast ein Coup gelungen, der den Lapsus mit Werner Erb mehr als wettgemacht hätte. Nach einem Turnier in Hamburg, bei dem St. Pauli gegen den HSV, Austria Wien und Partizan Belgrad gespielt hatte, überzeugte er den damaligen jugoslawischen Star Tschik Cajkovski davon, ans Millerntor zu wechseln. Der Wechsel des Partizan-Spielers, später Trainer bei Bayern München, Hannover 96, dem 1. FC Köln und Kickers Offenbach, scheiterte im letzten Moment an einer politischen Intervention.

Die im Hinblick auf die kommenden Jahre wichtigste Maßnahme war im Oktober 1952 die Verpflichtung von Ex-Spieler Heinz Hempel als Trainer. Einer, der die Wunderelf mit geprägt hatte, sollte die Erfahrungen aus dieser Zeit nun weitergeben, damit auf St. Pauli wieder eines der stärksten Teams der Republik entsteht. Der Coach Hempel war ein Kumpeltyp, der nach dem Training mit seinen Schützlingen Klabberjass spielte. Die duzten ihn – das war damals ungewöhnlich – und durften im Spielerrat mitreden.

Im Jahr seines Amtsantritts wurde erstmals nach dem Krieg wieder der DFB-Pokal ausgespielt. Dabei traten die St. Paulianer im Achtelfinale bei Hamborn 07 an. Nach einem 1:1 nach Verlängerung im August-Thyssen-Stadion musste ein Wiederholungsspiel in Hamburg entscheiden, das schließlich Mediengeschichte machen sollte. Am 26. Dezember, einen Tag, nachdem der Nordwestdeutsche Rundfunk (NWDR) sein Programm gestartet hatte, übertrug der Sender diese Partie live – die erste Direktübertragung eines Fußballspiels im deutschen Fernsehen. 4.000 Zuschauer im Stadion und kaum mehr an den Bildschirmen erlebten ein dramatisches Spiel. Nach einem 1:3-Rückstand schaffte St. Pauli durch Boller und Beck den Ausgleich. Vier Minuten vor Schluss schoss der nie zu bändigende Hamborner Sadlowski – sechs Jahre später mit Schalke Deutscher Meister – dann sein drittes Tor.

Um an diese TV-Premiere zu erinnern, initiierte der WDR im Januar 1997 eine Neuauflage. Sie wurde ebenfalls live übertragen.

Heinz Hempel

Laufen, laufen, laufen

„Fußballtrainer" steht im Hamburger Telefonbuch als Berufsbezeichnung neben seinem Namen, obwohl er diese Tätigkeit seit Ende der 60er Jahre gar nicht mehr ausübt. Der Vermerk ist ein Überbleibsel aus einer Zeit, als Heinz Hempel einen Rekord im Vertragsfußball hielt. Rund zehn Jahre in Folge, von Herbst 1952 bis Frühjahr 1963, war er Trainer beim FC St. Pauli, und nur Paul Oßwald bei Kickers Offenbach und Georg Wurzer beim VfB Stuttgart kamen ihm zu seiner Zeit einigermaßen nahe.

Es spricht natürlich für den FC, dass er einen Trainer so lange arbeiten ließ. Die Umstände von Hempels Ausscheiden jedoch werfen kein gutes Licht auf die damaligen Verhältnisse. Ohne ihn vorher darüber zu informieren, dass man nicht mehr mit ihm zusammenarbeiten wolle, suchte der Klub per Anzeige einen Nachfolger – zumindest nach damaligen Maßstäben nicht die feine Art. Umso bemerkenswerter, dass der Ex-Dresdner Mitte der 60er Jahre zum FC zurückkehrte: Er übernahm die Amateurmannschaft, half 67/68 noch einmal ein halbes Jahr als Coach der Regionalliga-Elf aus und trainierte danach noch eine Zeit lang die A-Jugend. Eine ähnliche Trainerlaufbahn ist im Leistungsfußball längst nicht mehr vorstellbar. Aber heute lassen Trainer ihre Berufsbezeichnung ja auch nicht mehr im Telefonbuch vermerken.

Als Übungsleiter begann Hempel ein Jahr, nachdem er seine Spielerkarriere (zehn Jahre DSC, sieben Jahre St. Pauli) wegen einer Knöchelverletzung hatte beenden müssen. Den Trainerschein machte er aber erst 1956. „Weisweiler war mein Ausbilder. 28 Mann waren angetreten, aber nur drei haben's geschafft, unter anderem noch Hermann Eppenhoff", erinnert er sich. Seine Lizenznummer: die 442.

Was war Hempels Trainingsphilosophie? Ein Blick in seine Aufzeichnungen aus der Serie 1962/63 sagt – wenngleich man berücksichtigen muss, dass sie aus der Anfangsphase der Saison stammen – viel darüber aus: „Zehn Minuten Ballschule, 20 Minuten Warmlaufen, ein 400-m-Lauf nach Zeit – so schnell wie möglich. 10 bis 15 Sprints. Dann 25mal die Standtraversen rauf und runter. Anschließend ein Querfeldeinrennen über den Platz mit Sprung über die Barrieren. Ein zweiter 400-m-Lauf, Seilspringen und Arbeit am Kopfballpendel zum Schluss des Programms."

Der 79jährige lebt seit mittlerweile fast 50 Jahren in einer Erdgeschosswohnung in Winterhude, nachdem er zunächst am Karl-Muck-Platz, wenige Minuten vom Millerntor entfernt, gewohnt hatte. Das Klub-Gelände hat er seit mehr als 25 Jahren nicht mehr betreten, und auch ansonsten ist der Mann nicht mehr auf Plätzen zu sehen – obwohl Regionalligist VfL 93 um die Ecke spielt. „Menschenscheu" sei er geworden, sagen manche seiner ehemaligen Schützlinge. „Was soll's? Ich hab' meine Pflicht getan", so Hempel lakonisch. Er erinnert sich noch gern an die Vizepräsidenten Richard Sump und Willy Kröger sowie an den Jugendleiter und späteren Schatzmeister Werner Kühn. Für andere Funktionsträger der 60er Jahre hat er nur die Charakterisierungen „mieser Hund" bzw. „primitiver Hund" übrig.

Verbitterung? Vielleicht. Aber wahrscheinlich sagt Heinz Hempel das so, weil er einfach nicht lügen kann. Das zeigt auch eine Begebenheit, die rund 50 Jahre zurückliegt. „Ich weiß nicht mehr genau, wer der Gegner war, aber es war auf jeden Fall ein wichtiges Spiel, denn Sepp Herberger war unter den Zuschauern", erinnert er sich. „Wir lagen 0:1 zurück, haben alles nach vorne geworfen, doch plötzlich ging nach einem Konter ein gegnerischer Stürmer auf unseren Torwart zu und hob den Ball über ihn hinweg Richtung leeres Tor." Dann nahm die Situation einen unerwarteten Verlauf: Irgendwie schaffte es der zurückgesprintete Hempel noch, mit der Hand zu retten. Alle sahen es – außer dem Schiedsrichter. „Als der mich gefragt hat, ob ich mit der Hand dran war, hab ich ja gesagt. Da haben mich die Mannschaftskameraden zerrissen, aber dafür ist nach dem Spiel der Herberger zu mir gekommen, hat mich gestreichelt und gesagt: 'Sie sind ein ehrlicher Mensch.'" Und darauf ist Heinz Hempel noch heute stolz. ■

Heinz Hempel (rechts) gegen den Nürnberger Pöschl (Duell aus dem Auswahlspiel Nord gegen Süd im Stadion an der Grünwalder Straße in München, Oktober 1949).

Die Ära Hempel

Die Saison 1953/1954 begann für die St. Paulianer Wunstorf, Stender, Heitkamp und Beck gleich mit einem Höhepunkt: 50.000 wollten im August im Volksparkstadion das 2:2 gegen die Auswahl Birminghams sehen, wobei Heitkamp und Beck beide Treffer gegen FA-Auswahltorwart Merrick erzielten. In dem Jahr machte sich die fortschreitende Verjüngung bezahlt: Der FC beeindruckte durch Beständigkeit und hätte fast an die Erfolge der Wunderelf-Zeit anknüpfen können – wenn ihm nicht der DFB in die Quere gekommen wäre.

Der Verband hatte für die Saison eine beinahe skandalöse Regelung eingeführt: Weil die erste Nachkriegs-WM mit deutscher Beteiligung bevorstand und die Elf, die „die Ehre der Nation" wiederherstellen sollte, natürlich tiptop vorbereitet sein musste, verkürzte der Verband die Deutsche Meisterschaft und ließ für die Endrunde nur den Ersten der Oberliga Nord zu anstatt, wie üblich, Meister und Vizemeister. Der Vize aus dem Süden, Eintracht Frankfurt, durfte zwar an der Endrunde teilnehmen – aus welchen Gründen auch immer. St. Pauli jedoch konnte sich für den zweiten Platz im Norden nichts kaufen.

Die Entscheidung des DFB hatte den gesamten Saisonverlauf nachhaltig geprägt: Spätestens nach der Hinrunde war bereits klar, dass Hannover 96, mit 22:0 Punkten gestartet, Meister werden und damit die Vormachtstellung von HSV und St. Pauli durchbrechen würde. Für die Teams, die jenseits der Abstiegszone standen, waren viele Spiele nur Freundschaftsspiele, und man kann davon ausgehen, dass einige nicht ihr wahres Leistungsvermögen zeigten. Die Zuschauer schienen die Saison jedenfalls nicht allzu spannend zu finden. So lockte die Spitzenpartie Altona 93 gegen St. Pauli (Dritter gegen Zweiter) nur 12.000 an.

Wie auch immer: Die Hempel-Elf war stark genug, um am Millerntor Hannover 96, den späteren Deutschen Meister also, in Verlegenheit zu bringen; lediglich die eklatante Abschlussschwäche der Hamburger war verantwortlich dafür, dass sie das Spiel 0:1 verloren. Das Potential der Mannschaft verdeutlichen auch zwei Ergebnisse aus der Oberliga-Vergleichsrunde, die der DFB zum Ende der Serie angesetzt hatte: Gegen Schalke 04 siegte der FC am Millerntor 5:0, gegen den FK Pirmasens, der in der Oberliga Südwest nur einen Punkt hinter Kaiserslautern gelandet war, mit 4:0.

Dem ersten großen Jahr der Post-Wunderelf-Phase folgte jedoch eine ernüchternde Saison 1954/55. St. Pauli erwies sich als Spezialist für Unentschieden; Mitte der Saison blieb die Mannschaft sogar ein Vierteljahr lang ohne Sieg, so dass Anfang Januar gegen Bremerhaven 93 nur 4.000 Zuschauer kamen – um dann immerhin den ersten doppelten Punktgewinn nach dieser Durststrecke zu sehen. In der Defensive spielte der FC zwar stark, doch der Sturm versagte.

Hans Sump, Mittelstürmer der vorangegangenen Jahre und nunmehr Liga-Obmann, war nicht zu ersetzen, außerdem fiel „Coppi" Beck, der in dieser Serie sein einziges A-Länderspiel bestritt, lange Zeit aus. Trainer Hempel experimentierte deshalb und stellte gelegentlich Sommerfeld und Stender in den Sturm. Bezeichnend: Die Abwehr war in jenem Jahr exakt so stark wie die von Meister HSV; beide kassierten 41 Gegentore. Die Rothosen hatten aber 108 Tore geschossen und St. Pauli nur 45.

Nach dieser wenig erfolgreichen Serie verließen mehrere Stammspieler den Verein. Beck folgte zum Beispiel einem finanziell reizvollen Angebot nach Wuppertal, Heitkamp ging aus beruflichen Gründen nach Frankfurt, spielte dort für die Eintracht. Im Laufe der folgenden Saison löste noch „Zwirn" Petersen seinen Vertrag auf, weil er seinen Job als Spirituosenvertreter – da war Arbeit in den späten Abendstunden gefragt – nicht mehr mit Fußball vereinbaren konnte oder sich vielleicht auch einfach „nicht mehr quälen wollte", wie sein damaliger Mitspieler Herbert Kühl sagt. Und Wehrmann wanderte nach Kanada aus, wo sein Bruder bereits lebte. Sump, Beck, Heitkamp und nun auch Wehrmann – den Verlust vier starker Stürmer musste der Verein innerhalb von 18 Monaten kompensieren, und das erwies sich als unmöglich. Unter diesem Aderlass hatte St. Pauli drei Jahre lang zu leiden. „Man hätte auf jeden Fall neue Spielerpersönlichkeiten verpflichten müssen", klagt Heinz Hempel heute, obwohl er weiß, dass dafür die finanziellen Voraussetzungen fehlten.

Statt dessen stießen zur Saison 1955/56 eine Handvoll Kicker namens Ahrens, Weber, Kuch, Eggers, Ramm und Max Rehrbehn zum FC, im Nachhinein bestenfalls Randfiguren der Vereinsgeschichte. „Harald Ramm war der begnadetste Spieler, den ich in all den Jahren bei St. Pauli gesehen habe, er konnte alles am Ball. Leider hat er Fußball nie so richtig ernst genommen, der hat sein Talent verschleudert", sagt Otmar Sommerfeld. „Max Rehrbehn war ebenfalls technisch beschlagen, aber viel zu phlegmatisch; er hatte all das, was seinem Bruder John, einem robusten ungestümen Spieler fehlte – und umgekehrt. Eine Mischung aus beiden Spielertypen wäre ideal gewesen."

In der Serie spielte St. Pauli gegen den Abstieg. Otmar Sommerfeld erinnert sich noch an eine 0:1-Heimniederlage gegen den späteren Absteiger Bremer SV, die das Team derart demoralisierte, dass Torwart Harry Wunstorf alle Spieler in seine Zwei-Zimmer-Wohnung einlud, wo dann „kräftig einer draufgemacht" wurde. Nach der Hinrunde sah es ganz schlimm aus: Zwei Siege standen zu Buche, darunter einer gegen den ETV, mit dem der FC punktgleich die letzten beiden Plätze belegte.

**Ganz St. Pauli wartet
auf einen indirekten
Freistoß (Szene aus
einem Heimspiel in der
Serie 1956/57).**

Überlebenswichtig war Mitte Januar ein Sieg gegen den Mitkonkurrenten und späteren Absteiger VfB Oldenburg. 30 Sekunden vor Schluss
schaffte Harald Stender per Elfmeter den entscheidenden Treffer. Es sagt
viel aus über die Sturmmisere, dass der 36jährige Abwehr-Haudegen
Jupp Famula auf Linksaußen auflaufen musste. Die Rückrunde lief aber
mit 18:12 Punkten insgesamt besser als die deprimierend stimmende Hinserie.

Den Klassenerhalt hatte St. Pauli in erster Linie Torwart Kowalkowski zu verdanken sowie der Läuferreihe mit Stender, Sommerfeld und Brüggen, die auch in schwachen Phasen Solidität verkörperten. Zum Trost für die oft gepeinigten Zuschauer lud man nach der Saison Newcastle United ans Millerntor. Eine Kombination aus Spielern von St. Pauli und Altona 93 schaffte immerhin ein 1:1 gegen die englischen Profis.

1956 verstärkte sich die Liga-Mannschaft des FC mit Ingo Porges, Rolf Bergeest und Emil Schildt, drei jungen Innenstürmern, die Hoffnung auf bessere Zeiten machten. Obwohl die Talente gut einschlagen, belegte die Elf nach der Hinrunde mit 16:14 Punkten nur den achten Platz. Die richtigen Tiefschläge kamen dann aber erst 1957: Ein 0:7 in Göttingen bedeutete die höchste Punktspielniederlage nach 1945, kurz darauf wurde durch ein 0:9 beim HSV die „Rekordmarke" noch höher gesetzt. Das erklärt auch die merkwürdige Torbilanz am Saisonende: Obwohl sich das Hempel-Team noch auf Platz vier vorgearbeitet hatte, stand ein negatives Konto von 40:52 zu Buche. Sogar die beiden Absteiger Arminia Hannover und Heider SV hatten weniger Gegentreffer kassiert.

Im Sommer 1957, rund 40 Jahre ist es also her, hatte ein Stürmer, der einer der größten der Vereinsgeschichte werden sollte, seinen ersten Auftritt am Millerntor: Horst Haecks schoss gegen Vizemeister Holstein Kiel, trainiert vom alten St. Paulianer Helmuth Johannsen, gleich das erste Tor der Saison. Das zweite Heimspiel gegen den VfB Lübeck endete mit einem enttäuschenden 0:0, aber selbst ein zweistelliger Sieg hätte wohl nicht verhindert, dass am Montag danach die antikommunistische Sportpolitik der BRD die Schlagzeilen bestimmte. Am vorangegangenen Wochenende war ein Auswahlspiel zwischen Hamburg und Moskau nicht zustande gekommen, weil das Auswärtige Amt den Sowjets die Einreise verweigert hatte – wie schon so oft bei Sportlern aus dem Ostblock.

Nach einem durch zwei Haecks-Tore zustandegekommenen 2:1-Sieg im letzten Hinrundenspiel gegen Göttingen, der dem FC eine Zwischenbilanz von 15:15 Punkten bescherte, machte Jupp Wolff im „Hamburger Abendblatt" in Optimismus: „Der Weg geht nach oben. Ramm, Brüggen, Haecks und Stothfang sind die entscheidenden Spieler geworden." Die Prognose bewahrheitete sich leider nicht, die Mannschaft geriet vielmehr in Abstiegsgefahr. Für viele Spieler dürfte es somit ein Höhepunkt gewesen sein, dass im Januar beim Derby in Altona Bundestrainer Sepp Herberger anwesend war. Einen Kicker für die WM in Schweden konnte er dort – welch Wunder – allerdings nicht entdecken.

Mitte Februar feierte der FC das erste Erfolgserlebnis nach zwei Monaten: einen mühevollen 2:1-Sieg gegen den Mitkonkurrenten VfL Wolfsburg. Vier Spieltage vor Schluss hatte St. Pauli nach einer 0:1-Niederlage gegen Eintracht Nordhorn nur einen Punkt Vorsprung vor einem Abstiegsplatz, und deshalb verfiel Jupp Wolff, der nach der Hinrunde noch so zuversichtig gewesen war, jetzt in Pathos: „St. Pauli, wohin steuerst du?" Der dramatische Tonfall zeitigte offensichtlich Wirkung, denn am Ende sprang noch ein neunter Platz heraus, der das lange Bangen nicht mehr erahnen ließ.

Ein Jahr nach Horst Haecks zog es Peter Osterhoff, einen anderen talentierten Bomber aus dem Hamburger Amateurfußball, ans Millerntor. Das erste Punktspiel der Serie 1958/59 stand allerdings nicht im Zeichen des neuen, sondern eines ehemaligen St.-Pauli-Stürmers: Kurt Röwe. Und dabei kickte der nicht einmal mit. Der Spieler, gerade vom FC zum Aufsteiger Bergedorf 85 gewechselt, fehlte im Aufeinandertreffen der besagten Klubs, weil der neue es einfach nicht für angebracht hielt, dass er gegen den alten aufläuft. Merkwürdige Burschen, diese Bergedorfer! Der Neuling gewann auf seinem Grandplatz (!) im beschaulichen Billetalstadion allerdings auch ohne Röwe mit 2:0.

In der Hinrunde bekam der FC ohnehin wenig auf die Reihe. Anfang Oktober konstatierte „Der Sport" anlässlich eines 3:1-Heimsiegs gegen den SC Concordia: „Nur 7.000 Zuschauer am Millerntor. Das war bedenklich wenig, selbst unter Berücksichtigung dessen, dass der FC St. Pauli am letzten Wochenende so bös' unter die Räder kam." Immerhin lobte das Blatt auch: „Endlich verzichtet man auf superdramatische taktische Variationen (bei den letzten Begegnungen wusste schließlich keiner mehr, wer was spielt)." Dass der FC seinerzeit wenig Kredit bei den Anhängern hatte, zeigt eine „Volksabstimmung", die im November durchgeführt wurde, um die Aufstellung der Hamburger Auswahl für das Städtespiel gegen Berlin zu ermitteln. Die 4.000 Einsender votierten für neun HSVer und zwei Kicker von Bergedorf 85.

Nachdem der FC St. Pauli im letzten Hinrundenspiel mit 1:7 bei Holstein Kiel untergegangen war, verfügte er über die zweitschlechteste Abwehrbilanz der Liga. Zu dem Zeitpunkt war er – noch hinter Bergedorf und Altona – lediglich die Nummer vier in der Stadt. Nur dank einer guten Saison-Endphase konnte die Hempel-Truppe die Verhältnisse wieder gerade rücken.

Otmar Sommerfeld

Der Liebling der Hafenarbeiter

Harald Stender kennt jeder Hamburger, der zumindest mal einen Crash-Kurs in lokaler Fußball-Geschichte gemacht hat, der Name Otmar Sommerfeld jedoch sagt nur denen etwas, die eine solide Grundausbildung genossen haben. Dabei haben die beiden zweierlei gemeinsam. Bei St. Pauli galten sie als die zwei von der Tankstelle, denn wie sein älterer Mitspieler war auch Sommerfeld im Benzinverkaufsgeschäft tätig. Außerdem sind sie die Rekordspieler der Oberliga Nord: Stender hat in der 16jährigen Geschichte dieser Klasse 336 Spiele bestritten, der andere Tankwart im Ruhestand noch 26 mehr – fast zwei Drittel davon für den FC St. Pauli, den Rest für den Harburger TB und Bergedorf 85. Otmar Sommerfeld ist somit der Karl-Heinz Körbel der Liga.

Schon das erste wichtige Spiel seiner Karriere machte er am Millerntor – allerdings noch für den HTB. Der musste dort im Sommer 1949 im Entscheidungsspiel der Oberliga-Aufstiegsrunde gegen den Itzehoer SV antreten. Sommerfelds Elf gewann gegen die Schleswig-Holsteiner, bei denen der spätere St.-Pauli-Keeper Rudi Schönbeck im Tor stand, mit 4:1. In der höchsten Spielklasse belegten die Harburger dann aber nur den letzten Platz. Zum FC wechselte Sommerfeld 1951, und dabei spielte der Zufall eine große Rolle. „Eines Abends wollte ich zum Probetraining beim Lüneburger SK fahren. Am Harburger Bahnhof traf ich Walter Risse, den damaligen St.-Pauli-Trainer", erzählt er. „Der hat zu mir gesagt: 'Bist du verrückt? Was willst du denn da? Komm lieber mit zu St. Pauli!'"

Viel gelernt hat Sommerfeld von Walter Dzur, dem zehn Jahre älteren Mittelläufer der Wunderelf. Zu Beginn seiner Zeit bei St. Pauli wurde der Ex-Harburger in einer Partie gegen den Bremer SV einmal von seinem Gegenspieler Klaus Hänel äußerst unfair angegangen. „Walter hat ihm daraufhin klargemacht, dass er das nicht noch einmal machen solle. Nachdem Hänel dann so tat, als würde ihn das nicht interessieren, hat Walter mit mir die Position getauscht

Der Bursche links war häufig der Gegenspieler von Oberliga-Rekordkicker Otmar Sommerfeld (hier im Trikot von Bergedorf 85). Heute spielt der, der hier das Leder hat, nicht mehr Fußball, sondern Fußballpräsident.

und hat sich dann für mich revanchiert. Das hat mir ziemlich imponiert", erinnert sich Sommerfeld. Später übernahm er, der zunächst Stürmer und dann Außenläufer gespielt hatte, Dzurs Posten.

„Schwere Schlachten" lieferte sich der Nachfolger des Ex-Dresdners vor allen Dingen mit dem Altonaer Werner Erb sowie Uwe Seeler. Gegen den heutigen HSV-Präsidenten machte er 1956 auch sein bestes Spiel für St. Pauli. Kein Wunder, dass ihn nach dem 1:0 gegen den HSV die Fans auf den Schultern vom Platz trugen. Die Hafenarbeiter unter den Anhängern mochten Sommerfeld ohnehin, weil er ihnen vor den Spielen Freikarten zusteckte. „Ich habe mir beim Warmmachen auf dem Grandplatz immer Leute ausgeguckt, von denen ich wusste, dass sie mit ganzem Herzen dabei sind", erzählt er. „Viele von ihnen arbeiteten bis ein Uhr mittags und gingen dann direkt zum Stadion. Die hatten für die Spieler teilweise Bananenstauden dabei, die sie irgendwie im Hafen abgestaubt hatten."

Besonders gut lief es für Sommerfeld 1954. St. Pauli wurde Vizemeister, und er wurde zu einem DFB-Sichtungslehrgang in Duisburg-Wedau eingeladen. Über eine Begebenheit während des Lehrgangs kann sich der 68jährige noch heute amüsieren: „Ich dachte, als Neuer müsste ich die Bälle schleppen, aber das hat dann Fritz Walter gemacht. Der hat das wohl als ehrenvolle Aufgabe empfunden." Ein Jahr später bahnte sich für Otmar Sommerfeld ein Karrieresprung an. Werder Bremen suchte einen Ersatz für Weltmeister Fritz Laband, den der Verein nach der WM vom HSV geholt hatte, der aber wegen eines nicht auskurierten Meniskusschadens in Bremen kaum zum Einsatz gekommen war. In der Harburger „Hexenklause" machten Werders Funktionäre dem Kicker vom Millerntor ein verlockendes Angebot: 10.000 Mark Handgeld sollte er bekommen und eine Stellung bei der Bremer Landesbank. St.-Pauli-Präsident Wilhelm Koch wischte die Offerte aber vom Tisch. „Was ihr könnt, können wir auch", meinte er und verweigerte die Freigabe. Dafür vermittelte er Sommerfeld zu Esso, und so übernahm der Mittelläufer nach einer anderthalbjährigen Ausbildung eine Tankstelle im Stadtteil Rothenburgsort.

Erst 1958 wechselte er – zu Bergedorf 85. Vor allem aus geschäftlichen Gründen: Viele seiner Kunden waren Obstbauern aus den Vier- und Marschlanden, dem Bergedorfer „Hinterland", und unter denen gab es eine Reihe von 85-Anhängern.

Beinahe wäre alles noch anders gekommen: „Ein St.-Pauli-Gönner hatte zu einer Jubiläumsfeier in seine Druckerei geladen. Da habe ich ein Vorstandsmitglied des HSV getroffen, dem ich erzählt habe, dass ich nach Bergedorf gehe und dort auch schon zugesagt habe. Der hat mich dann, gemeinsam mit HSV-Trainer Mahlmann, kurzzeitig von einem Wechsel zum Rothenbaum überzeugt." Erst als am nächsten Tag der Vorstand und der Trainer der 85er an seine Moral appellierten, ließ er sich wieder umstimmen und entschied sich für die Kunden aus dem Bergedorfer „Hinterland".

„Es wäre natürlich reizvoll gewesen, für den HSV zu spielen", meint Sommerfeld heute. „Aber ich war damals schon 29. Ob das das richtige Einstiegsalter gewesen wäre?" Andererseits wäre er vielleicht Deutscher Meister geworden, denn zwei Jahre später holten die Rothosen bekanntlich den Titel. Und da hat Otmar Sommerfeld dann doch noch einmal gegrübelt, ob seine Entscheidung richtig war. ■

Die Rückkehr in die Spitze

Ihre beste Saison seit 1954, als es unter normalen Umständen zur Teilnahme an der Deutschen Meisterschaft gereicht hätte, spielten die St. Paulianer während der Jahrzehntwende. Am stärksten waren sie damals wohl im Oktober 1959: Osterhoff allein schoss einen 4:1-Sieg bei Concordia heraus, und am Millerntor gab es ein sagenumwobenes Spiel gegen Werder Bremen. St. Pauli, seinerzeit Tabellenführer, machte zweimal einen Zwei-Tore-Rückstand wett, und nachdem Osterhoff in der 86. Minute das 4:4 geschossen hatte, hätte fast Schildt noch das Siegtor

Osterhoff und der Bremer Knopf (vorn) kämpfen um den Ball (St. Pauli gegen Werder 4:4, Oktober 1959).

Die Mannschaft, die in der Saison 1959/60 Vierter wurde. Hinten von links: Porges, Krafczyk, Krüger, Haecks, Eppel, Brüggen, Knubbe, Kühl; vorn: Schildt, Heitmann, Wunstorf, Bergeest, Osterhoff, Stothfang, Stender.

erzielt, scheiterte jedoch am übermenschlich reagierenden Werder-Torwart Dragomir „Bata" Ilic. Nach einem 4:1 gegen den HSV im Februar hatte der FC noch alle Chancen auf den Titel, erst einen Monat später, als sich die Hempel-Elf gegen Hannover 96 die erste Heimniederlage erlaubte, lief alles auf einen Zweikampf zwischen dem HSV und Werder hinaus.

St. Pauli profitierte in dieser Serie davon, dass schwerwiegende Verletzungen ausblieben und somit meistens die Stammelf auflaufen konnte. Die bestand aus Wunstorf im Tor, Kühl und Stender in der Abwehr, Brüggen, Porges und Eppel in der Läuferreihe sowie im Sturm Haecks, Schildt, Bergeest, Stothfang und Osterhoff. Brüggen und Schildt (der rechte Läufer und der rechte Halbstürmer) sowie Eppel und Stothfang (der linke Läufer und der linke Halbstürmer) bildeten dabei das sogenannte magische Viereck. Spieler der Saison war allerdings Osterhoff. Mit 20 Toren platzierte er sich in der Oberliga-Torschützenliste als Zweiter hinter Uwe Seeler (36 Treffer). Dass „der schwarze Peter" nominell als Linksaußen aufgeboten war, hatte, so Heinz Hempel, nicht viel zu bedeuten: „Zu Osterhoff hab' ich immer gesagt: Du kannst spielen, was du willst." Der Saison 1959/60 kommt darüber hinaus besondere Bedeutung zu, weil der FC zu der Zeit gezwungen wurde, sein Stadion zu „verlegen". Die Stadt benötigte das Gelände an der Glacischaussee, auf dem die gerade mal 14 Jahre „alte" Arena stand, für die Internationale Gartenbau-Ausstellung. So begann 1960 für 1,7 Millionen Mark der Bau des jetzigen Stadions.

In der nächsten Serie musste der FC nach 15 Jahren erstmals ohne das „Denkmal" Harald Stender auskommen. Der Saisonstart verlief dennoch ausgezeichnet (12:0 Punkte); besonders ein 5:1 gegen Eintracht Braunschweig, als Haecks ein Hattrick gelang, sorgte für Aufsehen. Ausgerechnet vor der Saison-Rekordkulisse von 14.000 Zuschauern leitete der FC dann aber eine Schwächeperiode ein: Nach einer 2:0-Führung kassierte er gegen Hannover in der letzten halben Stunde noch drei Tore.

Das Nachlassen wird auch dokumentiert durch ein Zitat aus der „Bild"-Zeitung nach dem 3:2 über Concordia Anfang November: „Die Spieler erhielten von ihrem Trainer Hempel eine 'Gardinenpredigt', wie man sie sonst siegreichen Mannschaften kaum zu halten pflegt." Half aber wenig, denn eine Woche später verlor die Mannschaft, immerhin als Tabellendritter, 1:6 gegen den HSV. Und Silvester wollten dann nur 3.500 Zuschauer das letzte Spiel des Jahres gegen Oldenburg sehen. Einige der Fans vertrieben sich die Zeit damit, Feuerwerkskörper abzubrennen, weshalb der Schiedsrichter die Partie beinahe abgebrochen hätte.

Die Serie 1961/62 verlief, wenn man allein die Zahlen betrachtet, erfolgreicher, verbesserte der FC seine zweimal hintereinander erreichte Abschlussbilanz von 36:24 doch um vier Punkte. Dennoch ging in dieser Saison verdammt viel schief – größtenteils ohne dass die Spieler etwas dafür konnten. Im Oktober zum Beispiel zog sich Kapitän Herbert Kühl in Hildesheim beim Spielstand von 0:2 einen Muskelbündelriss im Knie zu. Da nicht ausgewechselt werden durfte, stellte man den Verteidiger einfach nach vorn – so etwas wurde früher, ohne Rücksicht auf mögliche Folgen, mit verletzten Defensivspielern oft gemacht. Als Mittelstürmer schoss er zwei Tore zum 2:2. „Auf der Rückfahrt im Bus habe ich vor Schmerzen geweint", erinnert er sich. Es war der Anfang vom Ende einer großen St.-Pauli-Karriere, denn nach dieser Verletzung kam Kühl nicht wieder in Form.

Im Winter wurde dann das neue Stadion eingeweiht. Gegner zur Premiere war CDNA Sofia, das mit acht Nationalspielern antrat. Für Kapitän Kühl der letzte Versuch: „Dem Linksaußen Kolev, der als der Uwe Seeler Bulgariens bezeichnet wurde, bin ich nur hinterher gerannt. Danach stand für mich fest, dass ich meine Spieler-Karriere beende." Allzu lange hatte der FC keine Freude an dem Stadion, weil der Rasen allzu oft unter Wasser stand oder einer Matschwüste glich. Der Grund: Das Bauamt des Bezirksamts Mitte hatte die Drainage „vergessen".

In der zweiten Hälfe der Serie 1961/62 trug der FC seine Heimspiele zwar im neuen Stadion aus, oft allerdings unter unzumutbaren Bedingungen – auch für die Zuschauer, denn außergewöhnlich matschig war es nach Regenfällen teilweise auch auf den Wegen rund um die Arena herum. Drei sehr gute Spiele sahen die Fans auf diesem kurzlebigen Untergrund: Im Januar gelang im Spitzenspiel gegen den VdV Hildesheim, der damals mit Werder um Platz zwei kämpfte, ein 4:3-Sieg, unter anderem durch zwei von Eppel verwandelte Elfmeter, was insofern bemerkenswert war, weil der FC kurz zuvor bei einer Pokal-Niederlage gegen denselben Gegner drei (!) Strafstöße vergeben hatte. Im Februar sorgten Knubbe und Gieseler zum ersten Mal seit 1952 wieder für einen Sieg gegen Hannover 96. Und am 1. April gab es ein 7:4 gegen den VfB Oldenburg.

In der letzten Saison der Oberliga-Geschichte trug der FC seine Heimspiele überwiegend auf dem Platz des SC Victoria aus, weil der Rasen des neuen Millerntor-Stadions jetzt endlich regentauglich gemacht wurde. Auch der Rothenbaum diente als Ausweichplatz. Somit musste der Verein nach 1935 und 1945 zum dritten Mal in seiner Geschichte das Heiligengeistfeld für längere Zeit verlassen – und das ausgerechnet in jener Serie, in der es sich für die neueingeführte Bundesliga zu qualifizieren galt.

Womöglich schnitt die Mannschaft in dem Jahr so schlecht ab, weil sie keine wirklichen Heimspiele hatte. „Hätten wir nicht dauernd 'fremd' spielen müssen, wären wir 1962/63 sicherlich Dritter geworden", mutmaßte Präsident Wilhelm Koch nach der Saison. Bezeichnend: In den Pseudo-Heimspielen kam der FC nur auf 14:16 Punkte, auswärts hingegen holte er 16:14. Außerdem dürfte der Verein pro „Heimspiel" rund 8.000 Mark weniger eingenommen haben als üblich.

Trotz der Benachteiligung ging die örtliche Presse mit der Mannschaft hart ins Gericht. Mitte Januar nach dem 0:0 gegen Concordia schrieb Günther Rackow in „Der Sport": „Ich vermag der St.-Pauli-Mannschaft

FC-Keeper Harry Wunstorf bereinigt eine Situation, Herbert Kühl (rechts) sichert ab (aus: Bergedorf 85 – St. Pauli 3:3, August 1960).

nach den letzten Spielen, die ich gesehen habe, beim besten Willen keine echte Chance mehr für einen Platz in der Spitzengruppe einzuräumen. Die gefährlichen Sturmspitzen früherer Tage, Osterhoff und Haecks, sind stumpf geworden."

Ein paar Wochen später gingen nach einer Heimniederlage gegen Hildesheim auch einige der nur noch 3.000 Zuschauer auf die Barrikaden: „Was will St. Pauli noch mit einem Trainer? Man soll die Aufstellung ausknobeln." Insider wussten damals allerdings zu berichten, dass für die bizarre Formation, die in besagtem Spiel aufgelaufen war, keinesfalls Trainer Heinz Hempel verantwortlich war. Der war zwar noch im Amt, hatte aber bereits keine Macht mehr.

Damals rumorte es im Verein, weil Präsident Koch entschieden hatte, Hempel zum Saisonende zu entlassen, ohne weder Liga-Obmann Helmut Gerber zu informieren noch den Liga-Ausschuss, dem unter anderem mit Karl Miller und Henner Appel ja nicht gerade Fußball-Laien angehörten. Gerber, im Herbst 1962 erst angetreten, gab sein Amt deshalb schon nach kurzer Zeit wieder ab.

Im Nachhinein ist es müßig, darüber zu diskutieren, ob ein besserer Tabellenplatz herausgesprungen wäre, hätte die Mannschaft am Millerntor spielen können. Wenn allein sportliche Kriterien maßgeblich gewesen wären, hätte nämlich auch der sechste Platz, den der FC schließlich belegte, für die Bundesliga gereicht. Die Vereine auf den Plätzen drei bis fünf, Eintracht Braunschweig, der VfR Neumünster und Holstein Kiel, lagen in der Oberliga-Gesamtwertung allesamt weit hinter St. Pauli.

Schuld daran, dass der Klub vom Millerntor 1963 zum Auftakt der Bundesliga nicht mitspielte, war, so platt das auch klingt, der DFB. Der Verband hatte im Laufe der Saison 1962/63 verfügt, dass aus jeder Stadt nur eine Mannschaft in der neuen Liga dabei sein dürfe. Deshalb qualifizierte sich Braunschweig als dritter Nord-Vertreter. Merkwürdig war die Zusammensetzung der 1. Liga sowieso: Ihr gehörten fünf Vereine der West-Verbände an, aber nur drei aus dem Norden, obwohl allein Niedersachsen größer ist als das gesamte Westgebiet. Außerdem mogelte DFB-Boss Hermann Neuberger noch „seinen" 1. FC Saarbrücken in die Bundesliga, der da eigentlich nichts zu suchen hatte.

Heute wäre es natürlich naiv, bei Entscheidungen im Unterhaltungs-Industriesegment Fußball eine sportliche Nachvollziehbarkeit einzuklagen. Vor 35 Jahren war eine derartige Empörung jedoch noch legitim. Der FC St. Pauli konnte jedenfalls nach 1954 zum zweiten Mal behaupten, er sei vom DFB betrogen worden. 1963 hatte die Entscheidung des Verbandes allerdings weitreichendere Folgen. Denn den erstmaligen Sprung in die Bundesliga schaffte St. Pauli ja bekanntlich erst 14 Jahre später.

St. Pauli in der Regionalliga

1963 bis 1974

Haecks und Osterhoff regieren weiter

Elf Jahre lang diente eine fünfgleisige zweite Spielklasse in der BRD als Unterbau für die Bundesliga, und für den FC St. Pauli war das auf den ersten Blick eine erfolgreiche Zeit. Der Verein wurde in der Nord-Staffel der Regionalliga öfter Meister als jeder andere (viermal) und wahrte seinen Status als Nummer zwei in der Stadt, auch wenn anfangs Altona 93 und vor allem in den 70er Jahren Barmbek-Uhlenhorst versuchten, ihm diesen Rang streitig zu machen. Und in der ewigen Tabelle der Regionalliga Nord ist der FC – natürlich Erster. Andererseits gehört diese Phase auch zu den deprimierendsten in der Vereinsgeschichte, denn immerhin sechsmal stand der Millerntor-Klub in der Bundesliga-Aufstiegsrunde. Doch geklappt hat's nie.

Der Start der Saison 1963/64 markierte für den FC St. Pauli in zweifacher Hinsicht einen Neubeginn. Zum einen, weil er erstmals seit 1942 wieder zweitklassig war, zum anderen, weil das Jahr eins nach Hempel eingeläutet wurde. Fast elf Jahre war der Ex-Dresdner Trainer am Millerntor gewesen. Sein Nachfolger, Otto Westphal, veränderte das Trainingsprogramm gleich merklich: Der Neue, vorher in Ghana und Togo tätig, legte, im Gegensatz zu dem nach Hildesheim abgewanderten Hempel, nicht nur Wert darauf, Kondition zu bolzen, sondern machte mit den Spielern verstärkt taktische Übungen.

Das erste Regionalligaspiel des FC St. Pauli fand am 10. August am Rothenbaum gegen den alten Rivalen Altona 93 statt. Die Westphal-Elf gewann vor 7.000 Zuschauern mit 4:1, im wesentlichen dank Oschi Osterhoff, der gleich dreimal traf. In diesem Spiel fiel auch das erste Tor in der Geschichte der Regionalliga Nord überhaupt – durch den Altonaer Heiko Kurth in der dritten Minute.

Es dauerte bis zum vierten Spieltag, ehe Westphal die erste Niederlage zu beklagen hatte: Mit 2:3 verloren seine Schützlinge beim VfL Oldenburg, der damals noch in einer Liga mit dem mittlerweile längst allein regierenden Lokalrivalen VfB spielte. Für Statistik-Freaks gewiss ein bedeutsames Spiel, denn an diesem Tag bestritt der zu Saisonbeginn aus Wedel gekommene Torwart Lombard sein einziges Punktspiel für den FC. An allen Toren sei der junge Keeper „mitschuldig" gewesen, mäkelte Westphal nach der Partie.

Das erste historische Datum der Regionalliga-Ära war der 10. November 1963. An diesem Tag weihten die St. Paulianer mit einem Spiel gegen den VfL Wolfsburg zum zweiten und glücklicherweise auch letzten Mal das „neue" Millerntor-Stadion ein. Zweimal Osterhoff sowie Porges, Gehrke, Haecks und ein Wolfsburger Selbsttorschütze schufen vor 8.000 Zuschauern eine angemessene Feierstimmung. Doch Ärger bereitete der Platz weiterhin, denn innerhalb der insgesamt zweijährigen Bauzeit war kein Flutlicht angebracht worden. Trainingsbedingungen, die einer Spitzenmannschaft der Regionalliga würdig gewesen wären, hatte St. Pauli somit bei weitem nicht.

Am dramatischsten ging es am 14. Spieltag zu, als am Millerntor Hannover 96 gastierte, jene damals von Helmut Kronsbein trainierte Mannschaft, die am Ende der Saison hinter dem FC den zweiten Platz belegen sollte. Es war zwei Tage, nachdem John F. Kennedy ermordet und der langjährige DFB-Präsident Peco Bauwens beerdigt wurde: Nach einem 0:2- und 2:3-Rückstand gewann St. Pauli noch mit 4:3, weil in den letzten zwölf Minuten der überragende Bergeest, der vorher schon zweimal getroffen hatte, sowie Haecks zuschlugen.

Den 96ern dürfte die Niederlage am Ende der Saison wurscht gewesen sein, denn sie setzten sich damals in der Aufstiegsrundengruppe 2 gegen Hessen Kassel, Alemannia Aachen und den FK Pirmasens durch und schafften – im Gegensatz zu den Hamburgern – den Sprung in die Bundesliga.

Das Regionalliga-Spiel des Jahres – wenn alles normal gelaufen wäre, hätte es am 25. April, dem vorletzten Spieltag, im Volksparkstadion stattgefunden. Dorthin war das Rückspiel gegen den Tabellendritten Altona 93, ein mutmaßliches Endspiel also, verlegt worden. Weil der AFC aber drei Tage vor dem Hit überraschend ein Nachholspiel gegen den SC Concordia verlor, war das Spiel plötzlich nur noch für eine Mannschaft von Bedeutung. Die St. Paulianer hatten gegen die stark ersatzgeschwächten Gastgeber dann kaum noch Probleme und sicherten sich mit einem 2:0 den Titel. Der AFC fand immerhin drei Wochen später Trost, als er durch

▶ PORTRÄT

Horst Haecks
Die tragische Diva

Dieser Mann ist ein Held, klare Sache. In der Regional-liga-Saison 1963/64 schoss er zum Beispiel in 34 Spielen 36 Tore, und ein Jahr später traf er 26mal, obwohl er bloß 24 Begegnungen bestritten hatte. Heute wäre es ja schon eine Sensation, wenn ein St. Paulianer halb so oft träfe wie er in diesen beiden Spielzeiten.

Altstar Haecks: Nie wieder Volkspark!

Aber warum trainiert dieser Held, der insgesamt fast ein Jahrzehnt lang das Angriffsspiel des FC St. Pauli geprägt hat, heute eine Untere-Herren-Mannschaft des SC Poppenbüttel und zieht für diesen Verein auch noch den Schiedsrichter-Dress an? Warum hat er nicht irgendwo in der norddeutschen Fußball-Szene eine halbwegs ruhmreiche, allemal altstarwürdige Position?

Der Grund dafür, warum die Geschichte von Horst Haecks ein bisschen falsch lief, findet sich am 10. September 1966. St. Pauli spielte gegen Bremerhaven 93. „Ole Kallius schlug einen Pass, aber der Ball kam nicht so, wie er hätte kommen müssen. Ich hab' eine falsche Drehung gemacht, und schon war das Knie kaputt", erinnert sich der einstige Torjäger. Der Schock war groß, obwohl noch niemand ahnen konnte, dass er Haecks' letztes Spiel als Lizenzfußballer gesehen hatte.

Drei Knieoperationen musste der Stürmer danach über sich ergehen lassen, und bei der letzten, durchgeführt bezeichnenderweise von einem Arzt, den der Stürmer selbst ausgesucht hatte, wurde sogar noch eine zweite Verletzung entdeckt. Vorher hatte Haecks, auf Geheiß seines Klubs, jenen Mediziner aufsuchen müssen, der kurz vorher bei einer schweren Achillessehnenverletzung Uwe See-lers erfolgreich war. Im Fall Haecks aber versagte der vermeintliche Wunderheiler, und so musste der Star zwei Jahre pausieren, ehe er seine Laufbahn im Amateurfußball ausklingen lassen konnte.

Dieser Arzt ist insofern nicht ganz unschuldig daran, dass 1996 die 60jährigen Geburtstage zweier großer Fußballer völlig unterschiedlich verliefen. Uwe Seeler, eine Zeit lang Haecks' Konkurrent in der norddeutschen Auswahl, feierten die Medien mit allerlei Brimborium, den ehemaligen FC-Goalgetter hingegen würdigte in der Öffentlichkeit niemand. Es wäre ihm „auf den Geist gegangen", wenn man um seinen Geburtstag soviel Aufhebens gemacht hätte wie um den Seelers, sagt Haecks. Aber ein bisschen wehmütig wirkt er durchaus, wenn er die beiden Jubiläen miteinander vergleicht.

Seine fußballerische Laufbahn begann eigenartigerweise nicht beim FC St. Pauli, obwohl er als Kind lange quasi vor dessen Tür, in der Glashüttenstraße, gelebt hat. Ende der 40er, Anfang der 50er Jahre bolzte Haecks täglich auf dem Heiligengeistfeld, wo damals auch noch ausgiebig Schlagball und Feldhandball gespielt wurde. Zum Zuschauen ging er aber nicht ins Millerntor-Stadion, sondern zur SV Polizei in den Sternschanzenpark.

Das größte Erlebnis als Fußballfan hatte er bereits 1954 als 18jähriger. Allerdings nicht im Sternschanzen-, sondern im Volkspark, wo das Endspiel um die Deutsche Meisterschaft zwischen Hannover 96 und dem 1. FC Kaiserslautern stattfand. Im Laufe der Jahre wurde ihm diese Stätte zusehends unsympathischer, und heute würde er da nicht mehr hingehen, „selbst ich eine Freikarte bekäme".

Zum FC St. Pauli kam Haecks 1957; vorher hatte er für den damaligen Drittligisten ESV gespielt, der später in Grün-Weiß Eimsbüttel aufging. „Als ich verpflichtet wurde, war ich noch nicht 21. Deshalb musste mein Vater den Vertrag mit unterschreiben", erinnert er sich. Der Junge war anfangs auch noch „schüchtern gegenüber den älteren Herrschaften, jedenfalls hatte ich ordentlich Respekt". Dennoch avancierte Haecks gleich zum Stammspieler, allerdings wurde er, mutmaßten damals zumindest einige Journalisten, nicht immer auf der idealen Position eingesetzt. „Warum man mit ihm immer wieder das Experiment auf Außen versucht, obgleich man keinen echten Mittelstürmer besitzt, bleibt schleierhaft", mäkelte zum Beispiel „Der Sport" in der Anfangsphase der Saison nach einem 1:3 beim SC

Concordia. Die Geschichte belehrte das Fachblatt eines Besseren, denn der Offset-Drucker – seit nunmehr 37 Jahren arbeitet er für dasselbe Unternehmen – glänzte im Laufe seiner Karriere sowohl an der Linie als auch als Halb- und Mittelstürmer.

Vielen Fans am Millerntor galt Haecks als Diva. Manchmal schien er einfach keine Lust zu haben, seine Qualitäten unter Beweis zu stellen. Das war vor allem der Fall, wenn die Mitspieler ihn schlecht oder gar nicht anspielten. Die bekamen dann sein Faible für „liebevolle Pflaumereien" („Bild") oder perfekt inszenierte wegwerfende Handbewegungen zu spüren. „Wenn ich gemosert habe, dann nur, weil ich von den anderen die Leistung verlangt habe, die ich selber bringe", sagt Haecks. „Ich hatte, im Gegensatz zu meinen Mitspielern, immer eine Sechs-Tage-Woche. Und wenn wir im Winter um 14 Uhr gespielt haben, bin ich direkt von der Arbeit zum Platz gekommen. Meine Leistung habe ich trotzdem gebracht." Mit Fußballspielen verdiente Haecks damals monatlich 400 Mark.

Als einen der schönsten sportlichen Erfolge wertet er heute einen 4:2-Sieg mit der norddeutschen Auswahl gegen Jütland im November 1964, zu dem er einen Treffer beisteuerte. Die NFV-Truppe bestand aus vier Bundes- und sieben Regionalligaspielern, der Gegner war mit sechs dänischen A-Auswahlspielern angetreten. Und warum hat es bei Haecks nie gereicht für die DFB-Auswahl? „Ich hab' wohl beim falschen Verein gespielt. Den Eindruck bekam ich zumindest bei einem Sichtungslehrgang, zu dem Helmut Schön eingeladen hatte. Ich muss da immer an Jürgen Kurbjuhn denken, den Verteidiger vom HSV. Das Einzige, was der konnte, war die Sense ansetzen. Der ist halt Nationalspieler geworden, weil er beim vermeintlich richtigen Klub gespielt hat." 1966 wollte der Hamburger Journalist Horst Frese dem St. Paulianer ein Engagement bei einem dieser „richtigen" Vereine, dem SV Werder nämlich, vermitteln. Doch dann passierte das mit dem Knie.

Immerhin ist Horst Haecks trotz allen Pechs einmal im NDR-Fernsehen aufgetreten, und das war damals durchaus etwas Besonderes. An den Höhepunkt seiner Medienkarriere erinnert er sich mit gemischten Gefühlen: „Ich war zusammen mit Trainer Kurt Krause im Studio. Gott sei Dank hat der am meisten geredet, ich war viel zu aufgeregt." Das Auftritts-Honorar bekam Haecks trotzdem. Es betrug 60 Mark. ∎

Haecks in Aktion: Als Rechtsaußen und als Mittelstürmer wertvoll.

einen Sieg gegen den Bundesligisten Karlsruher SC ins Pokal-Halbfinale einzog.

Die Serie 1964/65 dominierte allein eine Mannschaft: Holstein Kiel. Und obwohl die Schleswig-Holsteiner mit zehn Punkten Vorsprung Meister wurden, war auch St. Pauli, sagt jedenfalls Horst Haecks heute, zumindest „so gut, dass wir eigentlich keinen Trainer brauchten". Kein allzu euphorisches Urteil über den Übungsleiter Otto Coors, der den aus finanziellen Erwägungen nach Augsburg abgewanderten Westphal ersetzt hatte.

Um Platz zwei kämpfte der Millerntor-Klub erbittert mit Altona 93 und Arminia Hannover. Die Hinrunde verlief zunächst nahezu optimal, sogar in Kiel gewann der FC vor 17.000 Zuschauern durch Tore von – natürlich – Osterhoff und Haecks mit 2:1. Gegen Ende der Hinrunde fiel der FC aber für kurze Zeit von Platz zwei auf drei zurück, unter anderem weil er sich in Lokalderbys gegen Bergedorf 85 und beim SC Victoria nicht einkalkulierte Punktverluste leistete.

Vorentscheidend im Kampf um Platz zwei war Ende März ein sehr glücklicher 3:2-Sieg gegen Altona 93. Das Spitzenspiel fand in einer vergifteten Atmosphäre statt: Im Vorfeld hatten die Verantwortlichen der 93er ihrem Trainer Kurt Krause die Erlaubnis entzogen, die Mannschaft aufzustellen, weil zu dem Zeitpunkt bereits klar war, dass er noch vor Saisonende zu St. Pauli wechseln würde. Die Entscheidung der Offiziellen sei an „Primitivität kaum zu übertreffen" gewesen, kommentierte der Sportjournalist Jupp Wolff.

Der zweite Platz war 1965 aber nicht viel wert. Um die Aufstiegsrunde zu erreichen, mussten die Braun-Weißen jetzt erst einmal zwei Entscheidungsspiele gegen den SSV Reutlingen, den Vizemeister der Regionalliga Süd, bestreiten. Schon vor dem Anpfiff des Hinspiels am Millerntor machte sich im FC-Präsidium Ernüchterung breit, weil nicht einmal 12.000 Zuschauer das Spiel sehen wollten. Der 1:0-Sieg, sichergestellt durch Haecks, sorgte dann immerhin für gedämpfte Zuversicht. Optimal dann der Auftakt des Rückspiels im Stadion Kreuzeiche: Ein Reutlinger traf gleich in der ersten Minute das eigene Tor. In der zweiten Halbzeit jedoch schlidderte der FC bei strömendem Regen in den Untergang; zwei Treffer kassierte er in der regulären Spielzeit, zwei in der Verlängerung. Den Hauptgrund für die Pleite meinte das „Hamburger Abendblatt" zu kennen: „Horst Haecks und Peter Osterhoff, die vor Jahresfrist eine Gefahr für jede Abwehr waren, sind in die Mittelmäßigkeit zurückgefallen."

In der Saison 1965/66 lieferte sich St. Pauli mit Holstein Kiel und Göttingen 05 einen Dreikampf um die Meisterschaft. Nach dem ersten Spiel verließen 4.000 Zuschauer mit gemischten Gefühlen das Millerntor: Der neu von TuS Celle hinzugekommene Mittelstürmer Siggi Bronnert hatte beim 5:3 gegen Aufsteiger Itzehoe zwar gleich vier Tore geschossen. Doch die Euphorie wurde beeinträchtigt durch einen doppelten Knöchelbruch, den sich Rolf Bergeest zugezogen hatte.

In der Hinrunde verlor die Mannschaft nur zwei Spiele, gegen Bergedorf 85 zu Hause und beim späteren Vizemeister Göttingen. Zu den Sternstunden nicht nur dieser Saison, sondern der gesamten 60er Jahre gehörte hingegen das 9:0 gegen Osnabrück im Januar 1966, wobei Bronnert und Haecks je dreimal trafen. Umso bedeutender, weil Spiele gegen diesen alten Rivalen aus Oberliga-Zeiten „immer Schlachten waren", wie sich FC-Vorstandsmitglied Walter Schröder erinnert.

Bemerkenswert: In der Endphase der Saison konnte sich St. Pauli einen, wie man heute sagen würde, mentalen Durchhänger leisten. Fünf der letzten sieben Spiele gingen verloren, unter anderem gegen Kellerkind Hildesheim (Schlagzeile im Fachblatt „Der Sport": „St. Pauli wurde ausgelacht"). Nach dem 1:4 im vorletzten Spiel gegen Göttingen kam Panik auf. „Die Männer haben die Nerven verloren, sind der Belastung, den letzten Punkt zur Meisterschaft gewinnen zu müssen, nicht gewachsen. Anders ist es nicht zu erklären, dass das so lange brillant vorgeführte Direktspiel vergessen ist", klagte Trainer Krause. Den besagten Punkt holten seine „Männer" erst eine Woche später beim 1:1 in Hannover. Held des Tages: Jürgen Weidlandt, der einen Foulelfmeter verwandelt hatte.

Nachdem der FC im Sommer 1966 im letzten Aufstiegsspiel in Essen die Bundesliga um zwei Tore verpasst hatte, folgte die schwächste Saison in der Regionalliga-Geschichte – wohl nicht zuletzt, weil sich Horst Haecks am vierten Spieltag gegen Bremerhaven verletzte und für den Rest der Serie ausfiel. Den Status als Hamburgs Nummer zwei bewahrte die Krause-Elf mit lediglich drei Punkten Vorsprung vor dem SC Concordia.

Was waren die Höhepunkte dieser wenig ruhmreichen Saison? Am zweiten Spieltag der 8:4-Sieg gegen den Itzehoer SV; im bis dahin torreichsten Heim-Pflichtspiel seit 1945 traf der gerade von Altona 93 gekommene Ole Kallius dreimal. Auch das Derby gegen dessen Ex-Klub am Wochenende vor Weihnachten gehörte dazu. „Die Atmosphäre im Hamburger Spitzenkampf der Regionalliga war ausgesprochen giftig:

Die Meistermannschaft von 1966: Hinten von links: Bergmann, Bronnert, Weidlandt, Porges, Gieseler, Trainer Krause; Mitte: Thoms, Haecks, Jung, Gehrke, Acolatse, Christensen; vorn: Danjus, Gustke, Bergeest, Pokropp, Osterrhoff, Pape.

Wie zwei ungezähmte Löwen in der Arena (mit 9.000 Zuschauern) standen sich die beiden alten Rivalen gegenüber", schrieb der „Kicker" nach dem 2:2.

Mitte der Saison kehrte Trainer Krause vom WM-System ab – wie viele andere Kollegen hatte er erkannt, dass sich damit kein moderner Fußball mehr spielen lässt. Im Zuge der taktischen Umorientierung büßten die St. Paulianer allerdings die entscheidenden Punkte ein: Am 21. Spieltag, nach einer 2:3-Niederlage beim VfB Lübeck, rutschten sie von der Spitze ab; 14 Tage später, nach einem 0:2 gegen Bergedorf 85, sah sich Krause sogar genötigt zu betonen, dass er keinesfalls zum WM-System zurückkehren werde. „Die neue Spielweise klappt im Grunde. Was den Leuten fehlt, ist das Feuer", betonte er. Der endgültige Tiefpunkt: ein 0:1 gegen Sperber am 30. Spieltag. Damit waren alle Chancen auf einen Platz in der Aufstiegsrunde dahin, und das nächste Heimspiel gegen den VfL Osnabrück wollten folgerichtig nur noch 1.800 Zuschauer sehen.

Werner Pokropp

„Hanke hätte bei uns nicht gespielt"

„Meine Stärke war, ein Spiel von hinten heraus aufzubauen, ich war sehr zweikampfstark, ich habe wenig Fehler gemacht, ich war ziemlich sicher in der Ballbehandlung, außerdem war meine Stärke das Organisieren des Spiels, das Dirigieren der Mitspieler", sagt der 56jährige, der Jeans, Krawatte und schwarze Lederslipper trägt. Der Mann weiß sich zu verkaufen, und das ist kein

St.-Pauli-Legende Pokropp: Hitzkopf mit Organisationstalent

Wunder, denn verkaufen muss er jeden Tag. Normalerweise allerdings nicht sich, sondern Versicherungen.

Wer Werner Pokropp erzählen hört, vermag sich kaum vorzustellen, dass er als Spieler ein Hitzkopf war, wie die wahren Fans ihn lieben. In der Saison 1968/69 zum Beispiel war er an einer Aktion beteiligt, die man gern in seiner Videosammlung hätte: Beim Spiel in Osnabrück provozierte VfL-Stürmer Kaniber St.-Pauli-Torwart Klaus Christensen, was zunächst einmal dessen Mitspieler Peter Gehrke auf den Plan rief, der den Keeper mit einem Foul rächte. Kaniber wälzte sich daraufhin am Boden, bis sich Pokropp und erneut Gehrke seiner annahmen. Die beiden Freunde trugen den sterbenden Schwan ein paar Schritte, ließen ihn dann aber fallen. Der Osnabrücker Mob war natürlich außer sich.

Sehr amüsant auch Pokropps Rache am Friedrichsorter Stürmer Geertz 1963. Der hatte ihn so oft attackiert, bis eine halbe Handvoll Schlamm Abhilfe schaffte. Pokropp quetschte sie ihm ins Ohr, was wiederum Geertz dazu animierte, mit einer Ohrfeige zu antworten.

Das störte den Hamburger aber wenig, denn er durfte weiterspielen, während Geertz die Rote Karte sah.

In die Geschichte des Vereins ist Pokropp allerdings nicht als Mann fürs grobe Entertainment eingegangen, vielmehr als Musterbeispiel dafür, wie man sich nach dem Ende der eigenen Karriere für seinen Klub engagieren kann. Nach exakt 300 Punktspielen zwischen 1960 und 1970 trainierte er erst einmal zwei Jahre lang die A-Jugend, wo er die späteren Ligaspieler Dietmar Demuth und Siggi Malek unter seinen Fittichen hatte. „Ich wollte dem Verein zurückgeben, was ich von ihm bekommen habe. Heute sind dazu zuwenig Spieler bereit, und vielleicht gibt es deshalb auch zuwenig qualifizierte Jugend-Trainer. Diese Arbeit wird heute unterbewertet, sie müsste auch besser honoriert werden", sagt Pokropp.

Im Laufe der 70er Jahre fungierte er dann noch als Obmann der Lizenzspieler-Mannschaft – in der Bundesliga-Saison 1977/78 bekam er dafür übrigens 1.000 Mark – und zweimal sogar als Liga-Coach: 1974/75 in der 2. Liga Nord als Vertreter für den durch einen Herzinfarkt außer Gefecht gesetzten „Jockel" Krause („Zu meiner aktiven Zeit war er für mich der wichtigste Trainer") sowie vor und zu Beginn der Serie 1979/80, als der FC infolge des Lizenzentzuges nur über eine Notmannschaft verfügte und der gesamte Verein in die ewigen Jagdgründe einzugehen drohte.

Werner Pokropp stieß einst als 19jähriger zum Oberliga-Kader des FC. Seine Stammposition war Außenläufer, doch am Millerntor fing er als Halbstürmer an. Rechter Läufer spielte seinerzeit „Aller" Brüggen, und der hatte als verdienter St.-Pauli-Recke ein entsprechendes Vorrecht. Später wechselte Pokropp in die Läuferreihe, und nach der Umstellung des Spielsystems von 2-3-5 auf 4-3-3 agierte er als Libero.

Wie war denn das Niveau in den Sechzigern? „Die beste Läuferreihe hatten wir wohl in der Serie 1964/65, mit mir auf der rechten Seite sowie Weidlandt und Porges. Unser Manko war, dass wir damals nur zweimal die Woche trainiert haben. Aus den Mannschaften, in denen ich zwischen 1960 und 1966 gespielt habe, hätte man sonst noch mehr herausholen können, denn das spielerische Potenzial war groß genug. Ich denke, es war größer als das der heutigen St.-Pauli-Elf. Ob wir unser Spiel bei dem jetzt üblichen Tempo hätten umsetzen können, ist natürlich eine andere Frage. Aber jemand wie Hanke hätte uns bei sicher nicht gespielt."

Als Höhepunkte seiner Karriere wertet Pokropp heute die Freundschaftsspiele gegen die dänische A-Auswahl, die Mitte der 60er Jahre regelmäßig in Aalborg oder Aarhus stattfanden. Nach dem Spiel 1966, das den Dänen als letzte Vorbereitung für ein EM-Qualifikationsspiel diente, lobte deren Verband die St. Paulianer: „Wir sehen Sie gerne, denn Sie zeigen ein gutes, ein schnelles und ein technisch vorzügliches Spiel." Die Dänen spielten damals allerdings international keine besondere Rolle – nicht zuletzt wegen eigener Dummheit. Spitzenkicker, die ins Ausland abgewandert waren, „bestrafte" der Verband dadurch, dass er sie nicht mehr für Auswahlspiele berücksichtigte. So musste die Ländermannschaft ständig neu formiert werden.

Werner Pokropp ist heute immer noch hinter den Kulissen aktiv: Er organisiert die Spiele der St.-Pauli-Altliga, bei denen manchmal Jens Duve, Michael Lorkowski, Helmut Schulte oder Dirk Zander mitmischen. Sein Sohn Christian arbeitet derweil daran, den Namen Pokropp wieder zu einem Markenzeichen auf dem Rasen machen: Das 18jährige Mittelfeld-Talent spielt derzeit beim Regionalligisten VfL 93. ∎

Der Start in die Saison 1967/68 stand im Zeichen einer maßgeblichen Neuerung: Ab sofort waren in Liga-Punktspielen Auswechslungen erlaubt. Es dauerte allerdings sechs Spiele, ehe Trainer Krause zum ersten Mal von diesem Recht Gebrauch machte. Gegen Bergedorf 85 tauschte er Uwe Eikmeier gegen Rolf Gieseler, und somit wurde letzterer der erste Einwechselspieler in der Geschichte des FC St. Pauli. Wichtige Veränderungen gab es auch innerhalb der Mannschaft: Osterhoff rückte aus der Sturmreihe auf die Position des linken Verteidigers, Hoffmann hingegen von hinten nach vorn.

Die Hinrunde verlief sehr enttäuschend, und deshalb musste Trainer Krause schon im November gehen – nach einem 1:2 beim späteren Absteiger Altona 93, der dritten Niederlage in Folge. „Ihm fehlte der letzte Einsatz", befand Präsident Koch. Bezeichnend für

Trainer Krause: Im November 1967 gefeuert

das Leistungsvermögen der beiden alten Rivalen in dieser Phase: Das Derby in der Adolf-Jäger-Kampfbahn hatten nur 3.000 Zuschauer sehen wollen.

Den Absturz sollte die St.-Pauli-Legende Heinz Hempel bremsen, der damals Trainer der Amateurmannschaft war – eine Übergangslösung. Der Verteidiger der Wunderelf stand für die Devise „Back to the roots", und es war allen klar, dass die nur kurzfristig Erfolg versprach. Hempel, der Hoffmann wieder nach hinten stellte, stieg mit einem 3:1 gegen Sperber ein. Dennoch: Ende 1967 standen nur 17:15 Punkte zu Buche. Und so kamen zu den ersten Heimspielen im neuen Jahr gegen Oldenburg und Barmbek Uhlenhorst nur 1.500 bzw. 1.700 Fans – obwohl das Klubhaus nunmehr über seinen ersten Farbfernseher verfügte.

Die beste Phase des FC seit langer Zeit begann im März. Nach einem 3:0-Erfolg beim VfB Lübeck folgten bis zum Ende der Saison nur noch doppelte Punktgewinne – insgesamt zehn. Herausragend der 2:1-Sieg beim späteren Zweiten Göttingen 05, das, jubelte jedenfalls die Vereinszeitung, „erinnerte uns an allerbeste Zeiten". Am Ende hatten Göttingen und Meister Arminia Hannover trotzdem drei Punkte mehr.

Der Umbruch unter „Ata" Türk

Im Sommer 1968 begann St. Pauli damit, eine neue Mannschaft aufzubauen: Mit Ingo Porges, der seine Karriere beendete, sowie Rolf Gieseler (TSV Schlutup) schieden langjährige Stützen aus, und Peter Osterhoff konnte verletzungsbedingt nur die Hälfte der Spiele mitmachen. Dafür stießen fünf neue Akteure hinzu, darunter Peter Woldmann von Göttingen 05, der als Stürmer gut einschlug. Der junge Kader (Durchschnittsalter: 23,8 Jahre) hatte auch einen jungen Trainer: Erwin „Ata" Türk, 33, gekommen vom VfB Bielefeld. Ältere St. Paulianer kannten ihn noch als robusten Abwehrchef des VfL Osnabrück, wo er seine aktive Karriere allerdings bereits 1964 aufgrund einer Verletzung hatte beenden müssen.

Der Neue leistete ausgezeichnete Arbeit, und so standen nach dem zehnten Spieltag 19:1 Punkte zu Buche. Rechnet man den Siegeszug unter Hempel zum Ende der vorangegangenen Saison hinzu, blieb der FC St. Pauli 1968 21 Spiele ungeschlagen! „Mit Türk kann man sich über alles unterhalten. Er schneidet jedes Problem an. Ob sportlich oder privat. Wir trainieren nicht härter als früher – aber öfter", nannte Günter Hoffmann in „Bild" zwei Gründe für den Erfolg. Torwart Thoms ergänzte, Türk wisse „die Ersatzspieler richtig zu nehmen".

Die Stimmung war trotzdem nicht optimal, denn die hervorragenden Leistungen schienen „sich noch nicht überall in Hamburg herumgesprochen zu haben" („Der Sport"). Türk fand es denn auch „enttäuschend", dass zum Spitzenspiel gegen Phönix Lübeck, als Kallius dreimal und für die Gäste der spätere St. Paulianer Peter Nogly einmal traf, nur 8.000 Zuschauer kamen. Tröstlich: Die Partie brachte den Hamburgern ein Fernsehhonorar von 3.400 Mark ein, und auch Phönix bekam noch 2.880 Mark.

Das Spiel des Jahres stieg Anfang März gegen den VfL Osnabrück. 20.000 Zuschauer standen so dicht bis an den Spielfeldrand, dass die Spieler beim Anlauf zu einem Eckball in der Menge verschluckt wurden.

Sogenannte Ausschreitungen gab es aber nicht – auch wenn es die heute beim DFB sitzenden Zaun-Fetischisten nicht glauben mögen. Die Fans sahen eine 0:2-Niederlage, und die leitete leider eine Wende zum Schlechten ein. Fortan spielte die Mannschaft nicht mehr konstant und verlor fünf der verbliebenen zehn Spiele. Bezeichnend für die Stimmung in Mannschaft und Umfeld sind zwei Aussagen nach dem 3:0-Sieg gegen Bremerhaven Anfang Mai. Wolfgang Kryszohn kommentierte im „Hamburger Abendblatt" pathetisch: „Eine Niederlage gegen Bremerhaven 93 – das wäre gleichbedeutend gewesen mit dem Verlust des zweiten Platzes, wäre einem moralischen Knockout gleichgekommen, hätte den sonntäglichen Besuch wieder einmal zu einer hassenswerten Leidenschaft werden lassen." Und Ole Kallius sagte nach dem Spiel: „Wir spielen lieber auswärts als daheim. Die Zuschauer erwarten nur Siege."

Dennoch blieb die Spannung bis zum Schluss erhalten. Das vorentscheidende Spiel verlor der FC am vorletzten Spieltag mit 1:3 beim VfB Lübeck – süße Rache für den nunmehrigen VfB-Coach Kurt Krause. Am letzten Spieltag war St. Pauli zirka 50 Minuten lang in der Bundesliga-Aufstiegsrunde. Während die Türk-Elf gegen BU führte, lag Lübeck bis zur 70. Minute 0:1 in Celle hinten, gewann dann aber doch noch mit 2:1 und wurde so mit einem Punkt Vorsprung Zweiter. Die Hamburger hätten die Nord-Staffel bestimmt besser vertreten als der VfB: Der ging mit der katastrophalen Bilanz von 1:15 Punkten in die Aufstiegsrunden-Historie ein.

Vor Beginn der Serie 1969/70 musste es der FC verkraften, dass Kallius, der zweimal hintereinander die meisten Tore geschossen hatte, nach Osnabrück wechselte. Derweil setzte der Klub weiter auf Verjüngung und schuf damit die Basis für die erfolgreichen nächsten Jahre. Für 108.000 Mark holte er neun neue Spieler, unter anderen den 19jährigen Alfred Hußner aus Heide, Herbert Liedtke (18) aus der HSV-A-Jugend und Horst Wohlers (20) aus der eigenen Amateurmannschaft. Sie avancierten, ebenso wie Udo Böhs, der neue Torhüter aus Reutlingen, gleich zu Stützen.

Die Saison begann dennoch mit einem Debakel: Ende Juli schied der FC gegen die eigenen Amateure mit 0:1 aus dem DFB-Pokal aus; das entscheidende Tor schoss ein Mann namens Peter Darsow. Die lebende St.-Pauli-Legende Horst Haecks spielte zum ersten Mal nach fast dreijähriger Verletzungspause wieder mit – allerdings als Libero auf Seiten der Siegermannschaft. „Die Amateure haben ihrem Brötchengeber praktisch die Gurgel durchgeschnitten", jammerte Erwin Türk. Unglaublich: Gegen die Wertung des Spiels legte die Liga Protest ein, weil drei Spieler der Amateure angeblich nicht spielberechtigt gewesen seien. Dieser peinliche sportjuristische Winkelzug blieb glücklicherweise erfolglos.

Auf den ersten Sieg musste man bis zum dritten Spieltag warten: Hussners erstes von zehn Saisontoren brachte einen 1:0-Sieg bei Aufsteiger Leu Braunschweig – der erste von vier doppelten Punktgewinnen in Folge. In der Hinrunde leistete sich die Mannschaft nur noch eine Niederlage, und drei Tage vor Heiligabend – bei fast 20 Grad minus – bot sie sogar eine fast legendäre Vorstellung. Gegen den späteren Meister VfL Osnabrück inklusive Ex-Kollege Kallius schossen Woldmann (2), Hußner und Liedtke einen 4:1-Sieg heraus. Das „Hamburger Abendblatt" hatte „das mitreißendste Spiel" gesehen, „das seit dem Länderkampf Deutschland – Schottland in Hamburg geboten wurde" (das WM-Qualifikationsspiel hatte zwei Monate zuvor stattgefunden – RM).

Dieser Kommentar zeigt darüber hinaus, dass der FC in dieser Phase einen Stil pflegte wie in der zweiten Hälfte der 80er Jahre, als der „Mythos St. Pauli" entstand: „Diese junge Mannschaft pflegt im Gegensatz zur Wissenschaftlichkeit des Bundesligaspiels einen herrlich erfrischenden Fußball ... ohne Rücksicht auf überkandidelte taktische Überlegungen." Wegen der Wetterverhältnisse hatten nur 7.500 Fans das Spiel sehen wollen, und das war wieder einmal ein Anlass, um über den mangelnden Zuschauer-Zuspruch zu klagen. „Wir müssten im Schnitt 6.000 Zuschauer haben, um den uns vorschwebenden Weg beschreiten zu können", gab Liga-Obmann Walter Windte die Richtung fürs nächste Jahrzehnt vor.

Sogar das Rückspiel an der Bremer Brücke gewann der FC vor 20.000 Zuschauern, als Liedtke zweimal traf. Eine 0:2-Niederlage im nächsten Spiel in Bremerhaven – Willi Reimann, 17 Jahre später Trainer am Millerntor, schoss das erste Tor – unterband jedoch die Euphorie. In den letzten fünf Spielen ging schließlich alles den Bach runter: In Wilhelmshaven, das sich später nur aufgrund der besseren Tordifferenz gegenüber Bergedorf vor dem Abstieg retten konnte, sprang nur ein 0:0 heraus, hinzu kamen zwei Niederlagen in Celle und gegen Göttingen. Die Folge: ein enttäuschender vierter Rang in der Abschlusstabelle.

Der Konkurrenzkampf mit BU

Für die Serie 1970/71 verstärkte sich St. Pauli im wesentlichen mit Stürmer Horst Romes und Abwehrspieler Klaus Beyer von Bergedorf 85. Das Denkmal Werner Pokropp, der in den vorangegangenen sieben Spielzeiten nur neun Spiele verpasst hatte, verabschiedete sich, half aber noch fünfmal aus.

Nach außergewöhnlich schlechtem Saisonstart (fünf Niederlagen in den ersten acht Begegnungen) steigerte sich die Türk-Truppe erheblich, holte in den letzten sieben Spielen 14:0 Punkte. Dennoch: Die Zuschauer wollten erneut nur die Schlager sehen. So kamen Mitte November zu einem Sonntagvormittags-Spiel gegen Barmbek-Uhlenhorst 8.500 Fans, 14 Tage später gegen Phönix Lübeck jedoch nur die Stammkundschaft (3.000).

Die Partie gegen BU rückte die Machtverhältnisse in Hamburg wieder einigermaßen zurecht. Die Barmbeker, die in der Saison um den Titel mitspielten, waren als leichter Favorit ins Derby gegangen, doch sechs Minuten vor Schluss erzielte der eingewechselte Wohlers den 1:0-Siegtreffer für die Braun-Weißen. Herbstmeister wurde BU trotzdem. „Im Vergleich zu BU ging es bei St. Pauli durchaus profihaft zu. Die Barmbeker lebten von der ausgeprägten Kameradschaft, vom familiären Zusammenhalt, der alle Vereinsmitglieder umfasste und den ich so nie wieder irgendwo kennengelernt habe. BU war außerdem extrem sparsam. Obwohl wir 1970/71 fast die Aufstiegrunde erreicht hätten, stand nie Geld für einen Bus zur Verfügung. Wir sind zu allen Auswärtsspielen mit PKWs gefahren", erzählt Edu Preuß. Der heutige Trainer von St. Paulis Altliga coachte vier Jahre lang BU und eine Saison den FC.

Die Stärke der Millerntor-Mannschaft lag in der Serie 1970/71 eindeutig in der Defensive, denn die Hälfte der Partien spielte sie zu null. Dafür hatten acht Mannschaften am Ende mehr Tore geschossen. Die Vorentscheidung fiel am 33. Spieltag, als die Türk-Elf vor 5.500 Zuschauern gegen Wolfsburg gewann und Mitkonkurrent Lübeck gegen Bremerhaven verlor. Die Aufmerksamkeit auch der hiesigen Fußballfans galt an dem Wochenende allerdings vorrangig dem Geschehen im Londoner Wembley-Stadion, wo Arsenal nach Tottenham als zweiter Verein in diesem Jahrhundert das Double in England gewann.

Der letzte Spieltag verlief ungewöhnlich: Von den ersten vier Mannschaften (Osnabrück, St. Pauli, Holstein Kiel, VfB Lübeck) gewann keine ihr Spiel. Der FC trat bei BU an, das wegen der Bedeutung der Partie auf den Rothenbaum auswich. Romes schoss die Braun-Weißen in der ersten Minute in Front, doch BU – betreut von Edu Preuß, obwohl bereits feststand, dass er nach der Serie zu St. Pauli wechseln würde – drehte das Spiel nach der Halbzeit innerhalb von vier Minuten um. Da Holstein Kiel in Wilhelmshaven verlor, blieb St. Pauli dennoch „im Geld", zog als Zweiter in die Bundesliga-Aufstiegsrunde ein.

Der wichtigste Neuzugang für die Serie 1971/72 war Rolf Höfert, den Edu Preuß von BU mitbrachte. Außerdem schlugen die Stürmer Uli Schulz (von Holstein Kiel) und Walter Dobberkau (TSV Reinbek) schnell ein. Es wurde eine überragende Saison, der FC dominierte die Liga mit phasenweise begeisterndem Offensivfußball. Einer der entscheidenden Gründe für die Stärke: Preuß ließ „Fussel" Wohlers statt im Mittelfeld auf der Liberoposition spielen, und dort entwickelte der sich zu einem der modernsten, elegantesten „freien" Männer der frühen 70er Jahre.

Das erste Spitzenspiel stieg im Oktober am Millerntor gegen den VfL Osnabrück, als 15.000 Zuschauer einen 2:0-Sieg durch zwei Dobberkau-Tore sahen. Ebenso viele Fans waren eine Woche später am Rothenbaum Zeuge, als Romes, Schulz und Hußner einen grandiosen 3:1-Sieg über BU herausschossen. „Solche Leistungen kamen unter Trainingsbedingungen zustande, die sich heute keiner mehr vorstellen kann", meint Edu Preuß. „Heute steht ja für jeden Spieler ein Ball zur Verfügung, wir hingegen hatten damals nur zehn, und davon waren auch nur fünf gut. Der Rest waren Eier und Keulen, und beim Flankentraining haben die Spieler extra die Köpfe eingezogen, wenn die Dinger angeflogen kamen."

Am Saisonende hatte die Preuß-Elf einen komfortablen Neun-Zähler-Vorsprung auf Wolfsburg und BU, die punktgleich die Plätze drei und vier belegten. Die klarsten Siege feierte der FC gegen den OSV Hannover und Phönix Lübeck (jeweils mit 6:0). Die Atmosphäre war die gesamte Saison über locker. „Wenn mich mal etwas geärgert hat, hab' ich die Spieler als 'Osterhasen' bezeichnet. Deshalb haben sie mir einmal nach dem Training meine Windschutzscheibe mit Osterhasen vollgeklebt", erzählt Edu Preuß.

Nach der Serie wechselte Udo Böhs, einer der Garanten für die Erfolge in den vergangenen zwei Jahren, zu Vienna Wien, und als Ersatz kam Axel Lange, womit der FC nach Jahn, Thiele und Wunstorf wieder einen Berliner Torhüter verpflichtete. Zum ersten Mal trat in Hamburg ein Mann namens Franz Gerber in Erscheinung, und gleich im ersten Punktspiel, beim 6:0 gegen Meppen, traf er zweimal. Überhaupt präsentierte sich die Mannschaft in dieser Serie als Torfabrik, wobei Horst Wohlers und Alfred Hußner, genannt „Kopf und Fuß", die wichtigsten Spieler waren. Die Elf dominierte derart, dass der dem Verein wohlgesonnene Journalist Manfred Heun Mitte der Saison forderte: „Die Zweite Bundesliga muss kommen, wenn die meisten Begegnungen des FC St. Pauli nicht auf die Ebene von Trainingsspielen absinken sollen."

Den Jahreswechsel 1972/73 verbrachte die Mannschaft in Südostasien, und das war für viele Spieler der Höhepunkt der Serie. Im Rahmen der Reise sprangen vier Niederlagen und zwei Siege heraus, letztere gegen die thailändische Ländermannschaft und gegen eine Auswahlelf Hongkongs. Die „South China Morning Post" charakterisierte die Norddeutschen seinerzeit als „profihaft, aber unterkühlt".

Im Sommer 1973 musste der FC den Schock verdauen, dass sich Alfred Hußner – in der letzten Saison mit 22 Treffern hinter dem Osnabrücker Burkhard Segler der zweitbeste Torschütze – nach Mechelen verabschiedet hatte. Dass man ihn gleichwertig ersetzen könnte, schien zunächst ausgeschlossen. Immerhin konnte sich im Juli nach einem 3:3 im Testspiel gegen Bayern München ein bisschen Optimismus breitmachen, denn nur zwei zweifelhafte Elfmeter, die beide Gerd Müller verwandelte, retteten die Bayern vor der Blamage. Es war das erste St.-Pauli-Spiel, das der Autor dieser Zeilen gesehen hat.

Der Saisonauftakt 1973/74 hatte für heutige Verhältnisse fast schon unmenschliche Züge. Einige Spieler mussten in den ersten elf Tagen gleich fünfmal ran. Auf eine Pokalbegegnung in Hamburg-Poppenbüttel folgten zwei Freundschaftsspiele (darunter eines gegen den dänischen Erstligisten Freja Randers) sowie ein 5:1-Sieg gegen den nunmehr von Edu Preuß betreuten KSV Holstein Kiel. Schließlich stand auch noch ein Spiel gegen Aston Villa auf dem Programm, das man in Kombination mit dem VfB Oldenburg absolvierte. Ideen hatten die damals!

Trotz Hußners Weggang brachte die Saison 1973/74 die beste Torausbeute der Vereinsgeschichte: In 36 Spielen trafen die Braun-Weißen 113mal, darunter jeweils achtmal gegen Phönix Lübeck und in Heide sowie neunmal in Bremerhaven (gegen den späteren FC-Keeper Reinhold Rietzke). Das zeigt natürlich auch, dass das Niveau in der Nord-Staffel insgesamt sehr niedrig war. Bereits am dritten Spieltag der Serie trafen am Millerntor jene Mannschaften aufeinander, die die Liga eindeutig dominieren sollten: der FC und Bundesliga-Absteiger Eintracht Braun-

Die Spieler von RW Oberhausen trugen bei diesem Spiel im Mai 1974 die jahreszeitge-
mäßen Sommertrikots, der FC war noch auf Winter eingestellt. Vielleicht gewann RWO
die Aufstiegspartie deshalb mit 2:1.

schweig. 14.000 Zuschauer (der große Name hatte 11.000 mehr angelockt als zum ersten Heimspiel gegen Kiel) sahen hier eine 0:1-Niederlage – die erste von insgesamt nur fünf.

Ohne Probleme verlief die Saison dennoch nicht. Hußner wurde lange vermisst, und Trainer Mülhausens Idee, mit zwei Spitzen zu spielen, funktionierte anfangs überhaupt nicht. Außerdem war Keeper Benno Larsen oft verletzt, und sein Vertreter Axel Lange hatte persönliche Probleme. Deshalb musste Klaus Christensen, der sich 1970 hatte reamateurisieren lassen, ins Gehäuse der Liga zurückkehren.

Die Zuschauerzahlen waren nicht bloß ärgerlich, sondern sogar frustrierend; die Spieler mussten teilweise befürchten, dass die Gehälter nicht rechtzeitig überwiesen wurden. Bezeichnend: Bei den letzten beiden Heimspielen des Jahres 1973 – gegen Itzehoe und den OSV Hannover – zahlten gerade mal 700 Menschen Eintritt, so wenig wie nie zuvor in einem Pflichtspiel seit 1945!

Aus Hamburger Sicht war erneut der Kampf um die Nummer zwei in der Stadt interessant. BU, das zeitweilig den ehemaligen HSV-Star Charly Dörfel in seinen Reihen hatte, hielt den Kampf zumindest in der Hinrunde offen. In dieser Phase gelang dem FC am Rothenbaum vor 11.000 Zuschauern ein eminent wichtiger Sieg gegen die Blau-Gelben – vor allem unter Image-Aspekten, denn die heute sechstklassigen Barmbeker waren „dem Konkurrenten vom Millerntor in der Gunst der Massen eindeutig überlegen". Das glaubte zumindest das „Hamburger Abendblatt" zu wissen.

Der St.-Pauli-Spieler der Saison war eindeutig Franz Gerber: in seinem dritten Jahr als Herrenspieler traf er in 31 Begegnungen 33mal! Otto Knefler, der Braunschweiger Meistertrainer, hatte das offensichtlich nicht wahrgenommen. Die von ihm zusammengestellte Regionalliga-Elf des Jahres bestand aus – natürlich – sieben Eintracht-Spielern, Goldbach von BU, dem Wilhelmshavener Klinge sowie Horst Wohlers und Walter Dobberkau.

Vor der ersten Saison der 2. Liga Nord wechselte Gerber zum Bundesliga-Aufsteiger Wuppertaler SV. Somit ging der FC arg geschwächt in den Konkurrenzkampf in der neuen Klasse. Denn St. Pauli ohne Franz Gerber – das war ungefähr so, als hätte Bayern München damals ohne Gerd Müller gespielt.

Die Bundesliga-Aufstiegsrunden
Zu wenig Glück, zu wenig Geld

Zumindest ein Rekord ist dem FC St. Pauli für die Ewigkeit sicher. Elfmal ließ der DFB zwischen 1964 und 1974 Aufstiegsrunden ausspielen, um unter den Meistern und Zweitplazierten der fünf Regionalligen zwei Zugangsberechtigte für die Bundesliga zu ermitteln, und der Klub vom Millerntor war öfter dabei als jeder andere: sechsmal. Womöglich hat er in dieser Zeit ein paar Freunde gewonnen, die grundsätzlich mit Losern sympathisieren.

44mal trat der FC in der Aufstiegsrunde an, 19mal verlor er, davon siebenmal daheim. Die erste Partie, am 6. Juni 1964 gegen Bayern München, ist in die Annalen des bundesdeutschen Fußballs eingegangen, denn hier lief ein Mann namens Franz Beckenbauer, damals 18 Jahre alt, zum ersten Mal in einem Ligaspiel auf. Zwar glaubte „Bild" vor dem Spiel zu wissen: „Die Bayern haben Angst vor Haecks." Doch die Begegnung im Volksparkstadion geriet zum Desaster, St. Pauli ging mit 0:4 ein, nicht zuletzt weil Klaus Eppel, gerade erst von einer langwierigen Verletzung genesen, gegen Linksaußen Beckenbauer wie ein Anfänger wirkte. Hinterher ließ das FC-Präsidium verlauten: „Wir haben in den letzten 15 Jahren manch bittere Niederlage eingesteckt, aber das 0:4 gegen Bayern München hat mehr geschmerzt als einmal neun Tore gegen den HSV."

Das empfanden auch einige Jugendliche unter den 22.000 Zuschauern: Sie hissten nach dem Spiel die St.-Pauli-Fahne im Stadion auf Halbmast. Der Führungsspitze gefiel das überhaupt nicht, sie weigerte sich allen Ernstes, den studentischen Ordnungsdienst zu bezahlen, weil der nicht gegen die blasphemischen Fans eingegriffen hatte.

Im zweiten Spiel in der Vierergruppe, in Saarbrücken gegen den späteren Aufsteiger Borussia Neunkirchen, verloren die Braun-Weißen mit 1:4 und verspielten damit praktisch schon alle Chancen. Bezeichnend, was das „Hamburger Abendblatt" nach dem einzigen Sieg gegen Tasmania Berlin beobachtete: „Keine Hand rührte sich unter den 4.200 zahlenden Zuschauern im Stadion, als der Schiedsrichter das Spiel abpiff."

Nachdem sich der FC 1965 nicht hatte für die Aufstiegsrunde qualifizieren können, verpasste er den Sprung in die Bundesliga ein Jahr später unfassbar knapp. Der Auftakt vor 17.000 Fans gegen RW Essen verlief optimal: St. Pauli besiegte die favorisierte Elf aus dem Westen mit 1:0, nicht zuletzt, weil Verteidiger Peter Gehrke „Ente" Lippens ausschaltete. Als vorentscheidend erwies sich das 1:2 in Schweinfurt: In diesem Spiel ließ der bayerische Klub seine beste Elf auflaufen, in den folgenden dagegen mussten einige Stars aus disziplinarischen Gründen zuschauen. Von dieser Verzerrung des Wettbewerbs profitierte Essen.

Unglücklich war die Niederlage auch noch: Weidtlandt schoss ein Eigentor, und der siegbringende Treffer für die Schweinfurter fiel erst 100 Sekunden vor Schluss. Nachher beklagte Trainer Jockel Krause „Ruppigkeiten und Gemeinheiten" und Oschi Osterhoff, der von seinem Gegenspieler eine Faust in den Magen bekommen hatte, präzisierte: „Wenn man zusammengeschlagen wird, wenn einwandfreie Tore nicht gegeben werden, was hat dann der ehrliche Kampf noch für einen Sinn?"

Der Schiedsrichter spielte auch in der letzten Partie in Essen eine maßgebliche Rolle: Rudolf Kreitlein, ein Schneidermeister aus Stuttgart, erkannte ein Tor der Hamburger nicht an, eines, das sie dringend gebraucht hätten. St. Pauli gewann das Spiel nur mit 1:0 und musste somit den punktgleichen Essenern, die man immerhin zweimal geschlagen hatte, den Vortritt lassen. 10:6 Tore sprachen für Rot-Weiß, der FC dagegen hatte nur 10:8 auf seinem Konto – gemäß dem damals geltenden Divisionsverfahren zwei zuwenig. Der einzige Trost nach diesem dramatischen Ausgang: 80.000 Mark Einnahmen aus den Heimspielen.

Nach fünfjähriger Aufstiegsrunden-Abstinenz musste St. Pauli 1971 im ersten Spiel gleich beim Favoriten Fortuna Düsseldorf antreten. Bis sechs Minuten vor Schluss sah es so aus, als könnten die Hamburger eine Punktprämie von 500 Mark einstreichen, doch dann schlug Fortuna noch zweimal zu und gewann mit 3:1. Der Sportjournalist Manfred Heun analysierte hinterher: „Der FC St. Pauli muss dafür büßen, dass er im Norden in einigen Punktspielen auf die Dauer zu wenig geprüft wird. Fortunas ständige Belastung

Nimmt man den Gesichtsausdruck von Torwart Böhs zum Maßstab, ist ein Düsseldorfer Stürmer gerade dabei, ein Tor zu schießen (aus: Fortuna – St. Pauli, 3:1, Aufstiegsrunde 1971)

im Westen zahlte sich aus. Die Mannschaft zermürbte ihren Gegner mit Tempo-Fußball." Im Rückspiel zeigte der FC zwar die beste Saisonleistung. Der Endstand von 1:1 half aber nur den Düsseldorfern. St. Pauli wurde schließlich Dritter in der Fünfergruppe – hinter Fortuna und Borussia Neunkirchen, aber immerhin vor dem 1. FC Nürnberg.

1972 wurde der Aufstieg ausgespielt, als ganz Deutschland im Terroristen-Jagdfieber war. Zwölf Stunden, nachdem St. Pauli am Millerntor auf Kickers Offenbach getroffen war, wurden Andreas Baader, Jan-Carl Raspe und Holger Meins in Frankfurt verhaftet. Und am Tag des Heimspiels gegen Essen fasste die Hamburger Polizei Gudrun Ensslin am Jungfernstieg.

Die Runde begann vielversprechend für den FC: Nach den Hinspielen war er noch ungeschlagen, besonders das 0:0 gegen Kickers Offenbach ließ hoffen, nicht zuletzt weil die OFC-Stars Siggi Held und Erwin Kostedde gegen Manfred Waack und Gert Wieczorkowski keinen Stich bekamen. Der Schock traf die Hamburger dann aber im fünften Spiel gegen den Außenseiter Wacker 04: Das Millerntor-Team spielte lasch und unkonzentriert, Wohlers und Höfert verschossen je einen Elfmeter, und so verlor die Elf mit 1:2 – eine der 20 schlimmsten Niederlagen der Klubgeschichte. Viele der 6.000 Zuschauer pfiffen die St.-Pauli-Spieler aus und klatschten statt dessen den Berlinern Beifall – heute kaum vorstellbar, erst recht nicht bei einem derart wichtigen Spiel.

In den letzten beiden Auswärtsspielen bekam St. Pauli deutlich zu spüren, wieviel die Überlegenheit wert war, mit der man im Norden dominiert hatte. In Essen und Offenbach verlor der FC mit 1:6 bzw. 0:6. Beim Spiel an der Hafenstraße, einen Tag vor dem EM-Triumph der DFB-Elf gegen die UdSSR, lag man schon nach einer Stunde 1:6 hinten. Somit hätte nicht viel gefehlt, und die Niederlage wäre zweistellig ausgefallen. Wahrscheinlich haben die Essener eine Woche später den versäumten Chancen nachgetrauert, denn Offenbach schaffte nur wegen des besseren Torverhältnisses den Aufstieg.

Edu Preuß, der damalige Trainer, führt die Leistungsunterschiede auf die besseren Arbeitsverhältnisse in Essen und Offenbach zurück: „Die besten Teams aus den anderen Regionalligen haben unter Vollprofibedingungen trainiert. St. Pauli hat das zwar angestrebt. Aber die wirtschaftliche Situation ließ das einfach nicht zu. Unser Spielermaterial war gut, und wenn wir jeden Tag hätten zweimal trainieren können und nicht bloß viermal in der Woche – wer weiß, wie die Aufstiegsrunde dann ausgegangen wäre."

Die notorische Geldknappheit war auch 1973 vor Beginn der Qualifikationsspiele ein Thema. „Die große Problematik beginnt erst nach dem Aufstieg", schrieb St.-Pauli-Experte Manfred Heun. „Mindestens sieben neue Spieler müsste der FC St. Pauli verpflichten, also rund zwei Millionen investieren. Bei den mäßigen Zuschauerzahlen ist das eine glatte Utopie." Immerhin versprach das Präsidium vor dem Start generös, jeder Spieler bekomme im Fall des Aufstiegs 10.000 Mark.

Die Ausgangslage schien insofern günstig, weil der FC mit Fortuna Köln und Karlsruher SC „nur" die Vizemeister der starken Ligen West und Süd in seiner Gruppe hatte und die beiden Teams außerdem zuerst in Hamburg antreten mussten. Das im Nachhinein vorentscheidende Spiel fand am dritten Spieltag gegen Fortuna Köln statt. St. Pauli dominierte zwar, aber die Kölner, mit dem ehemaligen DFB-Auswahlkeeper Wolfgang Fahrian im Tor, erwiesen sich als cleverer und siegten 2:1. Am Ende belegte der FC drei Punkte hinter der Fortuna den zweiten Platz.

Zu Beginn der letzten Aufstiegsrunde gastierte der FC Augsburg in Hamburg, und so wurde die Stadt kurzzeitig vom Helmut-Haller-Fieber angesteckt. 23.000 Zuschauer im Schnitt hatte der FC Augsburg in der gerade abgelaufenen Regionalliga-Saison. Die waren in erster Linie gekommen, um den molligen 35jährigen Standfußball spielen zu sehen. Ins Volksparkstadion strömten – zwei Tage nach dem Rücktritt Willy Brandts und einen nach Magdeburgs Europacupfinalsieg über den AC Mailand – sogar noch 5.000 Zuschauer mehr. Sie sahen ein Spiel, das in die Vereinsgeschichte einging, weil es eines der seltenen Beispiele dafür ist, dass St. Pauli im Volksparkstadion auch begeisternden Offensivfußball spielen kann. Wieczorkowski stellte Haller kalt, 13:1 Ecken sprangen heraus, und dennoch verlor der FC mit 2:3. Immerhin lobte Horst Wohlers nach dem Spiel: „Die Zuschauer waren dufte." So ein Lob hörte man damals selten.

Im zweiten Spiel in Oberhausen überzeugte der FC spielerisch erneut – und verlor auch erneut. Das richtungsweisende Spiel bestritt St. Pauli dann, wie zwei Jahre zuvor, gegen einen Berliner Verein: diesmal Tennis Borussia, mit dem späteren FC-Profi Gino Ferrin. Der schoss denn auch eines der beiden Tore zum 2:0-Sieg seiner Elf. „Ich habe mich vor den Zuschauern geschämt", kommentierte Manager Walter Windte die Leistung der Hamburger. Zehn Tage später glänzte die Elf aber wieder gegen Augsburg. Durch Dobberkau, Schulz und Gerber führte sie schon 3:1, und es schien, als könne sie ihre letzte Chance auf den Gruppensieg wahren. Am Ende reichte es aber nur zu einem 4:4.

Aus heutiger Sicht bemerkenswert ist nicht allein der Sisyphos-Charakter, den die Aufstiegsrunde für den FC im Laufe der Jahre bekommen hat. Viele jüngere Fans werden sich vor allem über die Zuschauerzahlen wundern. 1966, als die Bundesliga so nah war wie nie, fanden sich zum letzten Heimspiel gegen Schweinfurt 05 gerade mal 11.000 Zuschauer ein. Und 1974, als man am Millerntor das einzigartige Fußball-Ereignis Aufstiegsrunde zum letzten Mal erleben konnte, kamen am sechsten Spieltag sogar nur 3.000 gegen Oberhausen. Das Erstaunliche: Der FC hatte zu diesem Zeitpunkt noch die Chance, den Sprung in die 1. Liga zu schaffen. ∎

Als es noch den Regen-Rabatt gab

1974 bis 1978

Die Hochs und Tiefs in der Pleiteliga

Als die Punktspiele in der neu eingeführten 2. Liga Nord begannen, unkten zahlreiche Experten, die meisten Mannschaften aus der alten Regionalliga West seien stärker als der Rest, und die Teams aus dem Norden stünden vor einer schweren Saison. In die Kerbe schlug auch St. Paulis Vereinszeitung: „Die Jahre sind vorbei, in denen man Gegner mit 'links' schlagen konnte. Dieses gilt es gerade unseren Spielern klarzumachen, die doch jahrelang nicht in jedem Spiel gefordert wurden."

Das erste Drittel der Serie verlief für den FC so, wie es die meisten Skeptiker vorausgesehen hatten. Das lag aber nicht unbedingt an der Stärke der Westmannschaften. Einige der Punktverluste, die das Team des zum Millerntor zurückgekehrten Jockel Krause zu beklagen hatte, waren unnötig, andere kamen unglücklich zustande. Hauptsächlich lief es anfangs nicht so gut, weil acht neue Spieler integriert werden mussten, darunter die dänischen Offensivkräfte Hansen und Petersen.

In den ersten zehn Spielen gelangen überhaupt nur zwei Siege, weshalb St. Pauli zu diesem Zeitpunkt punktgleich mit Barmbek-Uhlenhorst die Plätze 15 und 16 belegte. Darum kamen am zwölften Spieltag nur 5.000 Zuschauer zum Derby ins Wilhelm-Koch-Stadion. Das schockierte insofern, weil es mehr als die Hälfte weniger waren als in der Saison zuvor, passte andererseits ins Bild, weil die neu geschaffene Spielklasse bereits den Ruf hatte, eine „Pleiteliga" zu sein. Am selben Wochenende übrigens strömten 23.000 Fans ins Volksparkstadion, um den Bundesliga-Tabellenführer HSV zu sehen – obwohl der Gast nur Wuppertaler SV hieß.

Kurze Zeit nach dem Derby zeichnete sich ab, dass der FC auf längere Zeit unangefochten die Nummer zwei in Hamburg sein würde. BU, das vor der Serie mit Werner Baumann wieder einmal einen seiner besten Spieler an St. Pauli verloren hatte, setzte sich am Tabellenende fest, gewann in der gesamten Serie nur sechsmal – darunter immerhin gegen einen Klub, mit dem der nunmehrige Landesligist heute wahrscheinlich ein bisschen mehr Mühe hätte: Borussia Dortmund.

Im Lauf der Hinserie verpflichtete der FC noch einen zusätzlichen Stürmer, einen von Bayern München sogar. Dieter Bone hieß der Bursche, und seine Geschichte ist zwar unter sportlichen Gesichtspunkten nicht der Rede wert, weil er nur fünf Punktspiele mitmachte. Sie ist aber aufschlussreich für die Verhältnisse am Millerntor und in der 2. Liga Nord im allgemeinen. „Unser damaliger Zeugwart 'Mile' schrieb an Bayern München und bat um eine Vereinsnadel und einen Stürmer. Bayern reagierte: eine Nadel für 'Mile' und Dieter Bone als Stürmer, Jugendnationalspieler und ablösefrei", erzählt Joachim Dipner, der damals für 2.500 Mark brutto im Monat als Geschäftsführer arbeitete. „Getreu der Devise 'Wer sich bei den Bayern nicht durchsetzt, schafft es bei St. Pauli erst recht nicht' haben wir ihn kurze Zeit später nach Mülheim-Styrum verkauft. Das war eine Frage von Minuten: Mit Spieler, Vertragsauflösung und Aufnahmeantrag für die Transferliste fuhr ich abends nach Styrum, um den Deal perfekt zu machen. Nachts um zwei erhielt ich einen Scheck über 20.000 Mark und erzählte daraufhin jedem, ob er es hören wollte oder nicht, dass ich nun nach Hamburg fahren müsse und den Vormittag frei hätte. Dann fuhr ich von Styrum ins benachbarte Mülheim, vertrieb mir bis morgens um neun die Zeit und löste mit Schalteröffnung den Scheck ein. Wenige Wochen später meldete Mülheim Konkurs an. Wie ich vom Sequestor erfuhr, wollte der Verein den Scheck um halb zehn sperren lassen."

Der Geschäftsführer war auch verantwortlich dafür, dass am 24. November 1974 anlässlich des Spiels gegen Preußen Münster eine Premiere am Millerntor gefeiert werden konnte: die erste Stadionzeitung erschien. Leider waren nur 1.500 Fans da, um das achtseitige DIN-A5-Exemplar zu begutachten, und auch das Spiel war nicht berauschend (1:1). In der Hinrunde überzeugte der FC ohnehin nur auswärts. Der damals 25jährige Horst Wohlers, wichtigster Mann und Kapitän des Teams, begründete das am 21. Dezember im „Hamburger Abendblatt" so: „Leider fehlt ein Mann wie Franz Gerber oder Alfred Hußner. Das ist eine Erklärung dafür, warum wir im Vergleich zu früher nur noch wenige Tore schießen und in Heimspielen ohne die erforderliche Durchschlagskraft geblieben sind. Man kann nicht die bedingungslose Offensive ergreifen, wenn man die geeigneten Spielertypen dafür nicht hat. Deshalb sind wir

Horst Wohlers (rechts) schlägt gleich einen seiner genialen Pässe (aus dem Zweitligaspiel Bayer Uerdingen – FC St. Pauli, 1974).

bei Auswärtsspielen wesentlich erfolgreicher. Für meine Mannschaftskameraden und mich ist die missliche Lage Ansporn genug, die schlechte Heimbilanz schnell vergessen zu machen. Denn unter Ausschluss der Öffentlichkeit zu spielen, ist das Schlimmste für ein fußballbegeistertes Team." Naja, 3.300 Zuschauer waren's im Schnitt immerhin.

Der Artikel ist deshalb zitierenswert, weil Wohlers damit womöglich die Mannschaft wachrüttelte. Ein paar Stunden nach Erscheinen der Zeitung schlug sie im letzten Punktspiel des Jahres den späteren Absteiger VfL Wolfsburg gleich mit 10:2. Verantwortlich für den bis heute einzigen zweistelligen Pflichtspielsieg nach 1945 waren: Rietzke; Pätzold, Baumann, Wohlers, Kampf; Hansen, Schiller, Höfert; Kulka, Petersen, Wenzel (eingewechselt wurden Waack und Neumann). Dennoch herrschte leichter Frust im Team, denn die Siegprämie betrug nur 100 Mark. Die richtete sich in der Saison nach den Zuschauerzahlen, und leider waren gegen den VfL nur 1.800 Leute da. Pech für die Spieler, dass sie ausgerechnet die Heimpartien gegen Hannover und Dortmund verloren. Da war das Stadion relativ gut gefüllt.

Die Russen kamen dann doch nicht
Das Präsidium in den 70er Jahren

Das Dasein des FC St. Pauli war in den sechziger und siebziger Jahren geprägt von einem Widerspruch. Der Verein hatte die Ambition, in die Bundesliga aufzusteigen, die Mannschaft bot im Laufe der Jahre immer mal wieder entsprechende Leistungen – aber der Zuspruch der Hamburger Fußballfans stand dazu in keinem Verhältnis. Genau genommen gefährdete er die Existenz des Vereins im Leistungsfußball. In der Saison 1974/75, als die Mannschaft nur knapp das Relegationsspiel um den Bundesliga-Aufstieg verpasste, kamen zum Beispiel im Schnitt 3.300 Fans. Heute ließe sich sagen: St. Pauli war das Uerdingen des Nordens.

„In einer anderen Stadt, Osnabrück etwa oder Kassel, hätte die Geschichte einen ganz anderen Verlauf genommen, da hätte unsere Mannschaft wahrscheinlich immer 18.000 angezogen, und wir hätten nie wirtschaftliche Schwierigkeiten bekommen", sagt Werner Kühn, der 1954 in die Vereinsarbeit einstieg und innerhalb von fast 30 Jahren eine beachtliche Anzahl von Posten ausfüllte (Jugendleiter, Vereinszeitungs-Redakteur, Schatzmeister, Vizepräsident). Für das langjährige Desinteresse der Hamburger macht er unter anderem das „große Freizeitangebot" in der Stadt sowie die zeitweilige „Negativwerbung" der lokalen Presse verantwortlich.

Wie ernst die Lage bisweilen war, dokumentiert auf komische Weise der Brief eines Lesers aus dem niedersächsischen Bremervörde an die Zeitschrift „Der Sport" im Mai 1975: „Hamburg verliert BU aus dem Fußballangebot, soll der FC St. Pauli folgen? Nein, deshalb werde ich ab sofort passives Mitglied und spende 20 Mark für den Verein. Hier hilft kein Reden, hier muss sofort gehandelt werden. Oder wollen Sie in Hamburg nur noch Fußballkleinstadt sein?"

Der spendable Herr vermutete völlig zu Recht, dass der FC St. Pauli ohne Unterstützung privater Geldgeber keine Zukunft hatte. Gefragt waren allerdings ein bisschen höhere Beträge, und für solche garantierten Präsident Ernst Schacht und vor allem sein Vize Werner

Velbinger, die Anfang 1970 die Macht im Verein übernommen hatten. Schacht, einst im Bankgeschäft erfolgreich, hat nach eigenen Angaben im Laufe von fast zehn Jahren rund 1,3 Millionen Mark bereitgestellt (anderen Quellen zufolge weitaus weniger), der 1982 verstorbene Velbinger, der das Versandservice-Unternehmen Hermes aufgebaut hatte, auf alle Fälle 1,7 Millionen. Der Vizepräsident kaufte zum Beispiel 1976 die Spieler Gerber und Mannebach von seinem Privatvermögen. Die Umstände, unter denen der Stürmer verpflichtet wurde, waren besonders interessant. Velbinger zahlte an den Wuppertaler SV eine Ablösesumme von 350.000 Mark, obwohl Gerber doppelt so viel wert gewesen sein dürfte. Der clevere St.-Pauli-Funktionär bekam ihn zum Vorzugspreis, weil er dem WSV, der seinerzeit oft vom Gerichtsvollzieher besucht wurde, mitten in der vorangegangenen Saison freundlicherweise 200.000 Mark vorgestreckt hatte. Dass Gerber und Mannebach zu Velbingers „Anlagevermögen" gehörten, sollte den FC St. Pauli in den nächsten zehn Jahren dann immer wieder beschäftigen.

Wenn Schacht und Velbinger nicht investiert hätten, wäre der Klub mit Sicherheit nicht in die 1. Liga aufgestiegen. Ja, wahrscheinlich wäre er vorher sogar schon aus der 2. Liga Nord abgestiegen, hätte er für Spielergehälter und Ablöseummen nur das Geld zur Verfügung gehabt, das er selbst erwirtschaftet hat. Müssen die Fans von heute Schacht und Velbinger deshalb etwa dankbar sein? Wohl kaum. Schließlich haben sich die beiden, denen im übrigen kein besonders ausgeprägter Fußball-Verstand nachgesagt wurde, beim FC St. Pauli ja nicht zuletzt engagiert, um ihre Profilneurosen zu pflegen – typisch für die Branche. Außerdem hat Schacht 1979 durch eine undurchsichtige, teilweise auf private Vorteilnahme bedachte Vereinspolitik nicht nur den Lizenzentzug herbeigeführt, sondern beinahe den Konkurs (siehe hierzu insbesondere „Der FC St. Pauli ist zahlungsunfähig").

Die Geschichte des Präsidenten Schacht beginnt in einer Kellerkneipe am Gänsemarkt, die Heini Schrödter gehörte, dem Schwager des einstigen St.-Pauli-Mittelstürmers Hans Sump. Hier trafen sich regelmäßig Freunde und Mitglieder des Klubs. Eines Abends im November 1969 verbreitete sich hier die Nachricht, dass Vereinsboss Wilhelm Koch schwer krank sei. „Ich hab' spontan gesagt: Wenn Wilhelm stirbt, mach' ich das. Aber nachgedacht hab' ich nicht darüber", sagt Schacht heute. „Vier Wochen später war es passiert, und da haben alle gesagt: So, mein Lieber, jetzt nehmen wir dich beim Wort, jetzt musst du dein Portmonee öffnen." Der 37jährige, damals Gesellschafter einer Privatbank, tat das dann auch, und so wurde er ein paar Wochen später gewählt, ebenso wie Werner Velbinger. „Wir waren froh, dass es diese beiden Jung-Dynamiker gab, weil im Verein sonst keiner in der Lage war, die Führungsrolle zu übernehmen", sagt Werner Kühn. „Schacht kam anfangs mit einer Sekretärin aus seiner Bank zu Vorstandssitzungen. Das hatte Stil."

Die beiden „Jung-Dynamiker" passten eigentlich überhaupt nicht zueinander, was mit dazu beigetragen haben dürfte, dass sie später gegeneinander Krieg führten. Velbinger war fürs Denken zuständig, er galt gemeinhin als „der Macher" mit Weitsicht; ein „Mann fürs Volk" war er jedoch beileibe nicht. Diesen Typ verkörperte dafür der eher polterige Schacht, der sich durchaus mal im Klubheim hinter den Tresen stellte, um Bier zu zapfen.

1976 stieß zum ungleichen Duo der ehemalige Rugbyspieler Max Uhlig hinzu, ein Mann fürs Grobe („Wir kaufen den DFB", „Die Spieler sind doch lahme Säcke"), der aber anfangs wegen seiner Freigiebigkeit in der Mannschaft beliebt war. Er passte perfekt zum Präsidenten (Schacht: „Max und ich waren gute Kumpels"), und dadurch verschlechterte sich natürlich die Position Velbingers.

„In den ersten Jahren hatten Velbinger und ich noch einen sehr guten Kontakt", sagt Ernst Schacht heute. „Als die russischen Panzer 40 Kilometer vor Hamburg standen, kauften wir gemeinsam ein 20.000 Quadratmeter großes Grundstück auf Lanzarote. Das hatten wir uns als Fluchtort ausgeguckt, falls hier mal der Kommunismus ausbricht." Da nicht nur Velbinger und er sich spinnefeind wurden, sondern auch die Russen dann doch nicht kamen, steht das Grundstück heute zum Verkauf.

Doch Antikommunismus hin oder her, als Rechter möchte Schacht nicht bezeichnet werden: „Ich komme aus Schleswig-Holstein, und da ist man tolerant. Velbinger war zwar ein kluger und tüchtiger Mann, aber auch ein aggressiver Rechter, und das ist mir immer fremd gewesen. Bei einem Spiel im Berliner Olympiastadion zum Beispiel musste er in der Ehrenloge unbedingt auf dem Platz sitzen, auf dem Adolf Hitler bei den Olympischen Spielen 1936 gesessen hat."

Tatsächlich hat Velbinger sich keine sonderliche Mühe gegeben, innerhalb des Klubs seine Ideologie zu verbergen. So gab er sich in einem Leitartikel für die Vereinszeitung, erschienen unter der Überschrift „Zweigleisige 2. Bundesliga – eine Missgeburt", als Euthanasie-Sympathisant zu erkennen: „Wenn ein Neugeborenes das Licht der Welt erblickt, ohne im Vollbesitz aller Gliedmaßen zu sein, ist die Missgeburt nicht zu übersehen. – Zu gesund zum Sterben, zu krank zum Leben." Wenn Velbinger mal locker wurde, klang das so: „Wir als

Ernst Schacht: volksnaher Typ.

FC St. Pauli bekennen uns zu Michel, Elbe, Hafen und Arbeitswelt." Unabhängig von der humoristischen Qualität dieses „Bekenntnisses" aus der Saison 1976/77, fällt auf, dass in der Aufzählung der Stadtteil St. Pauli fehlt. Kein Wunder: Der war einfach out, mit ihm ließen sich, im Gegensatz zu heute, beim besten Willen keine Image-Punkte machen. Unbestreitbar ist Velbingers großes Engagement für den Verein, nicht nur finanziell. Er ist zwar mitschuldig an der Entwicklung, die 1979 zum Lizenzentzug führte. Andererseits hat er immerhin im Februar 1978 die Katastrophe kommen sehen und ein entsprechendes Konzept vorgelegt. Davon wollten die Präsidiumskollegen aber nichts wissen.

Am 3. Juli 1978 hatte Velbinger die Nase voll und trat von seinem Posten zurück, weil Schacht und Uhlig sich nicht an eine zwischen ihm und dem Klub getroffene vertragliche Vereinbarung halten wollten, derzufolge der etwaige Überschuss aus den Verkäufen der Gerber und Mannebach, die einst Velbinger privat bezahlt hatte, auf dessen Konto überwiesen wird. Im Dezember schlossen ihn Schacht und Uhlig wegen „vereinsschädigendem Verhalten" aus dem Verein aus. Acht Monate später, einen Tag nachdem der Rücktritt von Schacht und Uhlig erzwungen worden war, wurde der absurde Beschluss für nichtig erklärt und Velbinger zum Ehrenmitglied ernannt. ∎

Nach Ende der Hinrunde sah sich Vizepräsident Werner Velbinger veranlasst, seinem Frust über die HSV-Fixiertheit in der Stadt Luft zu machen: „Hat in der Zwei-Millionen-Stadt Hamburg die 1. Bundesliga wirklich eine zehnfach höhere Qualität im Vergleich zur 2. Liga zu bieten? Bei aller Bescheidenheit: wohl kaum. So aber stellt sich das derzeitige Zuschauer- und damit Einnahme-Verhältnis dar. Im Augenblick scheint es schwieriger, den FC St. Pauli in Hamburg zu verkaufen als Heizöfen am Äquator." Das lag sicherlich auch darin, dass der HSV nach zwei miserablen Jahren mal wieder in der Spitze mitspielte.

Aus Kostengründen verzichtete der FC damals darauf, zu Auswärtsspielen einen Tag vorher anzureisen, und leistungsfördernd war das natürlich nicht gerade. Als die Mannschaft zum Beispiel bei Wacker Berlin anzutreten hatte, flog sie drei Stunden vor Spielbeginn in Hamburg los und anderthalb Stunden nach dem Ende wieder zurück.

In der Rückrunde konnten diese Arbeitsbedingungen der Krause-Elf nichts anhaben, denn in dieser Phase gewann sie 15mal. Trotzdem war die Stimmung oft angespannt: Im Februar kritisierten einige Spieler in der Presse Trainer und Liga-Obmann, woraufhin der Verein eine Regelung einführte, die bestimmt Uli Hoeneß gefällt: Man setzte ein Bußgeld von 200 Mark für jeden Spieler fest, der sich fortan in der Öffentlichkeit zu Vereinsbelangen äußert, ohne es vorher vom Klub genehmigen zu lassen.

Über Ostern drohte sogar ein Spielerstreik. Auslöser war letzlich das schlechte Wetter, das an diesem Wochenende die Austragung des Heimspiels gegen Arminia Bielefeld unmöglich machte. Aus den Zuschauer-Einnahmen hatte der Verein nämlich endlich die Februar-Gehälter bezahlen wollen. Weil Präsident Ernst Schacht, wie es seinerzeit hieß, „private Quellen" zum Sprudeln brachte, blieb der Aufstand dann doch aus.

Dank der guten Leistungen im Frühjahr 1975 hatte der FC am Ende noch Chancen auf den zweiten Platz, der zum Entscheidungsspiel gegen den Süd-Zweiten berechtigte. Hoffnung bestand bis zum letzten Spieltag: Da siegte die Krause-Elf vor 6.000 Zuschauern mit 2:0 gegen die SVgg. Erkenschwick, doch der direkte Konkurrent Bayer Uerdingen erkrampfte sich ein 0:0 gegen RW Oberhausen und holte somit den letzten nötigen Punkt. Die Krefelder setzten sich schließlich gegen Pirmasens durch und stiegen auf – was später ja leider noch öfter vorkommen sollte.

Fazit: ein typischer Saisonabschluss für St. Pauli, denn wieder einmal war die Mannschaft knapp vor dem großen Ziel gescheitert. Für die damals noch nicht so zahlreichen eingefleischten HSV-Gegner unter den

Fans kam erschwerend hinzu, dass sich die Rothosen für den UEFA-Cup qualifizierten. Den Halbprofis vom Millerntor verschaffte es immerhin ein bisschen Genugtuung, dass sie die Vollprofis von Arminia Bielefeld, Fortuna Köln, Borussia Dortmund und Wattenscheid 09 hinter sich gelassen hatten.

Weil die erste Serie in der neuen Liga ein Minus von 250.000 Mark erbracht hatte, mussten Wenzel und Wohlers verkauft werden. Diesen Verlust an spielerischem Potential konnte die Mannschaft in der folgenden Saison überhaupt nicht kompensieren, und weil auch andere abgewanderte Leistungsträger (Münster, Waack, Petersen) nicht annähernd ersetzt werden konnten, wurde diese Saison zu einem dunkleren Kapitel der Vereinsgeschichte. 82 Gegentore, bis heute die zweitschlechteste Bilanz aller Zeiten, sprechen Bände.

Im Dezember war der FC dem Amateurlager so nahe, dass Ernst Schacht und Werner Velbinger noch einmal 600.000 Mark locker machen mussten, um den Libero Gino Ferrin sowie die Stürmer Wolfgang John und Sören Skov verpflichten zu können. Mit ihnen lief es weitaus besser, weshalb man im Frühjahr 1976 nach einer Serie von elf Spielen ohne Niederlage dann endlich davon ausgehen konnte, dass der FC noch ein weiteres Jahr in der 2. Liga spielen würde.

Als die Elf in der Tabelle wieder nach oben kletterte, begannen im Präsidium Strategiediskussionen bezüglich der Zukunft des FC St. Pauli. Die zentrale Frage war, ob er in der Zweitklassigkeit überhaupt überleben kann oder nur eine Perspektive hat, wenn er in der 1. Liga spielt. Die Herren beschlossen schließlich, „mit aller Macht" den Aufstieg anzustreben. Das hieß, sie wollten noch einmal ihre Konten plündern.

Die Planungen für die Bundesliga hatten mitunter bizarre Züge. Sogar mit Günter Netzer hat der Verein vor der Saison 1976/77 geflirtet. Zwei Monate lang dauerte das Kasperletheater, bis man endlich begriffen hatte, dass dem damaligen Madrilenen ein etwas anderer Arbeitsplatz als das Wilhelm-Koch-Stadion vorschwebte.

Ins dritte Zweitliga-Jahr ging der FC endlich mit einem Kader, der fast ausschließlich aus Vollprofis bestand: 13 Spieler verdienten ihren Lebensunterhalt nur mit Fußball, sechs von ihnen, für insgesamt 1,2 Millionen Mark verpflichtet, waren neu dabei. Trotz der Investitionen standen nach Mitte der Hinrunde nur 11:11 Punkte zu Buche. Im Konzept des neuen Trainers Diethelm Ferner spielten junge Spieler wie Mannebach, Rosenfeld oder Oswald bereits tragende Rollen, und insofern waren die Anlauf-

Die Elf, die 1977 den Aufstieg schaffte. Von links nach rechts: Höfert, Rynio, Rosenfeld, Gerber, Mannebach, Frosch, Neumann, Tune-Hansen, Oswald, Ferrin, Demuth.

schwierigkeiten eigentlich nicht verwunderlich. Die Presse allerdings spottete schon über die „Millionentruppe", nicht zuletzt weil überall in der Stadt an den Litfasssäulen vermeintlich imagefördernde Plakate hingen. „FC St. Pauli auf dem Weg zur Spitze" stand da drauf.

Dass der Klub in der Saison 1976/77 dennoch an die Spitze marschierte, hat er einer denkwürdigen Serie von 27 Spielen ohne Niederlage zu verdanken. Im April startete das „Hamburger Abendblatt" deshalb bereits eine Umfrage, ob St. Pauli im Fall eines Aufstiegs im Wilhelm-Koch- oder im Volksparkstadion spielen sollte. Fast drei Viertel votierten dabei fürs Millerntor, die Mehrheit war allerdings damit einverstanden, wenn die Spitzenspiele nach Bahrenfeld verlegt werden. Mehr, so zumindest die offiziellen Verlautbarungen, hatte zu diesem Zeitpunkt auch der Verein noch nicht vor.

Die Entscheidung über den Aufstieg fiel am drittletzten Spieltag: St. Pauli siegte am Sonnabend durch ein Tor von Niels Tune-Hansen mit 1:0 in Herford, und endgültig perfekt machte den Aufstieg dann am Sonntag der Bonner SC, der Bielefeld mit 2:1 schlug, so dass die Arminen den FC nicht mehr einholen konnten. Ein Dank hiermit noch einmal an Pedro Milansincic, der den entscheidenden Treffer für Bonn schoss. Darüber freute sich auch DFB-Coach Helmut Schön, der einst für kurze Zeit am Millerntor aktiv gewesen war: „Für St. Paulis Talente hat die Zugehörigkeit zur Bundesliga den Vorteil, dass sie näher in meinem Gesichtskreis sind." Offensichtlich nicht nahe genug, denn bekanntlich ist Schön keines dieser „Talente" aufgefallen. Kein Wunder, dass 1978 in Argentinien alles schief ging!

Leicht verärgert waren die Spieler nach diesem eigentlich euphorisch stimmenden Wochenende dennoch, weil bekannt wurde, dass die vereinbarte Aufstiegsprämie von 10.000 Mark nur zur Hälfte ausgezahlt werden sollte. Den Rest, so hieß es, bekämen die Kicker ein Jahr später – falls sie dann den Klassenerhalt geschafft haben.

Der Verein griff zu solch fragwürdigen Maßnahmen, obwohl sich die überragenden Leistungen der Mannschaft endlich auch in der Publikumsresonanz niedergeschlagen hatten. Im Schnitt kamen mehr als 7.000 Fans pro Heimspiel, das bedeutete einen Zuwachs von 170 Prozent gegenüber der Serie 1975/76. Dafür hatten nicht nur die Spieler, sondern auch die Werbestrategen des Klubs hart gearbeitet: Einmal bekam jeder zahlende Zuschauer ein Skatspiel überreicht, und ein anderes Mal konnte man umsonst Berliner essen.

Jaaaa! Niels Tune-Hansen schießt das Tor, das den FC St. Pauli in die Bundesliga bringt.

Franz Gerber

Es gibt nur einen Kaiser Franz!

Zu Zeiten der Wunderelf hatte St. Pauli eine Handvoll Spieler in seinen Reihen, die schon einmal Deutscher Meister geworden waren, als sie ans Millerntor kamen. Danach konnte der FC nur noch zwei derart erfolgreiche Spieler verpflichten: Den Ex-HSVer Peter Nogly Mitte der 80er Jahre und – Franz Gerber. 1972, als er zum ersten Mal zu St. Pauli wechselte, hatte er gerade mit Bayern München den Titel geholt. Okay, der Mittelstürmer wurde in der Saison nur einmal eingewechselt, aber Deutscher Meister darf er sich allemal nennen.

Franz Gerber ist aber noch in vielerlei anderer Hinsicht ein besonderer St.-Pauli-Spieler gewesen: Dass ein Fußballer zu einem Verein zurückkehrt, bei dem er einmal besonders erfolgreich war, oder bei dem er sich verwurzelt fühlt, ist ja nicht ungewöhnlich. Gerber aber ist sogar zweimal wieder zum Millerntor gekommen: 1976 und 1986, jeweils für zwei Jahre. Darüber hinaus gibt es außer ihm natürlich keinen FC-Spieler, der schon mal Kanadas Fußballer des Jahres war (1981). Und abgesehen davon dürfte Gerber wohl der einzige Profikicker sein, der jemals eine Rede im Zoo gehalten hat. Das war 1974 in Wuppertal, als der notorische Schlangen-Freak anlässlich der Eröffnung eines Aquariums geladen war.

„Im Nachhinein kann man sagen, dass ich bei St. Pauli immer die richtigen Jahre erwischt habe", sagt Gerber. „Für mich waren alle drei Perioden erfolgreich. Wir sind zweimal aufgestiegen und dreimal knapp gescheitert." Gerade das letzte vermeintliche Scheitern, 1987 im Relegationsspiel gegen den FC Homburg, zählt er zu den Höhepunkten seiner Zeit in Hamburg: „In der Saison wurde ich als erfahrener Mann geholt, um den Abstieg verhindern zu helfen, und dann haben wir nur unglücklich den Aufstieg verpasst. Es war ja schon sensationell, dass wir überhaupt so weit gekommen sind."

Während seiner Zeit am Millerntor hat Gerber miterlebt, wie sich sowohl der Verein als auch das Spiel im allgemeinen verändert haben.

Offensichtlich tut Franz Gerber (der mit den wehenden Haaren) hier gerade das, was er am besten konnte: den Ball da rein schießen, wo er rein musste (aus dem Spiel in Oberhausen, 1974).

„Von 72 bis 74 herrschte noch der Fußball älterer Prägung, und der Klub war, ohne das jetzt abwerten zu wollen, eher amateurhaft organisiert. Als ich zurückkehrte, wurde schon viel athletischer gespielt, und der Verein war jetzt professioneller strukturiert." Zumindest auf den ersten Blick. Noch heute wurmt es ihn ein bisschen, dass 1977 in Sachen Einkaufspolitik „dauernd falsche Entscheidungen" getroffen wurden. „Aber wie das so ist: Im Fußball sind ja nicht immer Fachleute am Werk."

Beide Male, als er zu St. Pauli zurückkehrte, hatte er „das Gefühl, es sei eine neue Zeitrechnung angebrochen". Dennoch sei die Atmosphäre immer „sehr familiär" gewesen. „Ich bin sehr dankbar für diese Zeit", sagt er. „Es war für mich als Fußballer, aber es ist auch für mich als heutiger Offizieller wichtig, mal in so einem Umfeld gespielt zu haben, in einer Mannschaft, in der die Kameradschaft ausgeprägt ist. In den anderen Vereinen habe ich das kaum oder gar nicht erlebt."

Insgesamt war Gerber bei acht Klubs aktiv. Für St. Pauli wog 1974 der Wechsel nach Wuppertal am schwersten. Bedenkt man, dass er in der Serie 1973/74 33 Tore geschossen hatte, der FC in der Saison darauf schwach startete, aber am Ende doch nur um einen Zähler die Bundesliga-Relegation verpasste – dann ist es durchaus legitim, darüber zu spekulieren, was gewesen wäre, wenn Gerber den Verein nicht verlassen hätte. Wäre FC St. Pauli mit ihm aufgestiegen? Wäre die Geschichte des Klubs in den 70er Jahren dann womöglich ganz anders verlaufen?

In Wuppertal spielte er im Sturm gemeinsam mit dem legendären WSV-Torjäger Günter Pröpper, dem Vater des heutigen FC-Kapitäns. „St. Pauli musste mich damals aus finanziellen Gründen verkaufen", sagt Gerber. „Ich wäre gern geblieben, wie ich immer gern geblieben wäre, denn eigentlich bin ich ein bodenständiger Typ – auch wenn mein Karriereverlauf dem widerspricht. Es gab halt immer besondere Umstände, die einen Wechsel erforderlich gemacht haben: Der Verein, für den ich in Calgary gespielt habe, ging zum Beispiel pleite." Dort, am Fuße der Rocky Mountains, wurde Gerber „Kaiser Franz the second" genannt. Auch anderen Ex-Bundesligakickern ging es gut in Calgary, denn der Trainer stand auf deutsche Spieler. In seiner Mannschaft standen noch Holger Brück, Gerd Zimmermann und Jürgen Stars. Bei den Tampa Bay Rowdies spielte der gebürtige Bayer später zusammen mit Peter Nogly und John Gorman, dem heutigen Co-Trainer der englischen Auswahlmannschaft.

Gerbers aktive Karriere ging in der Zweitliga-Saison 1987/88 nach einem Kreuzbandriss zu Ende. Sogleich übernahm er den Manager-Posten beim mittlerweile als FC firmierenden TuS Celle, dreimal „musste" er dort innerhalb von acht Jahren auch als Trainer einspringen. Zweimal hätte der Klub sogar fast den Sprung in die 2. Liga geschafft. „Aber man hat leider zu spät übernommen", so Gerber lakonisch.

Bei Hannover 96 amtiert er seit Juni 1996, als Manager mit zwei Gesichtern. Da ist einmal der Geschäftsmann, der so alert auftritt, dass man ihm bestimmt einen Gebrauchtwagen, aber wahrscheinlich doch keine Lebensversicherung abkaufen würde; der jedem Gesprächspartner die gleiche routinierte Freundlichkeit entgegenbringt, ob es nun ein Rollstuhlfahrer ist, der wissen will, ob seine

Ehrenkarte auch für Pokalspiele gilt („Es ist gut, dass du das ansprichst") oder ein Gymnasiallehrer, der möchte, dass der Manager im Gemeinschaftskundeunterricht über Fußball-Vermarktung referiert („Jaja, tolle Idee").

Andererseits tritt Gerber bei Spielen seiner Mannschaft nicht so auf, wie das bei professionellen Fußball-Managern üblich ist. So sieht man schon mal, wie er langsam an der Außenlinie hin und her schlendert, sich den Dauerregen auf die Halbglatze prasseln lässt und vielleicht auch mal andeutungsweise mit einer Körperbewegung auf einen guten oder schlechten Spielzug reagiert. Meistens aber hockt er, einen Schreibblock immer griffbereit, neben seinem Coach. Wer Gerber nicht kennt, glaubt bestimmt, dass dieser Mann nur der Trainer-Assistent sein kann. „Man kann dem Trainer so ja sehr behilflich sein, es gibt so viele Situationen, einer allein kann sich gar nicht alles merken", sagt er. „Man schreibt mit, um nach dem Spiel wesentlich besser auswerten zu können."

Manchmal wirkt diese Mitschreiberei fast komisch: Da führt Hannover 3:0 gegen einen harmlosen Gegner, der nach 35 Minuten die erste Ecke bekommt, und obwohl der anschließende Kopfball fünf Meter am Tor vorbeigeht, macht der Manager eifrig Notizen. Doch eigentlich ist das ja sympathisch: Manche Manager mögen nicht eingestehen, dass in ihnen ein Trainer steckt. Franz Gerber jedoch gibt sich keine Mühe, das zu verheimlichen. ■

Ein Jahr 1. Liga

Die Hoffnung, dass das Publikum in Hamburg einen zweiten Erstligisten akzeptiert, basierte unter anderem auf einer Marktanalyse. Die hatte ergeben, dass der FC auch bei „mittelmäßigen Leistungen" mit 16- bis 18.000 Zuschauern pro Spiel rechnen kann – eine Resonanz, die dem Verein nach Rechnung Werner Velbingers einen „Überschuss von 500.000 Mark" bringen würde. Die Analyse, ergänzte der Vizepräsident, zeige, „dass trotz der Existenz des HSV in Hamburg eine erfolgversprechende Lücke im Freizeitangebot Erste Bundesliga für den FC St. Pauli verbleibt".

Weil aber erstens auf die Marktforschung nicht immer Verlass ist und zweitens die Mannschaft insgesamt gesehen nicht einmal mittelmäßig spielte und mit 86 Gegentoren letztlich sogar noch den Negativrekord aus der Saison 1975/76 übertraf, verbrachte ein großer Teil der angepeilten Zielgruppe seine Freizeit dann doch lieber woanders als beim FC St. Pauli. Das „Abenteuer Bundesliga" geriet zu einem sportlichen wie finanziellen Fiasko.

Als maßgeblicher Grund für den Abstieg gilt der Umzug vom Wilhelm-Koch- ins Volksparkstadion. Nur fünf Spiele fanden am Millerntor statt – zwei davon, die gegen Werder Bremen und Hertha BSC, nicht einmal, weil der Verein es so wollte, sondern weil in Bahrenfeld zur selben Zeit die Deutschen Leichtathletik-Meisterschaften bzw. eine Hunde-Ausstellung über die Bühne gingen. In diesen fünf einzig wirklichen Heimspielen blieb der FC ungeschlagen und holte 8:2 Punkte.

Der Abstieg ist aber nicht allein dadurch zu erklären, dass die Ferner-Elf ihre meisten Heimspiele auf dem „falschen" Platz austragen musste. Hinzu kamen eine unausgegorene Personalpolitik sowie eine Verletzungsmisere, die in diesem Ausmaß auch anderen Vereinen aus der unteren Tabellenhälfte zu schaffen gemacht hätte.

Kurz vor Saisonbeginn ekelte St. Pauli seinen Linksaußen Sören Skov weg – er ging nach Belgien –, so dass sich die Situation im Sturm noch schlechter darstellte als ohnehin. In der Abwehr gab es Probleme, weil Walter Frosch und Gino Ferrin zu Beginn monatelang ausfielen; Mittelfeldspieler Manfred Mannebach, ebenfalls für die Defensive wichtig, konnte in der gesamten Serie sogar nur drei Spiele mitmachen. Die ärztliche Betreuung war damals unzureichend – am meisten litt darunter der im September verpflichtete Regisseur Klaus Beverungen, der bereits nach kurzer Zeit ausfiel. Erst im Dezember trennte sich der FC von seinem

Medizinmann, und erstmals trat Peter Benckendorff, der heutige Doc, in Erscheinung.

Die Saison begann optimal – mit einem 3:1 gegen Werder. Was die Dramatik betrifft, war es ein Spiel, das man heute wohl in die Rubrik „klassischer Millerntor-Fußball" einordnen würde. Alle Tore fielen in den letzten 20 Minuten: Roentved schoss Werder in Führung, doch dann verwandelte Demuth zwei Foulelfmeter, und Gerber machte auch noch sein Tor. Die Strafstöße brachten einige Fans aus Bremen derart in Rage, dass sie drei Ordner verprügelten und Flaschen aufs Spielfeld warfen. Daraufhin wurden im Wilhelm-Koch-Stadion, wie woanders bereits üblich, nur noch Pappbecher verkauft.

Mitte August hatte St. Pauli zwei Heimspiele innerhalb von vier Tagen, und die Resonanz auf die beiden Partien zeigt unmissverständlich, wie das Hamburger Fußball-Publikum damals drauf war: Zum ersten Heimspiel im Volksparkstadion kamen an einem Mittwochabend gegen Eintracht Braunschweig immerhin 30.000 Zuschauer. Das besagt, dass die Zielgruppe, die der FC anvisierte, das Volksparkstadion nicht grundsätzlich ablehnte, und dass attraktive Gegner die Massen mobilisieren konnten: Braunschweig hatte in der Saison zuvor nur um einen Punkt die Deutsche Meisterschaft verpasst, und als Star stand seinerzeit Paul Breitner in der Elf. Nach dem Spiel, das trotz ansprechender Leistung 0:1 verloren ging, glaubte Trainer Ferner zu wissen: „Der Umzug hat keine Rolle gespielt. Schließlich hatten wir auch im Volksparkstadion genügend Chancen zum Sieg."

Umso größer war der Schock, als am darauffolgenden Sonnabend nur 6.000 Zuschauer ans Millerntor kamen, um in der zweiten DFB-Pokal-Hauptrunde das Spiel gegen den VfL Bochum zu sehen. Die abwesenden Fans verpassten allerdings nur ein vernichtendes 0:3 gegen den Mitabstiegskandidaten. Ernst Werner, ein Veteran des Hamburger Sportjournalismus, schimpfte hinterher über „blind und ohne Kopf betriebenes Stoß- und Laufspiel".

Die Sturmleistungen waren in dieser Phase sehr bescheiden. Als Retter hatten sich die Verantwortlichen ein damals 21jähriges Talent namens Tony Woodcock ausgeguckt. Deshalb flogen Trainer Ferner und Obmann Pokropp nach England und verhandelten mit dem Angreifer von Nottingham Forest – ohne Erfolg natürlich. Anderthalb Jahre nachdem man sich eingebildet hatte, Günter Netzer ans Millerntor holen zu können, war der Größenwahn immer noch nicht verflogen. Wenn wirklich das Geld vor-

Im Westfalenstadion bremsen Winkler (rechts) und Tune-Hansen den BVB-Stürmer Segler.

handen war, um Woodcock zu verpflichten: Warum hat der Verein es nicht vor der Serie in ein oder zwei vielversprechende Stürmer aus der 2. Liga oder dem Amateurbereich investiert?

Ende September sahen 12.000 Zuschauer im Wilhelm-Koch-Stadion, dass der FC auch in der Bundesliga in der Lage ist, einen Gegner klar zu beherrschen – leider zeigte es die Elf an diesem Nachmittag gegen Hertha BSC das einzige Mal. Überragender Spieler war dabei Franz Gerber, der die Gäste mit einem Hattrick erledigte. Der beliebteste Mann an diesem Tag war jedoch Kuno Klötzer, der Trainer der Berliner. Er wurde mit Sprechchören gefeiert, und vor der Partie konnte er nicht einmal die Kabine verlassen, weil die von Autogrammjägern belagert war. Der Mann war damals in Hamburg – und offensichtlich auch bei St.-Pauli-Fans – beliebt, weil er in der Saison zuvor mit dem HSV den Europacup der Pokalsieger geholt hatte.

Im November mussten die FC-Strategen feststellen, dass der Verein sowohl den Mitgliedern als auch den Zuschauern wurscht war: Bei der Jahreshauptversammlung wurden 94 Anwesende gezählt, und zum Heimspiel gegen Bochum kamen 5.000 Fans. Für die, die im Volksparkstadion waren, kam das Spiel einem Trip in die Fußball-Hölle gleich. Leere Ränge, regnerisches Wetter, ödes Spiel – es passte alles zusammen. Werner Velbinger drohte nach dem 1:1 damit, zum Saisonende die Lizenz für die 1. Liga zurückzugeben, falls die Zuschauerzahlen nicht deutlich ansteigen.

Die Drohung nützte nicht viel, denn gegen Fortuna Düssseldorf kamen nur 1.000 Fans mehr. Diesmal regnete es nicht, und vielleicht hat das ja einige Leute abgehalten. Wie das? Vor dem Spiel hatte sich der Verein noch Gedanken gemacht, wie man die Zuschauer ködern könnte. Das Ergebnis der Überlegungen war der „Regen-Rabatt", ein einmaliges Kuriosum aus der Geschichte des Profifußballmanagements: Eine Karte für einen überdachten Sitzplatz sollte 17,50 Mark kosten, 30 Prozent weniger als üblich. Da unüberdachte Sitzplätze 15 Mark kosteten, hoffte der Klub darauf, dass jene, die normalerweise für den einfachen Sitzplatz lösen, sich bei Regen vielleicht die um 2,50 Mark teurere Karte leisten. Der „Regen-Rabatt" sollte gelten, wenn es um 14.45 Uhr im Stadionbereich regnet.

Zu Beginn der Rückrunde zeigte sich, dass nicht nur in Hamburg die Fans strikt erfolgsorientiert waren, denn zum Derby in Bremen – Werder kämpfte damals auch um den Klassenerhalt – kamen nur 6.600. „St. Pauli wie der pure Abstieg", lautete am Montag nach dem 0:4 die Überschrift im „Sport Megaphon". Das letzte Spiel des Jahres stimmte immerhin optimistisch: Beim 0:0 gegen den FC Bayern zeigte die Ferner-Elf eine ihrer besten Leistungen. Der Ex-HSVer Jonny Winkler machte als Libero sein erstes Spiel, und man hoffte, dass Rolf Höfert, der St. Paulianer mit dem größten spielerischen Potential, in Zukunft somit im Mittelfeld Impulse würde geben können.

Damit gegen den namenlosen Provinzklub aus München nicht die Ränge leer blieben, hatte der Verein vorher 10.000 Karten kostenlos an Schulen verteilt. Das Ergebnis: Neben zirka 12.000 Zahlenden waren 5.000 „für umsonst" dabei, der Rest hatte die Gratistickets wohl ins Klo gespült. Ein paar Wochen später wurden vor dem Spiel gegen die ähnlich unattraktiven Gladbacher ebenfalls Karten verschenkt.

Im Januar setzte es nur Niederlagen, darunter ein 1:4 bei Schalke, das damals von einem gewissen Ulrich Maslo trainiert wurde. Rund zwei Monate später, als eh schon alles zu spät war, kehrte man ans Millerntor zurück. In dieser Phase gewann St. Pauli 5:3 gegen Frankfurt – ein ähnlich fesselndes Spiel wie die Auftaktpartie gegen Werder. Der FC lag 1:2 und 2:3 hinten und schaffte in den letzten 17 Minuten noch den Sieg. Zweimal Sturz, Beverungen, Oswald und Gerber schossen die Tore.

Derweil waren schon die ersten Auflösungserscheinungen zu beklagen: Der Weggang Diethelm Ferners, der letztlich bei Rot-Weiß Essen landete, stand fest, Franz Gerbers Wechsel zu 1860 ebenfalls. Endgültig abgestiegen war St. Pauli am 25. März nach einem 2:2 gegen den MSV Duisburg, der nur noch 4.500 Zuschauer zum Millerntor gelockt hatte. Das Remis half auch den Duisburgern – damals mit Kurt Jara, Ditmar Jakobs und Bernhard Dietz – zunächst nicht weiter, am Ende der Serie schafften sie aber dennoch den angestrebten UEFA-Cup-Platz.

Die letzte Partie, für die Gäste vom 1. FC Köln das „Endspiel" um die Deutsche Meisterschaft, fand dann doch wieder im Volksparkstadion statt, weil der Tabellenführer angekündigt hatte, dass 15.000 Schlachtenbummler mit nach Hamburg reisen würden. Im Nachhinein stellt sich die Frage, ob das eine Finte war oder ob der Klub seine Fans nicht als das einschätzen konnte, was sie waren: ein ziemlich müder Haufen. Jedenfalls kamen vor dem Spiel Tausende von Karten zurück; dennoch sahen immerhin 25.000 Zuschauer den 5:0-Sieg des neuen Meisters – mehr kamen in der Saison nur zum Derby gegen den HSV.

Sicher ist: Die Kölner wussten nur allzu gut, dass sie es in Bahrenfeld leichter haben würden als auf St. Pauli. Angesichts dessen, dass die Elf nach zwei Treffern von Flohe und Okudera sowie einem von Cullmann nur drei Tore Vorsprung vor dem punktgleichen Zweiten aus Mönchengladbach hatte, und dass die Ferner-Elf bis dato am Millerntor in fünf Spielen unbesiegt geblieben war, drängt sich natürlich eine gewichtige Frage auf: Wäre der 1. FC Köln wirklich Deutscher Meister geworden, wenn das für zehn Jahre letzte Bundesligaspiel des FC St. Pauli im Wilhelm-Koch-Stadion stattgefunden hätte?

Kehraus gegen Köln. Torwart Rynio kann die 0:5-Niederlage gegen den neuen Deutschen Meister (hier v.l. mit Cullmann, Müller, Strack) nicht verhindern.

Einmal Hölle und zurück

1978 bis 1985

Die schlimmste Saison aller Zeiten

Die Fans des FC St. Pauli hatten vor der Saison 1978/79 durchaus einen Grund, zuversichtlich zu sein. Wohlgemerkt: einen. Denn mit Sepp Piontek, der vorher unter anderem Werder Bremen sowie die Auswahlmannschaft von Haiti trainiert hatte, kam ein renommierter Coach ans Millerntor. Der wunderte sich gleich über die Trainingsbedingungen. Die Mannschaft musste damals auf der sogenannten Meniskuswiese trainieren, einem rasenähnlichen Platz vor dem Volksparkstadion, auf dem der HSV heute seine Fans parken lässt.

Die neuen Spieler lösten bei niemandem Euphorie aus: Da der Verein die Lizenz nur unter Auflagen bekommen hatte, konnte er sich zunächst lediglich mit Frank Hannemann, einem A-Jugendlichen von Hertha Zehlendorf, sowie einigen Kickern aus dem eigenen Nachwuchs verstärken. In der Hinrunde wurde dann kurzfristig doch noch einmal Geld locker gemacht – allerdings für einen fragwürdigen Zweck. Der Klub lieh von den Chicago Stings den ehemaligen HSV- und Hertha-Stürmer Arno Steffenhagen aus, obwohl von vornherein klar war, dass der ab 1. Januar 1979 wieder in die USA zurückkehren musste.

Solche obskuren Entscheidungen trugen natürlich nicht dazu bei, das ohnehin miese Image des FC St. Pauli zu verbessern. Die Fans hatten die desaströse Erstliga-Saison, die nicht zuletzt auf falsche Vereinspolitik zurückzuführen war, noch nicht vergessen, und der permanente Kleinkrieg, den die Präsidiumsmitglieder mit Hilfe der Presse gegeneinander führten, hinterließ auch nicht gerade den Eindruck, dass man diesen Klub unbedingt unterstützen musste. Der HSV dagegen peilte gerade seine erste Bundesliga-Meisterschaft an.

Bezeichnend für das Desinteresse gegenüber St. Pauli: Der alte Schlager gegen den VfL Osnabrück lockte Anfang Oktober gerade mal 3.200 Zuschauer an. Ein trauriges Bild bot sich auch den Beobachtern der Jahreshauptversammlung im selben Monat. Ernst Schacht bekam nur 42 von

215 Stimmen – aber Präsident wurde er trotzdem, weil niemand gegen ihn angetreten war. Wenn sich damals ein seriöser Gegenkandidat gefunden hätte, wäre womöglich der Lizenzentzug 1979 vermieden worden. An der sportlichen Leistung gibt es wenig auszusetzen, vor allem wenn man bedenkt, dass im Laufe der Saison noch die Leistungsträger Höfert, Beverungen und Winkler verkauft wurden. Je länger die Serie dauerte, desto mehr deutete sich sogar an, dass diese eher aus der Not heraus entstandene Mannschaft Zukunft hatte. Die Mischung schien zu stimmen: einerseits Routiniers wie Walter Frosch und der trotz seiner 24 Jahre schon sehr erfahren wirkende Dietmar Demuth und andererseits Talente wie Holger Hieronymus und Holger Gerwalt sowie der während der Serie verpflichtete haitianische Auswahlspieler Frantz Mathieu. Die Elf hätte, sinnvolle Ergänzungen vorausgesetzt, ein Jahr später wahrscheinlich in den Kampf um die Meisterschaft eingegriffen – wenn der FC St. Pauli kein maroder Klub gewesen wäre.

Im Winter 1978/79 bekam die Mannschaft die permanente Finanzkrise derart zu spüren, dass sie mit Streik drohte. Die Lizenzspielergehälter von insgesamt 35.000 Mark wurden seinerzeit mehrmals mit einem Monat Verspätung überwiesen. Kein Wunder angesichts der Zuschauerzahlen. Am Ende stand ein Schnitt von knapp über 2.000 zu Buche – der Minusrekord der Nachkriegsgeschichte. Besondere Erwähnung verdient in diesem Zusammenhang das Spiel gegen den DSC Wanne-Eickel, denn das sahen lediglich 830 Zahlende. Richtig gemütlich war's manchmal: Als beim letzten Heimspiel gegen Hannover 96 ein Gewitter hereinbrach, durften auch die Stehplatzbesucher auf die Tribüne. Da insgesamt nur 900 Unentwegte Eintritt bezahlt hatten, waren genug Sitze da für alle.

Die Nachricht von der endgültigen Lizenzverweigerung traf die Mannschaft, als sie zum Saisonfinale nach Münster reiste. Dass das für ein halbes Jahrzehnt letzte Match im Profibereich dann mit 0:4 verloren ging, interessierte selbstverständlich keinen St. Paulianer mehr. Die Aufmerksamkeit der meisten Hamburger Fußballfans galt an dem Wochenende ohnehin der semilegendären Meisterschaftsfeier des HSV, bei der sich 70 Fans verletzten, während einige der Unverletzten zwecks Abgreifen von „Souvenirs" die Tore des Volksparkstadions auseinander nahmen.

Im Lauf der nächsten Wochen tauchten dann verschiedene Unterlagen auf, die den FC St. Pauli als Miniatur-Bananenrepublik erscheinen ließen, regiert von zwei ehemaligen Kneipenmannschafts-Managern. Es muss auf alle Fälle filmreif zugegangen sein am Millerntor. Ernst Schacht

Zurück in der 2. Liga: St. Pauli gastiert beim Wuppertaler SV (Oktober 1978).

und Max Uhlig hatten zum Beispiel im Namen des Vereins einen Vertrag mit einer GbR (Gesellschaft bürgerlichen Rechts) geschlossen, demzufolge dieser Gesellschaft sämtliche Erlöse aus den Transfers einiger Spieler zustehen. Der Clou: Zwei der drei Gesellschafter waren Ernst Schacht und Max Uhlig. Außerdem hatten sie, für insgesamt 800.000 Mark, eine Reihe von Spielern verschleudert, die ungefähr das Doppelte wert waren; teilweise, das betraf den Transfer der Spieler Rosenfeld, Feilzer und Tune-Hansen nach Osnabrück, war nicht einmal klar, wieviel Geld – und an wen – der neue Verein gezahlt hatte. Weitere Kritikpunkte der Opposition: Schacht und Uhlig hatten aus dem Geschäftsjahr 1978/79 Steuern in Höhe von 340.000 Mark nicht abgeführt sowie „für das Geschäftsjahr 1979/80 bestimmte Geldmittel bereits im Frühjahr vereinnahmt und, teilweise zur eigenen Befriedigung, vollkommen verbraucht". Letzteres wog umso schwerer, weil das besagte Geld von Werbepartnern stammte, die es nunmehr zurückhaben wollten, hatten sie doch nur unter der Bedingung gezahlt, dass der Verein die Lizenz bekommt.

Da im Sommer 1979 darüber hinaus einige Kreditinstitute ein moderates Verhalten ihrerseits nur für den Fall in Aussicht stellten, dass es zu einem Führungswechsel kommt, war es allen Mitgliedern, die einen ungefähren Einblick in die Situation hatten, klar: Wenn der FC St. Pauli weiter existieren sollte, mussten Schacht und Uhlig weg.

„Der FC St. Pauli ist zahlungsunfähig"

An der Politik des Deutschen Fußball-Bundes gibt es grundsätzlich viel auszusetzen. Die Entscheidung hingegen, dem FC St. Pauli 1979 die Spielberechtigung für die 2. Liga Nord wegen mangelnder wirtschaftlicher Leistungsfähigkeit zu verweigern, gehört leider zu den wenigen richtigen, die der Verband in seiner Geschichte getroffen hat. Den entsprechenden Beschluss des Liga-Ausschusses bestätigte der DFB-Vorstand am 19. Juni d.J. - nachdem die Beschwerde des Vereins gezeigt hatte, dass dieser, wie der Verband beinahe schon genüsslich feststellt, zu „einer zusammenhängenden Begründung" nicht in der Lage gewesen war. Nach Hertha BSC, Arminia Bielefeld, Tasmania 1900 und dem Bonner SC war St. Pauli der fünfte Verein, dem die Lizenz entzogen wurde. Wir dokumentieren im folgenden die wesentlichen Passagen der 31 DIN A4-Seiten starken Begründung, weil sie bestens Aufschluss gibt über die erschütternden Verhältnisse, die damals am Millerntor herrschten. Im Nachhinein ist es unfassbar, dass Ernst Schacht und Max Uhlig, bildlich gesprochen, die Mauer am Ende der Sackgasse sahen, aber anstatt zu bremsen den Wagen noch einmal beschleunigt haben, damit's auch ordentlich kracht. Aus der Distanz betrachtet hat das Verhalten der beiden Chaoten allerdings auch komische Züge.

I.

Zum 31. Dezember war die Finanzlage des Vereins gekennzeichnet durch eine Überschuldung (negatives Kapital) von DM 2.105.000. Dabei standen Gesamtverbindlichkeiten von DM 2.753.000 an Anlagevermögen lediglich DM 423.000 und an Umlaufvermögen nur DM 224.000 gegenüber.

Von den Gesamtverbindlichkeiten zum 31.12.1978 waren mit DM 2.576.000 der ganz überwiegende Teil (...) kurzfristiger und nur der vergleichsweise geringfügige Rest von DM 177.000 und damit 6 Prozent langfristiger Natur.

Aus der eingereichten Zwischenbilanz ergibt sich für die Zeit vom 1.7. bis 31.12.1978 ein bilanzieller Verlust von DM 220.000. In diesem Zeitraum hat sich damit die Überschuldung von DM 1.885.000 auf DM 2.105.000 erhöht.

Die nach Aufforderung seitens des DFB-Gutachterausschusses vom FC St. Pauli vorgelegte Zwischenbilanz zum 31. März 1979 weist zu diesem Zeitpunkt eine buchmäßige Überschuldung (negatives Kapital) von DM 1.364.000 aus. Nach der gleichen Unterlage soll der Verein im Abrechnungszeitraum vom 1.7.1978 bis 31.3.1979 (...) einen Gewinn von DM 521.000 erwirtschaftet haben.

Der Vorstand des Deutschen Fußball-Bundes hält (...) diese Zahlen für falsch. Der ausgewiesene Gewinn ist nämlich nur scheinbarer Natur und muss berichtigt werden. Sowohl bei der Bewertung der Aktivseite als auch der der Passivseite der Zwischenbilanz zum 31.3.1979 hat der Verein gegen die Grundsätze einer ordnungsgemäßen Buchführung (...) verstoßen. Die Aktiva wurden zu hoch, die Passiva zu niedrig bewertet.

Als Fehlerquelle erweist sich dabei der in der Zwischenbilanz zum 31. März 1979 ausgewiesene vermeintliche außerordentliche Ertrag von DM 988.000. Nach Auffassung des Vorstandes ist die Bilanz insoweit zu berichtigen. Der vom FC St. Pauli angegebene vermeintliche Gewinn von DM 521.000 im Zeitraum vom 1.7.1978 bis 31.3.1979 stellt sich damit in dieser Zeitspanne auf einen effektiven Verlust in Höhe von DM 467.000. Hieraus folgt, dass die Überschuldung des Vereins nicht DM 1.364.000, sondern DM 2.353.000 beträgt.

1. Der vom Verein angegebene außerordentliche Ertrag von DM 988.000 enthält einen außerordentlichen Ertrag aus dem „Verkauf von Forderungen aus bestehenden Kaufverträgen" in Höhe von DM 734.000. Mit dem Ligaausschuss wertet auch der Vorstand diese vom Verein aktivierten Forderungen als dubios.

Der Verein FC St. Pauli hat mit der Hanseatischen Finanzierungsgesellschaft GmbH in Hamburg, deren Gesellschafter Vereinspräsident Schacht ist, am 29. März 1979 eine Vereinbarung über den „Verkauf von Forderungen aus bestehenden Verträgen" abgeschlossen. Die Gesamthöhe der verkauften Forderungen belief sich auf DM 763.000.(...)

a) Zu den verkauften Forderungen gehört eine Entschädigungsleistung in Höhe von DM 143.000 gegenüber der Versicherungsgesellschaft Albingia wegen Sportinvalidität des St.-Pauli-Spielers Kulka.

Der Spieler Kulka war zugunsten des FC St. Pauli bei der Albingia-Versicherungsgruppe gegen Sportinvalidität versichert. Auffällig ist, dass die erste nachweisliche Zusage der Firma Albingia auf Zahlung der Versicherungsleistung auf einem dem DFB vorliegenden Fernschreiben vom 10. Mai 1979 beruht. Der Verein hat jedoch bereits am 29. März 1979 diese Forderung an die Hanseatische Finanzierungsgesellschaft verkauft. Nach den vorliegenden Unterlagen existierte sie zu diesem Zeitpunkt noch nicht.

Unabhängig hiervon hat der FC St. Pauli an. die Hanseatische Finanzierungsgesellschaft eine Forderung verkauft, über die er nicht verfügen durfte. Tatsächlich war Gläubigerin der Forderung an die Albingia-Vesicherungsgruppe nicht der FC St. Pauli, sondern aufgrund eines bestehenden Abtretungsvertrages die Hamburgische Kaufmannsbank Nottebohm und Co.AG. Tatsächlich hat die Albingia auch an die Bank und nicht an den Verein gezalt. Dies geht aus einem Schreiben der Albingia an den FC St. Pauli vom 25. Mai 1979 hervor.

b) In dem Paket der an die Hanseatische Finanzierungsgesellschaft verkauften Forderungen ist auch eine solche auf Transferentschädigung gegen den Verein Bayer Leverkusen für den Vereinswechsel des Spielers Demuth in Höhe von DM 220.000 enthalten.

Auch insoweit hat der FC St. Pauli über eine Forderung verfügt, die ihm nicht zustand. Nach einem zwischen dem Verein und der Bank Nottebohm abgeschlossenen Abtretungsvertrag war diese Forderung zediert. (...)

Auffällig ist auch hier die zeitliche Abfolge der Ereignisse. Der Verkauf der Forderung auf Transferentschädigung an die Hanseatische Finanzierungsgesellschaft erfolgte am 29. März 1979. Der Spieler Demuth kündigte sein Arbeitsverhältnis überhaupt erst am 9. April. Am 23. April ging der Antrag auf Aufnahme des Spielers in die Tranferliste beim DFB ein. Am 4. Mai schließlich schlossen Demuth und der Verein Bayer Leverkusen den Arbeitsvertrag ab. Die Transferentschädigung wurde sogar erst am 8. Juni 1979 vom Schiedsgutachter festgesetzt.

c) Unter den an die Hanseatische Finanzierungsgesellschaft verkauften Forderungen befindet sich auch eine solche auf Transferentschädigung in Höhe von DM 200.000 gegenüber dem Verein Westfalia Herne wegen des Wechsels des Spielers Tune-Hansen. Auch insoweit verfügte der Verein über eine ihm nicht zustehende Forderung. Auch sie war nämlich vertraglich an die Kaufmannsbank Nottebohm abgetreten.

Zudem konnte der Verein selbst (...) nur ein Angebot des Vereins Westfalia Herne vorlegen. An einem Arbeitsvertrag zwischen Herne und Tune-Hansen fehlte es. (...)

d) Als vierte Forderung hat der FC St. Pauli an die Hanseatische Finanzierungsgesellschaft eine Forderung in Höhe von DM 200.000 verkauft, die ihre Grundlage in einem zwischen dem Verein und der Firma „Integriertes Marketing-Consulting GmbH" (IMC) hat.

Auch bezüglich dieser Forderung gilt, dass sie entgegen der vertraglichen Zusicherung noch nicht bestand, als sie am 29. März verkauft wurde. Der zwischen dem Verein und IMC vereinbarte Werbevertrag wurde erst am 17. April 1979 abgeschlossen.

Der (...) zu Unrecht aktivierte Forderungsbetrag von DM 734.000 ist darüber hinaus hinsichtlich der angeführten Transferentschädigungsforderungen für die Spieler Demuth und Tune-Hansen auch nach eigener Sicht des FC St. Pauli fehlerbehaftet. Die Werte dieser Spieler sind nämlich doppelt bilanziert worden.

Beide Spieler wurden mit ihrem Buchwert von insgesamt DM 121.000 (...) sowohl innerhalb des Anlagevermögens in der Position „Ablösungen TDM 162" als auch mit dem vom Verein angenommenen Gesamttransferwert von DM 200.000 und DM 220.000 (...) innerhalb der Forderung an die Hanseatische Finanzierungsgesellschaft im Umlaufvermögen aktiviert. Dies bedeutet eine zu hohe Bewertung der Aktiva von DM 420.000, mindestens aber DM 121.000.

2. Der vermeintliche außerordentliche Ertrag des Vereins von DM 998.000 war auch um den Betrag von DM 248.000 zu berichtigen. Der FC St. Pauli hat nämlich (...) zu Unrecht ein Darlehen des ehemaligen Präsidiumsmitgliedes Velbinger in gesamter Höhe zum 31.12.1978 von DM 291.000 bis auf DM 43.000 zum 31. März 1979 ausgebucht, also seinen Ertrag als um DM 248.000 erhöht ausgewiesen. Damit hat der Verein nicht dem Vorsichtsprinzip bei der Bewertung von Verbindlichkeiten entsprochen. Dieses Vorsichtsprinzip dient dem Gläubigerschutz und ist Ausfluss der Grundsätze einer ordnungsgemäßen Buchführung. (...)

Der Verein glaubt (...), Forderungen gegenüber Velbinger aus den im Spieljahr 1978/79 durchgeführten Transfers der Spieler Gerber und Mannebach zu haben, rechnet mit seinen vermeintlichen Forderungen auf und bucht dies entsprechend, obwohl ein vorläufig vollstreckbares Urteil des Landgerichts Hamburg vorliegt, in dem der

FC St. Pauli verurteilt wurde, an Velbinger DM 256.000 (...) zu zahlen. (...)

II.

Die derzeit als katastrophal zu bezeichnende Finanzlage des Vereins stellte sich bereits beim Lizenzierungsverfahren für das Spieljahr 1978/79 als prekär dar. Bereits im damaligen Lizenzierungsverfahren wurde dem FC St. Pauli die Lizenz nur unter strengen Auflagen erteilt. Ernste Sorgen machte nämlich bereits damals der hohe Stand der fast ausschließlich kurzfristigen Verbindlichkeiten. Angesichts der schlechten Ertragslage war ein Liquiditätsengpass zu befürchten, ein Liquiditätskollaps nicht auszuschließen. Der Ligaausschuss verfügte daher als Auflage, bis zum 31. August 1978 die Verbindlichkeiten von DM 3.432.000 (...) auf DM 1.264.000 zurückzuführen. (...) Damit hatte der Ligaausschuss im wesentlichen dem Vorbringen des FC St. Pauli entsprochen, der den Abbau der Verbindlichkeiten in dem genannten Umfang durch den Verkauf von etwa 12 Spielern (...) angeboten hatte.

Der Verein hat die von ihm selbst erkannte und ihm vom DFB anbefohlene Chance zur Konsolidierung nicht wahrgenommen. (...) Der DFB-Ligaausschuss hat mit Schreiben vom 30.10.1978 die Nichterfüllung der Auflage festgestellt, mit Schreiben vom 8.2.1979 nochmals daran erinnert und mit Schriftsatz vom 26.2.1979 zur Stellungnahme wegen der Nichterfüllung aufgefordert. (...)

III.

Der Vorstand führt aufgrund einer Analyse der vom Verein vorgelegten Unterlagen seit dem Spieljahr 1975/76 bis zum 31. März 1979 die heutige desolate Finanzlage des FC St. Pauli auf fehlerhafte und risikobelastete Finanzierungen von Investitionen im Transferbereich zurück.(...)

Der Verein war nicht einmal im Bundesligaspieljahr 1977/78 dazu in der Lage, seinen Spielbetrieb rentabel zu gestalten. Eine Amortisierung der ursprünglich getätigten Investitionen im Transferbereich (...) war schon gar nicht möglich.

Die laufende Verschlechterung der Vermögenslage ist im wesentlichen auf die niemals vorhandene Kostendeckung im Spielbetrieb zurückzuführen. (...) Als Folge (...) hat sich die Finanzlage des Vereins (...) existenzbedrohend verschlechtert. Der FC St. Pauli steht heute am Ende einer Entwicklung, die ihm in einer gefährlichen Tendenz im Zusammenhang mit den Lizenzierungsverfahren in den Jahren 1976/77, 1977/78 und 1978/79 vom (...) DFB aufgezeigt worden war.

IV.

(...) Die im kurzfristigen Liquiditätsbereich festzustellende Unterdeckung von DM 1.947.000 (diese Summe geht aus einer vorangegangenen Aufstellung hervor – RM) begründet die Feststellung, dass der FC St. Pauli illiquid ist. Die Ausführungen des Vereins haben diese Beurteilung nicht zu widerlegen vermocht:

1. Der FC St. Pauli gibt an, von der Kaufmannsbank Nottebohm eine neue Kreditlinie in Höhe von DM 300.000 zugesagt bekommen zu haben. Es trifft zu, dass die Bank ausweislich eines Schreibens vom 29. Mai 1979 ihre grundsätzliche Bereitschaft erklärt hat, dem Verein eine neue Kreditlinie gegen Sicherheitsleistungen in Höhe von DM 300.000 zur Verfügung zu stellen. Allerdings geht die Bank davon aus, dass der derzeit bestehende Kredit durch die Entschädigungszahlung der Albingia-Versicherung wegen der Invalidität des Spielers Kulka sowie die Transfererlöse für die Spieler Demuth und Tune-Hansen bis zum 30. Juni 1979 zurückgeführt werden. (...)

2. Der FC St. Pauli hat eine persönliche Erklärung der Herren Wolde und Wankum vorgelegt, aus der der Verein eine Liquiditätsreserve in Höhe von DM 260.000 herleiten zu können glaubt. Der Vorstand vermag diesen Schluss nicht zu ziehen. Die eingereichte Erklärung ist an mehrere Voraussetzungen geknüpft. Hierzu gehört u.a. die konsequente Durchführung des IMC-Konzeptes. Auch wird von einem kurzfristigen Verbindlichkeitsstand von DM 1.352.000 ausgegangen. Dieser Stand (...) entspricht nicht den tatsächlichen Gegebenheiten (...). Die Solvenz der Herren Wolde und Wankum kann nicht beurteilt werden.

3. (...) Der vom Verein (...) angegebene Stand der Bankkredite in Höhe von DM 911.000 ist (...) unrichtig. So werden die Bankverbindlichkeiten gegenüber der Provinsbanken Ringe/Dänemark über DM 75.000 und der Köhler-Kreditbank über DM 8.000 in der Aufstellung nicht ausgewiesen. (...)

V.

Der Vorstand sieht auch in der vom FC St. Pauli mit der Firma IMC getroffenen Vereinbarung (...) kein Konzept zur Wiederherstellung der wirtschaftlichen Leistungsfähigkeit.

Die Firma IMC wurde erst in der Zeit zwischen der Entscheidung des Ligaausschusses über die Lizenzerteilung (...) am 19. 5.1979 und der Vorstandssitzung des DFB am 8./9. Juni in das Handelsregister eingetragen. Das eingezahlte Stammkapital beläuft sich auf DM 90.000. Ob darüber hinaus weiteres Kapital vorhanden ist, lässt sich nicht beurteilen. Es wurde jedenfalls nicht nachgewiesen.

1. Die einzige konkrete vertragliche Vereinbarung zwischen dem Verein und IMC besteht in einem am 17. April 1979 abgeschlossenen Werbevertrag. Danach zahlt IMC an den FC St. Pauli für die Überlassung der gesamten kommerziellen Werbung des Klubs einen Betrag von DM 400.000 (...)

Es muss bezweifelt werden, dass die im Werbevertrag garantierte Summe von DM 400.000 entsprechend der vorgelegten Planung des Vereins für die kommende Spielzeit zur Verfügung steht. Die Vorgänge sind nämlich undurchsichtig. So ist unklar, ob und in welcher Höhe aus dem Werbevertrag entweder über die Hanseatische Finanzierungsgesellschaft entsprechend dem Factoring-Vertrag an den Verein – was vom DFB bezweifelt wird – oder direkt an den FC St. Pauli gezahlt worden ist und gegebenenfalls dort zur Finanzierung des laufenden defizitären Spielbetriebs verwendet wurde.

2. Großes Misstrauen bringt der Vorstand auch dem Projekt entgegen, wonach der Verein das Klubhaus auf dem Heiligengeistfeld an die Firma IMC zum Preis von DM 450.000 verkauft und übereignet. Die Gesellschaft will danach dem Verein das Klubhaus im Leasing-Verfahren wieder zur Verfügung stellen. (...) Für den Fall der Zahlungsunfähigkeit des Vereins hat der Geschäftsführer der IMC, Wolde, vor dem Vorstand am 8.6.1979 die Umwandlung des Klubhauses in einen Gastronomie-Betrieb als wahrscheinlich bezeichnet, um das investierte Geld wieder zu verdienen. (...)

Das Misstrauen des Vorstandes begründet sich (...) darauf, dass der Verkauf des Klubhauses juristisch zumindest umstritten, wenn nicht gar rechtlich unmöglich ist. Das Klubhaus steht auf dem im Eigentum der Freien und Hansestadt befindlichen Heiligengeistfeld, das für die Zeit vom 1. Juli 1964 bis zum 30. Juni 1994 lediglich an den FC

St. Pauli vermietet worden ist. Nach § 94 BGB gehören zu den wesentlichen Bestandteilen eines Grundstückes die mit dem Grund und Boden festverbundenen Sachen, insbesondere Gebäude (...) Danach stünde das Klubheim im Eigentum der Freien und Hansestadt Hamburg. (...)

Neben diesen begründeten Zweifeln fehlte es zur ernsthaften Verwirklichung des Planes auch an der vorherigen schriftlichen Zustimmung der Freien und Hansestadt Hamburg (...) Diese Zustimmung ist in den Allgemeinen Vertragsbedingungen der Freien und Hansestadt Hamburg für die Vermietung von Grundstücken (...), die Bestandteile des Mietvertrages über das Heiligengeistfeld sind, zwingend vorgeschrieben. (...)

3. Vollkommen visionär ist – auch nach eigenem Vortrag des FC St. Pauli – die Überlassung der gesamten Klub-Anlage am Heiligengeistfeld an die Firma IMC gegen ein Entgelt von DM 1.800.000, weil das Gelände wegen seiner Umwandelbarkeit in ein Sport- und Freizeitzentrum diesen Wert ausmache (...)

VI.

Der vom FC St. Pauli mit den Beschwerdeunterlagen vorgelegte aktualisierte Ein- und Ausgabenplan für die Spielzeit 1979/80 ist (...) sowohl auf der Einnahmen- als auch auf der Ausgabenseite stark risikobehaftet. (...)

2. Es ist zu bezweifeln, dass der vom Verein für Trikot- und sonstige Werbung eingesetzte Betrag von DM 400.000 zur Finanzierung der kommenden Spielzeit zur Verfügung gestellt wird (...) Ein Teilbetrag von 200.000 ist nach Angaben des Vereins bereits am 18. April 1979 geflossen.(...)

4. Die vom Verein angesetzten Ausgaben der Lizenzabteilung sind offensichtlich in einigen Positionen zu niedrig angesetzt. Dies gilt insbesondere für Reise- und Verwaltungskosten (...) Diese Tendenz dürfte sich dadurch verstärken, dass der Verein in den letzten Tagen einen hauptamtlichen Geschäftsführer und einen hauptamtlichen Manager angestellt hat, deren Arbeiten in der Vergangenheit ehrenamtlich erledigt wurden.

5. Im Bereich der Ausgabenplanung kalkuliert der FC St. Pauli mit einem Betrag von DM 900.000 für Tilgung und Zinsleistungen.

Hierin enthalten ist eine rückständige Steuerschuld in Höhe von DM 450.000, bezüglich derer bereits Vollstreckungsmaßnahmen eingeleitet worden waren. Nach Vortrag des Vereins hat das Finanzamt die Vollstreckung der Schuld längstens bis Mitte August 1979 ausgesetzt, weil der FC St. Pauli seine vermeintliche Forderung aus dem in Aussicht genommenen Verkauf des Klubhauses an IMC in Höhe von DM 450.000 an das Finanzamt abgetreten habe. (...)

Sollte dem Verein nicht gelingen, dieses höchst umstrittene Rechtsgeschäft bis August 1979 zu realisieren, muss mit sofortigen Zwangsmaßnahmen des Finanzamtes gerechnet werden.

6. Erstmals im Verlauf der Anhörung vor dem Vorstand am 8. Juni 1979 hat der FC St. Pauli durch sein Präsidiumsmitglied Uhlig erklären lassen, den Spielbetrieb der Saison 1979/80 notfalls durch persönliche Bürgschaften sicherzustellen.

Der Vorstand sah auch hierin kein geeignetes Mittel, die Finanzlage des Vereins unter anderem Licht zu sehen. (...) Zudem verwunderte angesichts der desolaten Finanzlage die Aussage, die Präsidiumsmitglieder Schacht und Uhlig könnten diese persönlichen Bürgschaften „mit links" aufbringen.

Überdies haben die Präsidiumsmitglieder Schacht und Uhlig auch in der Vergangenheit persönliche Bürgschaften übernommen. Auch sie stellen naturgemäß Schuld dar und wurden bei Inanspruchnahme der Bürgen zu Darlehen. So konnte zwar jeweils kurzfristig die Liquidität verbessert werden. Dies geschah jedoch um den Preis erneuter Verschuldung und führte damit wiederum zu einer Verschlechterung der gesamten Finanzlage. Eine weitere Inanspruchnahme von Fremdmitteln würde daher nur den für den FC St. Pauli so kennzeichnenden und verhängnisvollen Kreislauf in Gang halten.

VII.

Eine zusammenfassende Betrachtung der Finanzlage des FC St. Pauli auf der Grundlage der Richtlinien über die wirtschaftliche Leistungsfähigkeit des DFB zeigt ein desolates Bild.(...)

Der FC St. Pauli ist zahlungsunfähig (...). Seine Mitwirkung gefährdet (...) den ordnungsgemäßen Ablauf der Meiterschaftsrunde der 2. Liga Nord und damit die anderen beteiligten Vereine.

Hurra, wir leben noch!

Die Wende am Millerntor leitete ein sogenannter Initiativ-Ausschuss ein. Für den 27. August brachte diese siebenköpfige Gruppe – zu ihr gehörten unter anderem Wolfgang Kreikenbohm, der designierte Präsident, sowie die Rugby-Legende Bruno Walker – eine außerordentliche Mitgliederversammlung auf die Beine, die notwendig war, um schnellstmöglich Schacht und Uhlig loszuwerden. Immerhin hatten die beiden noch Anstand genug, auf der Versammlung von sich aus den Rücktritt zu erklären – so erübrigte sich eine Abwahl. Neu gewählt wurden Kreikenbohm als Präsident sowie als Vize Otto Paulick und Hans-Georg Rektor. Der vielleicht wichtigste Mann an diesem Abend war ein Star aus dem Fernsehen: Der Rechtsanwalt Helmut Moritz, bekannt aus der damals beliebten Sendung „Das Fernsehgericht tagt", leitete die Versammlung bedächtig und verhinderte, dass sie aus den Fugen geriet.

Nachdem das neue Präsidium gewählt war, wusste auch die Mannschaft wenigstens wieder, woran sie war. Die Mannschaft – das war damals ein zusammengewürfelter Haufen aus einer Handvoll Ex-Profis, Spielern aus der alten Amateurmannschaft, die gerade aus der Verbandsliga abgestiegen war, sowie einigen A-Jugendlichen. Dass der Verein trotz

Wir packen es!

Punktspiel **FC St. Pauli –
Preußen Hameln**

**Sonntag, 2. September 1979, 15 Uhr
Wilhelm-Koch-Stadion am Millerntor**

Zweckoptimismus nach dem Neubeginn.

seiner desolaten Situation überhaupt noch über ein Amateuroberliga-Team verfügte, war vor allem Werner Pokropp zu verdanken. Als sich das alte Präsidium nicht mehr verantwortlich fühlte und das neue noch nicht im Amt war, hatte der langjährige Spieler und Liga-Obmann den vakanten Trainerposten übernommen.

Das erste Punktspiel in der neuen Umgebung verstärkte die Befürchtung, die man angesichts der Zusammensetzung des Kaders ohnehin hatte: Dass der FC es schwer haben würde, sich in der Oberliga zu halten. Die Elf verlor nämlich mit 2:3 beim gerade erst aufgestiegenen MTV Gifhorn. Das, naja, historische 1:0 – das seit der Gründung des Vereins erste Tor in der Drittklassigkeit – schoss Holger Gerwalt.

„Nach Gifhorn sind wir damals mit zwei klapprigen Kleinbussen gefahren, denn anfangs wollte uns kein Busunternehmen mehr fahren, wir hatten ja Schulden bei allen", erzählt Walter Schröder, Vorstandsmitglied seit 1979. „Am Steuer des einen Busses saß, glaube ich, sogar ein Spieler. Bei dem anderen Bus ist während der Fahrt Gas ausgeströmt, deshalb kamen einige Spieler irgendwie betäubt in Gifhorn an. Später haben wir einige Fahrten dann quasi durch Fans finanziert, die wir im Mannschaftsbus mitfahren ließen."

Bei den Fahrten zu den Auswärtsspielen ging es öfter chaotisch zu. Schröder: „Vor einem Spiel in Nordhorn ist der Bus ohne Walter Frosch vom Klubheim abgefahren, weil der kurz vor der Abfahrt, nachdem wir bereits durchgezählt hatten, noch mal aufs Klo gegangen war. Dann war geplant, ihn von einem Jugendbetreuer zur Autobahnraststätte Stillhorn fahren zu lassen, und von dort sollte er mit einem Bundeswehrhubschrauber, den Wolfgang Kreikenbohm besorgen wollte, nachgeflogen werden. Der Hubschrauber kam aber nicht, und so haben wir ohne Frosch 0:4 verloren."

Im Oktober griff der FC zu einem üblichen Mittel im Abstiegskampf: Er wechselte den Trainer. Allerdings unter unüblichen Umständen, denn Werner Pokropp, der bisherige Coach, war wesentlich daran beteiligt, dass der Klub einen guten Nachfolger verpflichten konnte. Pokropp stellte den Kontakt her zu Kuno Böge, einem alten Mannschaftskameraden aus dem holsteinischen Lägerdorf. Der hatte sich vor allem dadurch profiliert, dass er in der Saison 1978/79 mit Holstein Kiel in der 2. Liga Nord geblieben war. Als Böge das Traineramt am Millerntor übernahm, stießen, mindestens ebenso wichtig, mit Michael Strunck aus Osnabrück und Uwe Mackensen aus Kaiserslautern auch noch zwei neue Spieler zur Mannschaft.

Dennoch blieb die Lage ernst. Besonders kritisch war sie im Dezember nach einer 2:3-Niederlage im Derby bei Barmbek-Uhlenhorst. Da war der FC mit einem Punkt Vorsprung vor dem Blumenthaler SV Vorletzter – umso prekärer, da es, wie so oft, nicht klar war, wieviele Mannschaften aus der 3. Liga absteigen müssen. Die Rückrunde war dann weniger nervenaufreibend, sie brachte insgesamt 19:15 Punkte ein. Aber erst Mitte April, nachdem Mackensen (2), Petzold und Gerwalt einen 4:2-Sieg gegen Union Salzgitter herausgeschossen hatten, wusste Präsident Kreikenbohm, dass er für ein weiteres Oberliga-Jahr planen konnte. Laut „Hamburger Abendblatt" hallten in den letzten 20 Minuten des Spiels wegen Mackensens überragender Leistung sogar „'Uwe-Uwe'-Sprechchöre von den Zuschauerrängen und ließen eine Stimmung im Wilhelm-Koch-Stadion aufkommen, die an vergangene Bundesliga-Zeiten erinnert". Naja, 1.000 Zuschauer waren gerade mal da. Solche Zahlen machten einerseits Sorgen, andererseits war der harte Kern immerhin nicht kleiner als in der 2. Liga.

Um endlich eine schlagkräftige Mannschaft finanzieren zu können, gründete sich im Juni 1980 eine sogenannte Förderergruppe – Vizepräsident Otto Paulick und Ex-Vize Werner Velbinger hatten das angeregt, der Frankfurter Rechtsanwalt Hans-Jürgen Kion tüftelte schließlich das Statut dieser GbR aus. Das Anfangskapital betrug 50.000 Mark. Die fünfköpfige Gruppe, die rechtlich nichts mit dem Verein zu tun hatte, beglich innerhalb von zwei Jahren acht Ablösesummen und zahlte in diesem Zeitraum auch 74.000 Mark an insgesamt zehn Spieler – in Form von zinslosen Darlehen. Aus der Sicht des Spielers waren es Schenkungen, denn zurückzahlen, so wurde es zwischen der Förderergruppe und dem FC St. Pauli vereinbart, sollte der Verein das Geld – allerdings erst wenn die wirtschaftlichen Verhältnisse es erlaubten. Die Idee mit den Spielerdarlehen entstand, weil die Förderergruppe das Geld nicht direkt in den Klub pumpen konnte. Dann hätten die Gläubiger auf der Matte gestanden.

Für die Saison 1980/81 wünschte sich Trainer Böge, mit der Mannschaft „oberhalb des fünften Platzes" zu landen: „Das wäre ein Traum." An die Meisterschaft verschwendete man keinen Gedanken, denn die war ohnehin praktisch wertlos geworden. Im Sommer hatte der DFB nämlich beschlossen, eine eingleisige 2. Liga einzuführen. Das hatte zur Folge, dass 1981 rund die Hälfte der Zweitligisten absteigen musste und keiner der sieben Oberliga-Meister aufsteigen konnte.

Der wichtigste neue Spieler im Kader war der von BU gekommene Außenstürmer Joachim Philipkowski. „Der hat es nur unter Tränen übers Herz gebracht, seinen alten Klub zu verlassen – ein echter Barmbeker Jung eben. Nachdem er in einem Spiel Walter Frosch erhebliche Probleme bereitet hatte, stand für uns fest: Den wollen wir haben", sagt Wolfgang Kreikenbohm. Philipkowski kostete 6.000 Mark, bezahlt von der Förderergruppe.

Das Image des FC war im Vergleich zum Vorjahr schon besser geworden, denn zum ersten Spiel gegen den MTV Gifhorn kamen 1.900 Fans – 1.000 mehr als zur letzten Heimpremiere. Die stärkste Phase hatte die Mannschaft zwischen November und März, als sie kein Spiel verlor. In diese Zeit fielen sowohl der Zuschauerrekord – 3.200 beim Spiel gegen Concordia – als auch jene Begegnung, die in der Saison am meisten für Aufsehen sorgte. Beim 2:0-Sieg gegen den VfB Lübeck am Millerntor wurde ein 51jähriger Hamburger Zuschauer mit dem Messer schwer verletzt und ein Lübecker von einer Gaspistole getroffen. Zu dem Gerangel kam es in der Halbzeit, als die St.-Pauli-Fans aus der Nord- in die Südkurve wechseln wollten. Schon vor dem Spiel hatten VfB-Anhänger die Mauern des Klubheims mit Hakenkreuzen beschmiert.

Der Höhepunkt der Saison war für den FC St. Pauli ein Spiel der A-Jugend: Die trat im April 1981 am Millerntor zu einem Freundschaftsspiel gegen Jupp Derwalls DFB-Team an – für eine Vereinsjugendmannschaft bis dato einmalig. Rummenigge (2) sowie Briegel, Hannes, Fischer und Kaltz konnten Volker Ippig dabei nur sechsmal überwinden. Der sagte hinterher: „Vorher haben mich alle gewarnt, die würden härter schießen. Davon habe ich aber nichts gemerkt."

Die Meisterschaft in der Oberliga sicherte sich St. Pauli am letzten Spieltag vor 2.500 Fans durch einen 2:0-Erfolg gegen den Hummelsbütteler SV. Mackensen und Petzold sorgten bei ihren Anhängern für Feierstimmung, bei jenen des Lokalrivalen jedoch für Trauer, denn der wurde Dreizehnter und musste absteigen – die Einführung der neuen 2. Liga war schuld.

Der Titel berechtigte dazu, an der Deutschen Amateurmeisterschaft teilzunehmen. Während dieser Spiele war St. Pauli geplagt von Personalproblemen, und so musste Kuno Böge insgesamt auf drei A-Jugendspieler zurückgreifen. Darüber hinaus war der Kräfteverschleiß groß, weil der FC beide Halbfinal-Spiele gegen den MTV Ingolstadt innerhalb von 48 Stunden austragen musste, und „die Mafia" – so bezeichnete Trainer Böge

Gruppenbild mit Stars: St. Paulis Nachwuchs mit Schumacher, Rummenigge, Breitner, Briegel & Co.

damals den Hamburger Fußball-Verband – bei ihren Pokalansetzungen keine Rücksicht auf die DM-Belastung nahm. Und dennoch erreichten die Hamburger das Finale gegen die Amateure des 1. FC Köln. Das Spiel in Köln – der DFB hatte dem Nachwuchs des Bundesligisten, warum auch immer, das Heimrecht zugesprochen – ging dann mit 0:2 verloren. Der entscheidende Treffer fiel unglücklich. Beim Stand von 1:0 erkannte der Schiedsrichter ein einwandfreies Tor von Knodel nicht an, woraufhin Libero Walter Frosch zum Linienrichter eilte und sich in seiner unnachahmlichen Art bei ihm beschwerte. Und als Frosch hinten fehlte, fiel das zweite Tor. Damit musste nach Bergedorf 85 (1958) und dem SC Victoria (1975) auch die dritte Hamburger Mannschaft, die je das Finale dieses im Laufe der Zeit immer mehr an Relevanz einbüßenden Wettbewerbs erreicht hatte, mit dem Vizemeistertitel vorlieb nehmen.

Die folgende Saison, so schätzten die Experten im Sommer 1981, würde schwerer werden als die vorangegangene, weil mit dem VfB Oldenburg, Göttingen 05, Holstein Kiel und dem OSV Hannover vier letztjährige Zweitligisten in der Staffel mitspielten. Am Ende konnte St. Pauli außer Göttingen zwar alle diese Mannschaften hinter sich lassen. Dennoch war es eine verkorkste Saison, nicht zuletzt weil Trainer Böge die Mannschaft nicht mehr motivieren konnte.

So übernahm im Februar 1982 der Ersatztorwart Michael Lorkowski, mit 27 Jahren ungefähr halb so alt wie Böge, den Posten, und unter ihm blieb der FC gleich neun Spiele in Folge ungeschlagen. Die Serie ging ausgerechnet zu Ende, als ausnahmsweise mal das NDR-Fernsehen vorbei schaute: 0:2 verlor man das Spitzenspiel gegen Holstein Kiel. Vizepräsident Paulick hatte vorher immerhin mit einer Steakrestaurant-Kette ausgehandelt, dass während dieser Partie ihr Logo auf die ansonsten werbefreien Trikots kommt. Das Unternehmen zahlte dafür 1.500 Mark.

Die Bedeutung, die der FC St. Pauli zu der Zeit hatte, lässt sich an einer Tabelle des „Deutschen Sportklubs für Fußballstatistiken" ablesen. In der, erstellt im Sommer 1982, sind die Zuschauerzahlen aller 151 deutschen Amateur-Oberligisten zusammengefasst. Unten den Top 30 waren da unter anderem der TSV Havelse zu finden, der SV Kuppenheim und der FV Lauda, der Klub aus Hamburgs berühmtesten Stadtteil (Schnitt: 1.360) jedoch nicht.

Die Ära Lorkowski

Vor der Saison 1982/83 begann der Verein die Basis für jene St.-Pauli-Mannschaft zu schaffen, die in der zweiten Hälfte der 80er Jahre für Aufsehen sorgen sollte. Ältere Spieler wie Noldt, Knodel und Frosch gingen zu Altona 93, nicht zuletzt, weil es da ein paar Mark mehr gab. Neu hinzu kamen dafür die HSV-A-Jugendlichen Studer und Hinz sowie Dahms, der am Rothenbaum in der Amateurmannschaft gespielt hatte. Das Durchschnittsalter betrug jetzt 22,3 Jahre, und umso wichtiger waren für die Elf die verbliebenen Routiniers Mackensen und Box.

Obwohl die Mannschaft eine sehr gute Perspektive hatte, gab es noch Anlass zur Sorge, denn die Gefahr eines Konkurses bestand weiterhin. Zudem hatte der FC Probleme mit seinen Fans, zumindest mit einigen auffälligen, die immer direkt hinter dem gegnerischen Tor standen. Flaschenwürfe waren keine Seltenheit, und manchmal zogen es auch die Ordner vor, sich von diesem aggressiven Haufen fernzuhalten. Das „Hamburger Abendblatt" befand zu Beginn der Saison, das Auftreten dieser Anhänger sei ein „gewichtiger Grund, warum der FC St. Pauli keine große Anziehungskraft mehr ausübt".

Die damalige Randale erklärt sich aus der Depression über das Versinken des Vereins in der sportlichen Bedeutungslosigkeit, verstärkt wurde der Frust bei einigen noch durch die gleichzeitigen Erfolge des HSV. Dass in Fanszenen in einer derartigen sportlichen Situation ziemlich fiese Gestalten in den Vordergrund treten, ist grundsätzlich nicht ungewöhn-

▶ S. 192

„Das war fast Konkursverschleppung"

Drei Jahre lang, von 1979 bis 1982, stand Wolfgang Kreikenbohm an der Spitze des FC St. Pauli. Wenn er nicht gewesen wäre, würde es diesen Verein heute nicht mehr geben. Der ehemalige Finanz- und Verteidigungsminister und spätere FC-Vize Hans Apel hatte recht, als er 1984 im NDR sagte: „Heute noch erscheint es mir wie ein Wunder, dass Kreikenbohm und seine Männer den FC St. Pauli damals retten konnten." Unter dessen Ägide wendete der Verein nicht nur den Konkurs ab, sondern schuf auch die Voraussetzungen für die langfristige Rückkehr ins Profigeschäft. Darüber hinaus stellte der Oberstleutnant der Reserve den Kontakt zu jenem Mann her, der heute seinen Posten bekleidet: Heinz Weisener. Kreikenbohm, 59, besitzt den Ponypark Padenstedt, ein 100 Hektar großes Kinderferiengebiet mit See in der Nähe von Neumünster, sowie verschiedene Pferdezuchten.

Herr Kreikenbohm, angesichts der Bedeutung, die der FC St. Pauli heute hat, können sich viele Fans wahrscheinlich schwer vorstellen, in welcher Situation er während Ihrer Amtszeit war. Was illustriert Ihrer Meinung nach die damalige Lage am besten?

Auf den Plakaten für das erste Spiel nach meiner Wahl, gegen Preußen Hameln, war nicht mal das Vereins-Emblem drauf. Das hatte die alte Druckerei einbehalten, weil wir ihr noch Geld schuldeten. Aber auch mehr als ein Jahr später mussten wir noch improvisieren: Vor dem Spiel gegen Wolfsburg im Winter 1980/81 stellten wir plötzlich fest, dass lange Hosen fehlten. Da habe ich den Geschäftsführer von Karstadt ausfindig gemacht und ihn überredet, am Samstagnachmittag den Laden noch einmal aufzuschließen und uns Hosen zu verkaufen.

Was war Ihre erste Amtshandlung überhaupt?

Dafür zu sorgen, dass sich die Spieler im Warmen umziehen können. Die Umkleidekabinen konnten nicht mehr beheizt werden, weil die Rechnungen nicht bezahlt worden waren.

Welchen Ruf hatte der FC St. Pauli seinerzeit?

Der Ansehensverlust war so groß, dass ich von einigen Firmen aufgefordert wurde, die Bandenwerbung abzuschrauben. Die fürchteten, dass Werbung im Wilhelm-Koch-Stadion ihrem Image schaden würde. Auch Lüder Bauring, unser ehemaliger Trikotwerbepartner, hat sich geschämt. Zur Vorgeschichte: Vor der Saison wollte der Verein neue Trikots für die Liga-Mannschaft kaufen, doch dafür war – auch wenn das für jeden Kreisligaklub lächerlich klingt – kein Geld da. Somit lag es nahe, in den alten Trikots mit der Lüder Bauring-Werbung weiterzuspielen. Die Firma hat allerdings zur Bedingung gemacht, dass ihr Logo überklebt wird.

Wie ist es denn überhaupt gelungen, den Verein am Leben zu erhalten?

In aufwendigen Verhandlungen haben wir mit fast allen Gläubigern außergerichtliche Vergleiche erreicht, die bedeuteten, dass sie auf 60 Prozent ihres Geldes verzichten. Am schlimmsten waren die kleinen Gläubiger: Druckereien oder Busunternehmen. Die haben Paulick und ich dann, unter der Bedingung, dass sie darüber Stillschweigen bewahren, privat ruhiggestellt – keine hohen Beträge, hier und da mal ein Tausendmarkschein. Wenn die die Mahnverfahren durchgezogen hätten, wäre es aus gewesen. Es gab ja nichts mehr zu pfänden. Was wir gemacht haben, bewegte sich am Rande der Konkursverschleppung. Die Voraussetzungen, den Verein sanieren zu können, waren eigentlich nicht gegeben.

Wie konnten unter solchen Bedingungen überhaupt Spieler verpflichtet werden?

Das war schwierig. Wenn wir die Chance hatten, einen guten Mann zu holen, vielleicht sogar jemanden, dessen Traum es schon immer war, bei St. Pauli zu spielen – dann haben die anderen Vereine zu dem natürlich gesagt: „Bist du denn verrückt? Die lösen sich doch sowieso bald auf, da siehst du nie Geld. Das sind doch alles Schachts und Uhligs." Wir haben mit vielen Tricks gearbeitet und arbeiten müssen. Der Wechsel von Jörg Friese aus Itzehoe ging 1980 zum Beispiel folgendermaßen über die Bühne: Ich habe mit ihm hier in Padenstedt eine mündliche Vereinbarung getroffen, eine meiner Mitarbeiterinnen war Zeugin. Wir durften nichts schriftlich machen, offiziell waren wir ja gar nicht in der Lage, Spieler zu verpflichten. Da wir nicht das Risiko eingehen wollten, dass er vor der Saison noch mal mit den Itzehoern zusammentrifft, haben wir ihn drei Wochen in meinem Haus in Spanien versteckt.

Wolfgang Kreikenbohm (rechts) am Abend seiner Wahl im August 1979, neben ihm Helmut Moritz („Das Fernsehgericht tagt").

Welche Spiele hatten in der Oberliga den größten Reiz?
Die gegen Concordia, Hummelsbüttel oder Lurup. Einige der Hamburger Konkurrenten sahen sich schon als potentielle Leichenfledderer. Schließlich war die Chance da, plötzlich zur Nummer zwei in der Stadt zu werden.
Im Nachhinein hat es sich als für den FC St. Pauli lebenswichtig erwiesen, dass Sie Heinz Weisener davon überzeugt haben, sich im Verein zu engagieren. Wie ist der Kontakt zustande gekommen?
Ich habe ihn 1981 kennengelernt, als seine Kinder hier auf dem Ponyhof Urlaub gemacht haben. Das traf sich gut, denn ich suchte einen Architekten.
Für ein neues Stadion?
Jein. Wir hatten vor, St. Pauli auf ein sicheres Bein zu stellen, und zunächst bestand der Plan darin, auf dem Heiligengeistfeld eine Halle zu bauen, mit angegliederten Wohnungen für Spieler. Die Idee hat Heinz Weisener fasziniert. Aus diesen Überlegungen entwickelten sich dann später die Konzepte für ein neues Stadion. ∎

lich. Heute lässt sich das zum Beispiel beobachten bei Fans von Regional-ligaklubs, die schon bessere Zeiten gesehen haben.

Der Höhepunkt der Serie war eine dreiwöchige Afrika-Reise – bezahlt vom DFB, der solche Trips allen Oberliga-Meistern von 1981 als Entschä-digung für die entgangene Aufstiegsmöglichkeit versprochen hatte. St. Pauli spielte in Somalia, Kenia und Tansania. Die Bilanz: zwei Siege – 3:1 gegen den somalischen Klub FC Wagad sowie 3:0 gegen Young Africa in Tansania –, drei Unentschieden und eine Niederlage. Denkwürdig die letzte Partie gegen den tansanischen Meister Simba Daressalam. Als sich Trainer Lorkowski über die harte Gangart des Gegners beschwerte, musste er Stockschläge von Soldaten über sich ergehen lassen. Daraufhin verließ die komplette St.-Pauli-Elf das Feld. Das wiederum brachte die Zuschauer derart in Wallung, dass der Bus mit den Hamburgern das Sta-dion nur unter Polizeischutz verlassen konnte.

Die Oberliga dominierte St. Pauli seinerzeit deutlich, was angesichts der radikalen Verjüngung vor der Saison kaum einer Michael Lorkowski und seinen Spielern zugetraut hatte. Schon im Januar hatte die Elf acht Punkte Vorsprung vor dem Zweiten. Für den Zuschauerrekord war erneut das Spiel gegen Concordia verantwortlich (3.300). Erstmals nach langer Zeit konnte der Verein mit dem Publikumszuspruch halbwegs zufrieden sein: 1.850 im Schnitt – das entsprach der Kalkulation. Die erfolgreichsten Torschützen waren in der Saison übrigens Bargfrede (15) und Dahms (14). Fans, die die beiden Spieler zum ersten Mal in der zwei-ten Hälfte der 80er Jahre gesehen haben, dürfte das verwundern.

Die Mannschaft qualifizierte sich als Meister zwar für die Aufstiegs-runde, doch lange Zeit war nicht klar, ob sie teilnehmen durfte. Zunächst verweigerte der DFB die Lizenz für die 2. Liga und somit die Spielberech-tigung für die Qualifikation. Erst als Verhandlungen zwischen dem FC und der Hamburger Finanzbehörde über die anhängigen Steuerschulden erfolgreich verliefen, revidierte der Verband seine Entscheidung.

In der Aufstiegsrunde zeigte sich dann, dass die Elf in mancherlei Hin-sicht noch nicht reif für die 2. Liga war – womöglich auch, weil sie in der Oberliga nur wenige Mannschaften wirklich gefordert hatten. Die Runde begann optimal: Hansi Bargfrede erzielte per Kopf (!) vor 6.100 Zuschauern das entscheidende 1:0 gegen Eintracht Hamm. Zum Verhäng-nis wurde der Elf ihre Auswärtsschwäche: Alle drei Spiele gingen verlo-ren, das 1:5 beim SC Charlottenburg war der Tiefpunkt. Dennoch schrammte der FC letztlich knapp am Aufstieg war: Die abschließende

Partie in Hamm verlor er mit 2:3, ein Sieg hätte aber gereicht. Wer weiß, wie das Spiel gelaufen wäre, wenn Schiedsrichter Walter Eschweiler den Hamburgern nicht zwei Tore aberkannt hätte. Womöglich nahm die Mannschaft den Ausgang aber auch gar nicht tragisch. Thomas Hinz sagte jedenfalls: „Ich trauere dem verpassten Zweitliga-Aufstieg nicht so sehr nach. Nun habe ich genug Zeit für mein Studium."

Demuths Rückkehr

Die folgende Saison begann der FC zwar gleich in meisterlicher Manier: Er gewann 5:1 gegen die Amateure von Eintracht Braunschweig, 5:2 in Wolfsburg und 4:0 in Gifhorn. Doch rund die Hälfte der Saison stand die Mannschaft nur im Verfolgerfeld, weil sie, wie bereits in der zurückliegenden Aufstiegsrunde, auswärts schwach spielte. Erst nachdem im vierten Spiel der Rückrunde Golke (2), Oldenburg, Mackensen, Bargfrede, Dahms und Philipkowski einen 7:0-Triumph gegen den damaligen Spitzenreiter Werder (A) herausgeschossen hatten, galt St. Pauli wieder als großer Favorit für die Teilnahme an den Aufstiegsspielen.

Nach der letzten Begegnung, die die Lorkowski-Elf mit 3:0 gegen Meppen gewann, stand fest, dass mit dem SV Lurup sogar noch ein zweiter Hamburger Verein in die Qualifikationsrunde einzog. Weil die Meppener ein unmittelbarer Konkurrent des SVL gewesen waren und dieser somit von St. Paulis Sieg profitiert hatte, feierten hinterher beide Mannschaften im Klubheim am Millerntor. Das war insofern kurios, weil sie ja noch zwei nicht gerade unwichtige Spiele gegeneinander zu bestreiten hatten. Andererseits war es nicht verwunderlich, denn mit Mannebach, Kulka, Malek, Grau, Strunck, Hackstein und Schumacher spielten zu der Zeit sieben ehemalige St. Paulianer für Lurup. Und die hatten halt noch ein gutes Verhältnis zu ihrem alten Klub.

In der Aufstiegsrunde bot der FC zu Hause mitreißende Spiele. Der FC Gütersloh – trainiert vom späteren HSV-Manager Heribert Bruchhagen, der sich sogar selbst einwechselte – wurde mit 3:1 zurück nach Ostwestfalen geschickt. Oldenburg traf als Joker zweimal, Golke besorgte den Rest. Im zweiten Heimspiel gegen den SV Lurup sorgten 9.000 Zuschauer für Profifußball-Atmosphäre. Und St. Pauli bot eine Leistung, die der Kulisse würdig war, schon nach 35 Minuten lag man durch Dahms, Golke und Hinz mit 3:0 vorn. Die Entscheidung über den Aufstieg fiel im Rückspiel in Lurup: Durch ein 3:3 sicherten sich Lorkowskis

Kicker bereits einen Spieltag vor Schluss den Aufstieg, weil Bocholt bei
Mitaufsteiger Blau-Weiß 90 verloren hatte.

Vor dem Auftakt der kommenden Serie steckte Präsident Otto Paulick
den finanziellen Rahmen ab: „Das Halbprofitum ist unsere einzige Über-
lebenschance in der 2. Liga." Mackensen, Bargfrede und Gronau galten
damals mit einem Gehalt von 5.000 Mark als Großverdiener. Für die Zahlung von Siegprämien wurde folgendes System ausgetüftelt: Pro Heimer-
folg sollte es 500 Mark geben und für jeden Zuschauer über 3.500 jeweils
10 Pfennig mehr.

Der Start ging daneben, das deprimierendste Erlebnis in der Anfangsphase war die 1:5-Heimniederlage gegen Union Solingen. Nach diesem
Spiel, dem fünften, war der FC Vorletzter, immerhin noch vor dem MSV
Duisburg. Es musste etwas passieren, und deshalb verpflichtete der Klub
mit Dietmar Demuth und Peter Nogly zwei routinierte Akteure, um die

Mannschaft zu stabilisieren, und lieh Matthias Ruländer von Werder Bremen aus. Demuth und Nogly schlugen in ihrem ersten Spiel großartig ein, halfen mit bei einem 3:0-Sieg gegen Darmstadt 98. Ein paar Tage zuvor, am 17. September 1984, war der heutige Boss Heinz Weisener als Vize ins Präsidium eingetreten – im Nachhinein also ein vereinshistorisch bedeutsames Datum.

Der FC stand zwar die gesamte Saison unten drin. Aber hoffnungslos war die Lage nie, in der Endphase des Abstiegskampfs war man immer ganz nah am rettenden 16. Rang. Überflüssige Punktverluste auf eigenem Platz – gegen Fortuna Köln und Alemannia Aachen – erschwerten allerdings die Situation, außerdem machte sich immer wieder der starke Kräfteverschleiß bemerkbar: Die hohe Zahl der Spiele (38) war ungewohnt, erschwerend kam hinzu, dass die Sommerpause für den FC aufgrund der Aufstiegsrunde kürzer gewesen war als für die Konkurrenz.

Zwei Spiele vor Schluss trennte St. Pauli nur das schlechte Torverhältnis vom 16. Platz, den der FC Homburg belegte. Diese Spannung mobilisierte die Zuschauer: 6.800 sorgten im letzten Heimspiel gegen Blau-Weiß 90 für den drittbesten Besuch der Saison. Beermanns Tor des Tages nährte die Hoffnung, doch im „Endspiel" beim bereits als Absteiger feststehenden VfR Bürstadt präsentierte sich die Lorkowski-Elf dann in ganz schwacher Verfassung. Erst fünf Minuten vor Schluss traf Wenzel zum 1:1-Endstand. Da war Frank Nehr, damals der Vorsitzende des einzig nennenswerten St.-Pauli-Fanklubs, schon nicht mehr im Stadion; man hatte ihn zu Beginn der zweiten Halbzeit mit Herzstillstand ins Krankenhaus eingeliefert. Wenzels Treffer nützte sowieso nichts mehr: Weil gleichzeitig der FC Homburg beim SC Freiburg gewann, blieben die Saarländer in der 2. Liga, und St. Pauli musste wieder zurück ins Amateurlager.

Woran hat es letztlich gelegen, dass die Klasse nicht gehalten werden konnte? Otto Paulick gab im Rahmen einer Saisonanalyse zu, dass sich der Klub zu spät mit Spielern wie Demuth, Nogly und Ruländer verstärkt hatte. Die Begründung des Präsidenten für das zögerliche Verhalten zu Saisonbeginn: „Die Angst vor neuen Schulden war zu groß." Anders formuliert: Der Abstieg 1985 war eine Spätfolge der katastrophalen Finanzpolitik in den 70er Jahren.

Jens-Peter Box

Der Unabhängige

Wie wird ein St.-Pauli-Spieler zu einem Helden bei den Fans? Er sollte mindestens eine der folgenden Bedingungen erfüllen: mehrere Jahre hier aktiv gewesen sein, zu einem Teil möglichst in sportlich nicht so erfolgreichen Zeiten; aus dem eigenen Nachwuchs kommen; außerhalb des Platzes eine gewisse Intelligenz unter Beweis stellen, also ein mündiger Kicker sein. Jens-Peter Box hat dem FC St. Pauli nicht nur in dessen schwerster Zeit die Treue gehalten: Neben Walter Frosch, Gino Ferrin und Reinhard Rietzke war er der einzige Spieler aus dem Kader von 1977/78, der zwei Jahre später, nach dem Lizenzentzug, noch in der 3. Liga weiterspielte. Er bringt auch all die anderen Voraussetzungen mit. Aber um ein Held zu werden am Millerntor, wurde Box zehn Jahre zu früh geboren.

Ohne jetzt die Unterschiede zwischen diesen Spielertypen nivellieren zu wollen: Der heute 41jährige agierte zu seiner Zeit ähnlich solide und zuverlässig wie später Bernhard Olck und Torsten Fröhling. Der Defensiv-Allrounder, meistens als Verteidiger eingesetzt, kam 1972 von Jahn Wilhelmsburg ans Millerntor. „St. Paulis A-Jugend brauchte damals einen Libero", erzählt er. „Walter Windte, der Geschäftsführer des Vereins, hat uns zu Hause besucht, und das hat mich besonders beeindruckt. Die größeren Vereine haben zu der Zeit erst langsam damit angefangen, sich von den kleineren die stärksten Jugendspieler holen. Später wurde das ja gang und gäbe."

Zwei Jahre spielte Box in der A-Jugend des FC, eine Saison bei den Amateuren, und in der Serie 1975/76 bekam er dann einen Profivertrag. Als in jenem Jahr Borussia Dortmund am Millerntor antrat, schaltete er deren ungarischen Star Zoltan Varga aus – sein erstes wichtiges Spiel in der 2. Liga. Im Aufstiegsjahr 1976/77, unter Diethelm Ferner, hatte Box dann plötzlich keine guten Karten: „Der stand zwar auf junge Leute, aber er bestand darauf, dass sie sich ausschließlich auf Fußball konzentrieren. Ich hatte mir in meinen Vertrag schreiben lassen, dass ich nebenbei studieren kann. Als ich das

Ferner gegenüber erwähnt habe, hat der nur gefragt, ob das denn mein Ernst sei." Box studierte damals Betriebswirtschaftslehre, und drei Jahre später war er froh, dass er sich nicht aufs Vollprofitum eingelassen hatte: „Der Lizenzentzug hat auf eine sehr unangenehme Weise deutlich gemacht, dass es nicht wünschenswert ist, vom Fußball allein abhängig zu sein. Auf mich hatte der eine derartige Schockwirkung, dass ich danach keine Ambition mehr hatte, im bezahlten Fußball zu bleiben." Heute arbeitet er als Diplom-Betriebswirt und Diplom-Handelslehrer für ein Versicherungs-Unternehmen.

War es aber nicht auch deprimierend, nach dem Desaster in der Oberliga zu spielen? „Am Anfang schon, weil ein Teil des Publikums glaubte, dass wir als Absteiger automatisch zu den Favoriten gehören. Diese Erwartungen waren angesichts der Zusammensetzung des Kaders aber völlig unangemessen. Und die Gegner haben gegen uns einen Ehrgeiz an den Tag gelegt, wie es gegen die sogenannten großen Namen üblich ist. Wir hatten dem zunächst nicht viel entgegenzusetzen. Später hat es Freude gemacht, in der Oberliga zu spielen. Die Mannschaft wuchs zu einer Einheit zusammen, und wir haben auf alle Fälle davon profitiert, dass viele Spieler gleich nach der A-Jugend dazugestoßen sind."

Seine letzte Saison am Millerntor absolvierte Box 1984/85 in der 2. Liga. Eigentlich hatte er schon aufhören wollen, weil er beruflich stark engagiert war, doch Präsident Paulick überredete ihn, noch ein Jahr dranzuhängen. Die Belastung erwies sich im Laufe der Serie dann aber als zu groß.

Als Höhepunkte seiner Laufbahn sieht der Vater eines 13jährigen Sohnes heute die Serie ungeschlagener Spiele in der Saison 1976/77 („Die Stimmung in der Mannschaft war deshalb einfach phänomenal") sowie der Trip nach Afrika im Winter 1982/83. „Die krassen Gegensätze zwischen den Ländern waren aufschlussreich. In Kenia herrschte in den Tourismus-Zentren fast ein europäischer Standard, in Somalia und Tansania dagegen bei weitem nicht, weil es einfach keinen Tourismus gab. Beeindruckend war natürlich die Resonanz, denn wir haben vor bis zu 20.000 Zuschauern gespielt." Das kurioseste Spiel, an das er sich erinnern kann, fand im zweiten Oberliga-Jahr in Hamburg-Marienthal statt, als St. Pauli beim SC Concordia trotz einer 4:0-Führung nur ein 4:4 erreichte. „In den letzten 20 Minuten ist das Spiel noch umgekippt, und fast hätten wir noch verloren", sagt Box.

Die Feierlichkeiten zum Bundesliga-Aufstieg – solche Erlebnisse gehören für viele Kicker zu den Highlights ihrer Karriere – haben ihn dagegen kalt gelassen: „Wir waren zwar beim Bürgermeister und in der 'Aktuellen Schaubude' [Anm. für Leser außerhalb Norddeutschlands: eine militant-biedere Unterhaltungssendung im Regionalfernsehen – RM], aber doll war das alles nicht. Die Euphorie in der Stadt war nicht im entferntesten so groß, wie sie hätte sein sollen. Der HSV war zu gut damals, die Sympathien waren nicht annähernd so gleichmäßig verteilt wie heute."

Nach seinem Abschied vom FC St. Pauli war das Verhältnis zum Klub jahrelang schlecht. „Ich musste einen Arbeitsgerichtsprozess anstrengen, denn eine mündliche Vereinbarung, die ich mit Otto Paulick hatte, war nicht eingehalten worden", sagt Box. „Das war ein ziemliches Theater, zumal einige Pfändungen erfolglos verliefen. Letztlich haben wir uns auf ein Drittel der Summe geeinigt, die mir zustand." Im Laufe der Jahre sind die Wunden aber verheilt, und es macht ihm heute Spaß, in der Altliga-Mannschaft von St. Pauli zu spielen. „Mein Herz hängt eben immer noch an diesem Weltklub", grinst er.   ∎

Wie wir wurden, was wir sind

1985 bis 1991

Am Rande des „Hamburger Kessels"

Nach dem Abstieg aus der 2. Liga konnte der FC St. Pauli immerhin zufrieden feststellen, dass er wieder ein passables Renomee hatte: Zu den Spielen der Serie 1984/85 waren etwas mehr als 4.000 Zuschauer gekommen – doppelt so viel wie 1978/79 in der damaligen 2. Liga Nord. Vor Beginn der Oberliga-Saison stellte sich daher die Frage, welchen Einfluss der erneute Sturz ins Amateurlager auf das gerade erst konsolidierte Image hat. Würde der Klub vielleicht sogar in der Versenkung verschwinden, falls der rasche Wiederaufstieg nicht gelingen sollte?

Nach Ende der Hinrunde führte zwar der VfB Oldenburg mit drei Punkten Vorsprung vor St. Pauli, doch da die ersten beiden Mannschaften in die Aufstiegsrunde kamen, geriet am Millerntor niemand in Panik. Die Vorentscheidung fiel Mitte Februar durch ein 1:0 bei Altona 93, seinerzeit trainiert von Willi Reimann. Damit hatte der FC sieben Punkte Vorsprung vor dem alten Rivalen, der auf Platz drei stand. Je länger die Saison dauerte, desto mehr verlor das Geschehen auf dem Rasen ohnehin an Bedeutung. So nagte an Spielern wie Verantwortlichen die Ungewissheit, ob der DFB überhaupt die Lizenz erteilen würde. Im April sorgte dann auch noch die Justiz für Wirbel im Verein: Vizepräsident Horst Hempel (nicht verwandt mit dem langjährigen Spieler und Trainer Heinz Hempel) kam in Untersuchungshaft – allerdings wegen privater geschäftlicher Angelegenheiten, die den Klub nicht direkt betrafen.

Die Aufstiegsrunde schien für die Hamburger Fußball-Fans von vornherein entschieden zu sein, denn gegen die wenig namhaften Gegner SC Charlottenburg und ASC Schöppingen kamen nur etwas mehr als 5.000 Zuschauer. Letzteres Spiel war das befremdlichste, das je im Wilhelm-Koch-Stadion stattgefunden hat. Während drinnen Studer und zweimal Golke gegen einen schwachen Gegner einen 3:1-Sieg herausschossen, spielte die Polizei draußen auf dem Heiligengeistfeld ein bisschen Militär-

Golke und Wenzel lauern nach einem Eckball im Essener Strafraum (aus dem entscheidenden Aufstiegsspiel gegen RWE im Juni 1986).

diktatur. Sie inszenierte an diesem Tag den berühmt-berüchtigten „Hamburger Kessel", die größte Massenfestnahme in der Geschichte der Bundesrepublik: Die Ordnungskräfte hielten 860 Anti-Atomkraft-Demonstranten bis zu 15 Stunden rechtswidrig fest und knüppelten des weiteren Leute nieder, die außerhalb des „Kessels" standen und gegen die Maßnahmen aufbegehrten.

Wenn man die Geschichte des etwas anderen Vereins FC St. Pauli rekonstruiert, kommt diesem 8. Juni 1986 eine große Bedeutung zu. Fußball und politischer Protest fanden an diesem Tag örtlich nah beieinander statt – und dennoch völlig unabhängig voneinander. Das zeigt, dass sich die Fans des FC zu der Zeit noch nicht wesentlich von denen anderer Klubs unterschieden. Zwei, drei Jahre später aber wäre der Protest gegen den „Kessel" ins Stadion hinein getragen worden.

Die Entscheidung über den Aufstieg brachte das vorletzte Gruppenspiel gegen RW Essen. 9.500 Fans – endlich eine würdige Kulisse – sahen einen teilweise beeindruckend herausgespielten 3:0-Sieg durch Tore von Demuth, Golke und Gronau. Die Zuschauer feierten den zu Holstein Kiel wechselnden Michael Lorkowski in seinem letzten Heimspiel, und zumindest einige aus der Nordkurve taten schon während der Partie kund, dass ihnen der Nachfolger nicht genehm war. „Reimann, du Arschloch!" skandierten sie.

▶ PORTRÄT

Rüdiger Wenzel

Vom Goalgetter zum Gärtner

Als Tor des Monats werden oft profane Weitschüsse in den Winkel gewählt. Oder branchenübliche Flugkopfbälle. Und wenn ein Treffer im Angebot ist, den ein Spieler in einem weißen Trikot mit 'nem Adler drauf geschossen hat, weiß man schon von vornherein, wer gewinnt. Rüdiger „Sonny" Wenzel hingegen hat – es war im Frühjahr 1989 gegen den HSV – ein wahrlich unvergleichliches Tor des Monats geschossen.

Das entstand so: Ottens und Flad spielen auf der linken Seite Doppelpass, Flad zieht eine bananenähnliche Flanke hinein in den Strafraum, ungefähr in die Mitte. Wenzel springt dem Ball entgegen, nimmt ihn direkt mit dem rechten Außenrist und sorgt damit für eine Flugkurve, die man nie wieder gesehen hat. So senkt sich der Ball unerreichbar für Golz in den linken Winkel.

Die Auszeichnung zum Torschützen des Monats bedeutet Wenzel viel, das sieht man daran, an welchem Platz die Sieger-Medaille in seinem Haus in Klein Rönnau steht: im Zentrum seiner Wohnzimmer-Vitrine. Die Medaille vom DFB-Pokalsieg mit Fortuna Düsseldorf lagert dagegen im Keller.

Klein Rönnau ist ein Dorf am Rande Bad Segebergs, zirka 50 Kilometer von Hamburg entfernt. „Wenn man aus der Tür tritt, ist man schon fast im Urlaub", sagt Wenzel, weil der Große Segeberger See nur ein paar Minuten von seinem Haus entfernt ist. In dem Ort leben außer „Sonny" Wenzel, seiner Frau und seinen beiden Töchtern noch ungefähr 1.200 weitere Menschen. Der ehemalige Profifußballer lebt hier seit 1984, das Haus hatte der geborene Lübecker aber bereits Mitte der 70er Jahre gekauft, als er noch in Frankfurt spielte. Schon damals war klar, dass er irgendwann zurück wollte „in den Norden".

„Sonny" Wenzel hat den FC St. Pauli in zwei unterschiedlichen Phasen erlebt: Zum ersten Mal wechselte er 1974 ans Millerntor, als der Verein die erste Bundesliga anpeilte, zum zweiten Mal 1984, als sich der FC von der größten Krise der Klubgeschichte, dem Lizenzentzug im Jahre 1979, erholte. Beim ersten Mal blieb der Stürmer eine Saison, beim zweiten Mal sechs Jahre.

Hauptverantwortlich für den ersten Wechsel war „Jockel" Krause, St. Paulis damaliger Trainer, der Wenzel noch vom VfB Lübeck kannte. In Hamburg war der Mittelstürmer zunächst nebenbei noch bei einem Versicherungsunternehmen tätig, in der Rückrunde konnte er es sich dann aber „leisten", sich voll auf den Fußball zu konzentrieren. Und deshalb steigerte er sich in dieser Phase enorm.

Das blieb auch Dietrich Weise, dem Trainer von Eintracht Frankfurt, nicht verborgen. „Von dem Wechsel habe ich erst aus der Zeitung erfahren – als sich die Vereine schon einig waren. Aber sauer war ich nicht, schließlich war es eine einmalige Chance, und ich bin mit der Eintracht dann auch schnell einig geworden", sagt Wenzel. Für einen Wechsel nach Frankfurt sprach nicht zuletzt, dass „der andere Wenzel", sein neun Jahre älterer Bruder Horst, dort bereits lebte. Der spielte seinerzeit für den Zweitligisten FSV, nachdem er zwischen 1970 und 1972 40 Bundesliga-Spiele für Arminia Bielefeld bestritten hatte.

Als der Wechsel perfekt war, warfen einige Hamburger Journalisten die Frage auf, ob der Goalgetter, der für 19.000 Mark aus Lübeck gekommen war, jetzt wirklich eine Ablösesumme von 440.000 Mark wert sei. „Das erste Spiel nach der Einigung mit der Eintracht war gegen Fortuna Köln. Da habe ich drei Tore gemacht, und damit war das Thema natürlich erledigt", grinst er.

Zu Wenzels fußballerischer Entwicklung hat auf jeden Fall positiv beigetragen, dass er Stars wie Jürgen Grabowski und Bernd Hölzenbein in seiner Mannschaft hatte. „Wenn man jeden Tag mit denen trainiert, guckt man sich natürlich etwas ab, bei Hölzenbein zum Beispiel die Schlitzohrigkeit im Bodenkampf", sagt Wenzel. Teilweise muss er es mit dem Abkupfern aber übertrieben haben. Fand jedenfalls Weises Nachfolger Gyula Lorant: „Der hat mich mal in einem anderthalbstündigen Gespräch zusammengefaltet. 'Spiel nicht so wie Hölzenbein, spiel wie du selbst', hat er gesagt."

Die Höhepunkte in der Frankfurter Zeit waren die internationalen Spiele: „Die hatten immer ein besonderes Flair, ob das nun ein Freundschafts-Turnier in Barcelona war, bei dem immerhin auch noch 90.000 Leute anwesend waren, oder ein Cup-Spiel bei West

Ham United, das mir besonders viel bedeutet hat, weil mir englischer Fußball seit jeher gefällt."

Am erfolgreichsten war Wenzel in der Saison 1976/77. Frankfurt, mit zwei Punkten hinter Gladbach und einem hinter Schalke und Braunschweig Vierter, hatte seinerzeit den stärksten Sturm der Liga (86 Tore). Wenzel traf 20mal, genauso oft wie Horst Hrubesch, und das reichte zum siebten Platz in der Torjägerliste. Insgesamt schoss er in vier Spielzeiten 51 Tore, obwohl er im letzten halben Jahr, unter Friedel Rausch, linker Verteidiger spielte.

Bei Fortuna Düsseldorf wurde Wenzel dann endgültig zum Allroundspieler: Wenn es Verletzungsprobleme gab, stand er auch

„Sonny" Wenzel lässt mal wieder einen Gegenspieler alt aussehen.

als Vorstopper oder Libero seinen Mann. Den größten Triumph mit der Fortuna feierte er gleich in der ersten Saison, als die Elf gegen den 1. FC Köln den Titel im DFB-Pokal verteidigte. In der Bundesliga krebste der Klub aber nur in der unteren Hälfte herum.

Für die Rückkehr zu St. Pauli sprach 1984 dreierlei: Erstens konnte er sich in Norddeutschland eine berufliche Basis für die Zeit nach dem Fußball schaffen, zweitens kannte er Trainer Michael Lorkowski, weil dessen Eltern einst Wenzels Campingplatz-Nachbarn an der Ostsee waren, drittens reizte ihn das St.-Pauli-Flair. „Es hat mir schon in den 70ern imponiert, dass dir die Zuschauer eine Niederlage nicht krumm genommen haben, wenn du ihnen vorher harte Arbeit verkauft hast. Und dieser Kontakt zu den Fans, den es zumindest bis zum Ende meiner Zeit gab, kam meiner Art sehr entgegen", sagt Wenzel. Wahrscheinlich wurde er deshalb auch zu einer Symbolfigur für den Aufschwung am Millerntor.

Im ersten Jahr nach seiner Rückkehr stieg die gerade in die 2. Liga aufgestiegene Mannschaft zwar gleich wieder ab. Als Katastrophe hat er das aber nicht empfunden: „Es hat Spaß gebracht, denn wir waren eine Einheit. Zudem haben wir im Abstiegsjahr viel gelernt, was uns in den folgenden zwei Jahren in der Oberliga und dann erneut in der 2. Liga geholfen hat."

Irgendwann in dieser Zeit entwickelte Wenzel seinen berühmten Spleen, vor Heimspielen seinen Ergebnis-Tip auf den Ball zu schreiben, bevor der Schiedsrichter ihn bekam. „Meine Trefferquote war recht gut, zumindest was die Tendenz betrifft." In einer der für ihn wichtigsten Partien lag er sogar genau richtig. Es war in der Saison 1988/89 das Spiel gegen Waldhof – für ihn das erste nach einem schweren Beinbruch. „So etwas bleibt hängen", meint er. „Einen Tag vor dem Spiel wusste ich noch nicht, ob ich spielen werde und ob die Knochen halten. Außerdem wollte ich's natürlich den Leuten zeigen, die sich gedacht haben: Naja, der Alte kommt eh nicht mehr wieder. Und dann mach' ich nach meiner Einwechslung doch tatsächlich gleich das 2:1."

Als er 1990, kurz vor seinem 37. Geburtstag, beim FC St. Pauli aufhörte, bedeutete das einen vollständigen Abschied vom Fußball. „Ich hätte natürlich noch für ein paar Mark fuffzig in der 3. Liga spielen können, aber da hätte ich mir womöglich meinen Namen kaputtgemacht", sagt Wenzel. „Außerdem wollte ich mir nicht von Leuten auf die Knochen hauen lassen, die meinen, dass sie es einem Ex-Profi mal richtig zeigen müssen." Es ist verständlich, dass er das sagt, hat er doch drei schwere Verletzungen, zwei davon noch zu Düsseldorfer Zeiten, hinter sich.

Auch zuschauen mag er nicht mehr. Einmal war er mit seiner älteren Tochter beim VfB Lübeck, aber nur weil sie das wollte. „Früher war wegen Fußball jedes Wochenende stressig, das muss ich jetzt nicht mehr haben", sagt der einstige Publikumsliebling. „Zieht man einmal die schweren Verletzungen ab, die Schmerzen, wegen denen ich manchmal nachts nicht schlafen konnte, war Fußball ein herrlicher Abschnitt meines Lebens. Aber er ist halt vorbei."

Wenzel führt heute einen alteingesessenen Bürobedarfs-Laden in der Fußgängerzone von Bad Segeberg. In dieser Eigenschaft spielt er dann doch noch einmal im Jahr Fußball – in einer Auswahl örtlicher Geschäftsleute. Ansonsten besteht seine körperliche Betätigung aus Tennisspielen und Gartenarbeit. „Das hat einen entscheidenden Vorteil", lacht er. „Es grätscht dir keiner rein." ∎

Der Beginn einer neuen Zeit

Für die Serie 1986/87 kalkulierte der Klub bescheiden: mit 3.500 Zuschauern! Als Punktprämie wurden 250 Mark festgesetzt. Die sportliche Perspektive war deutlich besser als zwei Jahre zuvor, weil zehn Spieler aus dem Kader ja schon gemeinsam Erfahrungen in der 2. Liga gesammelt hatten. Willi Reimanns Optimismus wurde anfangs lediglich durch die teilweise unprofessionellen Arbeitsbedingungen beeinträchtigt. Als er seine Arbeit antrat, war nicht einmal klar, wo die Mannschaft trainieren sollte. Und die vereinseigene Waschmaschine funktionierte nicht. Reimann: „Zeugwart Bubke musste nachts alles mit der Hand waschen, damit wir überhaupt saubere Trikos und Stutzen fürs Spiel hatten."

Als Meisterschaftsfavoriten galten Hannover 96, damals trainiert vom späteren St.-Pauli-Manager Jürgen Wähling, sowie der 1. FC Saarbrücken. Letzterer trat zum ersten Saisonspiel am Millerntor an. Da spielte der Aufsteiger einen euphorisch stimmenden 4:2-Sieg heraus – und das gegen einen keineswegs schwachen Gast. Golke überragte, Wenzel (2) sowie Bargfrede und Studer schossen die Tore, und danach war eigentlich bereits allen klar, dass diese Mannschaft nicht in Abstiegsgefahr geraten kann.

Nach vier Spielen verpflichtete der Verein für 30.000 Mark Franz Gerber, der in Hannover nur als Ersatzmann vorgesehen war, bei St. Pauli dann aber trotz seiner bereits 33 Jahre teilweise wie in besten Zeiten auftrumpfte. Fast 14.000 Zuschauer sahen den ersten Einsatz des alten Helden gegen den VfL Osnabrück – die größte Kulisse seit zehn Jahren. Der Zuspruch machte Hoffnung, auch wenn das Spiel 0:1 verloren ging.

Als Schlüsselspiele erwiesen sich im weiteren Verlauf des Jahres die Begegnungen im DFB-Pokal. In der ersten Hauptrunde gewann die Reimann-Elf sensationell mit 2:1 in Bochum, nicht zuletzt dank Volker Ippig, der hier sein erstes Pflichtspiel für den FC seit mehr als vier Jahren bestritt. Anders gesagt: In diesem Spiel begann die Profi-Karriere jenes Torwarts, von dessen Image der Klub in der nächsten Zeit erheblich profitieren sollte. Außerdem war es das erste Mal, dass St. Pauli ein nennenswertes Stück Pokalgeschichte schrieb. Positiv ist auch – so absurd es klingt – das 0:6 gegen den HSV in der dritten Pokalrunde zu werten, denn danach konnte die Mannschaft befreit aufspielen; niemand erwartete mehr viel von ihr. Wie das Debakel gewirkt hat, zeigt die Entwicklung des Punktekontos in jener Saison: Vor dem Spiel hatte sich der FC 16:16 Punkte erarbeitet, nachher holte er 33:11 Punkte, eingeleitet durch eine Serie von zwölf Spielen ohne Niederlage.

In diese Phase fiel auch das 3:1 in Osnabrück im März, als St. Pauli, geführt von Hansi Bargfrede, ein abgeklärtes und bundesligareifes Konterspiel aufzog. Spätestens nach dieser Partie waren die Verantwortlichen gezwungen, das Wort „Aufstieg" in den Mund zu nehmen. Das im Nachhinein wichtigste Spiel der Punktrunde fand rund zwei Monate später gegen Tabellenführer Hannover 96 am Millerntor statt. Als St. Pauli nach einem 1:4-Rückstand in der Schlussphase noch einmal auf 3:4 herankam und den großen Favoriten in Verlegenheit brachte, entfachten die 17.000 Zuschauer erstmals jene Begeisterung, die dann ab 1988 in der gesamten Republik für Gesprächsstoff sorgte. Dieses Spiel taucht heute immer wieder auf in Erzählungen von Leuten, die vorher selten oder nie ins Wilhelm-Koch-Stadion gekommen waren, aber danach fast immer.

St. Pauli fühlte sich in der entscheidenden Phase der Saison weiterhin als Außenseiter. Am vorletzten Spieltag bejubelte die Mannschaft ein 1:1 in Karlsruhe, obwohl der KSC damit endgültig Zweiter war und die Reimann-Elf im Fall eines Sieges selbst noch hätte direkt aufsteigen können. Statt dessen qualifizierten sich die Hamburger am letzten Spieltag durch ein 1:0 gegen Braunschweig für die beiden Spiele gegen den Drittletzten der Bundesliga, den FC Homburg; Alemannia Aachen und Darmstadt 98 hatten das Nachsehen.

Die Konstellation vor den beiden Partien hätte kaum besser sein können: Hier der Außenseiter mit dem klangvollen Namen, dort der blasse Kleinstadt-Klub, den außer höchstens zwei Freibädern voller Homburger kein Erdenbürger in der Bundesliga sehen wollte. Das Hinspiel im Saarland begann umwerfend, denn Fred Klaus traf in der zweiten Minute zum 1:0. Doch Klaus Thomforde und Schiedsrichter Manfred Neuner hatten leider keinen guten Tag erwischt. Die Folge: eine 1:3-Niederlage.

Das Rückspiel am 24. Juni entwickelte dann jene Dramatik, die literarisch und cineastisch unterbelichtete Journalisten gern zu Vergleichen mit Thrillern im allgemeinen und Alfred Hitchcock im besonderen animiert: Fast 75 Minuten lang verballerte St. Pauli gegen einen grottenschlechten Gast reihenweise Chancen, bis Gronau endlich zum 1:0 traf. Dann ging der Fußball-Gott mal pinkeln oder war anderweitig unpässlich, denn Wojcicki verwandelte einen zweifelhaften Elfmeter zum 1:1. Das hätte die Moral fast eines jeden Teams gebrochen, doch St. Pauli powerte einfach weiter, und Studer machte in der 88. Minute noch das 2:1. Danach war der Ball noch zweimal fast drin im Homburger Kasten. Vielleicht auch fünfmal, das lässt sich angesichts der nach dem zweiten Tor ausgebrochenen Ekstase nicht mehr rekonstruieren.

Noch mehr als für die Partie gegen Hannover gilt: Es war, was die Erschließung neuer Zuschauerschichten und die Entstehungsgeschichte des Mythos St. Pauli betrifft, ein Schlüsselspiel, nicht obwohl, sondern weil es kein glückliches Ende hatte: Der FC war gescheitert, doch auf heroische Weise.

In der Saison 1986/87 hat sich das Publikum am Millerntor maßgeblich verändert; in diesem Jahr wurde die Grundlage gelegt für jene Fan-Szene, wie wir sie heute kennen. Im Schnitt kamen 7.500 Zuschauer, das bedeutete einen absoluten Zuwachs von 63.500 (80 Prozent!) gegenüber der Zweitligaserie 1984/85. Dieser enorme Anstieg lässt sich kaum dadurch erklären, dass das angestammte Hamburger Fußball-Publikum innerhalb kurzer Zeit seine Einstellung zum FC St. Pauli geändert hat. Erstens waren in jener Saison Schlachtrufe zu hören, die es in dieser Art zuvor in keinem Fußballstadion gegeben hatte („Nie wieder Faschismus, nie wieder Krieg, nie wieder 3. Liga!"), zweitens verbesserte der HSV in dem Jahr seinen Schnitt ebenfalls (von 18.000 auf 22.000). Kein Wunder, denn die Mannschaft wurde Herbst- und Vizemeister sowie Pokalsieger. Erst nach dem Bundesliga-Aufstieg hat der FC dem Rivalen vom Rothenbaum merklich Zuschauer abgenommen.

1986/87 muss also eine neue Zielgruppe für Fußball entstanden sein, genauer gesagt: für eine ganz besondere Art von Fußball-Erlebnis. Die für Profifußball-Verhältnisse ungewöhnliche Atmosphäre, der schnörkellose, britisch anmutende Stil der Mannschaft – das allein hätte aber nicht genügt, um diese Zielgruppe zu überzeugen, wenn das Wilhelm-Koch-Stadion in Neugraben oder anderswo am Arsch der Weltstadt gestanden hätte.

Die neuen Fans fühlten sich auch angezogen vom neuen Image des Stadtteils St. Pauli, von der kulturellen Kreativität, für die er stand und immer noch steht. Die Attraktivität des FC und die des Viertels wuchsen ungefähr parallel. Nachdem die Gegend Anfang der 80er Jahre noch out gewesen war, zogen ab Mitte des Jahrzehnts verstärkt Menschen zwischen 18 und 30 hierher und verjüngten den Stadtteil oder fingen zumindest damit an, einen großen Teil ihrer Freizeit hier zu verbringen (siehe auch „Der Stadtteil. Samples aus Geschichte und Gegenwart"). Wer außer acht lässt, dass es zwischen der Entwicklung der Fanszene und jener des

Stadtteils eine Wechselwirkung gegeben hat, wird die jüngere Geschichte des FC St. Pauli kaum erklären können.

Mit „ehrlichem Fußball" in die 1. Liga

Für die Saison 1987/88 gab Trainer Reimann offiziell einen „Mittelfeld-platz" als Ziel aus, „Bild am Sonntag" traute dem FC den siebten Platz zu und die verblichene Lokalsportzeitung „Sport aktuell" den fünften. Unter anderem wegen der ungewöhnlichen sozialen Struktur des Publikums galt der Klub in der Öffentlichkeit jetzt als etwas Besonderes. Aber die Entwicklung war durchaus noch umkehrbar. Was wäre zum Beispiel passiert, wenn im September 1987 der DFB-Bundestag nach Wunsch des FC St. Pauli verlaufen wäre? Der stimmte bei der Sitzung als *einziger* Verein *gegen* eine Ergänzung der Satzung, die „Ergänzungen oder Neugebungen von Vereinsnamen und Vereinszeichen zum Zwecke der Werbung" für unzulässig erklärt und nach der ein solcher „werblicher Mißbrauch" mit Verbandsausschluss oder Lizenzentzug bestraft wird. Ein Klub namens FC Deutscher Ring St. Pauli hätte es wohl kaum geschafft, Intellektuelle und Antifaschisten in der gesamten Republik für sich zu begeistern.

Mitte November verabschiedete sich Trainer Willi Reimann zum HSV, und sein bisheriger Assistent Helmut Schulte übernahm den Posten. Beim vorletzten Hinrundenspiel in Oberhausen feierte der heutige Manager einen phänomenalen Einstand: Dreimal Klaus sowie Gronau, Golke und Wenzel schossen in strömendem Regen einen 6:1-Erfolg her-aus. Wie gefestigt diese Mannschaft war, zeigte sie in der Endphase der Saison, als sie zahlreiche Rückschläge wegsteckte. Am 32. Spieltag zog sich Wenzel im Spitzenspiel gegen Wattenscheid zum Beispiel einen Schien- und Wadenbeinbruch zu, der bei Spielern wie Zuschauern für Entsetzen sorgte. Trotzdem gewann St. Pauli mit 2:1.

Der Aufstieg war für die meisten Fans schon nach dem vorletzten Spiel gegen RW Oberhausen perfekt. Nachdem Zander und Bargfrede vor 14.200 Zuschauern einen 2:0-Sieg erzielt hatten, gab es rund ums Stadion ein südländisch anmutendes Hupkonzert. Jedem, der die Mannschaft ein bisschen kannte, war gefühlsmäßig klar, dass nichts mehr passieren konnte, zumal sie nur noch einen Punkt beim SSV Ulm holen musste.

Vielleicht weil bereits alles entschieden schien, fuhren nur 800 Ham-burger mit nach Ulm. Sie sahen Zanders sagenumwobenen 25-Meter-

Hautnaher Kontakt zwischen Fans und Spielern: Golke (links) und Sievers (rechts).

Schuss in den Winkel, der alle Zweifel beseitigte. Der Torschütze schilderte später in der „Hamburger Morgenpost" die Entstehung des Treffers: „André Golke hat sich auf der rechten Seite durchgetankt. Ich habe an der Mittellinie gestanden, ihn nicht aus den Augen gelassen. Dann habe ich gespürt, dass ich losrennen muss. Weil ich wusste, dass 'Golle' mir den Ball zurücklegen würde. Als die Kugel auf mich zurollte, wusste ich, dass ich damit bei meinem Schwung nicht noch großartig weiter laufen konnte. Ich musste das Ding also direkt nehmen. Mit meinem starken linken Fuß. Als der Ball Richtung Ulmer Tor unterwegs war, habe ich noch kurz zum Keeper Richter gesehen. Aber ich wusste, dass er machtlos sein würde."

Die Saison 1987/88 markiert die zweite wesentliche Stufe in der Entwicklung zum FC von heute. „Ich kann mich erinnern, dass ab ungefähr 1988, als aus der normalen Gegengerade endgültig eine andere Gegengerade wurde, es auch Leute gab, die darüber sinniert haben, wie schön es doch gewesen sei, als es noch keine Mode-Fans gab und nur 5.000 Leute im Stadion waren", sagt Helmut Schulte. „Okay, den Begriff 'Mode-Fans' hat damals noch niemand benutzt, aber er bezeichnet im Nachhinein ganz gut, was diese Anhänger sagen wollten."

Allmählich wuchs auch das Interesse der Medien am Millerntor-Klub. Die Berichterstattung war mitunter zum Gruseln, denn unter anderem machte das Stichwort „ehrlicher Fußball" die Runde. Eine wahrhaftige Beleidigung für Spieler und Fans! Abgesehen davon, dass es ehrlichen Fußball streng genommen genausowenig gibt wie ehrliches Wetter: Wie einem angesichts des Überschwangs, durch den sich St. Paulis Power-Fußball in seinen besten Momenten auszeichnete, überhaupt das allerbiederste Grabbeltisch-Adjektiv in den Sinn kommen kann, bleibt ein Rätsel. Das absurde Wortpaar ist auch heute noch verbreitet. Nicht nur auf den FC St. Pauli wird es gern angewendet, sondern auf sämtliche Mannschaften, die keine Stars haben, keinen filigranen Stil pflegen und vor allem von ihrem Kampfeswillen leben.

Who the fuck is Bayern?

Vor Beginn der Saison 1988/89 versuchte der FC, ein möglichst bundesligataugliches Umfeld zu schaffen. Otto Paulick versprach, dass bei den Heimspielen „ausreichend Toiletten zur Verfügung stehen", und Vize Weisener vermittelte seinen bisherigen Angestellten Manfred Campe, den er vorher bei einer Bank abgeworben hatte, als Geschäftsführer zum Verein.

Die erste Bundesliga-Begegnung seit zehn Jahren gehörte zu jenen imagefördernden Spielen der Jahre 1987 und 1988, aus denen der FC St. Pauli als Sieger hervorging, obwohl er de facto verloren hatte: Die Hamburger spielten besser, kämpften bravourös, aber der 1. FC Nürnberg machte aus seiner einzigen Chance in der 82. Minute das entscheidende Tor.

Spätestens mit dem ersten Sieg – am dritten Spieltag gegen Frankfurt – war eine neue Mannschaft geboren: Fünf Neuzugänge standen dabei in der Anfangsformation, und Libero Jan Kocian sowie Regisseur Peter Knäbel erwiesen sich bereits als zentrale Figuren. Umso ärgerlicher, dass letzterer in der Hinrunde wegen eines Bänderrisses lange ausfiel.

Aufgrund der Aufstiegseuphorie ist beinahe jedes Spiel aus der Anfangsphase unvergessen: der 2:1-Sieg gegen den Tabellenführer VfB Stuttgart, das 2:2 in Leverkusen nach 0:2-Rückstand und das trotz sechsfachem Ersatz erkämpfte 0:0 beim Deutschen Meister Werder Bremen. Und dann kam der FC Bayern ins Wilhelm-Koch-Stadion – allerdings nicht, um sich als Spitzenteam zu zeigen. Die Münchener kickten wie Angsthasen.

Klaus Ottens
stochert hier auf
unnachahmliche
Weise in der Nähe
des Balls herum.

Bayerns Übungsleiter Josef Heynckes hatte nachher das dringende Be-
dürfnis, vom blamablen Auftreten seiner Untergebenen abzulenken. „Die
spielen nicht Fußball, die treten Fußball", charakterisierte er die St.-Pauli-
Spieler. Außerdem beklagte er sich über „chaotische Zustände" hinter den
Trainerbänken. Dabei war nicht viel passiert: Thon war von einer Tomate
touchiert worden, Kögl eine Bierflasche gegen den Fuß gekullert. Volker
Ippig kommentierte das Spiel in der taz: „Die angeblich so abgebrühten
Profis waren in einer Art nervös, die ich mir kaum erklären kann. Wer seit
Jahren im internationalen Geschäft ist, kann sich von 20.000 Zuschauern
und elf Ballarbeitern doch nicht so den Schneid abkaufen lassen."

Im März 1989 wurde beim Spiel gegen den Karlsruher SC erstmals im
Stadion konkreter politischer Protest spürbar. Das Präsidium plante sei-
nerzeit auf dem Heiligengeistfeld den Bau eines sogenannten „Sport-
Domes" – eine mehr als 500 Millionen Mark teure Kombination aus
„Mehrzweckhalle" und Stadion, eingegliedert in einen Gebäudekomplex

mit einem Hotel und diversen Konsumparadiesen. Dieses gigantomanische Projekt – es hätte für das Wohnviertel St. Pauli eine Umstrukturierung mit dem Holzhammer bedeutet, Verkehrskollaps inklusive – mobilisierte Widerstand sowohl bei FC-Fans als auch bei Anwohnern, die sich nicht für Fußball interessierten. So riefen die Aktivisten anlässlich der Partie gegen den KSC sämtliche Fans dazu auf, die Schulte-Elf während der ersten fünf Minuten des Spiels nicht anzufeuern, sondern aus Protest einfach zu schweigen. Daran hielten sich zwar nicht alle, aber ein Erfolg wurde die Aktion trotzdem. Es wurde ein sogar rundum gelungener Samstagnachmittag, weil die Mannschaft eines der besten Heimspiele der Saison bot. Nach dem 1:0-Sieg war der FC Siebter – punktgleich mit dem Sechsten, dem VfB Stuttgart. Zum ersten Mal in der Vereinsgeschichte lag der FC auf UEFA-Cup-Kurs.

Zwei Monate später verkündete der Verein das Aus für den „Sport Dome". Einerseits hatten sich Wirtschaftlichkeitsberechnungen als zweifelhaft erwiesen, andererseits gab das Präsidium jetzt kleinlaut zu, dass das Projekt für den Stadtteil nicht wünschenswert sei. Die Anti-Sport-Dome-Initiative konnte die Entscheidung allemal als Erfolg werten. „Die Freude darüber, dass man ein Projekt kippen kann, hat die Leute sicherlich darin bestärkt, sich weiterhin selbst zu organisieren", meint Christian Hinzpeter. Und so entstand aus dieser Gruppe die Redaktion des Fanzines „Millerntor Roar!"

Im Juni verdrängte Kari Laukkanen, der Torwart der Stuttgarter Kickers, den Inter-Spieler Boninsengna in der Rangliste der lächerlichsten Dosenwurf-Opfer der Fußballgeschichte vom ersten Platz. Der Keeper ließ sich in einer ihm geeignet erscheinenden Situation fallen und behauptete danach, er sei von einer Dose getroffen worden. In einer Videoaufnahme seines Sturzes war das aber nicht zu erkennen.

Wie groß die Begeisterung bei Spielern und Fans war, zeigt die Atmosphäre am letzten Spieltag. Es ging um nichts mehr, aber es wurde keines dieser typisch öden letzten Saisonspiele. Mannschaft und Publikum putschten sich gegenseitig hoch, und am Ende war Uerdingen mit 5:1 geschlagen – das perfekte Finale für die erfolgreichste Serie der Vereinsgeschichte. Das war sie zumindest insofern, als dass der Zuschauerschnitt des FC (21.000; wobei der Schnitt beider Derbys berücksichtigt war, deren Einnahmen geteilt wurden) zum ersten Mal höher war als der des HSV (15.000). St. Pauli hatte somit nach Dortmund, Bayern und Stuttgart die meisten zahlenden Fans.

Der Traum vom UEFA-Cup

Am 29. Juli erschien zur ersten Partie gegen Werder Bremen die Nullnummer des „Millerntor Roar!" – ein bedeutungsvoller Tag für die Fan-Bewegung, denn das Blatt diente allen heute relevanten Fanzines als Vorbild. Tore fielen an dem Nachmittag aber leider nicht.

Das erste erinnernswerte Spiel sahen die Fans erst Anfang September gegen den 1. FC Köln. An diesem Tag schuf Leonardo Manzi die Basis für den etwas befremdlichen Kult um seine Person, indem er in der Schlussphase einen Befreiungsschlag Trulsens aufnahm, Richtung Nordkurven-Tor marschierte, aus zehn Metern den Ball zum 1:1 in die Maschen hämmerte und beim Jubellauf dann publikumswirksam einen Teil seines Oberkörpers entblößte.

Erst eine Woche später, am achten Spieltag in Mannheim, feierte der FC den ersten doppelten Punktgewinn. Außerdem war das 1:0 nach dem elf Jahre zuvor beim HSV erzielten Derby-Sieg erst der zweite Auswärtserfolg in der Bundesliga-Geschichte. Der schwache Start der Schulte-Elf rief im Oktober den Publizisten Norbert Seitz auf den Plan, der noch heute dafür berüchtigt ist, aberwitzige Analogien zwischen Fußball und Politik zu bilden. „Mit dem allmählichen Siechtum des FC St. Pauli" neige sich „das Projekt Hafenstraße" dem Ende entgegen, prophezeite er in der verblichenen Illustrierten „Wiener".

Kurz darauf sorgte Bayern Münchens zweiter Bundesliga-Auftritt am Millerntor bundesweit für Schlagzeilen. Hauptsächlich wegen einer Provinzposse um das „MillernTor-Magazin", die Stadionzeitung des FC. Bayern-Manager Ulrich Hoeneß kündigte an, falls St. Pauli die Zeitung am Spieltag verkaufe, werde seine Mannschaft „beim kleinsten Zwischenfall" den Platz verlassen, und übermittelte diese Position auch dem DFB. Dem leitenden Angestellten

So sieht laut Ulrich Hoeneß „Volksverhetzung" aus.

aus München missfiel vor allem die Titelzeile des Magazins. Als „Klassenkampf" wurde die Auseinandersetzung zwischen den beiden unterschiedlich finanzstarken Unternehmen angekündigt. Sachlich nicht ganz korrekt, aber dennoch eine legitime Metapher. Des weiteren war von der „streng kapitalistisch ausgerichteten Glamourwelt des FC Bayern" die Rede, und das empfand Hoeneß als „Volksverhetzung" – obwohl die Aussage, der Papst sei streng katholisch, ja auch nicht als „Volksverhetzung" gilt. Kaum zu fassen: Das St.-Pauli-Präsidium gab klein bei und untersagte den Verkauf der eigenen Zeitung.

In zweierlei Hinsicht bemerkenswert war das letzte Hinrundenspiel gegen Fortuna Düsseldorf. St. Pauli – damals Vorletzter, ein Punkt vor Gladbach – brauchte unbedingt einen Sieg, den Golke dann auch perfekt machte. Wichtiger noch: Vor der Partie verteilten Fans Flugblätter, mit denen sie zum Kampf gegen den Rassismus im Stadion aufriefen. Das Besondere an der vom „Millerntor Roar!" initiierten Aktion war, dass die Profis des FC St. Pauli sie unterstützten. Seitdem haben es Rassisten schwer, sich im Wilhelm-Koch-Stadion in Szene zu setzen.

Die ereignisreichste Phase der letzten zehn Jahre war wohl die erste Hälfte von 1990. In dieser Zeit wurde zum Beispiel Heinz Weisener zum Präsidenten gewählt, nachdem Otto Paulick für den Verein untragbar geworden war (siehe „Ein Mann für David Lynch"). Für einen harten Kern von Anhängern hatte es mindestens ebenso große Bedeutung, dass in der Straße Beim Grünen Jäger – in einem wohnzimmergroßen Raum, in dem sich heute das Café Kurhaus befindet – der Fan-Laden eröffnet wurde, ein bis heute bundesweit einzigartiges Kommunikationszentrum. Hier werden Auswärtsfahrten organisiert, bundesweite Supporter-Aktionen koordiniert – das war lange Zeit nirgendwo anders möglich – und Fanartikel verkauft, hier tagten und tagen Fanzine-Redaktionen. Kein Wunder, dass sich das behagliche Wohnzimmer schnell als zu klein erwies und der Laden ein paar Häuser weiter zog.

Auch sportlich war viel los. Vor allem die erste Halbzeit des Spiels beim VfL Bochum bleibt in Erinnerung. Knoflicek und der zweifache Torschütze Golke überragten, aber zur Pause führte die Mannschaft nur relativ knapp mit 3:1. Obwohl der FC dieses aufregende Spiel nicht gewann, weil er noch zwei Tore kassierte: Niemals zuvor und niemals danach waren die Hoffnungen auf eine Teilnahme am UEFA-Pokal so konkret wie an diesem Freitagabend.

Deutschlands elegantester Sozialdemokrat auf PR-Tour (vor dem alten Fan-Laden, 1990)

In der Endphase enttäuschten die Hamburger allerdings, nicht zuletzt aufgrund von Verletzungsproblemen. Immerhin wäre es auch einer ersatzgeschwächten St.-Pauli-Elf Anfang Mai in München fast gelungen, dem FC Bayern die Meisterfeier zu vermiesen. 0:1 verloren die Braun-Weißen dieses Spiel, das sehr gespenstisch anmutete, weil trotz der enormen Bedeutung für die Heimmannschaft nur 15.000 Zuschauer im Stadion waren. Irgend etwas muss bei Bayern damals falsch gelaufen sein.

Aufgrund der Schwächeperiode stellte St. Pauli erst am vorletzten Spieltag den Klassenerhalt sicher: Golke, Ottens und Trulsen erzielten die Tore zum 3:0-Sieg gegen Bayer Leverkusen – in einem der fünf besten Heimspiele der letzten zehn Jahre. Dafür hatte die Mannschaft dann eine Woche später beim 0:7 in Düsseldorf keine Energie mehr. Die Spieler, frotzelte der „Millerntor Roar!" später, seien bei dieser bisher höchsten Bundesliga-Niederlage des Vereins aufgetreten wie „ausgelutschte Tanzbären".

Der Mythos bröckelt

Die Saison 1990/91 begann so, dass sich niemand unter den beinharten Fans vorstellen konnte, es könne in diesem Jahr irgendetwas schiefgehen. Beim Aufsteiger Hertha BSC spielte der FC nämlich einen 2:1-Sieg auf eine derart coole Weise heraus, wie man es ihm gar nicht zugetraut hatte. Dass der Gegner „nur" ein Neuling war – wen kümmerte das schon? Unterhaltsam war das Spiel auch wegen des verbalen Geplänkels zwischen den gegensätzlichen Fangruppen beider Teams. „Arbeits-lo-se, Arbeits-lo-se!" pöbelten die Berliner, „Steu-er-zah-ler, Steu-er-zah-ler!" konterten die Hamburger.

Schon beim zweiten Heimspiel gegen Uerdingen zeigte sich allerdings, dass sich gegenüber den vorangegangenen zwei Jahren etwas geändert hatte. Die Zuschauer stellten jetzt größere Ansprüche, und so reagierten sie auf das lahme Gekicke gegen die Krefelder weitgehend lustlos, anstatt, wie es seit ungefähr 1987 üblich gewesen war, die eigene Mannschaft nach dem Motto „Jetzt erst recht" anzufeuern. Dieses Verhalten rief den „Millerntor Roar!" auf den Plan: „Es gibt keinerlei Grund, eine eher volksparkmäßige Trägheit einreißen zu lassen. Wenn doch, dann werden wohl einige die Drohung wahrmachen und nur noch zu Auswärts- oder Amateurspielen gehen, denn dort geht, unabhängig vom Spielstand, weiterhin die Post ab."

Dass das Fan-Leben auswärts aufregender war, zeigte die Atmosphäre bei und vor allem nach zwei Begegnungen, die im Herbst innerhalb einer Woche in Bremen stattfanden – einem Punkt- und einem Pokalspiel. Nach dem Ende der zweiten Partie, die wie die erste verloren ging, entwickelte die Stimmung eine einmalige Eigendynamik. Sie kulminierte schließlich in einer positiven Hysterie – die Fans feierten nicht „aus Prinzip", sondern steigerten sich, wie eine tanzende Menge in einem Techno-Klub auf dem Höhepunkt der Nacht, in einen Rausch, der schließlich eine Dreiviertelstunde lang andauerte und sogar die St.-Pauli-Spieler dazu animierte, aus der Kabine ins Stadion zurückzukehren. In den folgenden Jahren wurde beizeiten versucht, quasi wie auf Knopfdruck so eine Atmosphäre wiederaufleben zu lassen, und das ging natürlich daneben. Es schmälert aber nicht die Erinnerung an diesen phantastischen Abend im Weserstadion.

Ansonsten gibt es über die erste Hälfte der Saison 1990/91 nichts Positives zu sagen, es war, wie das „MillernTor-Magazin" die Situation treffend beschrieb, ein „schwarzer Herbst". In den letzten acht Spielen der Hinrunde blieb der FC sieglos, was maßgeblich dazu beitrug, dass sich das Verhältnis einiger Spieler zu Trainer Schulte verschlechterte. Im Februar schließlich musste der Coach gehen – eine Entscheidung, die manche Fans als vereinsideologische Bankrotterklärung empfanden. „Noch vor einiger Zeit war die Ablehnung der Erfolg-um-jeden-Preis-Strategie fester Bestandteil des Werbekonzepts beim FC St. Pauli. Endgültig aus und vorbei! Hätte der Verein die sprichwörtliche Großmutter, die er verkaufen könnte, um dem Abstieg zu entgehen – er würde es tun", kommentierte der „Millerntor Roar!". „Beschleicht Euch jetzt nicht manchmal das ungute Gefühl, nichts weiter zu sein, als der nützliche Idiot, der das kulturelle Erlebnis Millerntor durch die eigene Anwesenheit erst ermöglicht, der mitgebastelt hat am Mythos vom etwas anderen Bundesligaklub?"

Am 2. März war die Verbitterung allerdings dahin – zumindest für kurze Zeit. Schultes Nachfolger Horst Wohlers feierte in seinem ersten Spiel jenen 1:0-Sieg bei Bayern München, der neben dem Erfolg gegen den HSV im September 1977 als der größte in St. Paulis Bundesligageschichte gilt. Sievers schoss das legendäre Tor, und das kam so zustande: Von der linken Abwehrseite passt der Ex-Frankfurter auf Knoflicek, der durchläuft den Anstoßkreis, bleibt auch nach einem Pressschlag am Ball, gibt den wieder auf links hinaus zum mitgelaufenen Sievers, der noch ein kurzes Stück läuft und die Kugel dann unhaltbar ins lange Eck schießt.

Drei Tage nach dem Paradies erlebte die Wohlers-Elf die Vorhölle: Nur 10.000 Zuschauer unterstützten sie im Volksparkstadion, wohin das Spiel aus dubiosen Gründen verlegt worden war, das Wetter passte sich der tristen Atmosphäre an, und dem FC gelang gegen die damals schon so gut wie abgestiegene Mannschaft von Hertha BSC nach einem 0:2-Rückstand gerade mal ein 2:2. Im Wilhelm-Koch-Stadion zelebrierten derweil 1.500 Fans ein völlig neues Fußball-Erlebnis: Sie wohnten, verärgert über den Austragungsort Bahrenfeld, einer exklusiven Radio-Übertragung des Spiels bei, die der Fan-Laden organisiert hatte. Dabei feuerten die Volkspark-Gegner ihre Kicker genauso an, als spielten diese vor ihren Augen. Fast 10.000 weitere potentielle Zuschauer protestierten gegen die Verlegung, indem sie einfach zu Hause blieben.

Das Unentschieden gegen die Berliner, dazu noch die Niederlagen beim späteren Mitabsteiger Uerdingen sowie zu Hause gegen den Mit-

Unterwegs im Fan-Zug: Duve, Zander, Gronau, Trulsen (im Uhrzeigersinn).

konkurrenten Düsseldorf – da verlor St. Pauli die maßgeblichen Punkte. Die schwachen Leistungen in der entscheidenden Phase waren insofern nachvollziehbar, als in dieser Zeit viele Leistungsträger fehlten, zum Beispiel Knoflicek und Knäbel. Der Kader war nicht ausgeglichen genug besetzt, um solche Ausfälle aufzufangen. Dass es nicht zum Klassenerhalt reichen würde, war jenen, die die Mannschaft gut kannten, wohl schon nach dem 28. Spieltag klar, als das Spiel in Bochum mit 0:3 verloren ging. „Das war eine Elf, die kaum Zweitliga-Format besaß", kommentierte Trainer Wohlers den desillusionierenden Auftritt. Ohnehin haben St. Paulis Spiele im Ruhrstadion fast immer Schlüsselcharakter, das war auch 1986, 1990 und 1994 so.

So schlecht die Punktspiel-Runde auch gelaufen war: Als Drittletzter hatte der FC immerhin noch die Möglichkeit, sich über die Relegation gegen den Zweitliga-Dritten, die Stuttgarter Kickers, den Klassenerhalt zu sichern. St. Pauli war übrigens der letzte Klub, der davon hätte profitieren können; danach wurde die Regelung abgeschafft.

Hin- und Rückspiel zeichneten sich durch jene Dramatik aus, die man gemeinhin mit Endspielen verbindet: Am Millerntor sorgte Golke mit einem fulminanten 25-Meter-Dropkick für Euphorie, ehe Marin in der Schlussphase mit einem auf unerträgliche Art lässig wirkenden Heber zum 1:1 ausglich; im Neckarstadion schien nach einer abenteuerlichen Roten Karte für Zander in der ersten Halbzeit schon alles aus zu sein, doch dann wuchtete Golke nach einer Ecke seinen Kopf da hin, wo er hin musste – wieder 1:1. Das notwendig gewordene dritte Spiel auf neutralem Platz (in Gelsenkirchen) war dann leider nicht einmal mehr dramatisch, sondern nur noch deprimierend.

Die 1:3-Niederlage im Parkstadion nagte umso mehr, weil den Kickers das trostlose Profil eines Schlückchens Wassers anhaftet, und dem Klub folglich auch nur ein paar hundert müde Fans nach Gelsenkirchen gefolgt waren. St. Pauli hatte immerhin rund 15.000 Supporter mobilisiert, darunter einen, der per Anhalter nach Gelsenkirchen gefahren war, in einen Unfall verwickelt wurde, dann aber mit Kopfverband aus dem Krankenhaus ins Stadion flüchtete. In „Szene Hamburg" brachte Peter Körte die Gefühle vieler Anhänger auf den Punkt. St. Pauli sei „zerschmettert" worden „von einer Mannschaft, die sich hinlänglich charakterisiert" durch den Namen des Stadtteils, in dem sie ansässig ist und in dem sich das entsprechend benannte Stadion befindet: Degerloch.

Gelsenkirchen, 29. Juni 1991, 17.22 Uhr: Alles aus.

Ein Mann für David Lynch

Das Phänomen Paulick

In den 80er Jahren machte der FC St. Pauli nicht nur von sich reden, weil er, kaum den Niederungen der 3. Liga entkommen, ein für den Fußball völlig neues Publikum anlockte. Für Gesprächsstoff zumindest unter den Anhängern und Mitgliedern sorgten zudem spektakuläre Prozesse, in die der Klub involviert war. Manche hatten ihren Ursprung zwar noch in der Amtsperiode von Ernst Schacht und Werner Velbinger. Viele Verfahren aber sind untrennbar verknüpft mit dem Namen des Mannes, der den Klub von 1982 bis Anfang 1990 führte: Otto Paulick.

Am langwierigsten war der „Fall Velbinger". Der basierte auf einer Vereinbarung zwischen dem Verein und seinem ehemaligen Vizepräsidenten, nach der diesem der Überschuss aus den Verkäufen der Spieler Gerber und Mannebach zusteht. Die Ablösesumme für beide hatte der 1982 verstorbene Velbinger 1976 privat bezahlt und damit zum Aufstieg in die 1. Liga beigetragen. Das Verfahren zog sich von 1979 bis 1987 hin, obwohl „schon" im Oktober 1985 alles klar schien, nachdem das Hanseatische Oberlandesgericht der Erbengemeinschaft Velbinger rechtskräftig 112.000 Mark zugesprochen hatte, die sie in genau festgelegten Raten bekommen sollte. Da die ersten Raten aber nicht gezahlt wurden, mussten die Anwälte der Erben zunächst für jede Rate erneut vor Gericht gehen.

Am kompliziertesten gestaltete sich die Auseinandersetzung mit der Firma Pfeiffer & Schmidt, die sogar bis vor den Bundesgerichtshof ging. Besagtem Unternehmen schuldete Ex-Präsident Ernst Schacht aus einem Bauvorhaben 250.000 Mark. Die konnte „Ernesto" aber nicht zahlen, weil er in existenziellen finanziellen Schwierigkeiten steckte; dafür besaß er aufgrund in besseren Zeiten geleisteter Darlehen noch Forderungen an den Verein, was auch Pfeiffer & Schmidt nicht verborgen blieb. Also wurde dem FC im Juni 1982 ein Pfändungsbeschluss zugestellt. Aber auch der konnte damals nicht zahlen.

Was tun? Otto Paulick wusste Rat. Im November 1982 unterrichtete der Klub Pfeiffer & Schmidt von einer Abtretungserklärung Schachts. Danach hatte dieser sämtliche Forderungen gegen den FC bereits im Januar des Jahres unwiderruflich an seinen Sohn Holger abgetreten. Während die Anwälte der Firma grübelten, wie sie über Schacht junior an die Vereinskasse herankämen, holte Paulick zum nächsten Schlag aus. Am 6. Dezember traf das FC-Präsidium mit Holger Schacht eine Vereinbarung, nach der dieser unwiderruflich sämtliche Forderungen in Höhe von mehr als 400.000 Mark gegen den Verein abschreibt. Für diese noble Geste bekam er 40.000 Mark.

Ex-Präsident Paulick: Den Ruf des Vereins in die Nähe der Halbwelt gerückt?

Seinerzeit wussten Pfeiffer & Schmidt noch nichts von einem Aktenvermerk vom 6. Dezember 1982, den Otto Paulick anlässlich der Vereinbarung mit Schacht junior gemacht hatte. In dem Vermerk wird Schacht senior zugesichert: „1. Die von Ernst Schacht gegebenen Darlehen, Kontostand per 31. Dezember 1979 441.000 werden mit 5 % ... verzinst. 2. ... Beträge (werden) nur bezahlt, wenn der Verein wirtschaftlich dazu in der Lage ist." Jetzt wurde es also vertrackt: Warum zeigte sich der Verein prinzipiell bereit, Forderungen zu erfüllen, die, juristisch gesehen, gar nicht mehr existierten?

Am 2. Juni 1988, nach einem sechsjährigen Rechtsstreit also, einigte sich St. Pauli schließlich mit dem Unternehmen auf einen Risiko-Vergleich über 100.000 Mark. Der Clou kam aber noch: Zwölf Tage nach dem Abschluss des Vergleichs schloss der FC St. Pauli mit Ernst Schacht eine vertragliche Vereinbarung, nach der der Ex-Boss, der seine Forderungen bekanntlich abgetreten hatte, plötzlich Anspruch auf 423.000 Mark haben sollte.

In einem Interview mit dem „Hamburger Abendblatt" vom 22. Juni 1989 sagte Paulick dazu: „Die Vereinbarung ist nie erfüllt worden. Es fehlten die richtigen Unterschriften." Stimmt, es hätten zwei Präsidiumsmitglieder unterschreiben müssen; da das aber nur Paulick getan hat, war sie nicht rechtsgültig. Nur: Warum ist das Schriftstück überhaupt aufgesetzt worden? Außerdem existieren Belege über Zahlungsvorgänge, auf die in der Vereinbarung Bezug genommen wird. Auch wenn Schacht später zugab, dass er bei weitem nicht das bekommen hat, was er quittiert hat, die Belege also teilweise fingiert waren: Der FC St. Pauli hat jemandem, der den Klub einmal an den Rand des Ruins gebracht hat, de facto Geld geschenkt.

Diese dubiose Vereinbarung war auch ein zentraler Gegenstand der Vorwürfe, die der damals gerade als Vizepräsident zurückgetretene Helmuth Johannsen im August 1988 gegen Paulick erhob. Die Quintessenz der Beschuldigungen: Paulick habe Bilanzen gefälscht und dem Verein Geld entzogen. Das wiederum wollte der Boss nicht auf sich sitzen lassen, weshalb er einen Prozess gegen Johannsen anstrengte, der 13 Monate andauern und für den Verein der bedeutendste Rechtsstreit der 80er Jahre werden sollte.

Zum Zeitpunkt von Johannsens Vorpreschen gab es allen Grund, sich Sorgen zu machen. 1986 hatten die Verbindlichkeiten 472.000 Mark betragen, für Paulick laut Protokoll der Mitgliederversammlung damals „keine Beiträge, die zur Besorgnis Anlass geben". Zwei Jahre später, im Juni 1988, betrugen die Schulden bereits 3,8 Millionen Mark, außerdem stand aus der gerade abgelaufenen Saison ein Verlust von 803.000 Mark zu Buche, der angesichts des weiter gewachsenen Zuschauerinteresses schwer nachzuvollziehen war.

Die Auseinandersetzung zwischen Paulick und Johannsen hatte auch Aspekte, die spätestens im Nachhinein amüsant erscheinen. Das gilt zum Beispiel für einen erst im Rahmen des Verfahrens zu Tage geförderten Mietvertrag für eine Kegelsportanlage auf dem Kiez, den Otto Paulick für den Verein mit der Grundstücksgemeinschaft Nobistor abgeschlossen hatte, und der den Klub ab April 1988 und für mindestens zehn Jahre mit einer monatlichen Kaltmiete von 12.500 Mark belasten sollte. Der Clou: An besagter Grundstücksgemeinschaft war Paulick selbst beteiligt. Obwohl es sich um ein „In-sich-Geschäft" des Präsidenten handelte, wurde in den Vertrag noch ein Passus aufgenommen, der dem Makler Johannes Greve eine Provision von 25.000 Mark garantieren sollte. Verständlich insofern, als Greve zu dem Zeitpunkt auch die Geschäfte einer Immobiliengesellschaft führte, an der Otto Überall mit 50 Prozent beteiligt war. Dass Greve später vor Gericht zog, weil St. Pauli die Provision nicht gezahlt hatte; dass Paulick den Verein veranlasste, die Gebühr für eine vermeintliche Vermittlung an Manager Georg Volkert (!) zu zahlen; dass der Klub nicht einmal eine Kegelsportabteilung hatte, als der Vertrag geschlossen wurde – das sind nur ein paar weitere der vielen Details, die diese Angelegenheit zu einer Burleske werden ließen.

Paulick hatte nicht nur keine Probleme damit, mit sich selbst Verträge abzuschließen; ihm war es auch möglich, in Gerichtsverfahren auf zwei Seiten zu stehen. So klagte 1988 die Förderergruppe, die zwischen 1980 und 1982 Spieler bezahlt hatte und der auch Paulick angehörte, gegen den Verein, weil dieser, in Gestalt von Paulick, sich nicht an eine zwischen Klub und Förderern getroffene Rückzahlungs-Vereinbarung halten wollte. Man einigte sich schließlich auf eine Vergleichssumme von 90.000 Mark, wovon der Präsident selbstverständlich das ihm zustehende Viertel bekam.

Aus dem Rechtsstreit zwischen Paulick und Johannsen ging letzterer im Januar 1990 als klarer Sieger hervor. Nach einem Urteil des Landgerichts Hamburg darf er weiterhin behaupten, Paulick habe als Präsident Bilanzen gefälscht und dem Verein Geld entzogen. Im Zuge des Verfahrens war deutlich geworden, dass Paulick, wie das „Hamburger Abendblatt" schrieb, ein „Chaos" herbeigeführt hatte, „das es schwer machte, Einnahmen und Ausgaben zu kontrollieren", und das natürlich nur einer durchschaute: er. „Selbst mit Hilfe von Wirtschaftsprüfungsgesellschaften kann man Zahlungen bis zu einer Million Mark nicht nachvollziehen", sagte damals Dirk Johannsen, der seinen Vater während des Prozesses unterstützt hatte. Die Folge des Urteils: Paulick musste, gedrängt von den damaligen Vizepräsidenten Hans Apel und Heinz Weisener, seinen Rücktritt erklären.

Dass er sich so lange im Amt halten konnte, hat mehrere Gründe. Der FC St. Pauli in der zweiten Hälfte des Jahres 1988 mindestens einen so hohen Beliebtheitsgrad erreicht wie zu seiner sportlich besten Zeit Ende der 40er Jahre – und in so einer Phase gilt der erste Mann im Verein natürlich als praktisch unangreifbar. Viele Sympathisanten haben vielleicht auch verdrängen wollen, dass Paulick, wie es „Der Spiegel" 1991 formulierte, „den Ruf des Vereins beständig in die Nähe der Halbwelt gerückt hatte": Die älteren Fans und Mitglieder hatten noch genug vom Lizenzentzug und den Folgen, sie wollten ihre Welt nicht schon wieder einstürzen sehen; viele der neu hinzu gekommenen Anhänger ignorierten die Fakten, weil sie nicht zu dem neuen Image des Vereins passten, zu dem sie ja selbst viel beigetragen hatten.

Es hat vereinzelt den Vorwurf gegeben, Fans und Mitglieder seien dem Präsidenten „kritiklos" gefolgt. So einfach ist das aber nicht. Wer ihnen das unterstellt, unterschätzt Paulicks phänomenale Fähigkeiten, unter anderem sein schauspielerisches Talent, das er vielseitig einzusetzen wusste. So schaffte er es immer wieder, sich als eine Art Märtyrer darzustellen, der alles im Dienste des Vereins getan hat. Es ist wirklich schade, dass niemals ein Regisseur auf Otto Paulick aufmerksam geworden ist. Für manche Charaktere in Filmen von David Lynch oder David Cronenberg wäre er die perfekte Besetzung gewesen.

Das „Hamburger Abendblatt" konstatierte im Januar 1990, kurz nachdem Paulick seinen Rücktritt angekündigt hatte, dessen „Begabung, die Wahrheit immer zu seinen Gunsten zurechtzubiegen". Das ist nicht ganz korrekt formuliert. Der Jurist ist vielmehr mit einer Überzeugungkraft gesegnet, die zu keiner Zeit den Eindruck erweckt, er würde sich irgend etwas „zurechtbiegen".

Wenn der 58jährige feststellen würde, Weihnachten werde im Juni gefeiert, wäre das so einleuchtend wie die Tatsache, dass zwei mal zwei vier ergibt. Anders gesagt: Wenn „Der Wachturm" Otto Paulick als Handverkäufer gewinnen könnte, hätte die Postille in Hamburg innerhalb von vier Wochen eine höhere Auflage als die „Bild"-Zeitung. ∎

Von Literaturbanausen und Herrenreitern

1991 bis 1997

Fast wieder in der 3. Liga

„Wer garantierten Spaß will, soll sich Hobbys, Freunde, Haustiere anschaffen oder jeden Tag ohne Zahnschmerzen genießen", beim Fußball aber sei solch ein Mensch fehl am Platz, hat einmal das Fanzine „Come Back" geschrieben. Das wird gemacht von Anhängern Fortuna Düsseldorfs, die ja in gewisser Hinsicht Leidensgenossen der St. Paulianer sind: Die sportliche Entwicklung beider Vereine in der jüngeren Vergangenheit ist ähnlich verlaufen, und es lässt sich absehen, dass diese Klubs in den nächsten zehn Jahren bestenfalls in der Spitze der 2. oder in der Abstiegszone der 1. Liga spielen werden.

Dass Fußball tatsächlich keinen „garantierten Spaß" bedeutet, dass vielmehr grauenerregende und leidensreiche Erlebnisse eine Fan-Karriere mindestens ebenso stark prägen wie euphorische – in den ersten beiden Jahren nach dem zweiten Abstieg aus der Bundesliga haben die Anhänger des FC St. Pauli das regelmäßig erfahren. Markus Aerdken, Rachid Belarbi, Achim Grün, „Boller" Jeschke, Michael Klauß – das sind Namen, mit denen sich traumatische Erinnerungen verknüpfen, Namen von Spielern, deren Unfähigkeit einem die Tränen der Verzweiflung in die Augen treiben konnte. Die Frage, ob (gemäß der derzeit vorherrschenden Meinung) wirklich Luiz Firmino Emerson der schlechteste St.-Pauli-Kicker der letzten zehn Jahre ist oder nicht vielleicht doch „Boller" Jeschke, muss jedenfalls noch geklärt werden.

In der Saison 1991/92 waren erstmals die Teams aus der abgewickelten DDR dabei, und gleich die erste Begegnung mit einem der neuen Klubs wurde zu einem unvergesslichen Erlebnis. Stahl Brandenburg hieß der Gegner, der mittlerweile in der Versenkung verschwunden ist. St.-Pauli-Fans, die trotzig davon ausgingen, dass weiterhin zwei Deutschlands existierten, sahen die Reise als ersten Trip zu einem UEFA-Cupspiel. Und

We are family! Präsident Weisener und Vize Hinzpeter ausnahmsweise im Fan-Block (im Kölner Südstadion, 1991).

immerhin: „Staaahl – Feu-er!", die stoische Anfeuerung der Brandenburger, wirkte wie ein Ruf aus einer anderen Welt.

Das Spiel war das Grauen schlechthin. St. Pauli verlor 0:4, und auch ein 0:7 wäre noch gerecht gewesen – wohlgemerkt gegen einen Klub, der nur acht seiner 32 Saisonspiele gewann und folgerichtig abstieg. Lange Zeit galt die Partie in Brandenburg als Symbol für desaströse Niederlagen, und so fanden sich bei bei Auswärtsspielen gelegentlich zwei, drei Fans, die ironisch „Staaahl – Feu-er" riefen, wenn sich mal wieder eine Katastrophe anbahnte.

Der sportliche Höhepunkt der Serie war am 14. Spieltag ein 5:1-Sieg gegen Blau-Weiß 90 – vor ungefähr 3.000 Zuschauern im Berliner Olympiastadion. Das Spiel schien die Wende in einer bis dahin wechselhaften Serie zu markieren, zumal sich der argentinische Mittelfeldregisseur Gustavo Acosta erstmals in brillanter Form präsentiert hatte. Ein Trugschluss: Die Hoffnung auf den Wiederaufstieg blieb die gesamte Saison über nur vage, und Acosta wurde zwar von der verblichenen Illustrierten „Tempo" zu einem der besten elf in Deutschland spielenden Ausländer gekürt, fiel nach seinem Auftritt in Berlin aber kaum noch auf.

Der Herbst stand beim FC St. Pauli im Zeichen der Politik. Fans aus dem Umfeld des „Millerntor Roar!" brachten in der Mitgliederversammlung eine Änderung der Stadionordnung auf den Weg, nach der das Rufen rechtsradikaler Parolen und das Mitführen entsprechender Fahnen und Transparente mit Hausverbot geahndet wird. Vor dem Spiel gegen Remscheid trugen, ausgelöst durch Ausschreitungen gegen nichtdeutsche Zuschauer bei zwei vorangegangenen Heimspielen, deutsche und türkische Fans gemeinsam mit Geschäftsführer Manfred Campe ein Transparent mit dem Aufdruck „Keinen Fußbreit den Faschisten" über den Platz. Das klingt im Nachhinein vielleicht ein bisschen romantisch, aber die Aktion war damals hoch einzuschätzen, denn der HSV ließ zum Beispiel zur selben Zeit im Volksparkstadion Flugblätter verteilen, auf denen freundlich darum gebeten wurde, die Beleidigungen nicht-weißhäutiger Spieler zu unterlassen. Die würden „doch so viel Farbe in die Bundesliga bringen". Im November fand dann am Millerntor unter dem Motto „Gegeneinander spielen – miteinander leben" ein Freundschaftsspiel gegen Galatasaray Istanbul statt, das in der Türkei live übertragen wurde.

Der Antifaschismus der St.-Pauli-Anhänger hatte zuweilen aber auch seine komischen Aspekte. Sobald sich nur anzudeuten schien, dass es gegnerische Fans nach einem nonverbalen Streit gelüstete, galt für eine erhebliche Menge von FC-Supportern bereits als ausgemacht, dass da

Solidarität! Manzi, Gatti, Ippig, Knoflicek, Olck, Sailer, Ulbricht und Kocian (v.l.) vor einem Hafenstraßen-Wandbild.

Nazis zugange waren, weshalb die Parole „Nazis raus!" auf dem Fuße folgte. Es kam auch mal vor, dass Leute das auf einer Auswärtsfahrt in einen Bahnhof hinein riefen, als wollten sie eine Duftmarke hinterlassen.

In der Endrunde, die die besten sechs Teams der in der Saison ausnahmsweise zweigeteilten 2. Liga absolvierten, verspielte St. Pauli mit einer desolaten Leistung im ersten Spiel gegen Hertha BSC praktisch alle Chancen auf den Aufstieg. Am letzten Spieltag hatte der FC noch die Möglichkeit, durch einen Sieg gegen die ungeliebten Uerdinger den VfB Oldenburg in die Bundesliga zu schießen, aber nicht einmal das klappte.

1992/93 stießen viele der erwähnten Megastars zu St. Pauli. Unter den 26 Spielern im Kader waren immerhin 18 mit Erstliga-Erfahrung, und insofern waren die Perspektiven gut. Auf dem Papier zumindest. Michael Lorkowski, nach sechs Jahren wieder als Trainer zum FC zurückgekehrt, erwies sich als fachlich völlig inkompetent und überlebte – das gemahnte an spanische oder südamerikanische Gepflogenheiten – nicht einmal den Monat September. Im Nachhinein ist es schon verwunderlich, dass jemand, der in der ersten Hälfte der 80er Jahre offensichtlich etwas zum Aufschwung des Klubs beigetragen hat, in seiner zweiten Amtszeit derart versagt. Lorkowskis Nachfolger wurde Seppo Eichkorn, der bisherige Assistenztrainer.

Der Höhepunkt der Hinrunde war die Aktion „Bücher für Boller", ins Leben gerufen vom „Millerntor Roar!" anlässlich einer Antwort, die der Stürmer einer Boulevard-Zeitung auf die Frage gegeben hatte, welches Buch er zuletzt gelesen habe. „Hab' keins", soll Jeschke daraufhin gesagt haben. Deshalb rief das Fanzine seine Leser auf, Bücher für den Literaturbanausen zu spenden. Rund 100 kamen schließlich zusammen bei dieser humorvollen wie klugen Aktion. Sie zeigte, auch wenn das vielleicht nicht beabsichtigt war, wie sich souverän mit dem Widerspruch umgehen lässt, dass man einen beträchtlichen Teil seiner Zeit und seines Geldes hergibt, um Menschen bei der Arbeit zuzuschauen, von denen einige in elementaren Dingen des Lebens unterbelichtet sind. Erfreulicherweise bewies auch Jeschke Humor und ließ sich die Bücher Anfang September vor dem Heimspiel gegen Wolfsburg überreichen.

Nach der Hinrunde stand St. Pauli auf dem 17. Platz – in der nunmehr wieder eingleisigen und 24 Mannschaften starken Liga hieß das: einen Rang vor der Drittklassigkeit. Aus der Endphase am stärksten in Erinnerung ist eine 0:1-Heimniederlage gegen Chemnitz. Die Leistung war derart deprimierend, dass, obwohl noch acht Partien ausstanden, nach Ende des Spiels die meisten Menschen im Stadion nicht mehr an den Klassenerhalt glaubten. Tausende blieben noch Minuten nach dem Schlusspfiff schweigend auf ihrem Platz stehen und sorgten für eine gespenstische Atmosphäre. Erst nach einer Weile schlug die Stille um – in Lobgesänge auf die Chemnitzer, die sich auf dem Rasen ausliefen, und in trotzige Solidaritätsbekundungen für die eigene Elf.

Der FC rettete sich schließlich noch, weil er in den letzten drei Begegnungen Nervenstärke zeigte und 5:1 Punkte holte: Auf einen Heimsieg gegen Meppen folgte ein unansehnliches 0:0 in Homburg, so dass St. Pauli vor dem „Endspiel" gegen Hannover 96 mit einem Tor Vorsprung vor Braunschweig auf dem 17. Rang stand. Dass der Platz gehalten werden konnte und im Stadion ein Glücksgefühl um sich griff, das nach Meinung vieler Anhänger größer war als bei den Aufstiegspartys – es ist Leonardo Manzi zu verdanken, der 20 Minuten vor Saisonende das Siegtor gegen Hannover köpfte, und nicht zuletzt dem MSV Duisburg, der in Braunschweig gewann.

Die Fans hatten diesen Ausgang allemal verdient, denn trotz einer zwischenzeitlichen Serie von acht torlosen Heimspielen und einer katastrophalen Saison verhalfen sie St. Pauli zum besten Zuschauerschnitt der Liga (14.100). Der später mythologisierte Meister SC Freiburg kam dagegen nur auf 8.800.

Der Weg zurück nach oben

Vor Beginn der Saison 1993/94 spaltete sich der „MR!" in zwei neue Fanzines auf: „Der Übersteiger" und „Unhaltbar!". Beide spielten eine wichtige Rolle, als in Hamburg zwei geplante Spiele zwischen deutschen und englischen Auswahlmannschaften in die Diskussion gerieten: Ursprünglich sollten am 20. April, dem Geburtstag Hitlers, die Elitekicker beider Verbände im Volksparkstadion und einen Tag zuvor die B-Teams auf St. Pauli aufeinandertreffen. Es hätte die Gefahr bestanden, dass sich Faschisten und Hooligans aus beiden Ländern rund ums Heiligengeistfeld austoben. Der von FC-Fans initiierte Protest brachte das Vorhaben bereits im Dezember zu Fall; offiziell wurden die Planungen wegen „Parkplatzproblemen" verworfen.

Die Leistungen der Mannschaft ließen zunächst viel zu wünschen übrig. Die Wende kam Ende Oktober: Eine Woche nach einer desillusionierenden 1:2-Niederlage in Wuppertal schlug die Eichkorn-Elf Carl

Zeiss Jena mit 2:1 und startete damit in eine Serie von 18 Spielen ohne Niederlage, die sie zu einem aussichtsreichen Aufstiegskandidaten werden ließ.

An einem Abend kurz vor Weihnachten sorgte Ronald Wulff, der damalige Präsident des HSV, für Aufsehen im Wilhelm-Koch-Stadion, indem er in die Südkurve urinierte. Der volkstümliche Vereinsboss war damals gleichzeitig Sponsor des Verbandsligaklubs Barsbütteler SV, der an besagtem Tag bei St. Paulis Amateuren ein Punktspiel absolvierte. Diese Gelegenheit nutzte Wulff für seine historische Tat.

In der Winterpause kam es im Trainingslager des FC zu einem Zwischenfall, der dafür sorgte, dass der „Mythos St. Pauli" tiefe Risse bekam. Nach einem Zweikampf in einem Trainingsspiel giftete Dieter Schlindwein Leonardo Manzi an: „Leo, du schwarze Sau." Abgesehen von einem Spieler, der den Vorfall öffentlich machte, hielten alle zu „Eisen-Dieter", ihrem Kapitän. „Unhaltbar!" forderte die sofortige Suspendierung Schlindweins, und „Der Übersteiger" sah sich zu einem Grundsatzkommentar veranlasst: „Bereits zu Zeiten von Ippig und Golke hat es, entgegen aller Beteuerungen, rassistische Momente gegeben. Die 'Goldene Ära' ist mithin ein aufgebauter Popanz, den es zu hinterfragen gilt. Wenn bereits damals Leo als 'Bimbo' bezeichnet wurde, ohne dass auch nur ein einziger Spieler sich dagegen auflehnte, dann bleibt doch die Frage, ob die damalige Mannschaft auch nur einen Deut besser war als das heutige Team." Im Zuge der Affäre verscherzte es sich Trainer Seppo Eichkorn mit vielen Fans, weil er sie aufgefordert hatte, „sich nicht um Sachen zu kümmern, die sie nicht einschätzen können".

Der Unmut gegen Schlindwein wurde im Verlauf des Frühjahrs aber zusehends leiser, was sicherlich auch auf die sportlichen Erfolge zurückzuführen ist. Im April – nach zwei großartigen Spielen innerhalb einer Woche, gegen direkte Konkurrenten zumal – fühlten sich die meisten Fans schon als Aufsteiger: Zuerst wurde 1860 München mit 2:1 nach Hause geschickt, unter anderem dank eines brillanten Freistoßtores des späteren Masloismus-Opfers Andreas Mayer. Und nach einem 1:1 in Bochum, von einer vollbesetzten St.-Pauli-Kurve und den Spielern enthusiastisch gefeiert, hatte die Mannschaft fünf Punkte Vorsprung vor einem Nicht-Aufstiegsplatz. Sieben Begegnungen standen zu diesem Zeitpunkt noch aus.

Doch dann riss die phänomenale Serie, die nach dem Spiel in Wuppertal begonnen hatte – ausgerechnet im Rückspiel gegen den WSV. Und die

siegbringenden Tore für den Gast schoss ausgerechnet der von Eichkorn zu Recht aussortierte Aerdken, der nach beiden Treffern Richtung St.-Pauli-Trainerbank lief und seinen Triumph mit dem subtilen Ausruf „Seppo, du Scheißer!" feierte. Die Niederlagen gegen dieses schwache Team – Wuppertal stieg am Ende ab! – waren die wesentlichen Gründe dafür, dass es nichts wurde mit der Bundesliga. Die 1:4-Blamage im „Endspiel" in Wolfsburg, vor 10.000 St.-Pauli-Fans und ein paar VW-Fahrern, war da höchstens zweitrangig.

Unmittelbar vor der Saison 1994/95 bekam Seppo Eichkorn seine Papiere, weil er sich beim Machtkampf mit Manager Jürgen Wähling nicht allzu klug verhalten hatte. Nach einer schwachen Anfangsphase – auch bedingt dadurch, dass Eichkorns Nachfolger Ulrich Maslo nur eine kurze Einarbeitungszeit hatte – steigerte sich die Mannschaft enorm, und am Ende stand St. Paulis beste Zweitliga-Bilanz der 90er Jahre zu Buche. Dafür gab es zwei wesentliche Ursachen: Zum einen zeigte sich die Mannschaft stark verbessert im Angriff, wozu vor allem Jens Scharping, der in seinem ersten Profijahr zwölfmal traf, sowie Juri Sawitschew (zehnmal) beitrugen. Zum anderen verlor sie im Wilhelm-Koch-Stadion kein Spiel.

Die Auswärtsleistungen in der Punktrunde ließen zwar zu wünschen übrig (1:9 Punkte im Osten!). Doch dafür spielte die Maslo-Elf im Pokal auf fremden Plätzen sehr erfolgreich, einmal sogar exzellent, nämlich im Achtelfinale beim 4:1 in Saarbrücken – der beeindruckendste Sieg des Jahres. Die beste Pokalsaison der Vereinsgeschichte endete erst eine Runde später in Kaiserslautern.

Das für den Aufstieg entscheidende letzte Spiel gegen Absteiger FC Homburg schien nur eine Formsache zu sein: St. Pauli führte schon 5:0, als in der 88. Minute einige Anhänger, die schon am Spielfeldrand kauerten, eine Entscheidung des Schiedsrichters als Schlusspfiff interpretierten und den Platz stürmten. Die Folge: Eine Viertelstunde lang „bleierne Fassungslosigkeit" (taz) unter den auf den Rängen verbliebenen Fans, denn der sichtlich überforderte Stadionsprecher Rainer Wulff ließ anklingen, das Spiel sei noch nicht zuende und wenn das Feld nicht geräumt werde, könne das Spiel für Homburg gewertet werden – und St. Pauli würde nicht aufsteigen.

Nachdem das klärende Wort des Schiedsrichters verkündet wurde („Meine Gestik mag missverständlich gewesen sein, doch mein Pfiff beendete die Partie ordnungsgemäß") waren zwar alle erleichtert, aber bei weitem nicht so euphorisch, wie es dem Abschied aus der DSF-Liga angemessen gewesen wäre – die Mehrheit der Zuschauer hatte den größten Teil ihres Gefühlshaushalts halt schon für die Angst verbraucht, dass es

Endlich wieder 1. Liga: Aufstiegsparty auf dem Kiez im Juni 1995.

vielleicht gar nichts mehr zu feiern gäbe. Und so dauerte es einige Zeit, bis aus der offiziellen Aufstiegsfeier auf dem Spielbudenplatz eine für den FC St. Pauli typische Party wurde.

Die Zeit der Fehlentscheidungen

Der Start in die Serie 1995/96 brachte eine Euphorie zurück, wie sie zuletzt zwischen 1988 und 1990 geherrscht hatte. Vor allem ein 2:0-Erfolg beim SC Freiburg am zweiten Spieltag war dafür verantwortlich – ein Sieg mit Signalwirkung insofern, weil die Mannschaft ihre besten Leistungen fortan auswärts zeigte. Wer nur die Heimspiele sah, war jedenfalls ein bisschen verwundert über den guten Ruf, den der FC St. Pauli in jener Saison genoss.

Allein an den Zahlen gemessen, bewiesen das 4:2 in Mönchengladbach und das 5:2 in Uerdingen am eindrucksvollsten die Qualität des von Ulrich Maslo propagierten 3-3-3-1-Systems. Die spielerisch beste Leistung indes zeigte der FC beim 1:1 in Leverkusen Anfang September, als er, obwohl die meiste Zeit in Unterzahl, beinahe betörenden Angriffsfußball bot. Dieses Spiel steht auf einer Stufe mit dem 2:0 gegen den HSV 1977 und dem 1:0 in München 1991 – obwohl es nicht gewonnen wurde und der Gegner nicht so imageträchtig war.

Der negative Höhepunkt war, nicht zum ersten Mal, das Spiel bei Hansa Rostock, dem einzigen Verein, der in seinem Publikum keine Fans zu haben scheint, sondern nur aktive und passive Hooligans. Das einzig Positive an diesem Nachmittag im September: Es war nicht ganz so dramatisch wie im März 1992, als der FC zum ersten Mal in Rostock antrat und eine planlos agierende Polizei rund 1.000 St.-Pauli-Fans in Lebensgefahr brachte.

Zwei Jahre nach der Schlindwein-Affäre schrieb St. Pauli wieder einmal im Winterpausen-Trainingslager negative Schlagzeilen. Nachdem er einige Monate zuvor im „Aktuellen Sportstudio" voller Stolz auf seinen deutschen Personalausweis verwiesen hatte, führte sich Ulrich Maslo gegenüber dem Hotel-Personal im spanischen Chiciana auf, wie es seinesgleichen im Ausland gern tut: wie ein Herrenreiter. Daraufhin forderten verschiedene Fanzines seine Entlassung – vergeblich. Statt dessen wurde Manager Jürgen Wähling, der das Verhalten Maslos kritisiert hatte, langsam herausgeekelt.

Obwohl der Erfolg, sprich: der Klassenerhalt im ersten Jahr nach dem Wiederaufstieg, dem Präsidium zunächst Recht zu geben schien, und obwohl die Glorifizierung des heutigen HSV-„Talentsuchers" Wähling, die unter manchen Fans verbreitet ist, etwas befremdlich wirkt: Wenn sich der FC St. Pauli damals für den Manager und gegen Maslo entschieden hätte, würde er wahrscheinlich heute weiterhin in der 1. Liga spielen.

Es war der Auftakt zu einer Reihe von Fehlentscheidungen. Die schwerwiegendste: Anstatt einen Nachfolger für Wähling einzustellen, ließ man zunächst Ulrich Maslo als nebenberuflichen Manager-Darsteller dilettieren – ausgerechnet in der Phase, in der es neue Spieler zu verpflichten galt, mithin der Zeit des Jahres, in der die Arbeit des Managers am meisten gefragt ist. Erst als angesichts der mageren Ausbeute auf dem Transfermarkt auch dem Verein auffiel, dass er einen Fehler gemacht hatte, besetzte er den Posten wieder: mit Ex-Trainer Helmut Schulte.

Kurz vor der neuen Serie beschloss das Präsidium aus finanziellen Gründen, die Heimspiele gegen Bayern, Dortmund, Rostock und den HSV im Volksparkstadion auszutragen – später wurde immerhin das gegen Hansa „in einem Anflug von Weisheit" („Unhaltbar!") ans Millerntor zurückverlegt. „Es geht ums Überleben!" beschwor der eine Vizepräsident, Horst Niewicki, die Fans auf einer Diskussionsveranstaltung, ihren Klub auch in Bahrenfeld zu unterstützen; der andere, Christian Hinzpeter, stellte die Anwesenden vor die Alternative: „Entweder wollen wir ein Kultverein in der dritten Liga werden oder in der Bundesliga sportlich mithalten." Zu den drei Volkspark-Spielen kamen schließlich nicht, wie kühn kalkuliert, 135.000, sondern nur 122.000 Zuschauer, und so gesehen müssen die Fans heute wohl froh darüber sein, dass sich ihr „Kultverein" 1997 noch die 2. Liga leisten kann.

Gleich am zweiten Spieltag der Serie 1996/97 fand in Bielefeld eine Begegnung statt, die vordergründig unspektakulär wirkt – St. Pauli siegte mit 2:1 –, tatsächlich aber mit mehr Bedeutungen aufgeladen war als beinahe jede andere der Saison. Zum einen erinnerte das Gastspiel auf der Alm stark an das Auftaktspiel von 1990 bei Hertha BSC. Beide Male besiegten die Hamburger, ausgestattet mit einer gewissen Bundesliga-Routine, einen gerade aufgestiegenen und entsprechend unreif agierenden Gegner, beide Male gab das Spiel einen falschen Eindruck von der Leistungsstärke, und beide Male stieg St. Pauli am Saisonende ab. Auch wenn der Sieg in Bielefeld in die Irre führte: In der Erinnerung bleibt er als Höhepunkt der Auswärtsspiele, zumal die Stimmung – sicherlich

Begehrtes Medienobjekt: der FC-Kader vor der Saison 1996/97.

Konzentration vor einem immer reizvollen Duell: Scharping, Klinsmann, Helmer (in Bahrenfeld, 1996).

auch, weil es sich um ein Dienstagabend-Spiel handelte, wo die hartgesottenen Schlachtenbummler normalerweise unter sich sind – nirgendwo mehr besser war.

Unvergessen bleiben diese 90 Minuten aber vor allem, weil hier Luiz Firmino Emerson seinen ersten spektakulären Auftritt hatte, als er kurz vor Schluss den kuriosesten Treffer des Jahres vorbereitete: Zehn Meter vor der Mittellinie bekam er auf der linken Seite der eigenen Hälfte den Ball, marschierte damit aber nicht etwa Richtung Bielefelder Kasten, sondern in Richtung eigene Torauslinie. Kurz bevor der Brasilianer dort ankam, bot er, irgendwie irritiert von sich selbst, dem Arminen van Heesen den Ball zur Übernahme an, der selbstverständlich akzeptierte und ihn quasi mundgerecht einem Mitspieler vor dem Tor servierte.

Damals konnte noch keiner ahnen, dass Emerson bei jedem seiner immerhin 23 meistens kurzen Einsätze der zwölfte Mann des Gegners sein würde. Der aus Dnjepropetrowsk zum FC gestoßene Berufssportler wurde zum Spieler des Jahres – in dem Sinne, dass er nachdrücklich die vielfältige Unfähigkeit symbolisierte, durch die sich sowohl die meisten Kicker als auch die meisten Funktionsträger des FC in dieser Saison auszeichneten.

Für viele Fans dürften die Heimspiele gegen den VfB Stuttgart und Bayer Leverkusen, die der FC beide gewann, die Höhepunkte gewesen sein. Nüchtern betrachtet verblassen sie aber gegenüber den großen Leistungen des Vorjahres. 1995/96 waren St. Pauli und die Spitzenteams, trotz aller Unterschiede, noch Teil einer Fußball-Welt; 1996/97 fühlte man sich jedoch eher an Pokalspiele zwischen unterklassigem Underdog und hohem Favoriten erinnert.

Insofern ist es auch nachvollziehbar, dass die Maslo-Elf am 12. November 1996 im Viertelfinale des DFB-Pokals in Cottbus eine der deprimierendsten Niederlagen der Vereinsgeschichte kassierte – und dabei rund 1,5 Millionen Mark verspielte. Es muss die Hamburger stark irritiert haben, auf einen Kontrahenten zu treffen, der so spielte wie sie selbst vorher gegen Stuttgart, das heißt in jeder Szene des Spiels demonstrierte: Wir haben so viel Kraft, wir können gar nicht verlieren. Zur Leistung St. Paulis lässt sich nur sagen, dass der spätestens seit diesem Nachmittag unsterbliche Ulrich Maslo gegen einen zwei Klassen tiefer spielenden Gegner 120 Minuten lang mit nominell einer Spitze operieren ließ. Der verdiente Eintrag ins „Guiness Buch der Rekorde" blieb ihm leider versagt, die verdiente Kündigung ebenso.

Erst am 21. April, nach der 0:4-Niederlage beim zu diesem Zeitpunkt bereits als Absteiger feststehenden SC Freiburg, rang sich das Präsidium zu dieser Entscheidung durch – viel zu spät, um mit einem neuem Coach noch die Bundesliga halten zu können. Einem TV-Reporter hatte Maslo auf die Frage „Kennen Sie einen Trainer der Welt, der mit dieser Elf den Abstieg verhindern kann?" einen Tag vorher noch in gewohnt selbstherrlicher Manier geantwortet: „Ja, Uli Maslo."

Der Sportlehrer hinterließ eine heruntergewirtschaftete Truppe, der es zudem an Selbstvertrauen mangelte. „Verschiedene Spieler haben sich hier nicht weiterentwickelt oder eher zurückentwickelt", konstatierte Interims-Trainer Klaus-Peter Nemet in „Unhaltbar!", nachdem er das Amt übernommen hatte. Gemeint waren unter anderen Hanke, Scharping und Schweißing.

Die Leistungen wirkten sich auch auf das Verhalten der Fans aus. Bei den Heimspielen tendierte die Bereitschaft, die Mannschaft nach einem Rückstand nach vorn zu peitschen, gegen null – das deutete darauf hin, dass viele Zuschauer sich in einen lethargischen Fatalismus geflüchtet hatten oder einfach nicht mehr bereit waren, jede Vorstellung zu akzeptieren. Bezeichnend auch, dass die Unterstützung bei Auswärtsspielen in

Der Spieler der Saison 1996/97: Luiz Firmino Emerson.

der mit Abstrichen annehmbaren Hinrunde wesentlich besser war als in der apokalyptischen Rückserie. Verwunderlich ist das nicht. Auswärts spielte die Elf fast grundsätzlich wie ein Absteiger. Es war ähnlich wie in der Saison 1990/91: Wenn die Heimmannschaft erst einmal ein Tor geschossen hatte, war praktisch klar, dass man das Spiel abhaken konnte.

Das war nicht der einzige Aspekt, der an die vorangegangenen Abstiege erinnerte. Der Kader war zum Beispiel, wie bereits 1977/78 und 1990/91, erneut nicht darauf ausgerichtet, Verletzungen von Leistungsträgern zu kompensieren. Dieser Déjà-vu-Effekt – das war denn auch das Deprimierendste an dem ganzen Desaster.

Der FC vor der Jahrtausendwende

„Eine neue Liga ist wie ein neues Leben", sangen die Fans des FC kurz vor Ende der Saison 1996/97, als der Abstieg lange feststand. Gewiss, es ist nur die Abwandlung eines alten Schlagertextes. Dennoch wirft der Refrain eine berechtigte Frage auf: Hat für den FC St. Pauli Ende Juli wirklich so etwas wie ein neuer Lebensabschnitt angefangen?

Im Februar dieses Jahres deutete einiges darauf hin, dass 1997 ein einschneidendes Jahr in der Vereinsgeschichte wird. Auf der Mitgliederversammlung präsentierte Reinhard Kock, leitender Angestellter in der Firma Heinz Weiseners, die Pläne für den Ausbau des Wilhelm-Koch-Stadions zu einer überwiegend mit Stehplätzen ausgestatteten und komplett überdachten 35.000-Mann-Arena. Wäre mit dem Bau, wie manche Anhänger aufgrund der Verlautbarungen in der Versammlung gehofft hatten, schon in der Sommerpause begonnen worden – dann hätte zu dem Zeitpunkt tatsächlich ein neues Leben für den Klub begonnen. Denn mit einem 35.000 Zuschauer fassenden Stadion würden sich dem Klub wirtschaftlich und möglicherweise sogar sportlich erheblich bessere Perspektiven eröffnen.

Entsprechend positiv stehen sogar die kritischsten Anhänger dem Projekt gegenüber – jedenfalls wenn ein verkehrspolitisches Konzept gefunden wird, das gewährleistet, dass der ohnehin von Autofahrern malträtierte Stadtteil nicht unter den geplanten fußballfremden Veranstaltungen in der Arena zu leiden hat. Die müssten dort regelmäßig stattfinden, damit sich das Projekt überhaupt trägt. Im Verlauf des Jahres ist das Interesse an der Stadionrenovierung allerdings zurückgegangen – kein Wunder, denn es ist ungewiss, wann die ersten Bauarbeiter Hand anlegen.

Ein neues Leben hätte für den FC St. Pauli auch begonnen, wenn er einen Typ von Coach verpflichtet hätte, der auf die Bedürfnisse finanzschwacher Klubs zugeschnitten ist, einen, den die Zeitschrift „Hattrick", analog zu einem Begriff aus der Film-Rezeption, als „Autoren-Trainer" bezeichnet: Übungsleiter, die ein individuelles und über längere Zeit tragfähiges System entwickelt haben und die gezielt relativ unbekannte, vielleicht auch bisher unterschätzte Spieler holen, von denen sie aber genau wissen, dass sie ihre Fußball-Philosophie umsetzen können. Finke, Pagelsdorf, Toppmöller – sie haben es vorgemacht. Gewiss, solche Trainer wachsen nicht auf den Bäumen. Aber vielleicht muss man auch mal in den Regionalligen oder außerhalb Deutschlands suchen, um sie zu finden.

Statt eines „Autoren-Trainers" kam Eckhard Krautzun, mit 56 Jahren gerade mal zwei Jahre jünger als Maslo und nach eigener Einschätzung „ein junggebliebener Fünfziger, der gern mit den Spielern diskutiert". Krautzun ist ebenso eine Notlösung wie es sein Vorgänger Maslo 1994 war. Dieser kam, weil der Klub seinerzeit Seppo Eichkorn in der Sommerpause entlassen hatte und weil außer dem Ex-Schalker kaum noch ein Trainer auf dem Markt war. Der jetzige FC-Coach wiederum bekam den Zuschlag, weil der Klub nach der ohnehin monatelang überfälligen Entlassung Maslos noch ein paar Wochen mit verhandlungstaktisch ungeschickten Spielchen vertrödelte und weil es außer dem „junggebliebenen Fünfziger" danach kaum noch relevante Kandidaten gab. Auch Krautzun profitierte somit davon, dass Präsident Heinz Weisener, wie es die taz einmal galant formulierte, „kein Mann schneller Entschlüsse" ist.

Derartige Kritik am Boss ist prinzipiell berechtigt. Andererseits: Dass er Fehler macht, versteht sich von selbst. Der 69jährige führt eine Firma und einen Verein, will darüber hinaus die Idee eines quasi neuen Stadions umsetzen – den Folgen einer schweren Krankheit zum Trotz, von denen er immer noch gezeichnet ist. Selbst jemand, der kerngesund ist und 20 Jahre jünger, hätte Probleme damit, solch ein Pensum zu bewältigen. Man kann Weisener auch kaum vorwerfen, dass er hypersensibel auf Kritik reagiert; psychologisch betrachtet, ist das nur zu verständlich. Wohl jeder, der sich derart, also mit einem grundsätzlich nicht unsympathischen Hang zum Masochismus, in seine Arbeit verbeißt, täte das. Der Architekt würde wahrscheinlich auch so reagieren, wenn er nicht mit einem zweistelligen Millionen-Betrag dafür gesorgt hätte, dass der Verein überhaupt noch im Profigeschäft mitmischen kann.

Weisener wird natürlich auf absehbare Zeit unentbehrlich bleiben. Dennoch lässt sich sagen: Je früher der FC St. Pauli Strukturen schafft, die den Präsidenten entlasten und womöglich dafür sorgen, dass er die richtigen Entscheidungen zum richtigen Zeitpunkt trifft, desto schneller wird sich ein dauerhafter Erfolg einstellen.

Immerhin gelang es dem Verein im Sommer 1997, mit Jack Daniel's einen neuen Hauptsponsor zu präsentieren, der sogar zum Umfeld passt. „Wohl noch nie war die Identifikation eines Teils der Anhängerschaft mit dem die Heldenbrust schmückenden Firmenlogo so groß", mutmaßten Whisky-Kenner im „Übersteiger".

Die Rolle, die der FC derzeit im Fußball-Geschäft ausfüllt, dürfte weiterhin gefragt sein, vermutlich sogar stärker als bisher: die im Regelfall höchst provinzielle Verquickung von Fußball und Show; die mediale Allgegenwart von Bayern München und Borussia Dortmund, die es vielen Fußball-Anhängern verleidet, sich noch für Titelkampf und Champions League zu interessieren – davon wird der FC St. Pauli auch in den nächsten Jahren indirekt profitieren, weil sein Name immer noch für ein Gesamtkunstwerk aus Fußball, Fans und Viertel steht, das für eine im weitesten Sinne oppositionelle Zielgruppe attraktiver ist als die populären Fußball-Modelle.

Da es aber zumindest langfristig nicht genug Menschen reizen dürfte, wenn in der Bundesliga nur noch Konzerne gegeneinander spielen, tragen natürlich Vereine wie der FC wiederum dazu bei, dass das System funktioniert. Auch im Fußball gibt es halt kein richtiges Leben im falschen.

St. Pauli Wonderland

Geschichten
rund um den Klub

Und Geld stinkt doch!

Auf den Spuren des Unternehmers Wilhelm Koch

Naturgemäß gibt es heute nur noch wenige St. Paulianer, die ihn in den ersten Jahren seiner Amtszeit kennengelernt haben: den Mann, der den Klub zwischen 1931 und 1945 sowie zwischen 1947 und 1969 führte und nach dem das Stadion am Millerntor benannt ist. Günther Peine und Karl Kunert, beide 1930 erstmals in einer Knabenmannschaft für den FC am Ball, gehören dazu. Peine bekommt leuchtende Augen, wenn er an den vermeintlichen Gottvater denkt. „Wilhelm Koch war der Präsident schlechthin, mindestens was Weisener heute ist", sagt der einstige Verteidiger der Liga-Elf. Karl Kunert sieht es etwas differenzierter: „Es musste immer alles sauber sein, er hat sogar die Mitarbeiter im Klubheim angeherrscht, wenn er meinte, dass die Gardinen mal wieder gewaschen werden müssten. Heute hätte er mit seiner Art sicherlich Probleme."

Einige, die dem Präsidenten erst in den 50er Jahren zum ersten Mal begegnet sind, werden noch deutlicher. Wilhelm Friedrich Karl Koch, geboren am 13. Februar 1900, sei ein selbstherrlicher Mensch gewesen, meint einer: „Wenn man etwas von ihm wollte, musste man erst einmal einen Diener machen. Sonst lief gar nichts." Fest steht zumindest, dass Koch ein sehr reicher Mann war und insofern ein idealer Präsident für einen Fußballklub. Der Unternehmer wohnte in einem der feudalsten Gebäude, die sich im Zentrum Hamburgs finden lassen. Im selben Haus, an der Grenze zwischen den Stadtteilen Rotherbaum und Eppendorf gelegen, lebt jetzt Ulrich Wickert.

Von 1933 bis zu seinem Tod im Jahre 1969 führte Wilhelm Koch in der Katharinenstraße, einen Steinwurf vom Hafen entfernt, die Firma Koch & Scharff. Dieser Betrieb importierte Häute und Felle und verkaufte sie weiter an die lederproduzierende Industrie in Italien und Deutschland. Dass der FC-Präsident so zu einem Vermögen kam und dass er, was auf den ersten Blick ja durchaus erfreulich ist, im Verlauf der Jahre einen größeren sechsstelligen Betrag in seinen Verein stecken konnte – das hat er allerdings zu einem gewichtigen Teil den Nazis zu verdanken.

FC-Boss Koch (1935): Reichtum in der Leder-Branche.

Bis 1933 gehörte die Firma, deren Geschichte mit der des FC St. Pauli zumindest locker verknüpft ist, noch zwei jüdischen Staatsbürgern: Emil Arensberg und Jacques Wolf Sekkel; beide führten auch die Geschäfte, während Wilhelm Koch und Hugo Scharff – jeweils seit 1922, aber mit Unterbrechungen – als Prokuristen für sie arbeiteten. Das Ende von Arensbergs und Sekkels Unternehmer-Karriere in Deutschland ist in einem Eintrag im Handelsregister Hamburg vom 12. Oktober 1933 lapidar beschrieben: „Die Vertretungsbefugnis der Geschäftsführer E. Arensberg und J.W. Sekkel ist beendet. Wilhelm Koch und Hugo Scharff, Kaufleute zu Hamburg, sind zu Geschäftsführern bestellt worden."

Scheffel sowie Arensberg und seine Frau emigrierten noch 1933 nach Schweden – drei von 5.000 Juden, die bis 1937 aus Hamburg auswanderten und von denen die Nazis perfiderweise auch noch profitierten, indem sie die sogenannte Reichsfluchtsteuer kassierten. Ab 1934 waren dann Koch und Scharff – das geht hervor aus einer Akte der Devisenstelle des Oberfinanzpräsidenten Hamburg, die Arensbergs Ehefrau betrifft – alleinige Gesellschafter.

Die beiden profitierten schnell von der Flucht ihrer Ex-Chefs. „Die Jahre zwischen 1936 und 1939 waren sehr erfolgreich", meint Hugo Scharffs Sohn Jürgen, der 1954 als dritter Partner in die Firma einstieg. „Da waren Wilhelm Koch und mein Vater auf dem Höhepunkt ihrer Schaffenskraft." Kochs Jahreseinkünfte aus Arbeit und Kapitalvermögen, die im ersten Jahr nach der Firmenübernahme noch lediglich 10.500 Reichsmark betragen hatten, stiegen zwischen 1936 und 1939 von 64.000 auf 133.000, 1942 und 1943 dann sogar auf 190.100 bzw. 262.405 Reichsmark. Die „Schaffenskraft" des Ex-St.-Pauli-Bosses in allen Ehren: In einem wie auch immer gearteten demokratischen Deutschland, also wahrscheinlich noch als Angestellter Arensbergs und Sekkels, hätte er solche Summen natürlich bei weitem nicht verdient.

In die Partei, der er einiges zu verdanken hatte, trat Koch im August 1937 ein; den Beginn seiner Mitgliedschaft datierte die NSDAP allerdings zurück auf den 1. Mai – warum, ist mittlerweile nicht mehr nachzuvollziehen. Des weiteren war der Mann aus der Lederbranche Mitglied im NS-Reichsbund für Leibesübungen. Das alles lässt sich heute in den Fragebögen der britischen Militärregierung nachlesen, die er im Zuge der Entnazifierung zu beantworten hatte. Das Verfahren, eingeleitet im Herbst 1945, endete am 22. Januar 1947 mit einem für Koch zufriedenstellenden Ergebnis. Das Advisory Board der Militärregierung bescheinigte ihm, „only hanger-on" gewesen zu sein: „nur Mitläufer". Diese Formulierung diente seinerzeit bekanntlich einer gesamten Staatsbevölkerung dazu, ihr Gewissen zu beruhigen. Nazis, so redete sich der durchschnittliche Bundesdeutsche ein, hat es eigentlich nicht gegeben, sondern „nur Mitläufer".

Nach dem Urteil durfte Koch wieder tun, was ihm rund anderthalb Jahre verboten gewesen war: als Präsident des FC amtieren. Dass er, der im übrigen auch während seines Verfahrens ständig im Vereinsleben präsent war, dieses Amt wieder anstrebte, ist nicht verwunderlich; dass die Mitglieder ihn wählten, dagegen schon – zumindest wenn man die Entwicklung mit der anderer Klubs vergleicht. Zwar haben die meisten von ihnen ihre Rolle während des Faschismus verdrängt oder beschönigt, aber es war kaum jemand so instinktlos, bei erstbester Gelegenheit jenen Präsidenten wiederzuwählen, der während der NS-Zeit regiert hatte. Andererseits ist die Entscheidung der Mitglieder keineswegs als Bekenntnis zum Faschismus zu werten. Vielmehr ging es ihnen darum, die national-konservative Tradition fortzusetzen, für die der Verein vor 1933 gestanden hatte – und für die auch Koch gestanden hatte, der zwei Jahre vor Beginn des Dritten Reichs Präsident geworden war.

Auch ein Vierteljahrhundert nach 1945 war am Millerntor noch keine Generation nachgewachsen, die Kochs Rolle im Faschismus kritisch betrachtete. Ansonsten hätte das Stadion 1970 wohl kaum nach dem kurz zuvor Verstorbenen benannt werden können. Wenn man Kochs Nachfolger Ernst Schacht glauben kann, war die Namensgebung in erster Linie ein verhandlungstaktischer Schachzug: „Die drei Töchter beanspruchten nach Wilhelms Tod 300.000 Mark von dem Geld, das er dem Verein zur

Verfügung gestellt hatte. Ich habe denen statt dessen 150.000 Mark und die Verewigung ihres Vaters im Stadionnamen angeboten. Und das haben sie schließlich akzeptiert." Das heißt: Wenn der FC St. Pauli, vielleicht im Zuge des angekündigten Ausbaus, beabsichtigen sollte, das Stadion umzubenennen, haben zwei der drei Töchter Kochs – eine ist mittlerweile verstorben – auf jedem Fall ein Wörtchen mitzureden.

Überfällig ist ein neuer Name allemal. Dass ein Stadion, in dem rechtsradikale Äußerungen vorbildlich mit Hausverbot geahndet werden, benannt ist nach einem ehemaligen NSDAP-Mitglied und Nutznießer der Nazi-Politik – das ist ja nun wirklich grotesk.

Geboren auf der Straße

Fußball in der Nachbarschaft des FC St. Pauli

Das Heiligengeistfeld im Zentrum St. Paulis ist republikweit bekannt – dank des Riesen-Jahrmarkts „Hamburger Dom" und nicht zuletzt dank des FC, der hier seit jeher ansässig ist. Auf der einst 400.000 Quadratmeter und heute etwa halb so großen Freifläche – ursprünglich reichte sie bis ins heutige Nachbarviertel Neustadt – waren und sind allerdings auch noch andere Vereine zu Hause.

Seinen Namen verdankt das Heiligengeistfeld einem Krankenhaus. 1264 erhielt das „Hospital zum Heiligengeist", bis zum Hamburger Großbrand 1842 auf dem Gebiet des jetzigen Großneumarkts angesiedelt, das Areal von der Stadt. Es diente seinerzeit als Acker- und Weideland. Seit 1857 ist das Gelände wieder in städtischem Besitz.

Die Fußballer und die „Dom"-Schausteller ließen sich ungefähr zur selben Zeit hier nieder: Anfang der 90er Jahre. Der erste „Dom" fand hier 1892 statt, und seit 1900 geht er ausschließlich auf St. Pauli über die Bühne. Die ersten Kicker, die hier in Erscheinung traten, stammten von den beiden Schulvereinen Cito und Excelsior. Aus ihnen entstand 1895 der **FC Victoria** (seit 1908 SC), der neun Jahre auf dem Heiligengeistfeld zu Hause war, dann zum Grindelberg und drei weitere Jahre später ins dann fertiggestellte Hoheluft-Stadion zog.

Der Spielbetrieb litt anfangs unter den Fußgängern, die die Balltreter vielfach ignorierten und einfach das Spielfeld durchquerten. Von der Partie Victoria – Altona 93 im Oktober 1899 heißt es in einem Bericht, sie habe stattgefunden „im Beisein einer großen Menschenmenge, welche überdies das Spiel durch das Hineindrängen ins Spielfeld sehr störte".

Auf dem Heiligengeistfeld machte zum ersten Mal Victorias späterer DFB-Auswahlspieler Hermann 'Etsche' Garrn auf sich aufmerksam: Er avancierte als kleiner Junge zu einem gefürchteten Ballholer; wenn der Ball neben das Tor ging, schoss er ihn nicht etwa zurück, sondern dribbelte erst einmal eine Weile vor sich hin, und manchmal verschwand er auch einfach mit der Spielkugel.

Der einzige Verein, der neben dem FC St. Pauli seit jeher auf dem Heiligengeistfeld spielt, ist der **SC Hansa 10/11**. Einen der Plätze auf dem Gelände – inclusive des Wilhelm-Koch-Stadions und einem Grand, der nicht für Punktspiele geeignet ist, sind es vier – nutzen die beiden Klubs gemeinsam. Hansa 10/11 entstand 1972 aus zwei Klubs namens Hansa, die 1910 bzw. 1911 gegründet worden waren. Die erste Fußball-Mannschaft des Klubs spielt heute in der Bezirksliga; zwischen 1981 und 1983 trainierte hier mal Kurt Hehl, zuvor Assistenz-Coach beim FC.

Der SC Hansa von 1911 ging aus dem Straßenklub Eintracht hervor, der am Holstenwall und auf dem heutigen Karl-Muck-Platz spielte – angesichts des spärlichen Verkehrs seinerzeit ohne weiteres möglich. „Wir waren alle noch nicht mündig, deshalb mußte der Vater eines unserer Kameraden den Vorsitz übernehmen, um überhaupt ein Vereinslokal zu bekommen", heißt es in „75 Jahre Hansa 10/11" in einem Rückblick auf die Vereinsgründung. Andere Mitglieder blieben bei der Eintracht und schlossen sich 1914/15 der Spiel- und Sportabteilung des St. Pauli TV an, unter anderem Richard „Käppen" Rudolph.

1933 bekam Hansa 11 Zulauf von zirka 80 Mitgliedern der Arbeitersportvereine, die von den Nazis verboten wurden – vor allem vom Turnverein Fichte St. Pauli. Der hatte, wie auch die Schlagballer vom SC Frisch Auf, bis dato auf dem Arbeitersportkartellplatz an der Feldstraße gespielt, der später im Zuge des Krieges zerstört wurde. Auch Hansa 10 war ein Arbeitersportklub; mit den 11ern wollten die hauptsächlich im Schlagball erfolgreichen Mitglieder damals allerdings noch nichts zu tun haben.

Rund ein Vierteljahrhundert war der **SC Vineta** auf dem Heiligengeistfeld zu Hause. Der Verein wurde 1911 in Eimsbüttel gegründet. Er gehört „zu den Pionieren der zweiten Generation im Fußballsport…, die diesem Spiel den Anstoß zur Entwicklung zum Volkssport gegeben haben", wie Heino Gerstenberg, der langjährige 1. Vorsitzende des Hamburger Fußball-Verbandes, 1961 in der Jubiläumsschrift des Klubs fabulierte.

Warum benannte sich der Klub nach einer reichen Handelsstadt, die einst laut einer Sage in den Wellen der Ostsee verschwunden sei? „Die Sage erzählt uns, dass man noch heute die Glocken Vinetas vom Meeresboden hell erklingen hört, und dass die Vinetaner, die Bewohner der Stadt, niemals die Hoffnung aufgeben, aus der Versenkung dereinst wieder zu neuer Blüte aufzusteigen. Einen schöneren Sinn konnte man wohl nicht in unseren Namen legen." Diese blumigen Worte stammen von Fritz Jochens, dem ersten Präsidenten des Vereins.

Die Liga-Mannschaft des SC Vineta auf dem Heiligengeistfeld (1930). Oben von links: Moje, Baader, Wriegt, Borchert, Jochens; Mitte: Rieck, Rath, Settemeyer; unten: Lübbert, Springer, Schwichtenberg.

1919 spielte Vineta erstmals auf dem ehemaligen Eisbahn-Gelände an der Glacischaussee. In der Saison 1923/24 sowie von 1925 bis 1928 war der Klub in der A-Klasse vertreten, der damals zweithöchsten Liga. 1926/27 wurde er beispielsweise Fünfter in einer klar vom FC St. Pauli dominierten Staffel. Es war die sportlich beste Zeit des SC Vineta, der nach dem Ende des Dritten Reiches zur Sternschanze umzog, eine U-Bahn-Station vom Heiligengeistfeld entfernt.

Auf dem Grandplatz am Bahnhof war bereits seit den 30er Jahren der vorher in Großborstel und Harvestehude ansässige **VfL Hammonia** zu Hause. Ein sehr sympathischer Verein – zumindest insofern, als sich während des Faschismus die meisten Jugend-Spieler weigerten, der HJ beizutreten. Die jungen Kicker bekamen deshalb keine Spielgenehmigung mehr, und der Klub mußte die Jugendabteilung auflösen. Solche Formen des Widerstands waren beim FC St. Pauli leider nicht verbreitet.

Fußball auf der Sternschanze war nie unter leistungssportlichen Aspekten wichtig, sehr wohl aber unter gesellschaftspolitischen. 1960 ließ der SC Vineta als erster Hamburger Verein Mannschaften antreten, die allesamt aus ausländischen Spielern bestanden. 1963 gab es bereits drei: eine Elf aus Italienern, eine aus Algeriern, eine aus Togolesen. Die Boulevardpresse reagierte erwartungsgemäß. Ein „Bild"-Reporter zum Beispiel schien den Sportplatz mit einem Tierpark verwechselt zu haben. Als „ebenholzschwarze Gesellen, klein und flink" beschrieb er die Togolesen. Der Kollege der „Hamburger Morgenpost" hatte ein anderes Farbempfinden: Er sah bei einer Partie zwischen Togolesen und Algeriern eine Mannschaft „mit schokoladenfarbenen Spielern, die andere mit olivbraunen".

1970 fusionierte Vineta mit dem Nachbarverein SC Falke zum **SC Sternschanze**. Aus den unteren Mannschaften dieses Klubs entsprangen schließlich verschiedene ausländische Vereine. Seit 1978 besteht auch die Liga-Mannschaft des SC Sternschanze fast ausschließlich aus Nicht-Deutschen. Derzeit dominiert auf dem Grandplatz der in der Bezirksliga spielende VfL Hammonia; in der vergangenen Serie kickte in derselben Staffel noch der **SC Bosna**, der jüngste unter den „Schanzen-Klubs".

Zwei Steinwürfe weiter, im Sternschanzen-Park, residiert heute noch die **Spvgg. Polizei** – allerdings ohne Kicker. 1930 hatte der Verein die größte Fußballabteilung Norddeutschlands, 1972 mußte er sie mangels Masse auflösen. Auf dem Rasen der Polizisten spielte hernach die Liga von Hammonia (1975-1981), und mittlerweile ist der Platz auch einigen Hardcore-Fans des FC St. Pauli vertraut: In der letzten Saison trug die Amateurmannschaft hier ihre meisten Heimspiele aus.

Jede Woche Klabberjass

Wie sich die Rivalität zum HSV entwickelte

Jeder Hamburger Fußballfan hat eine Meinung zum Verhältnis zwischen St. Paulianern und HSVern. Allerdings hat sich kaum jemand so viel „Expertenwissen" erarbeitet wie der Rentner Horst Metzger in seiner fast 50jährigen Fanlaufbahn. Der Mann, der heute St.-Pauli-Anhänger ist, war nämlich 35 Jahre lang HSVer. Im September 1994 schrieb Metzger, damals 60 Jahre alt, im Fanzine „Der Übersteiger": „Ich muss offen gestehen, diese schon fast in Feindschaft ausartenden Rivalitäten hat es früher nie gegeben, trotz eines vollbesetzten Rothenbaums oder Millerntors. Wir frotzelten uns zwar immer an, das war's dann aber auch – man freute sich eben auch einmal über den Erfolg des anderen." Ein Jahr später, in Christoph Biermanns Buch „Wenn du am Spieltag beerdigt wirst, kann ich leider nicht kommen", ergänzt Metzger: „Bei meinen Freunden und mir war es im allgemeinen so: Wir hatten unseren HSV, gingen auch mal

„Na, du alte Zecke!" HSV-Kapitän Spundflasche begrüßt den Kollegen Karl Miller vor dem Entscheidungsspiel um die norddeutsche Meisterschaft (1948 im Hoheluft-Stadion).

zu St. Pauli, mal zu Concordia. Und wenn St. Pauli mal ein gutes Spiel machte, feuerten wir die natürlich auch an." Insofern findet er es befremdlich, dass sich die meisten St.-Pauli-Fans heute nicht einmal mehr freuen, wenn der HSV einen Sieg landet, der dem FC nützt. Oder es nicht für opportun halten, das zu zeigen.

Nicht nur unter den Fans, jedenfalls den über 25jährigen, gibt es ehemalige Rothosen. Auch im Vorstand von St. Pauli sitzt seit 1979 ein Ex-HSVer: Walter Schröder. Im Vereinsleben ist er seit 1958 präsent. Er übernahm damals den „Gerichtskeller" an der Ecke Karolinen- und Feldstraße; rund fünf Jahre lang – bis auf dem Heiligengeistfeld das heutige Klubheim entstand – diente das Lokal unter dem jetzigen Kneipenrestaurant „September" als Vereinshaus-Ersatz.

„Ich habe in der Jugend beim HSV gespielt, und nach dem Krieg bin ich St.-Pauli-Fan geworden. Das hat sich halt ergeben – durch die Leute, die ich in der Zeit kennengelernt habe", erzählt Schröder. „Mit LKW-Anhängern, wo hinten Holzbänke drin standen, sind wir zu Auswärtsspielen gefahren. Seit 1951 bin ich Mitglied beim FC St. Pauli, aber meine Freundschaft zu alten HSVern hat das nie beeinträchtigt. Mit Dieter Seeler bin ich regelmäßig an die Ostsee gefahren. Mit einigen, wie den Gebrüdern Richard und Frido Dörfel und dem Atomphysiker Dr. Melkonian, habe ich teilweise mehr als 20 Jahre lang jede Woche Klabberjass gespielt." Wohlgemerkt im „Gerichtskeller", im zeitweiligen Vereinslokal des FC.

Die Antipathie, die viele St.-Pauli-Fans heute dem HSV entgegenbringen, ist zu einem wesentlichen Teil auf das Volksparkstadion zurückzuführen. Diese Abneigung ist, aus dem Blickwinkel des Fußball-Historikers, relativ jung: Zu Oberligazeiten konnte sie zwangsläufig noch nicht entstehen, denn da fanden die Punktspiele des HSV ja auf dem mittlerweile plattgemachten Platz am Rothenbaum statt – einem Stadion, das sich von dem am Millerntor kaum unterschied: Es lag mitten in der Stadt, und die Zuschauer standen oder saßen dicht am Spielfeld.

Heute nörgeln auch Fans und Funktionäre des HSV über ihre Bude in Bahrenfeld. In der 60er Jahren jedoch kann deren Image nicht allzu schlecht gewesen sein, hatte der Klub in dieser Zeit doch die höchsten Zuschauerzahlen seiner Geschichte. 1961 kamen im Europacup der Landesmeister gegen Burnley und Barcelona jeweils 75.000, 1968 im Halbfinale des Pokalsieger-Cups gegen Cardiff City 70.000 Fans.

Bis Mitte der 80er Jahre gab es keinerlei Anlass, die Anhänger des HSV und des FC St. Pauli anhand politischer, fußballphilosophischer oder ästhetischer Kriterien zu unterscheiden. „Die Soziologie des Hamburger Fußballpublikums ist noch nicht geschrieben", schrieb völlig zu Recht im Februar 1977 die „Frankfurter Allgemeine". Dazu sympathisierten in der Stadt zu viele Fans grundsätzlich mit beiden Vereinen – das war nach Einführung der Bundesliga 1963 ja ohne weiteres möglich. Und mancher Fan machte die Entscheidung über einen Stadionbesuch in erster Linie abhängig von der aktuellen Erfolgsbilanz der beiden Klubs sowie der Attraktivität des jeweiligen Heimspiel-Gegners. Ganz abgesehen davon war St. Paulis Stammpublikum schlichtweg zu klein; da gab es nicht viel zu analysieren.

Zwei Monate nach dem FAZ-Artikel veröffentlichte das „Hamburger Abendblatt" eine Umfrage, derzufolge auch die HSV-Anhänger die St. Paulianer nach dem Aufstieg in die Bundesliga unterstützen wollten. Nur zwei Prozent von ihnen lehnten es ab, sich ein Heimspiel des FC anzuschauen. In dieser Zeit erarbeitete sich der HSV allerdings ein Image, das manche seiner Zuschauer abstieß. Verantwortlich dafür war der Manager Dr. Peter Krohn, einer der Väter des Fußball-Entertainments, wie wir es heute kennen. „Solange Dr. Krohn noch beim HSV regiert, gehe ich nur zum FC St. Pauli. Dort wird wenigstens Fußball geboten und nicht Zirkus", äußerte sich zum Beispiel ein Teilnehmer der „Abendblatt"-Umfrage.

Als Alternative sah die Anti-Krohn-Fraktion den FC aber eben nur, solange der auf einem hohen Niveau erfolgreich spielte, und das tat er nicht einmal ein Jahr lang, nämlich nur von Ende 1976 bis zum Herbst 1977. So gesehen hat St. Pauli in der Serie 1977/78 womöglich einen guten historischen Zeitpunkt verpasst, seine Basis zu vergrößern. Zumal der HSV, der 1977 immerhin den Europapokal der Pokalsieger geholt hatte, in dieser Saison stark enttäuschte und am Ende nur Zehnter wurde. Dass die Rothosen dennoch im Schnitt 30.000 Zuschauer mobilisieren konnten, der FC dagegen nur 11.700, sagt viel aus über die damalige Situation. Hätte der Millerntor-Klub die Klasse gehalten oder wenigstens bis zum Schluss die Chance dazu gehabt – dann wäre es auch möglich gewesen, längerfristig jene lokalen Fußball-Fans für sich zu gewinnen, die aus reiner Opposition zum Vater oder Bruder gegen den HSV waren und mangels Alternativen in Hamburg den FC Bayern oder Borussia Mönchengladbach zu ihren Vereinen erkoren hatten.

Nach dem Abstieg des FC begann für den HSV die erfolgreichste Zeit seiner Vereinsgeschichte: Zwischen 1979 und 1984 wurde er dreimal

Deutscher Meister und dreimal Zweiter. St. Pauli hat davon durchaus profitiert – jedenfalls indirekt. Vier Spieler, die entscheidend dazu beitrugen, dass St. Pauli von 1986 an wieder wer war, kamen Anfang der 80er Jahre vom HSV: Studer, Hinz und Golke aus der A-Jugend und Dahms von den Amateuren. Sie alle hatten in einer europäischen Spitzenmannschaft keine Perspektive, erwiesen sich aber für den FC als genau richtig.

Noch 1985 schienen die Machtverhältnisse unumstößlich zu sein. Nachdem St. Pauli im Abstiegskampf der 2. Liga einen begeisternden Sieg gegen Saarbrücken gelandet und der HSV am selben Wochenende eine erschütternde Leistung geboten hatte, druckte das „Hamburger Abendblatt" über dem St.-Pauli-Bericht eine heute bizarr anmutende Rechtfertigung: „Liebe Abendblatt-Leser, gewöhnlich steht am Montag der HSV auf der ersten Sportseite, und dann folgt St. Pauli. Nach dem lustlosen HSV-Spiel in Mannheim aber haben wir die Reihenfolge einmal geändert." Da muss die Redakteure die Befürchtung geplagt haben, HSV-Fans könnten das Springer-Haus in Brand setzen, falls man ihnen die Blasphemie nicht schonend verkauft.

Obwohl also lediglich seit gut zehn Jahren voneinander abgrenzbare Supporter-Szenen auszumachen sind, ist es nachvollziehbar, dass heute die Auffassung vorherrscht, die „große Rivalität" habe es, wie es zum Beispiel der „Verein Jugend und Sport", der Träger der beiden Hamburger Fanprojekte, formuliert, „eigentlich schon immer" gegeben. Die Angriffe von HSV-Hooligans auf St.-Pauli-Fans waren Anfang der 90er Jahre – und sporadisch sind sie es heute noch – so massiv, dass durchaus der Eindruck entstehen konnte, als seien die gelangweilten Mittelstandsbubis nicht „nur" frustriert vom guten Image der St. Paulianer, sondern als hätte die ganze Sache auch eine „historische" Dimension.

Was kann man, um noch einmal auf den 20 Jahre alten FAZ-Artikel zurückzukommen, heute unter soziologischen Gesichtspunkten über das Hamburger Fußballpublikum sagen? St. Pauli hat – das ist nicht nur „allgemein bekannt", sondern lässt sich zum Teil auch aus einer vom Klub in Auftrag gegebenen Umfrage herleiten – unter seinen Fans weit weniger CDU-Wähler als der HSV, das Bildungsniveau im Wilhelm-Koch-Stadion ist höher, dorthin kommen mehr Zuschauer aus dem innerstädtischen Bereich und damit auch mehr sogenannte Quiddjes, jene Stadtbewohner, die nicht in Hamburg geboren sind. Letzteres erklärt sich dadurch, dass Menschen, die das Studium oder die Arbeit hierher zieht, sich selten in den Außenbezirken niederlassen.

Der „Verein Jugend und Sport" glaubt sogar zu wissen, dass HSV-Anhänger eine andere Einstellung zum Fußball haben als St. Paulianer: „Der Unterschied in den Fanszenen vom Hamburger SV und vom FC St. Pauli liegt im Grad der Verbissenheit, der Identifikation mit dem Verein und der Bedeutung, die das Fandasein für den Einzelnen hat... Der HSV-Fan identifiziert sich total mit seinem Verein... In der gemeinsamen Gruppe der 'richtigen' Fans gehört man dazu, bildet mit dieser Gruppe den 'wahren' HSV, vor allem vor dem Hintergrund, dass Spieler, Funktionäre und Hauptamtliche häufig austauschbare 'Legionäre' sind." Auf den „idealtypischen" St.-Pauli-Fan hingegen treffe das nicht zu, der gehe „mit dem eigenen Verhalten eher spielerisch" um.

Diese Thesen klangen schon 1996, als sie formuliert wurden, ziemlich gewagt, inzwischen jedoch sind sie allemal überholt: Während die Gruppe jener St.-Pauli-Fans, die alles so wenig verbissen sehen, dass sie auch noch nach Niederlagen feiern, zusehends kleiner wird, hat sich in der Serie 1996/97 eine extreme Gegenposition etabliert: Anhänger, die den „wahren" FC St. Pauli zu verkörpern meinen und die sich von katastrophalen Leistungen der Mannschaft irgendwie persönlich angegriffen

Seeler schaut zu, wie Kühl und Porges Dörfel „sandwichen" (HSV - St. Pauli 2:2, März 1961).

fühlen. Das äußert sich in zwar nicht mehrheitsfähigen, aber dennoch etwas befremdlichen Sprechchören wie „Wir sind St. Pauli – und ihr nicht!"

Interessant ist eine derartige Reaktion insofern, weil die St. Paulianer, die den Rest der bundesdeutschen Supporter-Welt jahrelang in beinahe jeder Hinsicht beeinflussten, somit zum ersten Mal in nennenswerter Zahl unreflektiert Verhaltensmuster sogenannter normaler Fans übernommen haben – Verhaltensmuster, die der „Verein Jugend und Sport" halt dem „idealtypischen" HSV-Anhänger zuschreibt. Wie heißt doch einer der Hits aus dem Standardrepertoire teilzeitfrustrierter Rothosen-Fans: „Wir sind Hamburger – und ihr nicht!" Die Prognose, dass sich die Fanszenen der beiden Vereine deshalb angleichen werden – die wäre allerdings abwegig.

Die wichtigsten Derbys

Immer wenn St. Pauli und der HSV in der Bundesliga aufeinander trafen, klagten Spieler und Fans des FC zu Recht darüber, dass der Lokalrivale im Vorteil sei, weil er, da immer im Volksparkstadion gespielt wurde, praktisch nur Heimspiele hatte. In den ersten Jahren, als St. Pauli und der HSV um Punkte spielten, verhielt es sich ähnlich. Zwischen 1922 und 1924 fanden sieben Meisterschafts-Begegnungen hintereinander am Rothenbaum statt, und auch in den 30er Jahren mussten drei FC-Heimspiele aus unterschiedlichen Gründen nach Harvestehude verlegt werden.

Die größten Erfolge in der Frühgeschichte des Derbys feierte der FC in der Saison 1930/31, denn die gerade in die „Groß-Hamburg"-Staffel der norddeutschen Oberliga aufgestiegene Mannschaft gewann beide Spiele, und zwar mit 2:1 und 4:2. Über diese Serie schreibt Franz Strohkar in der inoffiziellen Klub-Chronik „Das Wunderteam": „Unvergesslich einem jeden St. Paulianer die traditionellen Siege gegen den damals besonders starken HSV." Aus diesen Worten spricht der sympathische Übermut eines Vereinsbrillenträgers, denn sämtliche 13 Meisterschaftsspiele, die vorher stattgefunden hatten – sieben davon bestritt der Millerntor-Klub noch als St. Pauli Turnverein – waren verloren gegangen. Die Tor-Bilanz aus diesen Begegnungen: 7:82.

Da für den HSV damals Siege gegen beispielsweise Union 03 Altona, den Vizemeister in besagtem Jahr, erheblich mehr Prestigewert hatten, dürften ihm die Niederlagen gegen den FC am Saisonende vielleicht sogar wurscht gewesen sein. Schließlich konnte sich der Klub vom Rothenbaum zu diesem Zeitpunkt über die norddeutsche Meisterschaft freuen.

Das erste Duell, das annähernd die Dimension der Nachkriegsderbys hatte, fand im Februar 1937 am Millerntor statt. Trotz Schnee und Eisregen war der Andrang zu dem Spitzenspiel – St. Pauli lag mit 22:8 Punkten vier Zähler hinter Tabellenführer HSV – so groß, dass der FC Not-Tribünen aufstellen musste. Der HSV gewann schließlich unerwartet hoch mit 8:0. Dieser Erfolg symbolisierte seine Rückkehr an die Macht – in den drei Jahren zuvor war nämlich der Eimsbütteler TV die Nummer eins in Hamburg gewesen.

Die bis dato höchste Niederlage kassierte St. Pauli im März 1940. Ob das Spiel allerdings 1:10 oder 2:11 verloren ging – das ist aufgrund widersprüchlicher Quellen nicht mehr zu ermitteln. Karl Kunert, der in der unterlegenen Millerntor-Elf stand, ist sich sicher, dass die zweite Version stimmt. „Der HSV hatte mit Berg und Schweißfurt starke Gastspieler von Schalke in seinen Reihen, die als Soldaten nach Hamburg versetzt worden waren. Deshalb war er zu der Zeit besonders stark", erinnert er sich.

In den folgenden Jahren lief es allerdings auch für die Elf vom Rothenbaum nicht mehr optimal, denn zwischen 1942 und 1944 wurden der ETV, Victoria und der Luftwaffen-Sportverein Meister. Nicht zu vergessen, dass der FC den HSV in der Saison 1943/44 mit 8:1 abfertigte – der höchste Derbysieg aller Zeiten und der letzte von insgesamt gerade mal sechs zwischen 1919 und 1945.

Nach dem Ende des Faschismus hatte der HSV insofern einen Vorteil, als die Alliierten den Platz am Rothenbaum unversehrt gelassen hatten. Dort fand im Frühjahr 1946 vor 20.000 Zuschauern das erste Nachkriegs-Punktspiel zwischen den beiden Klubs statt. Der HSV spielte so respektvoll wie noch nie und schien am Ende hochzufrieden damit zu sein, dass die Partie 0:0 ausging. „Das Spiel erfüllte nicht die Erwartungen, die man an Spitzenvereine stellen kann", kritisierte die „Hamburger Volkszeitung".

In der Serie 1946/47 ging der FC als Sieger aus den beiden Duellen hervor: Beim 3:2-Sieg am Rothenbaum, klar gemacht durch Fritz Machate, „Tute" Lehmann und den nur kurzzeitig für St. Pauli spielenden Linksaußen Fritz Wilde, half auch Helmut Schön mit. Das 0:0 im Rückspiel sahen 25.000 Zuschauer – die höchste Besucherzahl, die bis dahin bei einem Punktspiel in Hamburg erreicht wurde.

Eine Saison später machten die Fans im Rahmen der Derbys Schlagzeilen. Vor dem 0:2 am Millerntor, wobei Gastspieler Helmut Schön gegen den zweifachen Torschützen Fred Boller ganz schlecht aussah, hielten berittene Polizisten kartenlose Fans vom Stadion fern. Das Rückspiel wollten, so schätzte die Presse, 50.000 Hamburger sehen. Weil aber nur 27.000 ins Rothenbaum-Stadion passten, aktivierte die Feuerwehr ihre Wasserschläuche.

1948 und 1949 kassierte der FC St. Pauli in den wichtigen Partien gegen den HSV allesamt Niederlagen. Zunächst verlor er das Entscheidungsspiel um den ersten Oberliga-Titel an der Hoheluft mit 1:2 und sechs Wochen an gleicher Stelle das Finale um die Zonen-Meisterschaft mit 1:6 – letzteres Ergebnis spiegelte allerdings den tatsächlichen Unterschied zwischen beiden Teams nicht wider, denn St. Pauli hatte ein Halbfinal-Wiederholungsspiel gegen Dortmund hinter sich und war zudem durch Verletzungen gehandicapt.

Vielleicht richtungsweisend für den Kampf um die Nummer eins in Hamburg war das Spiel um die norddeutsche Meisterschaft im Mai 1949. Helmuth Johannsen, der ein paar Monate zuvor noch Liga-Betreuer gewesen war, fast 20 Jahre später mit Eintracht Braunschweig Deutscher Meister wurde und in den 80er Jahren als FC-Vizepräsident amtierte, sagt heute: „Vor dem Spiel galten beide Mannschaften als mindestens gleichwertig, auf dem Papier hatte St. Pauli sogar gewisse Vorteile. Danach aber hatte der HSV eine Vormachtstellung in der Stadt."

Die Begegnung war notwendig geworden, weil beide Mannschaften die Oberliga, wie im Vorjahr, punktgleich abgeschlossen hatten. Es begann optimal für den FC, denn Fred Boller, der ein Jahr zuvor noch für den HSV gespielt und zwischendurch für einen Musikinstrumenten-Hersteller im Schwarzwald gearbeitet hatte, schoss eine 2:0-Führung heraus. Obwohl es zur Pause immerhin noch 2:1 stand, waren die St. Paulianer zu diesem Zeitpunkt total deprimiert, weil sie das verwirrende Aufbauspiel des HSV, angekurbelt vom überragenden Heinz Spundflasche, nicht durchschauten. Dessen Coach Hans Tauchert hatte eine 2-4-4-Taktik ausgetüftelt (zwei Verteidiger, vier Läufer, vier Stürmer) – wahrscheinlich eine Weltneuheit damals. Kurios: Heiner Schaffer war so fertig, dass er Wilhelm Koch in der Kabine darum bat, nicht wieder auflaufen zu müssen. Vergeblich natürlich. Der Regisseur spielte vorerst weiter, verließ dann aber noch vor Spielschluss, als der 5:3-Sieg des HSV schon feststand, völlig entnervt den Rasen. Koch schmiss ihn daraufhin aus dem Kader.

Die Revanche gelang St. Pauli sieben Monate später, am zweiten Weihnachtstag. Eine vermeintliche Verlegenheitself – Stender, Boller und Sump fehlten – siegte auf dem teilweise mit Pfützen bedeckten Millerntor-Rasen mit 2:0. Justus Eccarius schoss beide Tore, hob damit, wie „Der Sport" es formulierte, „den Ausgang der norddeutschen Meisterschaft wieder in die Sphäre der glorreichen Ungewissheit".

Zu Beginn der 50er Jahre traten mal wieder die Zuschauer in Aktion. Am 1. April 1951 stürmten einige von ihnen am Millerntor den Platz. Der Grund: Ein Treffer von Hempel war nicht anerkannt worden, weil ihm ein Zuschauer die Vorlage gegeben hatte. Die Annullierung ließ sich aber verschmerzen, denn zwei Treffer von Kruppa sowie je einer von Boller, Sump und Beck zählten, weshalb St. Pauli zu einem grandiosen 5:0-Sieg kam.

Im September 1953 durchbrachen mehrere hundert Zuschauer die Absperrung und gelangten so ohne Eintrittskarte ins schon ausverkaufte

St.-Pauli-Verteidiger Kühl (rechts) tanzt mit Neisner (St. Pauli - HSV 1:4, Februar 1960).

Rothenbaum-Stadion. Einige, die jetzt schlecht oder gar nichts mehr sehen konnten, gaben aus Verärgerung den Ball nicht wieder her, nachdem er ins Aus gegangen war. Weil irgendwann sämtliche Reservebälle verschwunden waren, drohte der Schiedsrichter sogar damit, das Spiel abzubrechen, und wahrscheinlich hätte er das auch getan, wenn der Platzwart im Geräteschuppen nicht noch ein paar Bälle gefunden hätte. Das „Hamburger Abendblatt" kommentierte: „Das anständige Fußballpublikum kann es sich verbieten, dass ein Sportplatz von Fanatikern zum Tummelplatz der Leidenschaft degradiert wird." Leidenschaft beim Fußball galt damals offensichtlich als unanständig.

Der 1:0-Führungstreffer fiel in diesem Spiel aus einer Situation heraus, wie man sie sich für ein Derby wünscht: Wunstorf hält einen Elfmeter von Schlegel, gleich im Gegenzug bekommt der FC einen Freistoß, den Heitkamp durch die Mauer hämmert, wo er so abgefälscht wird, dass er ins Tor geht. Es war die mit Abstand schlechteste Oberliga-Saison des HSV, obwohl ja mit Posipal und Laband zwei Spieler aus dem späteren WM-Kader in der Mannschaft standen. Er befand sich teilweise in Abstiegsgefahr, und am Ende wurde er nur Vierter in der inoffiziellen Hamburger Meisterschaft – hinter St. Pauli, Altona 93 und dem ETV.

Doch dann begann die Ära von Uwe Seeler und Klaus Stürmer. Im ersten Derby der kommenden Saison schossen sie gleich beide Tore zum 2:0-Sieg ihrer Mannschaft. Richtig Alarm machten die beiden Talente allerdings erst beim 5:0 im Rückspiel. Das Endergebnis stand schon nach 27 Minuten fest, und Beobachter lobten zwar, dass der FC nie aufgesteckt habe, hatten aber gleichzeitig den Eindruck, die HSVer hätten in der zweiten Halbzeit nur noch gemächlich geditscht, um kein Verletzungsrisiko mehr einzugehen.

Der wichtigste Derbysieg der 50er Jahre gelang dem FC im Februar 1956, als er in akuter Abstiegsgefahr war. Der 1:0-Erfolg auf schneebedecktem Millerntor-Platz kam allerdings glücklich zustande – durch ein Eigentor von Schemel. Ein Jahr später brachte der HSV dem Rivalen dafür die deprimierendste Niederlage bei: 9:0 siegte er vor 23.000 Zuschauern am Rothenbaum. In der ersten Halbzeit fielen drei Tore in vier Minuten und in der zweiten Halbzeit vier in 15 Minuten, weshalb FC-Keeper Harry Wunstorf später gestand: „Ich wusste nicht mehr, wo mir der Kopf steht."

Selten waren beide Vereine einmal glücklich über den Spielausgang. Am 29. März 1958 war das so. „Don Emilio" Schildt sorgte für einen

1:0-Sieg, wodurch sich der FC am vorletzten Spieltag – die Saison endete wegen der WM frühzeitig – endgültig den Klassenerhalt sicherte. Und der HSV konnte trotz der Niederlage schon auf die Meisterschaft anstoßen, weil Verfolger Eintracht Braunschweig bei Holstein Kiel verloren hatte.

Knapp war es auch am 22. November 1959. Der HSV siegte glücklich mit 2:1, was „etwa hundert, meist jugendliche Krawallsüchtige" („Bild am Sonntag") derart frustrierte, dass sie nach dem Spiel für kurze Zeit den Auto- und Straßenbahnverkehr auf der Rothenbaumchaussee blockierten. Das zeigt, wie auch die Beispiele aus den frühen 50er Jahren: Die Derbys waren zwar emotional stark aufgeladen, und es kam auch mal zu „Ausschreitungen" im weitesten Sinne – aber nie zu Auseinandersetzungen zwischen den Anhängern beider Vereine.

Im Februar 1960, viereinhalb Monate bevor der HSV in Frankfurt gegen den 1. FC Köln das Endspiel um die Deutsche Meisterschaft gewann, revanchierte sich St. Pauli mit einem 4:1-Erfolg am Millerntor für die hohen Niederlagen der vorangegangenen drei Jahre – leider war es der letzte Oberliga-Sieg gegen den Klub vom Rothenbaum. 22.000 Zuschauer, die 50.000 Mark in die Kasse brachten, sahen, wie „Don Emilio" Schildt, Peter Osterhoff, Rolf Bergeest und Horst Haecks Gästekeeper Horst Schnoor überwanden. Der HSV imponierte in der Anfangsphase, spielte in der zweiten Halbzeit aber chaotisch. „Wir waren so dumm und haben für St. Pauli die Milch geholt", kommentierte Klaus Stürmer. Und FC-Coach Heinz Hempel analysierte auf Fachchinesisch: „Diese Taktik der zurückhängenden Verbinder, um den HSV vor unserem Strafraum in einem Sperrriegel aufzufangen, ihn zu einem übertriebenen Angriff zu reizen und dann mit drei eigenen Sturmspitzen zu kontern, war die einzige Möglichkeit, den HSV zu schlagen."

Die schlechteste Derby-Kulisse nach 1945 fand sich am 11. März 1962 am Millerntor ein. Nur 14.000 Fans waren da – wg. Dauerregen. Die Schlammschlacht gewann der HSV schließlich mit 2:1. Aus anderem Grund bemerkenswert war das vorletzte Derby der Oberliga-Geschichte, das der FC im Volksparkstadion mit 1:3 verlor. „Das hat es nach einem Kampf zwischen St. Pauli und dem HSV selten gegeben: mit wenigen Ausnahmen unversöhnliche Blicke der Spieler aus beiden Mannschaften, spitze, ja gehässige Worte, Kommentare, die mehr als unfreundlich waren", konstatierte das „Hamburger Abendblatt". „Bedauerlich ist, dass nach 16 gemeinsamen Oberliga-Jahren eine gute, alte Freundschaft zwischen zwei Klubs zerbrechen könnte. Hoffentlich gibt es genügend vernünftige Männer, die diese Entwicklung zu verhindern wissen." Ursache dafür, dass die „gute, alte Freundschaft" in Gefahr geriet, waren unter anderem einige üble Revanchefouls von Charly Dörfel und Dieter Seeler.

Nur ungern erinnern sich ältere St.-Pauli-Fans an das für 14 Jahre letzte Punktspiel der beiden Vereine, denn Keeper Hansi Thoms war an diesem 16. Februar 1963 so schlecht drauf, dass das Spiel 2:3 verloren ging. Umso lieber dafür an das erste Freundschaftsspiel nach der Oberliga-Ära, das St. Pauli anderthalb Jahre später am Rothenbaum mit 5:1 gewann. 7.000 Zuschauer staunten, und HSV-Trainer Georg Gawliczek tobte: „Eine Unverschämtheit gegenüber dem Publikum, dem Verein und auch mir gegenüber."

Innerhalb der letzten 35 Jahre fand nur ein Pflichtspiel gegen den HSV am Millerntor statt: 1972 ein Gruppenspiel im kurzlebigen Ligacup. Die Truppe von Karl-Heinz Mülhausen spielte vor 10.000 Zuschauern ziemlich bieder und Torwart Axel Lange ziemlich schwach, weshalb der Erstligist mit 4:1 gewann. Im Rückspiel drei Wochen später war es Langes Vertreter Fritz Schottmann zu verdanken, dass der FC vom Rothenbaum ein 0:0 mitnehmen konnte. Der HSV wurde dann nicht nur Gruppensieger, sondern gewann den seltsamen Wettbewerb auch durch ein 4:0 im Finale gegen Mönchengladbach.

Als einer der größten Tage der Vereinsgeschichte gilt der 3. September 1977, der Tag, an dem St. Pauli beim HSV gewann – der bis heute einzige Bundesliga-Sieg gegen den Nachbarn. Noch heute amüsieren sich St. Paulianer darüber, dass der damalige HSV-Vorstopper Peter Nogly vor dem Spiel getippt haben soll, seine Mannschaft gewinne mit 8:0. Der hat allerdings immer wieder betont, er habe damals bloß „geflachst".

Tatsächlich konnte man dem HSV nicht nachsagen, er habe hochmütig gespielt. Er war einfach nur schlecht, vor allem, wie das „Sport Megaphon" fand, „seine Abwehr, die sich durch das geschickt angelegte langlinige Spiel St. Paulis nur zu oft scheuchen ließ wie ein Hühnerschwarm. Am Ende musste bei soviel Desorganisation der HSV noch froh sein, nur um zwei Tore verloren zu haben." Das Fachblatt verstieg sich sogar in die im Nachhinein grotesk anmutende These, dass das Volksparkstadion der Mannschaft von Diethelm Ferner besser liege als der Platz am Millerntor: „Es scheint, als ob gerade die Weite des Spielfelds die spezifischen Vorzüge des St.-Pauli-Spiels herausarbeitet."

Das zweite Bundesliga-Derby der Saison 1977/78 verloren die St. Paulianer zwar mit 2:3, doch schlechter als beim ersten Mal spielten sie kei-

Der legendäre 3. September 1977: Wie seine Mannschaftskameraden, bringt auch HSV-Verteidiger Manfred Kaltz in diesem Spiel nichts zustande.

neswegs. Sie hatten einfach viel Pech: Zweimal rettete das Holz für den HSV, Dietmar Demuth fabrizierte ein Eigentor, und der Siegtreffer für die „Gäste" fiel erst zwölf Minuten vor Schluss durch den Freistoß eines Herrn, der zirka 20 Jahre später zu einem der bekanntesten Prügelstrafen-Verfechter Deutschlands avancieren sollte: Felix Magath.

Wer sich heute gern über das Niveau des Sportjournalismus beklagt, sollte sich einen Text auf der Zunge zergehen lassen, der am Montag nach dem Spiel im „Sport Megaphon" erschien: „Gelb ist 'in'! Während Ex-HSV-Trainer Rudi Gutendorf mit einer Fußball-Delegation aus China durch deutsche Lande reist, zückte der Gelsenkirchener Unparteiische Wichmann beim Hamburger Lokalderby nicht weniger als fünfmal die gelbe Karte."

Das nächste Pflichtspiel fand erst rund neun Jahre später statt – am Bußtag 1986 beim DFB-Pokal-Achtelfinale. Der FC, gerade zurückgekehrt in die 2. Liga, agierte vor 58.000 Zuschauern überaus ängstlich und verlor folgerichtig mit 0:6. Zwei Jahre später, im ersten Spiel nach dem Wiederaufstieg in die 1. Liga, gab es einen großen Helden: Jan Kocian. Er traf kurz vor Schluss per Kopf zum 1:1-Endstand. Unvergessen auch der folgende Handstandüberschlag à la Hugo Sanchez. Der HSV, im Sturm übrigens damals mit Labbadia und Bierhoff, spielte schwach, St. Pauli für seine Verhältnisse gut, bedenkt man, dass Knäbel, Dahms und Trulsen fehlten – angesichts des kleinen Kaders eine mittlere Katastrophe. So verteidigte der FC in der Tabelle seinen Zwei-Punkte-Vorsprung vor dem HSV.

Das beste Spiel der jüngeren Vergangenheit fand im März 1989 statt. Es war zwar spielerisch nicht berauschend, aber immerhin packend und hatte tatsächlich etwas, was man gemeinhin „Derby-Charakter" nennt. Außerdem erzielte Sonny Wenzel hier sein legendäres Außenrist-Tor. Der FC verlor die Partie allerdings mit 1:2, weil er gegen Jan Furtok kein Mittel fand.

Alle folgenden Duelle waren eine Zumutung, manchmal „nur" für die St.-Pauli-Anhänger, meistens für sämtliche Zuschauer. In der Saison 1989/90 ließ sich über die Derby-Tristesse aber getrost hinwegsehen, denn in dem Jahr war – auch wenn der HSV in der Abschlusstabelle acht Tore besser stand – der FC die Nummer eins in der Stadt: Fünf Spieltage vor Schluss hatte der Millerntor-Klub noch gute Chancen, den UEFA-Cup zu erreichen; der HSV dagegen war zu dem Zeitpunkt Vorletzter, was die halbe Stadt und auch St.-Pauli-Präsident Weisener „sehr betroffen" machte.

Das grausamste aller grausamen Derbys war das Hinspiel der Saison 1996/97. Nicht nur weil der HSV mit 3:0 gewann, obwohl er fast die gesamte Begegnung mit zehn und die Schlussphase sogar mit neun Spielern bestreiten musste. Mindestens ebenso erschütternd war die Lethargie auf den Rängen, nicht einmal die HSV-Fans sorgten für Stimmung. In der zweiten Halbzeit war es fast so still wie auf dem Altonaer Friedhof nebenan, jedenfalls konnte man oben auf den Ostkurvenplätzen am Rand der Haupttribüne sogar Geräusche vom Spielfeld hören. Es ist nicht anzunehmen, dass so etwas bei irgendeinem vergleichbaren Großstadt-Derby in Europa möglich ist.

Gewiss, es gibt noch andere fanunfreundliche Arenen, an deren Stelle ein Krater besser aussähe, das Gottlieb-Daimler-, das Rhein- und das Niedersachsenstadion zum Beispiel. Aber das Volksparkstadion, das hat dieser 15. September 1996 erneut bewiesen, ist in dieser Hinsicht unerreicht.

„Nur ein gefeuerter Trainer ist ein richtiger Trainer"

Ein Gespräch mit Manager Helmut Schulte

Helmut Schulte wurde im Herbst 1987 Chefcoach beim FC St. Pauli und führte den Verein, aufbauend auf der Vorarbeit, die Michael Lorkowski und Willi Reimann geleistet hatten, rund ein halbes Jahr später in die Bundesliga. In dieser Zeit erarbeitete er sich, wenn auch nicht bewusst, das Image eines Volkshelden. Im Februar 1991 wurde er entlassen, aber den Abstieg in die 2. Liga konnte auch sein Nachfolger Horst Wohlers nicht verhindern. Nachdem er als Trainer in Dresden und Schalke, als Manager in Lübeck sowie als Fernsehjournalist gearbeitet hatte, kehrte er zu Beginn der Saison 1996/97 zum Millerntor zurück und übernahm den seinerzeit verwaisten Manager-Posten.

Den Trainer und Manager Helmut Schulte kennt man. Aber du warst für St. Pauli ja auch als Spieler aktiv. Wie verlief denn diese Karriere?
Ich hab' ja nie für die erste Mannschaft gespielt.
Doch, einmal. In einem irgendwie historischen Spiel sogar. Es war das letzte, das die Liga-Mannschaft dieses Vereins im Amateurbereich bestritten hat: 1986 in der Aufstiegsrunde beim SC Charlottenburg.
Stimmt, ich hab' einen Elfmeter verursacht. Aber das war egal, wir waren ja schon aufgestiegen. 1984, als ich als hauptamtlicher Jugendcoach sowie als Co-Trainer von Lorko (Michael Lorkowski – RM) verpflichtet worden bin, hatte die Amateurmannschaft keinen Vorstopper mehr. Dann habe ich bei denen mal mittrainiert, weil die sehen wollten, ob der Mann denn wirklich was taugt, und nachher sollte ich sogar einen Profi-vertrag bekommen. Den musste ich kriegen, um in der 2. Liga eingesetzt werden zu können, denn damals galt die Regelung, dass Amateure in der Profimannschaft nur spielberechtigt waren, wenn sie bereits ein Jahr im Verein gespielt hatten. Der Lizenzspielervertrag kam dann aber nicht zustande, weil wir die Unterlagen zwei Tage zu spät zum DFB geschickt haben…

Typisch St. Pauli!

...und so hab' ich dann bei den Amateuren in der Landesliga gespielt.

Welchen Vorstopper-Typ hast du verkörpert?

Kein Mensch, kein Tier, die Nummer vier.

Wie war damals die Arbeitssituation für einen Nachwuchstrainer?

Die Jugendabteilung lag quasi am Boden, als ich kam, seit dem Zwangsabstieg aus der 2. Liga 1979 schien dafür einfach keine Kohle mehr da gewesen zu sein. Es gab zwar in den älteren Jahrgängen noch gute Spieler, aber an der Basis der Nachwuchsarbeit, in der F-, E- und D-Jugend, sah es ziemlich schlecht aus.

Du hast vier Klubs im Profibereich erlebt. Was verbindet sie, unabhängig von ihren sportlichen Leistungen?

Das merkwürdige Wort Traditionsverein trifft für alle vier zu. Auch für Dynamo Dresden, obwohl der Klub im Vergleich zu den anderen noch nicht so lange eingeführt ist. Der Verein hat einen enormen Rückhalt in der Bevölkerung, nicht zuletzt weil er ab Mitte der 70er Jahre gemeinsam mit Dynamo Berlin führend war in der DDR.

Und was unterscheidet diese Klubs?

Für mich durch die Jobs, die ich da gemacht habe. Als Manager ist die Arbeit weniger gefühlsbetont als für einen Trainer, da schreit niemand „Helmut, Helmut", was mir immer unangenehm gewesen ist, oder „Schulte raus!". Bei St. Pauli war die Arbeit als Trainer am emotionalsten, bei Dresden habe ich gelernt, dass man den Job auch mit ein bisschen Distanz machen kann. Deshalb sage ich ja auch: Nur ein gefeuerter Trainer ist ein richtiger Trainer, denn wer einmal entlassen wurde, wird nie wieder so eine feste Bindung zu einem Verein aufbauen, wie ich es zum Beispiel bei St. Pauli getan habe. Bei Schalke war ich, und das war natürlich auch hochinteressant, zu einer Zeit, als es darum ging, ob der Verein weiterlebt oder nicht, der Wagen war eigentlich schon an die Wand gefahren, und wenn Rudi Assauer nicht als Manager gekommen wäre, würde Schalke heute vielleicht in der Regionalliga spielen.

Inwieweit lässt sich die Manager-Arbeit in Lübeck mit der am Millerntor vergleichen?

Natürlich profitieren beide Vereine davon, dass sie über reine Fußballstadien verfügen. Lorko hatte in Lübeck durch den Aufstieg in die 2. Liga ein Dornröschen wachgeküsst, so dass es reizvoll war, in dieser Situation für den Verein zu arbeiten. Während es in St. Pauli Strukturen gab, die professionalisiert werden mussten, gab es in Lübeck überhaupt keine

Strukturen, die mussten erst erfunden werden. Das war anstrengend, aber auch toll. In Lübeck war ich dafür zuständig, dass der Rasen grün war, und ich musste Gespräche mit dem Hauptsponsor führen – so sah ungefähr die Bandbreite aus. Hier bin ich nicht für den Rasen und den Hauptsponsor zuständig, sondern – abgesehen von meiner Tätigkeit als Koordinator für die Amateur- und Jugendabteilung – nur für den Lizenzspielerkader, aber es ist trotzdem mehr Arbeit als in Lübeck.

Manager Schulte: für immer im Anzug?

Was hat es mit der Funktion des Koordinators auf sich?

Ich bin einerseits so eine Art Oberaufseher, andererseits das Bindeglied zwischen Jugendleiterin bzw. Amateur-Obmann und Präsidium. Hauptsächlich ist dieser Posten aber nützlich, um möglichst früh Talente zu entdecken.

Wie ist es eigentlich möglich, für einen Klub zu arbeiten, der einem schon einmal einen Tritt gegeben hat?

Im Grunde genommen hat sich mein Verhältnis zum Verein normalisiert an dem Tag, an dem ich zum ersten Mal wieder zu einem Spiel gekommen bin. Das war im Sommer 1992 in der Saisonvorbereitung gegen Irkutsk, kurz nachdem Lorko hier angefangen hatte. Ich habe mir eine Karte gekauft, mich in die Gegengerade gestellt, und ich weiß noch genau, dass ich mich über „Boller" Jeschke kaputtgelacht habe, obwohl der immerhin ein Tor gemacht hat. Nachdem Seppo Eichkorn die Mannschaft von Lorko übernommen hatte, bin ich ein paar Mal zu den Spielen gegangen, aber erst fünf Minuten vorher gekommen und nachher schnell wieder gegangen, damit einen nicht zu viele Leute erkennen, die dann womöglich „Helmut, Helmut" rufen und somit Mannschaft und Trainer irritieren. Als ich Manager in Lübeck war, hatte ich aber keine Lust mehr, mich um so etwas zu scheren. In der Zeit war ich ein ganz normaler Tribünenbesucher am Millerntor.

Im Februar 1991 haben dich viele Trainerkollegen angegriffen, weil du dich beim Spiel in München, dem ersten nach deiner Entlassung, in die St.-Pauli-Kurve gestellt hast. Wie beurteilst du diese Aktion im Nachhinein?

Ich wollte einfach sehen, wie die Jungs spielen, mit denen ich jahrelang jeden Tag zusammengewesen bin. Eigentlich sind sie da so aufgetreten, wie ich mir das immer vorgestellt habe, sie haben dem Gegner aggressiv den Schneid abgekauft. Ich würde das aber auf keinen Fall noch mal machen, und ich wundere mich auch, dass sich Lorko nach seiner Entlassung in Lübeck bei den Heimspielen mehrmals unter die Fans gestellt und somit für Verwirung gesorgt hat. Ich dachte eigentlich, ich hätte damals ein abschreckendes Beispiel für alle Wahnsinnigen abgegeben.

Wenn man einmal absieht von den emotionalen Aspekten, die du bereits angesprochen hast: Worin unterscheidet sich die Arbeit, die du jetzt seit mehr als zwei Jahren hinter dem Schreibtisch erledigst, von der als Trainer? Welche ist zeitaufwendiger, welche abwechslungsreicher?

Als Manager arbeitet man mehr, aber dafür kann man als Trainer schlechter abschalten, man hat die ganze Zeit Fußball im Kopf. Aber vielleicht gibt es auch Trainer, die mit Hilfe von Alkohol, Drogen oder Frauen den Abstiegskampf-Stress vergessen können und keine Sekunde mehr an Fußball denken, wenn sie den Trainingsplatz verlassen haben.

Das klingt ja so an, als ob, wenn man sich's denn aussuchen könnte, der Managerjob eindeutig Vorteile hat.

Aber die Freude, die du geben und erleben kannst, ist als Trainer größer. Wenn du gewonnen hast, und der eine Spieler hat genau das gemacht, was du ihm gesagt hast, hat sogar das entscheidende Tor geschossen, und 20.000 freuen sich – das ist ein irres Gefühl, danach kann man süchtig werden. Von diesem Glückshormonausstoß kann man eine Woche lang zehren. Als Manager beschäftigt man sich den ganzen Tag lang mit Problemen, manchmal sehr interessanten, doch auch einigen, die zwar bewältigt werden müssen, aber eigentlich keine Sau interessieren. Da wünscht man sich dann doch manchmal, auf dem Trainingsplatz zu stehen.

Das heißt, du übernimmst mittel- oder langfristig wieder einen Trainerjob?

Ich gehe nicht davon aus, dass ich ein Trainer-Angebot aus der Bundesliga kriege, solange ich hier Manager bin. Aber das kann hier auch irgendwann mal zu Ende sein. Spaß gemacht hat alles, was ich bisher gemacht habe, an erster Stelle Trainer, an zweiter Manager, und an dritter die Arbeit fürs Fernsehen – wenn man denn schon eine Reihenfolge aufstellen will. Warum muss es also in Zukunft immer Fußball-Manager sein? Ich will ja nicht mein Leben lang jeden Tag einen Anzug tragen.

Die Anti-Chaoten

Fans wollen mitregieren – Die „Arbeits-gemeinschaft interessierter MitgliederInnen"

Wie geht eigentlich Vereinspolitik? Man braucht dafür nur viel Papier, ein paar Kugelschreiber, Schere und Tesafilm, gutes Wetter und einen schönen Garten. Und dann kann es losgehen. Wirklich? Jedenfalls spielt eines der interessantesten Kapitel der gegenwärtigen FC-Politik zu einem wesentlichen Teil in einem Garten, jenem von Heinz Brauner nämlich, dem Arzt der Amateurmannschaft. Als der DFB 1996 den „zurückgebliebenen" Bundesligavereinen vorschrieb, zwecks Professionalisierung der Strukturen ihre Satzungen zu ändern und möglichst einen Aufsichts- oder Verwaltungsrat zu installieren – da trafen sich bei Brauner drei Klubmitglieder, um darüber zu sinnieren, wie eine entsprechende Reform aussehen könnte. „Auf dem Boden lagen fünf uns vorbildlich erscheinende Satzungen verschiedener Bundesligavereine. Daraus haben wir dann Sachen ausgeschnitten, ergänzt, geschüttelt und zusammen geklebt", erinnert sich Kay Gerken, einer der drei Aktivisten. Ihr Satzungsänderungs-Modell präsentierte die Gruppe schließlich der Öffentlichkeit – und weil man einen Namen braucht, wenn man sich an die Medien wendet, nannten sich die „Verfassungsreformer" kurzerhand „Arbeitsgemeinschaft interessierter MitgliederInnen". Heute kennt man den mittlerweile auf rund 30 Mitstreiter angewachsenen Aktivisten-Zirkel unter dem Kürzel AGiM.

Bevor die Reform aus des Mediziners Garten im Februar 1997 in der Mitgliederversammlung zur Abstimmung kam, wurde sie nur geringfügig modifiziert von einer Kommission, die aus fünf AGiMlern sowie fünf Vertrauenspersonen des Präsidiums bestand. Dass der FC St. Pauli heute einen Aufsichtsrat mit weitgehenden Befugnissen hat; dass dieser zum Beispiel außerordentliche Ausgaben über 600.000 Mark und Rechtsgeschäfte, die über zwei Jahre dauern, absegnen muss – das ist auf jeden Fall der AGiM zu verdanken.

„Es ist sicherlich bei keinem anderen Profiverein möglich, so schnell und halbwegs einfach zu einem Machtfaktor zu werden", sagt Holger

Scharf, heute Sprecher der AGiM und früher Fraktionsvorsitzender der GAL in einem Hamburger Bezirksparlament. Das liegt aber nicht daran, dass die Führung basisdemokratische Ideale hegt, sondern an einer allgemeinen „Desorganisation" (Scharf).

Die AGiM markiert den vorläufigen Endpunkt einer Entwicklung, die Ende der 80er Jahre begann. Was die für St.-Pauli-Supporter längst selbstverständlichen Einrichtungen, wie die Fanzines und der Fanladen, machen, ist quasi außerparlamentarische Arbeit. Die AGiM hingegen hat einen weiteren Schritt gemacht: Sie ist in die Institutionen marschiert. Eine zulässige Zuspitzung, auch wenn einige AGiMler im Fanladen arbeiten oder für das Fanzine „Der Übersteiger" schreiben, also sowohl „draußen" als auch „drinnen" wirken.

Wie kommt man eigentlich dazu, Vereinsarbeit zu machen, also etwas, was gemeinhin als überhaupt nicht groovy gilt, sondern als verdammt öde? „Auch ich wollte damit nie etwas zu tun haben", sagt Kay Gerken. „Aber das Ganze hat eine Eigendynamik bekommen. Bei der Arbeit mit der Satzungsfindungskommission ist uns von Sitzung zu Sitzung klarer geworden, wieviel man bewirken kann." Präsident Heinz Weisener wuchs der Einfluss der Gruppe allerdings zu schnell: Als im Juni dieses Jahres auch Mitglieder der AGiM für den siebenköpfigen Aufsichtsrat kandidierten, drohte Weisener mit Rücktritt, falls die Mitgliederversammlung einen dieser „Effekthascher" ins Kontrollgremium wähle. Ähnlich wie Monate vorher der Präsident des HSV, der stadtbekannte Politikwissenschaftler Uwe Seeler („Eine gute Demokratie muss auch ein bisschen Diktatur haben"), gab der „Papa" vorher in der Presse eine Liste von Leuten bekannt, von denen er sich am liebsten überwachen lasse. Diese, galant formuliert, unsouveräne, unter Image-Aspekten allemal fahrlässige Strategie ging auf: Die Mitglieder wählten die sieben Kandidaten, die Weisener haben wollte. Somit wurden diejenigen, die die Kompetenzen des Aufsichtsrats im wesentlichen abgesteckt hatten, plötzlich die Gelackmeierten.

Die Aktivisten der AGiM – Altersstruktur: zwischen Mitte 20 und Mitte 40 – kommen aus der Fußball- und der Handballabteilung. Sie sind keineswegs „linksradikale Arbeitslose", wie sie von älteren Berufs-St.-Paulianern, die das für ein Schimpfwort halten, anfangs tituliert wurden: Neben dem Mediziner Brauner, der im Stadtteil St. Pauli praktiziert, sowie dem Ex-Lokalpolitiker Scharf gehören zur Gruppe unter anderem Ingenieure und Buchhändlerinnen.

AGiM-Sprecher Holger Scharf (mit Schal): „Es ist bei keinem anderen Profiverein möglich, so schnell zu einem Machtfaktor zu werden."

Fanprotest gegen die Anti-Amateur-Politik der Vereinsführung.

Langfristig wollen die Aktivisten erreichen, dass der Verein „von unten nach oben" regiert wird. „Das Motto 'Piep, piep, piep, wir haben uns alle lieb' gilt nicht mehr", sagt Kay Gerken. „Wir wollen nachvollziehbare Strukturen schaffen." Eigentlich müsste zumindest letztere Forderung auch im Sinne des Vereinsoberhaupts sein – wenn man ihn daran misst, was er 1990 nach seiner ersten Wahl versprochen hat. Mit Blick auf die anarchische Monarchie, die Otto Paulick kultiviert hatte, sagte Weisener damals: „Ich will den Verein transparenter und demokratischer führen."

Seit der Gründung der AGiM entzünden sich Kontroversen mit dem Präsidium immer wieder an einem Thema: der Amateurmannschaft. Sämtliche AGiMler haben ein großes Faible für sie, die Mächtigen im Verein jedoch empfanden die Truppe bisher als eher lästig, ungefähr so wie der Kneipengast den Rosenverkäufer. So durfte die Regionalliga-Elf – auf Initiative des damaligen Profitrainers, des unsterblichen Ulrich Maslo – in den letzten zwei Jahren nur in Ausnahmefällen den heiligen Acker des Wilhelm-Koch-Stadions betreten. In der Serie 1995/96 musste sie ihre „Heimspiele" auf vier verschiedenen Plätzen in Hamburg austragen und in der Saison darauf überwiegend im Sternschanzenpark – auf einem Platz, der nicht einmal Oberliga-, geschweige denn Regionalliga-Ansprüchen genügt.

Des weiteren kritisierte die AGiM die fahrlässige Personalpolitik, die – neben der Tatsache, dass es de facto kaum Heimspiele gab – hauptverantwortlich dafür ist, dass die Mannschaft in dieser Saison in der Oberliga spielen muss. „Eine Demontage nimmt ihren Lauf", konstatierte „Der Übersteiger" bereits im April dieses Jahres. Wohlgemerkt: Gerade ein wirtschaftlich schwacher Verein wie der FC St. Pauli hätte es nötig, im Nachwuchsbereich effizient zu arbeiten. Angesichts der Fehler, die hier in jüngerer Vergangenheit gemacht wurden, ist es heute kaum noch vorstellbar, dass im Bundesliga-Kader der Saison 1977/78 vier Spieler standen, die aus der A-Jugend des FC hervorgegangen waren: Jens-Peter Box, Dietmar Demuth, Horst Neumann und Rolf-Peter Rosenfeld.

Wie ist es angesichts der diversen Meinungsverschiedenheiten um den Kontakt zum Präsidium bestellt? „Er ist zwar besser als am Anfang. Aber einen regelmäßigen Austausch gibt es nicht. Wir sind oft genug im Vorzimmer von Heinz Weisener gescheitert", sagt Holger Scharf. „Es ist verrückt, dass der Verein die vorhandenen Strukturen, die es gibt, um Meinungen einzuholen, in einem viel zu geringen Maße nutzt. Das gilt nicht nur für die AGiM, sondern auch für den Fan-Laden. Aber die da oben haben eben noch nicht begriffen, dass wir alles, was wir machen, für den Klub machen."

Für das distanzierte Verhältnis gibt es nicht nur inhaltliche Gründe.

Kay Gerken: „Christian Hinzpeter fühlt sich persönlich angegriffen, weil es zu seinem Image gehört, er habe als ehemaliger Gegengeraden-Besucher immer noch einen Draht zur Fanszene, und die Existenz der AGiM ja deutlich macht, dass das nicht mehr der Fall ist. Und Heinz Weisener macht einen auf beleidigte Leberwurst, ganz nach dem Motto: Wie kann man mich, den Sonnenkönig, eigentlich kritisieren? Grundsätzlich sind die einfach verstimmt darüber, dass sie nicht mehr in ihrem Chaos wurschteln können wie früher."

Den Führungskräften des FC St. Pauli kann man zwar zugute halten, dass sie, jedenfalls in der Saison 1996/97, solider regiert haben als ihre Kollegen vom HSV: Das „Gewurschtel", das die AGiM kritisiert, bleibt aber auch der Öffentlichkeit nicht verborgen. Da werden wichtige Personalentscheidungen zu spät getroffen oder so lange verschleppt, bis sich das Thema von selbst erledigt hat.

Den „interessierten MitgliederInnen" geht es aber auch um banalere Dinge. „Aufgrund der Desorganisation im Klub geht zuviel Geld flöten. Das Kleinsponsorentum droht zum Beispiel einzuschlafen, denn wenn einer 300 Mark loswerden will, gibt es niemandem unterhalb des Präsidiums, der das koordiniert. Der Klub ist eine 'Wir-haben-das-schon-immer-so-gemacht-Firma', ein mittelständisches Unternehmen, dem die Situation über den Kopf gewachsen ist", sagt Kay Gerken, und das klingt ein bisschen so, als verstehe sich die AGiM als Unternehmensberatung von unten.

Über mangelndes Interesse der Medien kann sich die Arbeitsgemeinschaft nicht beklagen. „Kein Wunder, die wollen Konfrontationen verkaufen", sagt Holger Scharf. „Wir müssen aber aufpassen, nicht zu jedem Scheiß unseren Kommentar abzugeben. Nicht dass Fans oder Mitglieder irgendwann nur noch stöhnen: Ach, die schon wieder!"

Bisher wird die AGiM gemeinhin noch als belebendes Element wahrgenommen. „Die Brisanz, die wir ins Vereinsleben gebracht haben, könnte auch jüngere Leute dazu animieren, sich im Klub zu engagieren", sagt Scharf. „Die letzte Zeit hat schließlich gezeigt, dass Mitgliederversammlungen mehr sein können als überdimensionale Rentner-Kaffeekränzchen."

„Ey, du bist hier beim Fußball!"

Frauen beim FC St. Pauli
■ Ein Gastbeitrag von Barbara Figge

Alles stimmt in unserer kleinen heilen Welt am Millerntor: St.-Pauli-Fans jubeln, pöbeln und fluchen innovativ und sind weit davon entfernt, die blöden Texte, die aus anderen Stadien bekannt sind, abzulassen. Kein Sexist würde es wagen, hier das Maul aufzureißen, weil er Angst haben müsste, von der fortschrittlichen Mehrheit in die Schranken gewiesen zu werden.

Wäre nett, wenn es so wäre. Ist es aber nicht.

Der Zuschauerinnenanteil im Wilhelm-Koch-Stadion ist zwar für Profifußballverhältnisse sehr hoch – er liegt um die 30 Prozent. Dass hier die Welt des Männerfußballs auf den Kopf gestellt ist; dass Frauen sich alle 14 Tage so heimisch fühlen können und dürfen, wie es die Herren ganz selbstverständlich seit Jahrzehnten tun – das wäre allerdings stark übertrieben. Auch hier haben Frauen allen Grund, über plumpe wie ungewünschte Annäherungen in der Enge der Ränge zu klagen. Und über dümmliche Texte: „Ausziehen, ausziehen" – dieses immer wieder widerliche Gegröhle müssen sich die zu Marketingzwecken manchmal leicht bekleideten Damen der diversen Geschäftspartner des FC ebenso anhören wie die Schiedsrichterassistentinnen, die vereinzelt ihr Glück am Millerntor versuchen.

Gewiss, auch als Ende der 80er Jahre die Legendenbildung um den FC und „unseren Volker" begann, war das Millerntor-Stadion kein Hort der Political Correctness. Aber es schien für einen großen Teil der Fans möglich zu sein, vorm Sabbeln oder Schreien erst einmal nachzudenken. Und wenn ein dummer Spruch kam, fand sich auch schon mal ein männlicher Zuschauer, der angemessen Kontra gab.

Im Sommer 1988 erschien ich mit einer Fahne am Millerntor, die man in dieser Art wohl in noch keinem Fußballstadion gesehen hatte: Sie zeigte ein Frauenzeichen neben einem Sektglas und war zu allem Überfluss auch noch lila. Für mich, grenzenlos naiv, sollte das die Annäherung zweier fremder Welten symbolisieren: Feminismus und Fußball. Ich wollte als Feministin zum Männerfußball gehen und dabei meinen Spaß haben. Das Sektglas sollte sowohl den vermeintlichen Bierernst des drohenden Frauenzeichens entschärfen als auch eine Alternative zur dominanten männlichen Bierseligkeit auf den Rängen verkörpern. „Frauen erobern sich die Stadien", stand als Motto dahinter. Nach ein paar Wochen blieb das Fähnchen brav wieder zu Hause und vergammelte fortan hinter dem Sofa. Die Zeit reichte, um zu erkennen, dass es wohl möglich war, als Feministin zum Fußball zu gehen, aber die Widersprüche zu groß waren, um sich als Feministin dort ausschließlich zu amüsieren. Als aus einigen hundert männlichen Kehlen die ersten „Ausziehen, ausziehen-Rufe" zu hören waren, holte ich die Fahne ein, weil ich einen derartigen Schwachsinn keinesfalls mit einem lila Frauenzeichen untermalen wollte.

Heute würde ich es bestimmt nicht mehr wagen, mit so einer Fahne ins Stadion zu gehen. Die letzten Jahre haben mich nicht nur um einige Erfahrungen reicher gemacht, was den grundsätzlichen Widerspruch zwischen Feminismus und Männerfußball betrifft. Auch die Atmosphäre hat sich in dieser Zeit verändert. Es ist kaum mehr möglich, auf einen dummen Text passend zu reagieren, ohne sich vorher zu vergewissern, dass genug persönliche Bekannte in der Nähe sind. Zuviele männliche Zuschauer meinen, beim Gang durch eines der Stadiontore die „Zwänge des guten Benimms" ablegen zu dürfen.

„Ey, du bist hier beim Fußball, also beschwer' dich nicht", „Fußball ist kein Mädchensport", oder „Ist doch kein Kaffeekränzchen hier" – das muss sich mittlerweile öfter anhören, wer einer vorlauten Dumpfbacke mal die richtige Antwort gegeben hat. Wenn man die Erwartung äußert, diese Typen sollten sich mal überlegen, was sie gerade von sich gegeben haben, blicken sie bestenfalls für ein paar Sekundenbruchteile irritiert drein – als ob sie sich bedroht fühlten; als ob sie sich im Stadion bald nicht mehr austoben dürften wie in einem regelfreien Reservat. Doch dann werden sie gleich wieder trotzig. Wäre ja auch noch schöner: Sich von der Ollen da vorn den schönen Spaß verderben lassen. Und Spaß haben heißt: Viele große Schlucke aus dem Becher nehmen, den dicken Max spielen und das Maul aufreißen. Wir sind hier ja schließlich beim Fußball.

Ein Fußballstadion ist immer noch ein männlicher Ort – jedenfalls wenn Männer kicken. Dass Fußball gleichbedeutend ist mit „Männerfußball", beweist schon die herkömmliche Trennung zwischen Fußball und Damenfußball. Im Vorwort zu „Reclaim the Game – Holt Euch das Spiel zurück!" schreibt Dietrich Schulze-Marmeling, dass im Zuge der neuen Fanbewegung unter anderen auch die Frauen den Fußball „zurück"fordern sollten – das ist ungefähr so, als fordere er, die Männer sollten sich die Schwangerschaft zurückholen. Sämtliche Geschichten und Geschichtchen, sämtliche triumphalen Erinnerungen um den Fußball herum sind geschrieben von Männern – oder zumindest über Männer. Was also sollen Frauen sich da „zurück"erobern?

Auch Frauenfußball wurde ja bisher nie unter Bedingungen gespielt, die irgendeine Kickerin wieder herstellen möchte. In Profivereinen haben Fußball spielende Frauen noch eine kleinere Lobby als die oftmals auch nicht gerade übervorteilten männlichen Amateure, denn unter den Frauen lassen sich ja nicht einmal Talente für die Liga-Mannschaft entdecken.

In den 70er Jahren passte sich auch der FC St. Pauli diesem Standard des desinteressierten Umgangs nahtlos an. Die ersten Frauen, die eine Mannschaft auf die Beine gestellt hatten, gaben bald entnervt auf. Der zweite Versuch, Anfang der 90er Jahre gestartet, war erfolgreicher – aber nicht weil der Verein das Unterfangen besonders unterstützt hat. In den ersten Monaten mussten sich die Ladies beispielsweise im Rahmen der Jugendabteilung organisieren, was zu bemerkenswerten zeitlichen Vorgaben führte. Weil für die Jugendmannschaften die Trainingszeit um 17.00 Uhr endete, durften auch die überwiegend berufstätigen Frauenfußballerinnen danach nicht mehr ran. Später konnte zwar die Verlegung des Trainings in die Abendstunden erkämpft werden, aber die „besondere Behandlung" ging weiter. Etliche Freundschaftsspiele mussten sehr kurzfristig, sozusagen im Angesicht der Gegnerinnen, abgesagt werden, weil der Platzwart angeblich nicht informiert war.

Mittlerweile spielen die 1. Damen des FC St. Pauli ansehnlichen Fußball und werden, allerdings nach harten Kämpfen, zumindest von einigen Offiziellen ernst genommen – spätestens der ersehnte Aufstieg aus der alleruntersten Liga trug zu diesem zögernden Respekt bei. Es gibt allerdings heute noch viele Vereinsmitglieder und Offizielle, die die Existenz der Mannschaft mit Unwohlsein betrachten.

Was muss nun anders werden, damit Frauen – sei es als Aktive oder als Fan einen annähernd gleichberechtigten Zugang zum Fußball bekommen? Was die Strategen der Fußball- und Drumherumvermarktung ent-

Ausnahmsweise auf dem heiligen Rasen der männlichen Kollegen: das Damenfuß-ballteam des FC.

wickelt haben und noch entwickeln, wird jedenfalls nichts dazu beitragen. Wenn Marketing-Kings wie der FC Bayern München es mit Hilfe von „Bravo Sport" und anderen schaffen, ein blasses Bübchen wie Mehmet Scholl als Popstar zu verkaufen, zieht der Klub zwar geschickt Mädchen ins Stadion und an die Verkaufsbuden, hält sie aber vom „Fußball an sich" fern. Teenies, die bei einem Ballkontakt ihres Lieblingsspielers derart hysterisch zu schreien anfangen, als hätte ein Backstreet Boy gerade einen Teil seines Oberkörpers freigemacht, stehen nicht unbedingt für einen wünschenswerten Zugang von Mädchen zum Ballsport.

Wenn Mädchen sich nur über die schwärmerische Annäherung an den Spieler definieren können, zeigt das, dass ihnen im Fußball auch kein anderer Ort zugestanden wird. Sie können sich eben nicht vorstellen, dass sie das auch können: da unten auf dem Rasen zu zaubern oder zu grätschen. Der Zugang zum Spiel selbst, zum Spielverständnis fällt schwer, und so identifizieren sie sich nicht, wie die Jungs, mit den Spielern als Spieler. Ihnen bleibt nur die Sehnsucht nach den „süßen Boys".

Marketing-Strategien wie die des FC Bayern verändern (wie alle anderen Versuche ein neues ZuschauerInnenpotential in die Stadien zu locken) erfahrungsgemäß die Atmosphäre – und damit ein wichtiges Element dessen, was den Samstagnachmittag ausmacht. Diese „männliche" Atmosphäre gehört ja, bei aller Kritik, auch für viele weibliche Fans zum wahren Fußball dazu. Schließlich gibt es, vor allem beim FC St. Pauli, genug Frauen, die sich alle 14 Tage selbst Auswärtsfahrten samt grässlichsten Sprüchen sturzbetrunkener Kerle antun – um den Verein zu unterstützen; um möglichst kein Spiel zu verpassen.

Die Sache mit den Frauen und dem Fußball wird wohl weiterhin paradox bleiben.

No future in Disneyland?

St. Pauli und die Fanbewegung

1947 erschien „Dialektik der Aufklärung", das mutmaßliche Hauptwerk des Philosophen und Soziologen Theodor W. Adorno, das er gemeinsam mit Max Horkheimer verfasst hatte. Insofern ein bedeutendes Jahr für Adorno. Das war es auch für den FC St. Pauli: Er ließ 1947 in der Hamburger Stadtliga den HSV drei Punkte hinter sich und erreichte am Ende der Saison 1947/48 sogar das Halbfinale um die Deutsche Meisterschaft.

Haben der FC und der Begründer der Kritischen Theorie vielleicht sonst noch etwas gemeinsam? Eine Kleinanzeige im Frankfurter Magazin „Strandgut" (7/97) lässt jedenfalls darauf schließen: „2 m (43, 55) suchen Mitbewohner... St.-Pauli- und Adorno-Fans bevorzugt."

Seit Wohngemeinschaften verbreitet sind, gibt es, erst recht in Frankfurt, solche, die Adorno-Fans als Mitbewohner bevorzugen. Nach dem Verhältnis zu einem Fußball-Klub aus Hamburg jedoch dürfte bis Ende des letzten Jahrzehnts bei der Prüfung neuer Kandidaten niemand gefragt haben. Erst in der Saison 1986/87, 40 Jahre nach dem Erscheinen der „Dialektik der Aufklärung", wurde die Basis dafür geschaffen, dass Fans der Frankfurter Schule auch Fans des FC St. Pauli werden konnten: Der Klub erschloss sich ein neues Publikum, das zu einem gewichtigen Teil aus dem linken Milieu stammte.

Fans des Vereins verbanden die Begeisterung für Profisport mit linken Positionen, und das hatte es in der Geschichte der Bundesrepublik bis dato kaum gegeben. Im Sommer 1989 bekam das neue St.-Pauli-Image Konturen, als erstmals der „Millerntor Roar!" erschien, ein antifaschistisches und Business-kritisches Fanzine, das hartgesottene Supporter in anderen Städten ebenso beeindruckte wie (potentielle) Fußball-Interessierte, die normalerweise nicht über Fan- und Vereinspolitik sinnieren. Adorniten zum Beispiel.

Die damalige MR!-Redaktion kann man heute als erste Generation einer neuer Bewegung bezeichnen, zumal von den rund 15 Männern und

Frauen, die im ersten Jahr für die Zeitschrift arbeiteten, heute nur noch zwei für Fanzines aktiv sind (je einer für die Nachfolge-Blätter „Der Übersteiger" und „Unhaltbar!"). Im Laufe der 90er Jahre entwickelte sich auch andernorts ein ähnliches Fan-Selbstverständnis wie am Millerntor. Den Jahren 1993 und 1994 kommt dabei eine besondere Bedeutung zu, denn da entstanden zwei Fanzines, die schnell einen Standard erreichten wie die St. Paulianer: „Vfoul" in Bochum und „Erwin" in Offenbach.

„Selber ein Fanzine herauszugeben, scheint die beste Art und Weise zu sein, den eigenen Verein kennenzulernen. Beim Schreiben, Recherchieren, Verteilen oder Verkaufen erleben die meisten Fanzineautoren, dass sich mehr Leute im Stadion aufhalten, die die eigenen Ansichten teilen oder gar unterstützen, als vorher angenommen", schreibt „Erwin"-Redakteur Volker Goll in dem Sammelband „Fans und Fußball". Damit sagt er nicht nur etwas aus über die Motivation für seine Tätigkeit, sondern benennt, vielleicht ungewollt, auch ein Problem. Wer seinen Verein zu gut kennenlernt, beginnt zwangsläufig eine gewisse Distanz zu ihm aufzubauen – schließlich gibt es wohl kaum einen Klub, der keine Leichen im Keller hat.

Die Jahre 1993 und 1994 waren außerdem wichtig, weil im August 1993 Fans aus 15 Städten das „Bündnis antifaschistischer Fußball-Initiativen und -Fanclubs" (B.A.F.F.) gründeten – und weil schon rund ein Jahr später in Düsseldorf der erste bundesweite B.A.F.F.-Kongress mit 150 Teilnehmern stattfand. Obwohl das Bündnis drei Jahre später in Oer-Erkenschwick fast doppelt so viele Aktivisten auf die Beine brachte: Die Veranstaltung in Düsseldorf, die unter dem Motto „Reclaim The Game" stand, ist wohl der Höhepunkt in der Geschichte der neueren Fan-Bewegung, weil ihre Kritik an „denen da oben" und deren vielfältigen Plänen, den Fußball, wie wir ihn mal kannten, zu zerstören, hier auch eine politische Sprengkraft hatte – die spätere Umbenennung in „Bündnis aktiver Fußball-Fans" hatte leider eine gewisse Verwässerung zur Folge.

Auch die Resonanz der Medien auf den ersten Kongress war erfreulich. Die „Eigentumsfrage" sei gestellt worden, befand zum Beispiel die „Süddeutsche Zeitung" damals. Für Aufmerksamkeit sorgte vor allem eine Resolution, die das St.-Pauli-Fanzine „Unhaltbar!" eingebracht hatte. Die bezog sich auf Hans-Hubert Vogts, der kurz vor dem Kongress die unvergessenen Worte gesagt hatte: „Hass gehört nicht ins Stadion. Die Leute sollen ihre Emotionen zu Hause in den Wohnzimmern bei ihren Frauen ausleben."

Der tatsächliche Einfluss der von St.-Pauli-Fans angeschobenen Bewegung auf die Entscheidungsträger in der Unterhaltungsindustrie ist natürlich verschwindend gering – einen ihren wichtigsten Kämpfe, den gegen die sogenannte Versitzplatzung, haben die organisierten Supporter verloren, was noch einmal deutlich wurde durch die Bekanntmachung der UEFA, dass ab der Saison 1998/99 für Europacup-Spiele nur noch

Sitzplätze verkauft werden dürfen. Aber nur wer böswillig ist oder naiv, kann ihnen diese Niederlage vorwerfen. Dass das Fußball-Kapital und seine Verbände ihre wichtigste strategische Entscheidung des ausgehenden 20. Jahrhunderts revidieren würden, weil ein paar hundert Aktivisten und ein paar tausend Sympathisanten dagegen aufbegehren, war ja nun wirklich nicht zu erwarten.

Die Fan-Bewegung, die man sich als loses, weiterhin wachsendes Netzwerk vorstellen muss, hat bisher zwei wichtige Dinge geleistet: Sie hat die Öffentlichkeit, darunter manche bisher unkritische Fußball-Anhänger, für einige fatale Entwicklungen sensibilisiert, und sie hat allen Aktivisten die Gewissheit verschafft, dass nicht nur ins eigene Stadion mehr Menschen kommen, „die die eigenen Ansichten teilen oder gar unterstützen, als vorher angenommen" (V. Goll, siehe oben), sondern dass es die auch bei anderen Klubs gibt. Das ist nicht unterzuschätzen.

Obwohl der Freizeitindustrie die Interessen der kritischen Supporter wurscht sind: Profitiert hat sie von ihnen allemal. Die Fanbewegung hat an vielen Orten das Image der Vereine aufpoliert – und somit das des gesamten Business. Dessen Strategen passten antirassistische und humorvolle Fans beim Umbau des Fußballs besser ins Konzept als jene Old-School-Rabauken mit speckigen Jeans-Westen, die man Kutten-Fans nennt. Deren Anteil in den Bundesliga-Stadien ist in den vergangenen Jahren in einem ähnlichen Maße gesunken wie der Anteil der traditionellen Arbeiter an der Gesellschaft.

Das Wilhelm-Koch-Stadion war der erste Ort, wo sich innerhalb kurzer Zeit eine große Gruppe von neuen Zuschauern etabliert hat, die Fußball und besonders sein Umfeld vorher wenig attraktiv, wenn nicht gar abstoßend fanden. Mittlerweile werden vielerorts neue Publikumsschichten erschlossen – die fühlen sich allerdings nicht, wie es seinerzeit auf St. Pauli war, von einer einzigartigen Atmosphäre angezogen, sondern von einer weitgehend gleichgeschalteten Spektakelisierung des Spiels und zu Popstars hochstilisierten Kickern.

Dass das Fußball-Geschäft von den kritischen Fans profitiert, ist kein Wunder, weil die gesamte Entertainment-Industrie im Verlauf dieses Jahrzehnts immer subtilere Strategien entwickelt hat, subkulturelle Tendenzen für sich zu nutzen. Diese Gewissheit kann jedoch kein Anlass dafür sein, sämtliche Aktivitäten einzustellen und nicht mehr auf die Verhältnisse zu reagieren. Insofern bleibt die Bewegung, die 1989 mit der Gründung des „Millerntor Roar!" startete, weiterhin wichtig. Ihre zukünftige Bedeutung wird davon abhängen, ob sie dazu übergeht, die Veränderungen im Fußball im Zusammenhang mit den entsprechenden gesellschaftlichen Entwicklungen zu analysieren – was bisher noch zu selten der Fall war. Dabei ist der Umbau des Fußballs nur ein Aspekt im Strukturwandel der Freizeitindustrie. Die Betreiber sogenannter Multiplex-Kinos integrieren Restaurants und Cocktail-Bars; in „U.S Play Centern" kann man Basketball, Billard und Bowling spielen sowie zwischen verschiedenen Restaurants wählen; Stadtregierungen vertreiben Randständige aus den Innenstädten, damit diese zu keimfreien Konsumparadiesen werden – all diese Entwicklungen spiegeln sich auf verschiedene Weise im Fußball wider.

„Aus Fußballplätzen wurden Freizeitparks", schreibt die taz über die Entwicklung in England, die sich mit Verspätung auch in Deutschland vollzieht oder vollziehen wird. Freizeit- oder Themenparks sind beinahe stadtähnliche Areale, auf denen allerlei Formen von Kultur und Unterhaltung mit Konsumangeboten gekoppelt sind. Diese „hyperrealen" Disneyländer, schreibt die Zeitschrift „Spex", seien „gebaut für Menschen aus den suburbanen Mittelklassen, die den Metropolen zu entkommen suchen" – was in Zukunft verstärkt auch für Fußballstadien gelten dürfte. Der Londoner Klub FC Chelsea kaufte im Sommer 1997 eine Reisebürokette auf, um in den Pauschaltourismus einzusteigen. Ab Ende des Jahres bietet er nun seinen auswärtigen Fans, gut situierten Schlachtenbummlern und sonstigen Fußball-Touristen aus aller Welt die Übernachtung in einem Hotel an, das in den Stadionkomplex integriert ist. Motto: Machen Sie doch mal ein Wochenende lang Urlaub in einem Fußballstadion!

Simon Inglis, Architekturkritiker und Autor des Standardwerks „Football Grounds Of Britain" erläutert in einem Interview mit „Spex", dass der Sport auf die Entwicklungen in anderen gesellschaftlichen Bereichen „nur reagiert": „Die Leute, die das Sportgeschäft... betreiben, sind nicht klug genug und haben nicht einmal die Zeit, zukünftige Trends zu planen... Sportstadien (sind) vom Entwurf her immer einen Schritt hinter der Technologie zurück. Wenn man die Architektur von Fußballstadien mit der von Shopping Centern oder von Kinos vergleicht, kann man sehen, dass Sport immer hinterhergehinkt hat."

Die Fanbewegung muss sich darüber hinaus vergegenwärtigen, dass die Sportindustrie, ebenso wie das übrige Entertainment-Business, für den Kapitalismus im Verlauf der 90er Jahre eine existenzielle Bedeutung gewonnen hat, wohingegen klassische Industrien an Relevanz verloren haben. Der amerikanische Journalist Tom Frank schreibt dazu in „Spex": „Auf der Skala wirtschaftlicher Bedeutsamkeit, an der sich mittlerweile jedes städtische Projekt messen lassen muss, rangieren Profisportunternehmen gleich hinter Spielcasinos und gigantischen Kongresszentren als Indikator dafür, dass eine Stadt absolut zu allem bereit ist."

Wie bedeutend Sport gesamtökonomisch ist, belegt auch der Anstieg des Sponsorings in Deutschland: 1996 zahlte die hiesige Wirtschaft zwei Milliarden Mark an Stars, Vereine und Verbände – bisheriger Rekord. Vor zehn Jahren waren es noch nicht einmal 150 Millionen. Ebenfalls bezeichnend: In der Saison 1995/96 nahmen die Vereine der Bundesliga mit dem Verkauf von Merchandising-Artikeln 150 Millionen Mark ein – dreimal soviel wie in der Serie zuvor. „Sport trotzt der Wirtschaftsflaute", beschreibt die Zeitung „Die Welt" die Entwicklung.

Noch besser bringt es Peter Schulze, der ehemalige Geschäftsführer der Vereinigung der Vertragsfußballer (VdV) auf den Punkt. „Die Fußballer sind eine Stütze des Sozialstaats", stellt er im Hinblick auf jährliche Abgaben von 150 Millionen Mark fest. Schulze weist des weiteren darauf hin, dass die Bundesligavereine jährlich fast eine Milliarde Mark einnehmen. „Dazu kommen die sogenannten Außenumsätze", also die Fußballbedingten Umsätze der Deutschen Bahn und anderer staatlicher und privater Verkehrsunternehmen sowie die von Tourismus- und Gastronomiebetrieben. Von den Fußball-abhängigen Umsätzen der Medien gar nicht zu reden.

Mit dem auch unter manchen B.A.F.F.-Mitgliedern verbreiteten gefühligen Protest, zum Beispiel gegen vermeintlich „wahnsinnige" Spielergehälter, kommt man da nicht weiter. Der mutet übrigens insofern komisch an, weil zum Beispiel ein linker Cineast kaum Arnold Schwarzenegger dafür kritisieren würde, dass der für 25 Minuten in „Batman & Robin" 25 Millionen Mark bekommen hat. Denn er, der Film-Experte, weiß, dass solche Gagen keineswegs auf irgendeinen „Wahn" zurückzuführen sind, sondern dass sie aus der Sicht eines Entertainment-Kapitalisten sehr wohl sinnvoll sind. Womöglich ist diese Art von „Antikapitalismus", die sich darauf beschränkt, die Gehälter und Honorare von Protagonisten des Sport-Business anzuprangern, einfach nur typisch deutsch. André Egli, in den 80er Jahren in der Bundesliga aktiv, heute in der Schweiz Vorsitzender der dortigen Fußballergewerkschaft, sagt bezugnehmend auf einen Spielerstreik in Italien: „Profifußballer gelten dort als ehrenwerte Berufsleute, nicht als hergelaufene Großverdiener."

In Deutschland kann es hingegen passieren, dass sich, wie in der Saison 1996/97 bei Borussia Mönchengladbach, nach einem Spiel vor den Kabinen ein faschistoider Mob zusammenrottet und in Richtung des Spielers Stefan Effenberg grölt: „Fünf Millionen ist die Sau nicht wert." Die Medien verkaufen so etwas gern als „Fan-Protest", obwohl solche Anhänger bloß nachplappern, was in der „Bild"-Zeitung steht. Und so bekommt die Öffentlichkeit womöglich ein falsches Bild vom „kritischen" Supporter. Daraus ergibt sich die vielleicht wichtigste Aufgabe für die Fanbewegung der Zukunft: dafür zu sorgen, dass die Grenzen zu solchen Anhängern nicht verwischen.

Auf den ersten Blick mag es so wirken, dass die Fans des FC St. Pauli – eines Vereins, der zumindest zeitweilig in Unterhaching oder Zwickau, also jenseits des großen Fußball-Geschäfts, agiert – von der Umstrukturierung des Entertainment-Industriezweigs Fußball nicht unmittelbar betroffen sind. Das täuscht. So hatten sie in der Saison 1996/97 unter der Politik von Vereinen wie Dortmund, Leverkusen, Bielefeld und Bremen zu leiden, die für Anhänger der Auswärtsmannschaften extrem wenig oder gar keine Stehplatztickets mehr anbieten. In der 2. Liga geht den Schlachtenbummlern mal wieder das DSF mit seinen Montagsspielen auf den Geist.

Darüber hinaus ist das Millerntor-Stadion längst keine Oase mehr, in der es nur um das Wesentliche geht, also das Spiel und die Freude oder das Leid, die es hervorruft. Die Marketing-Abteilung des Klubs versucht, sogar zu eher bedeutungslosen Anlässen wie Saisonvorbereitungsspielen auf dem Stadionplatz ein bisschen Remmidemmi zu inszenieren. Das heißt, man baut ein paar Fressbuden auf, lässt Skater und BMX-Radfahrer ihre Künste vorführen und gewährt irgendeiner Dorfkapelle Zutritt zu einer Bühne.

Den bisherige Tiefpunkt dieser Art von Spektakelisierung erlebten die Fans in der Saison 1996/97 im Rahmen des Spiels gegen Werder Bremen, als eine andere ewige Schülerband nicht nur vor und nach dem Spiel herumgurkte, sondern sogar schon während der zweiten Halbzeit. Das ist ungefähr so, als ob man Theaterbesuchern anböte, dass sie, falls sie sich langweilen sollten, auch gern den Saal verlassen und in die Sauna im Keller gehen können. Oder ins Foyer, um sich dort einen Film anzuschauen. An diesem 7. September 1996 – da wehte zum ersten Mal ein Hauch der neuen großen Fußball-Welt durchs Wilhelm-Koch-Stadion.

Namen und
Daten

Die Top 100

Spieler, die den FC St. Pauli seit 1945 prägten

Alm, Ludwig
Der Keeper, der bei Uhlenhorst Herta und dem SC Victoria gespielt hatte, bevor er 1948 zum Millerntor kam, erinnerte in Statur und Größe an den legendären Nürnberger Torwart Heiner Stuhlfauth. Alm beherrschte seinen Strafraum souverän, begeisterte mit weiten Abschlägen, hatte nur manchmal mit Flachschüssen Probleme. Nach Meinungsverschiedenheiten mit dem Vorstand wechselte er 1951 zum Harburger TB, und 1953/54 spielte er noch einmal eine sehr gute Saison bei Werder Bremen. Der außergewöhnlich populäre „Luten" führte außerdem die Barkasse „Peter" sowie eine Kneipe im Hafen. Zu seiner Beerdingung im Februar 1976 – Alm war 58 Jahre alt geworden – kamen 1000 Menschen.

Appel, Hans „Henner" (8.6.1912)
Bevor er in Hamburg zu einem unersetzlichen Arbeiter in der Wunderelf avancierte, hatte der linke Läufer zwischen 1933 und 1938 bereits fünf Länderspiele hinter sich gebracht. Die Legende besagt, Appel sei bei St. Pauli gelandet, weil gerade in dem Moment, als er 1945 auf einem britischen LKW mit Kriegsgefangenen am Heiligengeistfeld vorbeigefahren sei, die Mannschaft des FC auf dem Weg zum Training die Straße überquert habe. „Spring runter!" soll ihm da ein Spieler, der ihn kannte, zugerufen haben. Fest steht zumindest, dass der einstige Star des Berliner SV 92 bis zu seinem 40. Lebensjahr am Millerntor spielte. Er neigte zu akrobatischen Aktionen, gehörte aber auch zu den Pionieren des modernen Grätschens. „Die Kunst besteht darin, dass man schon wieder auf den Beinen steht, wenn die anderen meinen, man läge noch am Boden", so Appel lakonisch.

Bargfrede, Hans-Jürgen (10.3.1959)
Der nicht gerade robuste Spielgestalter, 1981 von Werders Amateuren gekommen, war einer der zentralen Akteure beim „Wiederaufbau" des FC St. Pauli in den 80er Jahren. Nach dem Aufstieg 1988 lief seine Zeit allerdings bald ab, weil ihn die Bundesliga körperlich überforderte. Konsequenz: Bargfrede wechselte in der Saison 1989/90 zu Preußen Münster.

Beck, Alfred (12.4.1925)
Der größte Tag seiner Karriere war der 1. Dezember 1954. An diesem Tag spielte er an der Seite von Josef Derwall und Uwe Seeler im Wembley-Stadion und schoss beim 1:3 gegen England sogar den Ehrentreffer – das erste Tor für den DFB auf einem britischen Rasen. Es blieb aber sein einziges Spiel in der Auswahl. Der Stürmer mit dem Spitznamen „Coppi", der für St. Pauli in sechs Jahren 45 Tore erzielte, versuchte bereits 1956, eine Spielergewerkschaft zu gründen – vergeblich natürlich. Beck starb Ende 1994.

Beermann, Jens (4.5.1959)

„Gibt es ein Leben nach dem Fußball?" fragt die Band Billy Moffet's Playboy Club in einem melancholischen Song. Für den aus Cuxhaven stammenden Defensivspieler dauerte das Leben nach dem Ende der Profikarriere nicht einmal zehn Jahre. Geplagt von geschäftlichen wie privaten Problemen, erhängte er sich am 7. Juni 1997 in einem Wald am Rande Hamburgs. Perfide Ironie der Geschichte: Beermann, zuletzt Spielertrainer beim Verbandsligisten SV Blankenese, bleibt den Fans weder wegen seiner soliden Spielweise noch wegen acht Toren in 76 Zweitligaspielen in Erinnerung, sondern weil er in der Saison 1986/87 gegen RW Essen ein kurioses Eigentor aus 35 Metern fabrizierte.

Bergeest, Rolf

1956 stieß der „feingeistige Dribbelkünstler", wie ihn Klaus Höhler in dem Buch „FC St. Pauli. Glaube, Liebe, Hoffnung" nennt, aus der A-Jugend des FC zur Ligamannschaft. Sein spezieller Trick: der „Übersteiger", den damals aber noch keiner so nannte. Bergeest schoss in 213 Punktspielen 67 Tore für den Millerntor-Klub. Seine Laufbahn musste er bereits 1966, im Alter von 27 Jahren, verletzungsbedingt beenden.

Böhs, Udo (15.8.1943)

Kein sesshafter Typ. Der Torwart kam über Osnabrück und Reutlingen ans Millerntor, wo er von 1969 bis 1972 aktiv war. Danach spielte er jeweils ein Jahr für Vienna Wien und – in der Bundesliga – für RW Essen. Böhs war zu der Zeit, als Alfred Hußner und Horst Wohlers am Millerntor regierten, eine wichtige Stütze. In seiner ersten Saison kas-sierte St. Pauli die wenigsten Gegentore in der Regionalliga Nord.

Börner, Rolf (23.7.1923)

Die Serie 1947/48 war die erfolgreichste für den 1945 aus Riesa gekommenen Außenstürmer. Da traf er zwölfmal. 1950 fasste Börner einen Entschluss, der heute für Unfrieden sorgen würde: Er wechselte zum HSV, wo er fünf Jahre lang spielte, überwiegend als Verteidiger. Der kaufmännische Angestellte erlag 1973 einem Herzschlag.

Boller, Fred (12.10.1922)

Gefürchtet waren seine Elfmeter – vor allem bei den Mannschaftskameraden. Warum? Er schoss die Strafstösse meistens so, dass sie gerade eben ins Tor gingen. „Der Ball muss nur eine Umdrehung hinter der Linie sein", pflegte er seinen Kollegen immer zu sagen, nachdem die sich gerade einem Herzinfarkt nahe gewähnt hatten. Boller hält den vereinsinternen Oberliga-Torrekord (28 Tore in der Serie 1951/52), bewährte sich aber auch als Verteidiger. Von 1945 bis 1948 spielte er beim HSV, und nachdem er von einem einjährigen berufsbedingten Aufenthalt im Schwarzwald zurückgekehrt war, schloss er sich St. Pauli an. „In der Zeit, in der ich für den HSV gespielt habe, musste ich in St. Georg wohnen, weil der Verein es angeblich nicht geschafft hat, mir eine vernünftige Wohnung zu besorgen – obwohl viele Spieler, die danach neu dazugekommen sind, eine bekommen haben. Das wollte ich mir nicht gefallen lassen, und deshalb bin ich zu St. Pauli gegangen", erklärt Boller. Noch in den 50er Jahren ging er in die DDR, wo seine Eltern lebten, arbeitete dort als Grundstücksverwalter und trainierte einige unterklassige Vereine. Heute lebt er im thüringischen Sangerhausen.

Box, Jens-Peter (11.3.1956)
13 Jahre, den Großteil seines Fußballer-Lebens, hat der heutige Diplom-Betriebswirt bei St. Pauli verbracht. Er stieg mit dem FC auf in die erste Liga, ab in die zweite, ab in die dritte und fünf Jahre später wieder auf in die zweite. Seine Karriere ließ der Verteidiger in den Spielzeiten 1985/86 beim Oberligisten Altona 93 sowie 1987/88 beim damals fünftklassigen TSV DuWo 08 ausklingen.

Bronnert, Siegfried (6.9.1944)
Der 1,71 Meter große Mittelstürmer, 1965 von TuS Celle ans Millerntor gekommen, gehört zu jenen Kickern, die ihren Ruf einem einzigen Spiel verdanken. In seinem ersten Punktspiel machte er mit seiner ersten Ballberührung sein erstes Tor – und insgesamt schoss er an diesem Nachmittag gegen den Itzehoer SV vier von fünf Treffern. Bereits nach einer Saison wechselte er zu Eintracht Frankfurt, bekam dort aber nicht die Chance, die er sich versprochen hatte. Dennoch erzielte er für die Eintracht zwischen 1966 und 1968 in 24 Spielen immerhin 12 Tore.

Brüggen, Alfred „Aller"
282 Spiele, eine Saison beim SC Victoria inklusive, hat er in der alten Oberliga Nord bestritten; nur zwölf Akteure haben mehr Einsätze in dieser Spielklasse vorzuweisen. Brüggen war als rechter Läufer in den 50er Jahren stets eine Bank – in guten wie in schlechten Zeiten.

Christensen, Klaus (2.3.1945)
Seine ersten großen Spiele machte er 1966, als sich Stammtorwart Hansi Thoms im ersten Spiel der Bundesliga-Aufstiegsrunde verletzte. Der Maschinenschlosser, ein Jahr zuvor vom Hamburger Klub USC Paloma gekommen, war insgesamt neun Jahre für St. Pauli aktiv – drei davon in der Landesligamannschaft, nachdem er sich 1970 hatte reamateurisieren lassen. In der Saison 1973/74 profitierte er von den Torwartproblemen im Vertragsspielerkader und spielte nach acht Jahren sogar noch ein zweites Mal in der Bundesliga-Aufstiegsrunde. Kurz darauf verließ Christensen, zeitweilig auch Trainer der St.-Pauli-Amateure, das Millerntor im Zorn. Grund: nicht eingehaltene finanzielle Zusagen.

Dahms, Michael (22.12.1956)
Unverwüstlich, der Mann. Der gelernte Stürmer, der sich in der Bundesliga als bienenfleißiger Arbeiter im defensiven Mittelfeld bewährte, spielt auch als 40-jähriger noch Leistungsfußball – in der Oberliga beim SV Halstenbek/Rellingen. Außerdem führt er ein Sportgeschäft und trainiert die A-Jugendmannschaft des SV Rugenbergen.

Bayer Leverkusen, unter anderem unter Dettmar Cramer. Für St. Pauli spielte er – A-Jugend inclusive – insgesamt elf Jahre. Derzeit ist Demuth Co-Trainer beim VfL Wolfsburg.

Dammann, Dirk (14.8.1967)

Beim VfL Stade, wo er 1990 herkam, glänzte er als torgefährlicher Mittelfeldspieler, bei St. Pauli hingegen entwickelte er sich im Laufe der Jahre zu einem eleganten Libero, der in seinen besten Momenten durchaus mal an, naja, Franz Beckenbauer erinnert. Dass Dammann in der Saison 1996/97 viel Verletzungspech hatte und, nicht zuletzt deshalb, kaum einmal seine Form fand – das war einer der Gründe für den Abstieg aus der Bundesliga. Aus dem aktuellen Kader ist er der Spieler mit der meisten Erfahrung in der 2. Liga: Er wurde dort zwischen 1991 und 1995 126mal eingesetzt.

Demuth, Dietmar (14.1.1955)

Sein erster großer Erfolg: Als Mittelstürmer der St.-Pauli-Amateure wurde er 1973/74 Torschützenkönig in der Landesliga Hamburg, der damals höchsten Spielklasse der Stadt. In seiner Profikarriere spielte er dann meistens Vorstopper, später auch Libero. Die beste Zeit erlebte der sichere Elfmeterschütze (Erfolgsrezept: immer in die Mitte, wie Neeskens) zwischen 1979 und 1983 bei

Driller, Martin (2.1.1970)

Als er 1991 zum FC kam, galt er manchen Fans als leicht schnöselig. In den letzten Jahren wurde der ehemalige Dortmunder aber zu einem Liebling der Fans, weil er bereit war, sich total zu verausgaben. Im Sommer 1997 schied St. Paulis bester Torschütze der 90er Jahre (39 Treffer) im Streit vom Verein.

Duve, Jens (25.9.1962)

Der Manndecker wechselte 1986 vom HSV zu St. Pauli, sein letztes Spiel bestritt er – verletzungsbedingt – leider schon im September 1990. Duve verkörpert St. Paulis zweiten Bundesliga-Aufstieg wie kaum ein anderer. Bei den Fans hatte „der Chef", der heute zwei Reha-Zentren in Harburg führt, nicht zuletzt einen guten Ruf, weil er 1989 eine Aktion gegen Rassismus im Stadion unterstützte. Die Presse bringt seinen Namen

immer mal wieder gern ins Spiel, wenn bei St. Pauli ein Posten zu besetzen ist.

Dzur, Walter (18.11.1919)

Am Millerntor aktiv von 1945 bis 1953. Als DFB-Auswahlspieler ist der sprintstarke Mittelläufer ungeschlagen: Dreimal spielte er mit, zum ersten Mal beim 13:0 gegen die Slowakei am 1. September 1940 – dem bis heute höchsten Sieg einer DFB-A-Mannschaft.

Eccarius, Justus

Außer beim FC spielte er noch bei drei anderen Oberligaklubs: beim SC Concordia, Arminia Hannover und Eintracht Braunschweig. Alte Concorden sind noch heute sauer darüber, dass St. Pauli ihren Star 1949 in einem Hotel an der Ostsee versteckte, damit ihm nicht kurzfristig jemand den Wechsel zum Millerntor ausredet. Eccarius schoss Weihnachten 1949 beim Derbysieg gegen den HSV ein wichtiges Tor; insgesamt traf er in leider nur 24 Spielen für St. Pauli 20mal.

Famula, Jupp (12.11.1919)

Neben Harald Stender der am längsten aktive Akteur aus der Wunderelf. Von der Erfahrung des Allrounders (219 Einsätze in der Oberliga) konnten somit viele jüngere Spieler der 50er Jahre profitieren.

Ferrin, Gino (15.3.1947)

Im Winter 1975/76 brauchte der FC dringend Verstärkungen, um den Absturz in die Amateuroberliga Nord zu verhindern. Ferrin, der auf der Ersatzbank von Tennis Borussia zu versauern drohte, war eine von ihnen. Der Libero mit der Pferdelunge avancierte schnell zu einer Stütze am Millerntor. Leider hatte er viel Pech mit Verletzungen: In den Spielzeiten 1977/78 und 1979/80 fiel er jeweils ein halbes Jahr lang aus. 1980 wechselte er zu den HSV-Amateuren, kurz darauf begann er eine Trainerlaufbahn im Berliner Jugend- und Amateurfußball.

Flad, Egon (5.3.1964)

Mehr als ein Ersatz für Stefan Studer, nachdem dieser 1988 zu Eintracht Frankfurt gewechselt war. Markenzeichen: unwiderstehliche Flankenläufe auf der linken Seite. Der nur bedingt zuverlässige Elfmeterschütze (drei verwandelt, zwei verschossen) bestritt für St. Pauli 45 Bundesligaspiele. Weitere Stationen in der 1. Liga: Blau-Weiß Berlin (1986/87) und Schalke 04 (1991/92).

Flamme, Dieter
Er hätte ein Star werden können, da waren sich eigentlich alle am Millerntor einig. Der Rechtsaußen kam 1968 als 19jähriger von Borussia Fulda, schoss in den ersten zehn Spielen neun Tore. Doch dann stoppte eine Tuberkulose-Erkrankung die Karriere des hochbegabten Dribblers. Roberto Bettega, heute Vizepräsident von Juventus Turin, bewies später zwar, dass man nach einer Tbc sogar noch zum Weltstar werden kann: Er wurde, nachdem er zwischen 1971 und 1973 hatte pausieren müssen, ab Mitte der 70er zu einem der besten Stürmer Europas und gewann schließlich 1982 mit der italienischen Auswahl den Weltmeistertitel. Flamme aber kam nach anderthalbjähriger Spielpause nie wieder in Tritt und wechselte 1971 zu Phönix Lübeck.

Frosch, Walter (19.12.1950)
Früher Schornsteinfeger, heute Kneipenwirt, zwischendurch eine Institution beim FC St. Pauli. Der 1976 aus Kaiserslautern gekommene Abwehrspieler war berüchtigt, weil kaum ein Spiel verging, ohne dass er eine Gelbe Karte sah. Manche Schiedsrichter zogen sie allerdings wegen seines Image, nicht weil er etwas Verwarnungswürdiges getan hatte. 1982 wechselte Frosch zu Altona 93.

Gatti, Martino (23.10.1971)
Mittelfeldakteur mit Spielintelligenz, manchmal etwas zu weich. Der Publi-

kumsliebling schien zu Höherem berufen, und dass er 1994 nach 73 Spielen und sechs Toren gehen musste, konnten nur wenige verstehen. Den Durchbruch hat er aber bis heute nicht geschafft. Spielt seit 1996 beim Regionalligisten FC Homburg.

Gebhardt, Robert „Zapf" (20.9.1920)
1948 stand er in der Nürnberger Mannschaft, die St. Pauli im Halbfinale schlug und schließlich Deutscher Meister wurde. Nach insgesamt elf Jahren beim FCN kam der Gastwirts-Sohn 1950 nach Hamburg. Der technisch brillante, in der Defensive aber oft bocklos agierende Außenläufer galt bei seinen Mannschaftskameraden am Millerntor als intimer Kenner des Nachtlebens um die Ecke. 1953 ging er als Trainer nach Bremerhaven.

Gehrke, Peter
212mal trug er zwischen 1961 und 1969 das St.-Pauli-Trikot. Seine Spielweise wirkte manchmal auf den ersten Blick lethargisch, und so „übersahen" manche Fans, dass der hauptberufliche Buchhalter technisch beschlagen und torgefährlich war. Sein Freund und Teamkollege Werner Pokropp meint, Gehrke sei „der erste offensive Verteidiger" gewesen. Seine Karriere musste er 1969 bereits im Alter von 27 Jahren beenden – aufgrund einer Herzmuskelentzündung.

Gerber, Franz (27.11.1953)
Noch vor Volker Ippig der erste St.-Pauli-Kicker, der mit einem T-Shirt gewürdigt wurde. Natürlich zu Recht, denn immerhin dreimal wechselte „Franzl" zum FC: 1972, 1976 und 1986. Nicht zu vergessen seine sensationelle Torausbeute in der Serie 1973/74: In 31 Spielen traf er damals 33mal.

... *die gute Adresse für*

Reiterferien für Kinder und Jugendliche

Einer der führenden PONY-HÖFE Europas. Jeder junge Feriengast erhält hier ein "eigenes" Kleinpferd für den ganzen Urlaub und verlebt glückliche, gut beaufsichtigte Ferien in familiärer Atmosphäre inmitten schöner Natur. Eigene Wälder, ausgedehnte Wiesen und Weiden, eigener Badesee, Pferdebadestelle, eigenes Kinderrestaurant, überdachte Lagerfeuerstelle und vieles mehr...
Anerkannt solides Preis-Leistungsverhältnis. Seriöse Einhaltung aller in den Prospekten beschriebenen Angebote und Aktivitäten.

... *die gute Adresse für*

Haflinger-Freunde und -Käufer

Das in Deutschland einmalige Haflingergestüt mit ständig mindestens fünf original tiroler Spitzenhengsten und weit über einhundert ausgewählten Stuten. Staatlich anerkannter Lehrbetrieb mit großem Angebot hervorragender Fohlen, Stuten und Hengste aus eigener Zucht zu günstigen Festpreisen. Kostenloses Einreiten, wenn die Pferde als Fohlen hier gekauft wurden. Einzige Haflinger-Besamungsstation Europas mit EG-Zulassung.

... *die gute Adresse für*

"pferdige" Kurzerholung

auf dem Pony- oder Haflinger-Pferderücken oder in der Pony-Kutsche bei stundenweiser Vermietung. Ganzjährig geöffnet: sonnabends von 13.00 Uhr bis 18.00 Uhr und sonn-und feiertags von 10.00 Uhr bis 18.00 Uhr. Eintritt frei.

Prospekte über REITERFERIEN, HAFLINGERZUCHT, FOHLENVERKAUF sowie DECKHENGSTKATALOGE auf Anforderung kostenlos!

PONY-PARK PADENSTEDT, WOLFGANG KREIKENBOHM
24634 PADENSTEDT, TELEFON 04321/8 13 00+77, FAX 04321/8 47 58

Gieseler, Rolf (23.7.1938)
Sieben Jahre lang Verteidiger beim FC, meistens auf der linken Seite. 1961/62, in seiner ersten Saison, machte er gleich sämtliche Partien mit. Nach seinem Weggang war der siebenmalige Nordauswahl-Spieler noch fünf Jahre beim TSV Schlutup in der höchsten Amateurklasse Schleswig-Holsteins aktiv. Der ehemalige Krankenkassen-Angestellte lebt jetzt als Rentner in seiner Geburtsstadt Lübeck.

Golke, André (15.8.1964)
Auch wenn er 1991/92 beim 1. FC Nürnberg eine sehr gute Saison hatte: Die besten Spiele seiner Laufbahn – das kann man wohl sagen, obwohl sie noch nicht zuende ist – machte der Reihenhaus-Nachbar von Dirk Zander beim FC St. Pauli in dessen Boom-Phase zwischen 1988 und 1991. Golke ist denn mit 25 Treffern auch der bisher beste Torschütze in der sechsjährigen Bundesliga-Geschichte des FC. Diesen inoffiziellen Titel wird ihm bis zum Beginn des nächsten Jahrtausends wohl niemand streitig machen.

Gronau, Jürgen (25.8.1962)
Der gelernte Stahl- und Betonbauer, den man als Jugendlichen noch regelmäßig in der Westkurve des Volksparkstadions treffen konnte, steht für ein Superlativ der Saison 1996/97: 23 Jahre ununterbrochen nur für einen einzigen Verein gespielt zu haben – das konnte kein anderer Profispieler vorweisen. Im kleineren Kreis sorgte derweil ein anderes Jubiläum für Aufsehen: Der ehemalige Ligaspieler Fritz Golombek feierte im Januar 1997 seine 70jährige Mitgliedschaft beim FC. Wenn Gronau ihn übertrifft,

ist er, um es mit John Lennon zu sagen, größer als Jesus.

Haecks, Horst (12.8.1936)
Er prägte, gemeinsam mit Oschi Osterhoff, ein Jahrzehnt lang das Sturmspiel des FC, und wenn er sich 1966 nicht schwer verletzt hätte, wäre er heute wahrscheinlich als „200 Tore-Mann" bekannt. Dennoch hat außer Osterhoff kein St.-Pauli-Spieler seit 1945 so oft getroffen wie Haecks: 159mal. Seine Karriere ließ der heute 61jährige – nach rund dreijähriger Verletzungspause! – beim SV St. Georg, wo sein alter Kollege Herbert Kühl trainierte, sowie bei Güldenstern Stade ausklingen.

Hansen, Heino
Der dänische Mittelfeldregisseur, von 1974 bis 1976 am Millerntor, gehörte in dieser Zeit zu den wenigen Großverdienern beim FC – neben Wohlers und Höfert. In der Saison 1974/75 hatte er großen Anteil daran, dass St. Pauli in der Spitze mitspielte. Mit Preußen Münster, wo er danach ebenfalls zwei Spielzeiten

kickte, verpasste er 1977/78 nur knapp den Aufstieg in die 1. Liga.

Heitkamp, Werner

Als der SC Concordia, bei dem der Stürmer vier Jahre lang eine der zentralen Figuren gewesen war, 1953 zwischenzeitlich aus der Oberliga Nord abstieg, wechselte er zu St. Pauli. Auch hier wurde er schnell zu einem Schlüsselspieler, schoss in zwei Jahren 28 Tore. Nachdem er 1955 aus beruflichen Gründen nach Frankfurt gewechselt war und sich dort der Eintracht angeschlossen hatte, präsentierte sich der FC zwei, drei Jahre lang eklatant sturmschwach.

Hempel, Heinz (4.9.1918)

Nicht nur von 1945 bis 1953 als Verteidiger für den FC aktiv, sondern danach noch zehn Jahre als Trainer. Ein Held? Auf jeden Fall ein vergessener: Der Ex-Dresdner, der während des Dritten Reichs dreimal beim DFB-Team auf der Bank saß, aber nie zum Einsatz kam, lebt heute fast ohne Kontakt zur Außenwelt in Hamburg.

Hieronymus, Holger (22.2.1959)

Der Mittelfeldspieler belegt die herausragende Jugendarbeit des FC St. Pauli in den 70er Jahren. In der zweiten Hälfte der Saison 1978/79, seiner ersten als Ligaspieler, war Hieronymus bereits der Regisseur des Teams. Nach dem Lizenzentzug wechselte er zum HSV. Größter Erfolg als Vereinsspieler: Er stand in der Mannschaft, die 1980 in Madrid im Landesmeister-Cupfinale gegen Nottingham Forest antrat.

Hinz, Thomas (6.2.1964)

Als der damalige Kapitän 1986 in der entscheidenden Zweitliga-Aufstiegsrundenpartie gegen Essen zum letzten Mal

im Wilhelm-Koch-Stadion spielte, pöbelten ihn einige Maulhelden an, weil zu dem Zeitpunkt bereits feststand, dass er dorthin zurückgehen würde, wo er 1982 als A-Jugendlicher hergekommen war – zum HSV. Ironie der Geschichte: Wenn Hinz nicht mit dazu beigetragen hätte, dem FC wieder einen guten sportlichen Ruf zu verschaffen, wären diese Typen wahrscheinlich gar nicht ins Stadion gekommen.

Hjelm, Ari (24.2.1962)

Sieben Tore in 48 Zweitligaspielen – eigentlich ja zuwenig für einen Stürmer. Andererseits kann man das dem finnischen Auswahlspieler nur bedingt zum Vorwurf machen, denn nur aufgrund St. Paulis notorischer Angriffsmisere musste er zwischen 1993 und 1994 meistens ganz vorn ran. Hinter den Spitzen hätte er mehr bewirken können. Der Versicherungskaufmann kehrte nach anderthalb Jahren zurück zu Ilves Tampere.

Höfert, Rolf (8.2.1949)

Kapitän und Mittelfeldregisseur der Aufstiegself von 1977. Der Ex-BUer war einer der technisch versiertesten St.-Pauli-Spieler der 70er Jahre. In der Saison 1978/79 wechselte Höfert nach Bern. Er lebt noch heute in der Schweiz.

Hoffmann, Günter

Trainer „Jockel" Krause brachte ihn und Ole Kallius 1966 aus Altona mit. Der Versicherungskaufmann bestritt 151 Spiele für den FC, meistens als Verteidiger, in der Saison 1967/68 aber auch als Stürmer. Guter Elfmeterschütze.

Hollerbach, Bernd (8.12.1969)

Dem ehemaligen Metzger und FC-Profi, der die meiste Zeit seines Lebens bis da-

to in Rimpar bei Würzburg verbracht hatte, warf während der Winterpause 1995/96 ein Leser der „Hamburger Morgenpost" vor, dass er, der Kicker, kein „echter St. Paulianer" sei. Anlass für die Kritik war Hollerbachs Wechsel vom 1. FC Kaiserslautern zum HSV. Tja, was mag das wohl sein, ein „echter St. Paulianer"? Wer's weiß, kann es dem Mittelfeldspieler ja einmal im „La Bruschetta" in Winterhude verklickern. Das ist sein Stamm-Italiener.

Hußner, Alfred (13.5.1950)

Zwischen 1969 und 1973 schoss der enorm willensstarke und torgefährliche Mittelfeldspieler 64 Treffer für St. Pauli, und da wurde sogar Bayern München hellhörig. Doch der Wechsel scheiterte, weil sich Präsident Ernst Schacht bei der Ablösesumme verpokerte. Statt dessen ging der geborene Heider nach Mechelen. Den größten Teil seiner Karriere verbrachte er in der Schweiz, unter anderem bei Servette Genf und Young Boys Bern. Der Baustoffkaufmann trainiert heute den schleswig-holsteinischen Verbandsligisten Husumer SV.

Ippig, Volker (28.1.1963):

Der populäre Torwart spielte bereits 1981 zum ersten Mal in der Liga-Mannschaft, den Durchbruch schaffte er allerdings erst fünf Jahre später. Zwischendurch setzte Ippig andere Prioritäten: Er arbeitete an einer Behindertenschule und half im sandinistischen Nicaragua beim Bau eines Krankenhauses. Sein Glück: Michael Lorkowskis Abgang 1986. Mit dem war der Keeper nämlich gar nicht klar gekommen. Ippig war Stammtorwart in der Bundesliga zwischen 1988 und 1991, in der 2. Liga kam er nur noch fünfmal zum Einsatz. Danach machte ihm ein Gleitwirbel derart zu schaffen, dass er seine Karriere beenden musste.

Jahn, Helmut (20.10.1917)

Zwischen 1939 und 1942 bestritt der zeitweilige Untermieter von Sepp Herberger 17 DFB-Auswahlspiele. Bei St. Pauli stand er gleich nach dem Zweiten Weltkrieg im Tor, ungefähr ein dreiviertel Jahr lang. Dann zog es den aus Berlin gekommenen Keeper zum VfB Stuttgart, wo er in der Saison 1945/46 noch sieben Spiele bestritt und somit dazu beitrug, dass sein neuer Verein den ersten Meistertitel der Oberliga Süd holte.

Kallius, Ulrich (4.10.1945)
Der Bankkaufmann kam 1966 von Altona 93 zu St. Pauli, schoss hier in drei Jahren 50 Tore, bevor er zum VfL Osnabrück wechselte. Seinen größten Erfolg feierte in der Saison 1975/76 in Belgien, als er mit Olympique Charleroi – einem Klub, der im Schnitt 30.000 Zuschauer anlockte – in die 1. Liga aufstieg. Außerdem spielte der kopfballstarke Stürmer – ungefähr ein Drittel seiner Tore erzielte er mit dem Schädel – für RW Oberhausen in der Bundesliga sowie für den AS Eupen. Kallius ist heute Leiter der Sportgemeinschaft Deutsche Bank.

Knäbel, Peter (2.10.1966)
Als er 1988 zum ersten Mal ans Millerntor kam, fuhr er „mehrmals an der Ge-

schäftsstelle vorbei, da ich nicht glauben konnte, dass das tatsächlich die Geschäftsstelle eines Bundesligavereins sein sollte". Der bekennende Christ („Ich bemühe mich, in meinem Leben, soweit das geht, an das anzuknüpfen, was Jesus gesagt hat") avancierte hier schnell zu einer Spielerpersönlichkeit. Momentan strebt der Ex-Bochumer, der 121 Punktspiele für den FC St. Pauli bestritt, mit dem 1. FC Nürnberg den Aufstieg in die Bundesliga an.

Knoflicek, Ivo (23.2.1962)
Der einzige St.-Pauli-Spieler, der das Zeug zu einem Popstar hatte. Der tschechoslowakische Auswahl-Stürmer, der 1990 bei der WM in Italien mit dabei war, verbreitete das Flair des internationalen Spitzenfußballs, ja manchmal sogar Glamour. Unvergessen, wie er im März 1991 beim legendären 1:0-Sieg in München mit der Nonchalance eines Stars, der es sich leisten kann, einige tausendprozentige Chancen vergab. Leider sein letztes großes Spiel.

Kocian, Jan (13.3.1958)
Neben Ivo Knoflicek der einzige Spieler, den der FC St. Pauli jemals für eine Weltmeisterschafts-Endrunde abstellte. Der Libero, der fünf Jahre am Millerntor spielte, gehörte zwischen 1988 und 1991 zu den Führungskräften im Bundesliga-Team. Kocian ist heute Trainer bei Dukla Banska Bystrica, seinem Stammverein.

Kühl, Herbert
1952 kam er, gemeinsam mit „Aller" Brüggen, seinem damals besten Freund, vom SC Victoria zu St. Pauli. Nach zehn Jahren beim FC, überwiegend auf der Position des rechten Verteidigers, be-

Jan Kocian

merhaven 93. Nachdem er in der Saison 1950/51 nur noch zweimal zum Einsatz gekommen war, wechselte er zu Grün-Weiß 07 (heute GW Eimsbüttel), einem der ersten Vereine, die einen Mäzen hatten. Später war er dort auch als Trainer tätig.

Machate, Fritz (16.3.1916)
Gemeinsam mit Heiner Schaffer gestaltete der Ex-Dresdner vier Jahre lang das Spiel der Wunderelf. 1949 wechselte er nach Paderborn.

Mackensen, Uwe (12.8.1955)
Mit spärlicher Bundesliga-Erfahrung – insgesamt fünf Spiele für den HSV und Kaiserslautern in vier Jahren – kam er 1979 zum FC, wo er zu einer wichtigen Figur beim Wiederaufbau in der Oberliga wurde. Am Millerntor war er sechs Jahre lang aktiv, später bei TuRa Harksheide und der „Bild"-Zeitung.

gann Kühl eine Trainerlaufbahn, die ihn bis 1985 zu neun Hamburger Klubs führte. Größter Erfolg: die Deutsche Vizemeisterschaft der Amateure mit dem SC Victoria 1975. Der Justizbeamte im Ruhestand, der als Spieler niemals die Rote Karte gesehen hat, sitzt heute im Präsidium des Hamburger Fußball-Verbandes und steht dem Sportgericht des NFV vor.

Kulka, Wolfgang (24.3.1955)
Aus der Viertliga-Mannschaft von Blau-Weiß 96 Schenefeld gelang ihm 1974 der Sprung in die Zweitliga-Stammelf des FC. Sein Name ist untrennbar verbunden mit dem legendären 77er-Derby gegen den HSV, denn in diesem Spiel erzielte Kulka das entscheidende 2:0. 1979 wurde er Sportinvalide, später kickte er aber noch für den SV Lurup in der Amateuroberliga.

Mannebach, Manfred (14.7.1954)
Die Erotik-Experten vom „Hamburger Abendblatt" kürten ihn im Mai 1977, kurz vor dem Aufstieg in die 1. Liga, zum „schönsten Junggesellen der Mannschaft". Der laufstarke Ex-Mayener hatte meistens die Aufgabe, den gegnerischen Spielmacher auszuschalten und den Strategen der eigenen Elf den Rücken freizuhalten. In der Saison 1996/97 spielte der Geschäftsführer eines Möbelhauses, immerhin als 42jähriger, noch Leistungsfußball: bei Teutonia 05 in der Hamburger Landesliga.

Lehmann, Heinz „Tute" (15.7.1921)
Der schnelle und kopfballstarke Mittelstürmer der Wunderelf spielte vor 1945 bei Wacker 04, Tennis Borussia, dem Luftwaffensportverein Pütnitz und Bre-

Manzi, Leonardo (28.4.1969)
Er erzielte St. Paulis wichtigstes Tor der 90er Jahre: Sein Kopfballtreffer gegen Hannover 96 am 6. Juni 1993 rettete den Verein vor dem Abstieg in die 3. Liga.

Ansonsten genügten seine Darbietungen nur selten den Anforderungen des Profifußballs. Dass Manzi bei Hannover 96 in der Regionalliga Fortschritte machte, spricht allerdings nicht für die Trainer, die er bei St. Pauli hatte.

Michael, Hermann (23.3.1920)
Der von der Spvgg. Blankenese stammende Außenstürmer, zwischen 1945 und 1949 beim FC aktiv, war neben Karl Miller und Harald Stender der einzige Hamburger, der sich einen Stammplatz in der Wunderelf sichern konnte. Seine beste Saison spielte er 1948/49, als er mit 13 Treffern der erfolgreichste Torschütze der St. Paulianer war.

Miller, Karl (2.10.1913)
Nach der Zerschlagung des Dritten Reiches wurden die Kicker des FC in der Schlachterei seines Vaters mit Fleisch versorgt – unter der Hand, versteht sich, denn seinerzeit lief die Nahrungsmittelverteilung offiziell über Lebensmittelkarten. Wenn Miller diese schlaraffenlandähnliche Versorgungslage nicht hätte garantieren könnnen, wäre aus dem FC St. Pauli nach 1945 keine Spitzenmannschaft geworden. Der zwölfmalige DFB-Auswahl-Verteidiger starb im April 1967.

Münster, Harald
Fünf Jahre hatte er beim örtlichen Regionalliga-Rivalen Barmbek-Uhlenhorst gespielt, ehe er 1972 zum FC wechselte. Der überaus fair agierende Vorstopper hätte auch in der Bundesliga bestehen können. „Doch immer wenn mal Späher da waren, war ich ausnahmsweise schlecht", sagt Münster. Nach 88 Spielen wechselte er 1975 zum heute in der Kreisliga kickenden Hummelsbütteler SV, der sich damals allerdings anschickte, den Amateurfußball in Hamburg aufzumischen.

Neumann, Horst (5.11.1952)
Einer der ganz wenigen Spieler, die einen Bezug zur Arbeitswelt des Stadtteils St. Pauli hatten: Der Außenstürmer, aus dem Nachwuchs des FC hervorgegangen, malochte als Tallyman im Hafen, bevor er Profi wurde. Neumann gehörte fünf Jahre zum Ligakader, nach dem Lizenzentzug wechselte er zu Darmstadt 98.

Nogly, Peter (14.1.1947)
Von seiner Routine profitierte St. Pauli zwischen 1984 und 1986. Heute ist „Eiche", der 320mal für den HSV spielte und 1977 viermal das Trikot mit dem Adler trug, Trainer beim Oberligisten TuS Hoisdorf.

Olck, Bernhard (23.10.1962)
113 Punktspiele hat er für den FC bestritten, nachdem er 1988 von Alemannia Aachen gekommen war. Der einzig wahre Terrier – für seine Spielweise wurde er 1991 mit einer Stimme bei der Wahl zum Fußballer des Jahres belohnt – schockierte zwar so manchen Fußball-Ästheten, aber die haben ja eh keine Ahnung, worum es wirklich geht. Olck spielt heute in der 5. Liga beim SC Langenhorn.

Osterhoff, Peter (25.8.1937)
Mit der Empfehlung, in der Saison 1957/58 für den DSC Stern/Pfeil (heute DSC Hanseat) 60 von 101 Toren geschossen und damit einen wesentlichen Teil zur Meisterschaft in der Bezirksliga beigetragen zu haben, kam er 1958 zum FC. Der stämmige Angreifer, genannt „Oschi" oder „der schwarze Peter", zeichnete sich

durch eine urwüchsige Spielweise aus. Zwischen 1959 und 1962 war er jeweils unter den drei besten Torschützen der Oberliga, in der Serie 1961/62 wurde er mit 27 Treffern knapp Zweiter hinter Uwe Seeler (28). Insgesamt schoss der heute als Baustoffkaufmann tätige Kicker in zehn Jahren als Vertragsspieler 181 Tore – ein Vereins-Rekord, der wohl niemals gebrochen wird.

Pfennig, Andrew (1.1.1962)
Der Ex-Kieler gehörte zwar zwischen 1987 und 1989 zum Lizenzspielerkader und half auch 1997 in der Bundesliga-Elf aus. Er ist aber keinesfalls deswegen eine wichtige Figur in der jüngeren Geschichte des FC St. Pauli, sondern weil er die Amateurmannschaft – für einen harten Kern von Fans der Underdog im vermeintlichen Underdog-Verein – von der Bezirks- in die Regionalliga führte. In dieser Truppe spielt der Krankengymnast bis heute Libero.

Philipkowski, Joachim (23.2.1961)
Am 7. September 1988 siegte er mit dem 1. FC Nürnberg beim AS Rom inclusive

Rudi Völler in der ersten Runde des UE-FA-Cups mit 2:1 – der Höhepunkt in der Laufbahn des ehemaligen Barmbekers. Seit 1994 ist Philipkowski, der insgesamt sechs Jahre für den FC spielte, als Jugendtrainer am Millerntor tätig. Er formte Spieler wie Ahlf, Rahn und Staczek, die vielleicht schon in der Saison 1997/98 im Profikader für Furore sorgen könnten. Mittelfristig ein Kandidat für den Cheftrainer-Posten.

Pokropp, Werner (13.4.1941)
Der Außenläufer und spätere Kapitän und Libero kam 1960 aus dem schleswig-holsteinischen Lägerdorf ans Millerntor, wo er schließlich 20 Jahre wirkte – nicht nur als Spieler, sondern auch als Obmann und Trainer.

Porges, Ingo (22.8.1938)
Erinnert sich noch jemand an Günter Sawitzki, Bernhard Steffen und Ferdinand Wenauer? Gemeinsam mit diesen höchstens semilegendären Spielern stand Porges, der letzte A-Auswahlkicker des FC, am 11. Mai 1960 in der DFB-Elf, die 0:1 gegen Irland verlor. Es blieb sein einziger Auftritt im schwarzweißen Trikot. Der Mittelläufer, der in zwölf Jahren 313 Oberliga- und Regionalliga-Spiele für den FC bestritt, besitzt heute eine Firma für Tennisplatzzubehör.

Pröpper, Carsten (20.10.1967)
Der ehemalige Remscheider war der wichtigste Akteur in den letzten beiden Jahren. Der Sohn des berühmten Wuppertaler Torjägers Günter Pröpper verkörpert eine selten gesehene Mischung aus Regisseur und defensivstarker Arbeitsbiene. In der Bundesliga lief der jetzige Mannschaftskapitän 60mal für St.

Pauli auf und schoss dabei acht Tore. In der 2. Liga traf er für den FC Remscheid in 67 Spielen 24mal und, von 1993 bis 1995, für die Hamburger in 68 Spielen siebenmal.

Ramm, Harald

Stammspieler war „Fürst Rammigani", aus dem Nachwuchs des FC hervorgegangen, nur in der katastrophalen Saison 1955/56. Der geniale Techniker wäre vielleicht ein Großer geworden, wenn er geistige Getränke ein bisschen weniger geschätzt hätte. Besonders gern frequentierte er die Kneipe, die Herbert Panse, ehemaliger DFB-Auswahlspieler des ETV, im Schanzenviertel betrieb.

Reinke, Andreas (10.1.1969)

Es spricht viel gegen den Keeper, der über den PSV Güstrow, den PSV Schwerin und die HSV-Amateure ans Millerntor kam. Er spielte manchmal aufreizend lässig, seine Frisur war und ist sogar für Fußballer-Verhältnisse indiskutabel, und dann begab er sich 1994 – nach gerade mal einem Jahr im Tor des FC – auch noch freiwillig in die Provinzhölle Kaiserslautern. Dennoch: Reinke war, allein an seinem Leistungsvermögen ge-

messen, der beste Torwart, der hier in den letzten 20 Jahren gespielt hat.

Rietzke, Reinhard (19.12.1948)

In der Saison 1973/74 verlor Bremerhaven 93 mit ihm im Tor 1:9 gegen den FC St. Pauli. Das hielt die Hamburger glücklicherweise nicht davon ab, ihn für die folgende Serie zu verpflichten. Rietzke blieb neun Jahre, auch durch den Absturz in die 3. Liga ließ er sich nicht davonjagen.

Romes, Horst (5.9.1944)

Fortuna Köln, Lüneburger SK, Bergedorf 85, FC St. Pauli, Schwarz-Weiß Bregenz, SC Eisenstadt, Linzer ASK und wieder Bregenz – Romes war das, was man gemeinhin Wandervogel nennt. Der bullige Brechertyp der alten Schule kam 1970 für zwei Jahre ans Millerntor, und obwohl er in der Saison gleich zum besten St.-Pauli-Torschützen avancierte, war er beim Publikum nicht unumstritten. In Österreich hatte er seine beste Zeit beim LASK, mit dem er einen UEFA-Cup-Platz erreichte. Romes spielt heute in der St.-Pauli-Altliga und verkauft Küchen.

Rosenfeld, Rolf-Peter (18.4.1957)

Als Jugendlicher wurde er einmal Weltcup-Sieger im Fußball-Jonglieren. Dabei gelang es ihm, den Ball mehr als 10.000mal hochzuhalten, ohne dass der den Boden berührte. Heute jongliert er für die Lokalzeitung „Hamburger Morgenpost" mit Worten; den Ruf, der am meisten gefürchtete Wortwitzbold im Sportjournalismus zu sein, hat er aber mittlerweile eingebüsst. Zum Lizenzspielerkader des FC gehörte der Mittelfeldakteur bereits 1974/75, als er noch A-Jugendlicher war. 1979 wechselte Rosenfeld zum VfL Osnabrück.

Kommen Sie doch mal ins Büro von Mr. Jack. Oder schreiben Sie uns nach Lynchburg, Tennessee 37352, USA, wenn Sie mehr über Jack Daniel's wissen möchten.

"HI FOLKS IN GERMANY! Wir Pensionäre bei Jack Daniel´s in Lynchburg, Tennessee kommen immer noch regelmäßig auf einen kleinen Plausch in der Distillery vorbei.

Dabei erfahren wir jedes Mal das gleiche: Jack Daniel´s wird auch heute noch genauso hergestellt wie zu Lebzeiten von Mr. Jack. Wir sitzen dann in seinem alten Büro und überzeugen uns persönlich davon, daß sich auch an Geschmack und Qualität unseres berühmten Tennessee Whiskeys nichts geändert hat. Und wir sind sicher: Das können auch Sie nach einem Schluck Jack Daniel´s bestätigen. Cheers!"

JACK DANIEL'S TENNESSEE WHISKEY

Rynio, Jürgen (1.4.1948)
Der Mann, der fünfmal aus der Bundesliga abstieg – außer mit dem FC noch mit dem KSC (1967/68), Nürnberg (1968/69), Dortmund (1971/72) und Hannover 96 (1985/86). Zumindest was St. Pauli betrifft, war es nicht seine Schuld, denn er enttäuschte fast nie.

Sawitschew, Juri (13.2.1965)
Wer ist Romario? Wer ist Bebeto? 1988 bei den Olympischen Spielen in Seoul schoss der Russe in der Verlängerung des Endspiels das Siegtor gegen Brasilien, das immerhin mit den beiden genannten Herren angetreten war. 1995/96 war der Stürmer – Stammverein: Torpedo Moskau – eine der zentralen Figuren im Spiel des FC St. Pauli, das 3-3-3-1-System war wie auf ihn zugeschnitten. Wenn Sawitschew 1996/97 nicht verletzt gewesen wäre, würde St. Pauli heute noch in der 1. Liga spielen.

Schaffer, Heiner (16.12.1917)
Der Inbegriff der Schlitzohrigkeit. Der Bautechniker, der in der Wunderelf auf halblinks Regie führte, war immer gut

für einen überraschenden Schuss, weshalb er zum Beispiel in der Saison 1947/48 in der Torschützenliste der Oberliga mit 17 Treffern den vierten Rang belegte. 1949 zum Wuppertaler SV.

Scharping, Jens (16.7.1974)
Das größte Talent, das der Hamburger Fußball in den 90er Jahren hervorgebracht hat. Im letzten Jahr des Masloismus hat sich der manchmal an Gerd Müller erinnernde Stürmer allerdings eher zurückentwickelt.

Schildt, Emil
Seine Spielintelligenz beeindruckte, obwohl er zu brotloser Schönspielerei neigte. Im November 1957 gelang dem Regisseur das seltene Kunststück, gleich zweimal einen Treffer seiner Mannschaft zu verhindern, indem er beim Torschuss eines Mitspielers im Weg stand. „Don Emilio", beim FC von 1956 bis 1961 aktiv, ist heute ein hohes Tier im internationalen Zigaretten-Geschäft.

Schlindwein, Dieter (7.2.1961)
Mal ehrlich, wer hätte gewusst, dass der stadtbekannte Porschefahrer einmal

drei Tore in einem Punktspiel geschossen hat? Ist ja auch schon lange her. Es war 1979, bei einem 3:1-Sieg von Waldhof Mannheim gegen Kickers Offenbach. Zum Ende der Saison 1996/97 kam „Eisen-Dieter" überraschend zu Co-Trainer-Ehren. Für ihn eigentlich ein Abstieg – wenn man bedenkt, dass er in der Saison 1992/93, zu Zeiten Josef Eichkorns, gemeinsam mit Dirk Zander die Mannschaft aufgestellt haben soll.

Schönbeck, Rudi (3.8.1919)

Der Keeper kam 1949 aus Itzehoe und setzte sich zunächst gegen „Luten" Alm und dann gegen Harry Wunstorf durch. Schönbeck bestritt sieben Spiele in der Amateur-Auswahl des DFB, drei davon bei den Olympischen Spielen in Helsinki 1952 (4:2 gegen Brasilien, 1:3 gegen Jugoslawien, 0:2 gegen Schweden). Danach ging er wieder nach Itzehoe, wo er später eine „Torwart-Schule" gründete.

Schulz, Uli

Der Stürmer kam 1971 zum FC, nachdem er bei Holstein Kiel Regionalliga-Torschützenkönig geworden war. Er zog St. Pauli damals dem HSV und dem Linzer ASK vor. Nach 38 Toren in drei Jahren spielte Schulz doppelt so lange bei BU. Heute ist er Trainer beim Regionalligisten VfL 93.

Sievers, Ralf (30.10.1961)

Acht Jahre spielte „Colt", der sich eine kurze Zeit mal als Polizist versuchte, bei Eintracht Frankfurt. Der solide Mittelfeldarbeiter, der 1981 Junioren-Weltmeister und 1988 Olympia-Dritter wurde, kam 1990 zu St. Pauli, lief 68mal auf und erzielte zwei Tore, darunter *das* Tor in München. Zuletzt spielender Co-Trainer beim Lüneburger SK, seinem Stammverein.

Sommerfeld, Otmar (16.11.1929)

Rekordspieler der Oberliga Nord. Fast zwei Drittel seiner 362 Partien bestritt er für den Millerntor-Klub, den Rest für den Harburger TB und Bergedorf 85. Dort beendete der Mittelläufer, dessen Spielweise manchmal eckig wirkte, 1963 seine Karriere.

Stanislawski, Holger (26.9.1969)
Wenn es unter den St.-Pauli-Spielern der Saison 1996/97 einen Gewinner gab, dann ihn. Der kopfballstarke Manndecker, 1993 vom SC Concordia gekommen ist, kann jeden Starstürmer ausschalten.

Stender, Harald (18.2.1924)
Der St. Paulianer schlechthin. Zwischen 1945 und 1960 machte der rechte Läufer, der in Stadionnähe eine Tankstelle führte und nie für einen anderen Klub aktiv war, rund 370 Spiele. Heute arbeitet er immer noch für den FC: in der sogenannten Präsidentenfindungs-Kommission, die die Kandidaturen für das höchste Vereinsamt entgegennimmt und prüft.

Stothfang, Uwe
Er kam 1957 aus Brunsbüttelkoog, dem heutigen Brunsbüttel. Der linke Halbstürmer fiel nicht so auf wie seine Zeitgenossen Haecks und Osterhoff, war aber in seiner Funktion als mannschaftsdienlicher Renner und Ballschlepper ebenso wichtig. Ende der 50er, Anfang der 60er Jahre Teil des sogenannten magischen Vierecks.

Sump, Hans (14.8.1925)
Der Sohn des FC-Pioniers Richard Sump bestritt sein erstes Ligaspiel 1942. Nachdem er 1949 aus der Kriegsgefangenschaft zurückgekehrt war, löste er „Tute" Lehmann im Sturmzentrum ab. 1954 musste Sump, der zwischenzeitlich eine Serie für den Harburger TB gespielt hatte, seine aktive Laufbahn beenden – wegen Tuberkulose. Danach bis 1958 Liga-Obmann.

Thiele, Willi (21.6.1914)
Der Keeper, im November 1946 von Tennis Borussia Berlin zum Wunderteam gestoßen, stürzte sich furchtlos in jedes Getümmel und war deshalb ein ausnehmend guter Strafraumbeherrscher. Weil ihm der FC St. Pauli keinen Job als Elektriker besorgen konnte, wechselte er 1949 zum Heider SV.

Thomforde, Klaus (1.12.1962)
3.000 Mark hat der Musical-Fan 1983 gekostet, das heißt, er hat sich bezahlt gemacht. Wenn man ihn sieht, denkt man, dass er's so lange macht wie Peter Shilton, der als 47jähriger noch beim Viertligisten Leyton Orient im Tor gestanden hat. Im Gegensatz zur englischen Legende wird der Ex-Bremervörder aber wohl kaum 1.000 Ligaspiele schaffen, dazu saß er zu lange auf der Bank. In der Saison 1988/89 spielte Thomforde zum Beispiel nur dreimal.

Thoms, Hans
Stark auf der Linie, schwach im Strafraum. Der 1960 aus Stade gekommene Keeper, der 161mal im St.-Pauli-Tor

stand, spielte darüber hinaus auswärts besser als zu Hause. Am Millerntor schien er sich manchmal vom Publikum unter Druck setzen zu lassen.

Tune-Hansen, Niels (19.1.1953)

Der dänische Auswahl-Verteidiger stellte in der Saison 1976/77, seiner ersten für den FC, gleich unter Beweis, dass er nicht nur für die Defensive wichtig ist. In dem Jahr schoss er immerhin acht Tore, darunter das entscheidende in Herford. Nach dem Lizenzentzug wechselte er zum VfL Osnabrück.

Trulsen, André (28.5.1965)

Der Manndecker war zwischen 1986 und 1991 eine Stütze und ist es – nachdem er zwischendurch für den 1. FC Köln und den SV Lurup gespielt hatte – seit 1994 wieder. Einige Spiele der Saison 1996/97 ließen aber befürchten, dass er es nicht mehr lange sein wird.

Weidlandt, Jürgen (6.9.1940)

Beim FC kickte der über Union 03 und den SC Concordia gekommene Mittelläufer nur in der Serie 1964/65, doch das

reichte, um den KSC aufmerksam zu machen. Für den bestritt er dann 58 Bundesliga-Spiele. Heute führt Weidlandt eine Lottoannahmestelle in Karlsruhe.

Wellnitz, Wolfgang

Der gelernte Stürmer kam 1967 von Altona 93, bei St. Pauli indes bewährte er sich im defensiven Mittelfeld und in der Abwehr. Der Büromaschinen-Mechaniker war ein wichtiger Spieler, weil er Höfert, Hußner und Wohlers den Rücken frei hielt. Trotz Arbeitsbienen-Status auch technisch stark. 1974 zum Hummelsbütteler SV.

Wenzel, Rüdiger (3.6.1953)

Als er 1974 für ein Jahr nach Hamburg kam, zog der Stürmer aus Lübeck zusammen mit einem Spieler namens Heiner Radbruch in eine Fußballer-WG in der Elbchaussee. Die Mitglieder der Kommune entwickelten sich unterschiedlich: Radbruch stand mal im Bundesliga-Kader des HSV, kam aber nie in einem Punktspiel zum Einsatz, Wenzel dagegen wurde – nachdem er 1984 zu St. Pauli zurückgekehrt war – zu einem Halbgott.

Wieczorkowski, Gert (24.7.1948)

In „Kneipenbekanntschaft", einem „Tatort" aus den frühen 70er Jahren, in dem Knut Hinz – später als Hajo Scholz in der „Lindenstraße" bekannt geworden – den Kommissar mimt, spielt der Abwehr- und Mittelfeldakteur, der für den FC 104 Regionalliga-Spiele bestritt, eine kleine Rolle: Als man sieht, wie der Täter, dessen Entdeckung kurz bevorsteht, sich im Fernsehen ein Spiel anschaut, schießt Wieczorkowski dort gerade ein Tor. 1974 wechselte er nach Essen, wo er für Rot-Weiß drei Jahre in der Bundesliga spielte.

Wohlers, Horst (6.8.1949)

189 Spiele, meistens als Libero. 1975 wechselte er für 425.000 Mark nach Mönchengladbach. Dass er als Trainer so gut ist wie als Spieler, konnte er am Millerntor zwischen 1991 und 1992 nur selten beweisen. Immerhin war er schon vor Hans-Hubert Vogts der Vorgesetzte von Rainer Bonhof (in Uerdingen). Zuletzt Assistenz-Coach bei den Urawa Red Diamonds.

Woitas, Günter

Wurde beim FC St. Pauli womöglich unterschätzt, denn der Stürmer war in vier Jahren nur 43mal dabei, wurde zwischen 1952 und 1961 beim SC Concordia aber zu einer Führungspersönlichkeit. Nachdem er seine Karriere beendet hatte, trainierte er die Marienthaler noch zwei Jahre.

Wunstorf, Harry (13.7.1927)

Der frühere Leichtathlet und Handballtorwart kam 1951 aus Berlin und stand 13 Jahre für St. Pauli im Kasten – obwohl ihm Präsident Wilhelm Koch 1952 einen vermeintlichen Karriere-Höhepunkt vermasselte, indem er ihm untersagte, einer Berufung zu einem B-Auswahlspiel des DFB nachzukommen; eine Pokalbegegnung des FC, die am selben Tag stattfand, war wichtiger. Nach seiner Karriere fuhr Wunstorf unter anderem Zeitungen für den Axel-Springer-Verlag aus. 1971 stellte er sich noch einmal als 44jähriger beim damaligen Sechstligisten 1. FC Hellbrook ins Tor.

Zander, Dirk (13.5.1965)

Zwei Szenen innerhalb von nur rund zwei Monaten bleiben von dem Freistoßspezialisten, den einige Fans in Anlehung an ein AC/DC-Stück „Zanderstruck" nannten, am stärksten in Erinnerung: Im April 1991 schoss er gegen Karlsruhe das bis dato schnellste Bundesliga-Tor aller Zeiten, im Juni bekam er im zweiten Spiel gegen die Stuttgarter Kickers für ein vermeintlich zu hartes Einsteigen eine Rote Karte, die den weiteren Verlauf der Relegation negativ beeinflusste. Der Besitzer einer Ferienwohnung in Florida spielte außer beim FC noch bei Viktoria Wilhelmsburg/Veddel und Dynamo Dresden.

Die wichtigsten Daten zum FC St. Pauli

Beitritt der Fußball-Abteilung des St. Pauli Turnvereins
zum Norddeutschen Fußballverband: April 1910.
Abspaltung als FC St. Pauli: 1924.
Stadion: Wilhelm-Koch-Stadion (20.551 Plätze)

Adresse:
Clubhaus auf dem Heiligengeistfeld
20359 Hamburg
Telefon: 040/3178740
Fax: 040/31787419

Kartenvorverkauf:
Telefon: 040/31796112
Fax: 040/31796123

Sportarten:
Bowling, Fußball, Handball, Kegeln, Rugby, Schach, Tischtennis

Mitglieder:
2.200

Präsidium:
Heinz Weisener, Christian Hinzpeter, Horst Niewicki

Größte Erfolge:
Vizemeister der Britischen Zone 1948
Halbfinalteilnehmer an der Deutschen Meisterschaft 1948
Vizemeister der Oberliga Nord von 1947/48 bis 1950/51
Aufstieg in die Bundesliga 1977, 1988 und 1995

Fan-Laden FC St. Pauli

Der Fan-Laden FC St.Pauli ist der Sitz des Fanprojektes FC St.Pauli. Träger des Fanprojektes ist der Verein Jugend und Sport e.V.

Als Einrichtung der Jugendhilfe sind die drei hauptamtlichen MitarbeiterInnen zuständig für die Betreuung der jugendlichen Fans des FC St.Pauli. Darüberhinaus jedoch ist der Fan-Laden das Kommunikationszentrum für alle Fans des Vereins und fungiert als eine Art Zwischenstelle zwischen dem Verein FC St.Pauli und seiner Anhängerschaft.

Neben dem primären Ziel der Fanbetreuung bietet der Fan-Laden ein umfangreiches Dienstleistungsprogramm. Wir organisieren sämtliche Auswärtsfahrten mit Bus oder Bahn, haben ein eigenes Sortiment an Fan-Artikeln (bei Interesse Katalog anfordern), verwalten die Fan-Clubs des FC St.Pauli (bei uns sind derzeit (8/97) 88 Clubs eingetragen, bieten ein besonderes Programm für Fans unter 16 Jahren an (besonders betreute Fahrten, Viedeonachmittage, Fußballturniere) und veranstalten die alljährliche Fan-Club-Meisterschaft. Unser Ladenlokal ist an an vier Nachmittagen in der Woche geöffnet und bietet neben einem netten Pläuschchen und einer gepflegten Kaltschale auch ein umfangreiches Sortiment an Fanzines aus dem gesamten Bundesgebiet zum Lesen und zum Kaufen an.

Fan-Laden FC St.Pauli   Tel. 040/4396961
Thadenstr.94   Fax 040/4305119
22767 Hamburg
Öffnungszeiten: Di-Fr. 15-19.00 sowie vor und nach den Heimspielen

Hallo auswärtige St.PaulianerInnen: Bei uns könnt ihr ab ca. 2 Wochen vor jedem Heimspiel Karten bestellen, die ihr dann aber selber rechtzeitig vor dem Spiel abholen müßt.

Adressen aus der Fanszene

Fan-Laden
Thadenstraße 94
22767 Hamburg
Tel. 040/4396961
Fax 040/4305119
Öffnungszeiten: Di-Fr 15-19 Uhr sowie vor und nach Heimspielen.
Wichtige Termine: Treffen der Arbeitsgemeinschaft interessierter MitgliederInnen (AGiM) jeden ersten Dienstag im Monat um 19 Uhr; öffentliche Redaktionssitzung von „Der Übersteiger" jeden ersten Donnerstag nach Erscheinen einer neuen Ausgabe, ebenfalls um 19 Uhr.

Fanzines

Der Übersteiger
Kontakt-Adresse: s. Fan-Laden
Erscheint sechs- bis achtmal pro
Saison. Preis: 2 Mark

PiPa Millerntor
Jan Müller-Wiefel
Pepers Diek 8
22587 Hamburg
Tel./Fax 040/863273
Erscheint sechsmal pro Saison.
Preis: 1,50 Mark

Splitter
Raphael Kansky
Schäferweg 10
22926 Ahrensburg
Tel. 04102/58613
Fax 04102/81695
Erscheint viermal pro Saison.
Preis: 2 Mark

Unhaltbar!
Kampstraße 22
20357 Hamburg
Fax: 040/43138615 oder 3939363
Erscheint viermal pro Saison.
Preis: 1,50 Mark

Kostenlosen Mailorderkatalog anfordern!
NASTY VINYL
Ska-Attacke
Ausgereifter Ska mit klasse Bläsern und drei Sommerhits. Absolut Partytauglich!
NO RESPECT
Excuse my smile - CD
Ska 'n Punk mit heißen Bläsern aus Göttingen. Geile Mucke, geile Texte! LP über BAD TASTE Records.
MOSKOVSKAYA
The edge of a new era - CD
NO RESPECT
im SPV-Vertrieb
Nasty Vinyl · Oberstr. 6 · 30167 Hannover · Fon 05 11/7 01 14 04 · Fax 7 01 13 00

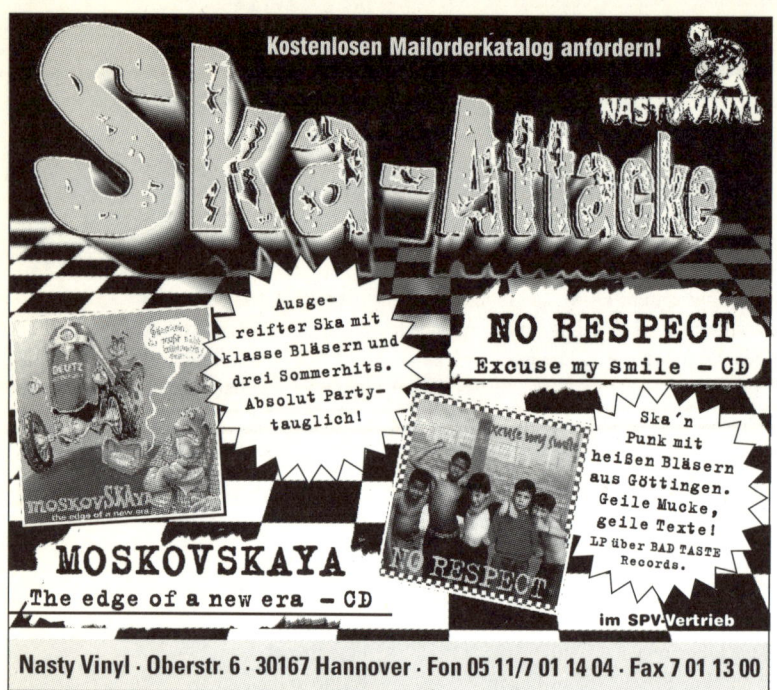

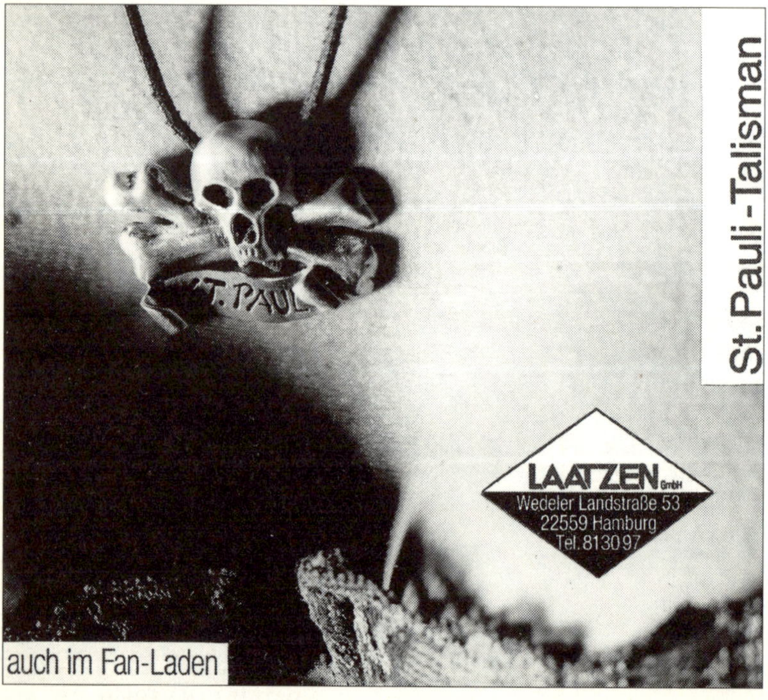

St. Pauli-Talisman
ST. PAULI
LAATZEN GmbH
Wedeler Landstraße 53
22559 Hamburg
Tel. 813097
auch im Fan-Laden

Platzierungen in der Meisterschaft

1922 bis 1997

1922/23
Norddeutsche Liga / 1. Liga
(Platz, Verein, Spiele, Tore, Punkte)
1. Hamburger SV   14   93:14   26:2
5. St. Pauli TV   14   21:49   11:17

1923/24
Norddeutsche Liga / 1. Liga
1. Hamburger SV   14   61:11   26:2
7. St. Pauli TV   14   16:52   6:22

1924/25
Norddeutsche Liga / 1. Liga
1. Hamburger SV   14   76:12   26:2
6. FC St. Pauli   14   15:36   9:19

1925/26
Norddeutsche Liga / 1. Liga
1. Hamburger SV   14   72:12   26:2
8. FC St. Pauli   14   18:55   5:23

1926/27
A-Klasse Hamburg / 2. Liga
1. FC St. Pauli   16   84:12   31:1

1927/28
Norddeutsche Liga / 1. Liga
1. Hamburger SV   14   101:22   29:3
7. FC St. Pauli   16   30:50   12:20

1928/29
Keine Punktspielteilnahme.

1929/30
Bezirksliga Hamburg / 2. Liga
1. FC St. Pauli   22   110:25   37:7

1930/31
Norddeutsche Oberliga / 1. Liga
1. Hamburger SV   18   58:22   27:9
6. FC St. Pauli   18   38:42   18:18

1931/32
Norddeutsche Oberliga / 1. Liga
1. Hamburger SV   18   87:24   34:2
6. FC St. Pauli   18   39:48   18:18

1932/33
Norddeutsche Oberliga / 1. Liga
1. Hamburger SV   18   52:27   26:10
6. FC St. Pauli   18   37:38   18:18

1933/34
Bezirksklasse Hamburg / 2. Liga
1. Borus. Harburg   22   67:35   35:9
2. FC St. Pauli   22   69:36   30:14

1934/35
Gauliga Nordmark / 1. Liga
1. Eimsbüttel. TV   18   62:19   32:4
2. Hamburger SV   18   55:32   26:10
10. FC St. Pauli   18   22:61   10:26

1935/36
Bezirksklasse Hamburg / 2. Liga
1. FC St. Pauli   22   69:26   35:9

1936/37
Gauliga Nordmark / 1. Liga
1. Hamburger SV   18   71:22   31:5
4. FC St. Pauli   18   42:38   25:11

1937/38
Gauliga Nordmark / 1. Liga
1. Hamburger SV 22 103:26 41:3
5. FC St. Pauli 22 56:49 24:20

1938/39
Gauliga Nordmark / 1. Liga
1. Hamburger SV 20 87:20 35:5
5. FC St. Pauli 20 45:43 19:21

1939/40
Gauliga Nordmark / 1. Liga
1. Hamburger SV 10 39:9 18:2
6. FC St. Pauli 10 15:34 6:14

1940/41
1. Klasse Hamburg / 2. Liga
1. FC St. Pauli 16 73:24 28:4

1941/42
1. Klasse Hamburg / 2. Liga
1. FC St. Pauli 18 117:21 32:4

1942/43
Gauliga Hamburg / 1. Liga
1. SC Victoria 18 79:25 29:7
2. Hamburger SV 18 73:19 26:10
4. FC St. Pauli 18 48:37 23:13

1943/44
Gauliga Hamburg / 1. Liga
1. LSV Hamburg 18 117:13 35:1
2. Hamburger SV 18 65:20 28:8
5. FC St. Pauli 18 54:47 16:20

1944/45
Gauliga Hamburg / 1. Liga
1. Hamburger SV 18 100:21 34:2
3. FC St. Pauli 18 53:40 22:14

1945/46
Stadtliga Hamburg / 1. Liga
1. Hamburger SV 12 75:11 22:2
2. FC St. Pauli 12 54:10 21:3

1946/47
Stadtliga Hamburg / 1. Liga
1. FC St. Pauli 22 77:27 37:7
2. Hamburger SV 22 101:33 34:10

1947/48
Oberliga Nord / 1. Liga
1. Hamburger SV 22 66:17 37:7
2. FC St. Pauli 22 73:20 37:7
8. Concordia Hbg. 22 44:46 19:25

1948/49
Oberliga Nord / 1. Liga
1. Hamburger SV 22 61:31 32:12
2. FC St. Pauli 22 47:22 32:12
6. Eimsbüttel. TV 22 35:40 21:23

1949/50
Oberliga Nord / 1. Liga
1. Hamburger SV 30 101:39 48:12
2. FC St. Pauli 30 62:42 39:21
6. Concordia Hbg. 30 72:65 36:24

1950/51
Oberliga Nord / 1. Liga
1. Hamburger SV 32 113:54 49:15
2. FC St. Pauli 32 84:41 46:18
5. Eimsbüttel. TV 32 51:47 37:27

1951/52
Oberliga Nord / 1. Liga
1. Hamburger SV 30 96:48 45:15
3. FC St. Pauli 30 67:49 35:25
4. Eimsbüttel. TV 30 71:58 35:25

1952/53
Oberliga Nord / 1. Liga
1. Hamburger SV 30 78:57 43:17
6. FC Altona 93 30 73:69 32:28
9. FC St. Pauli 30 62:57 28:32

1953/54
Oberliga Nord / 1. Liga
1. Hannover 96   30   64:26   46:14
2. FC St. Pauli   30   65:37   39:21
3. FC Altona 93   30   68:59   32:28
11. Hamburger SV   30   77:58   27:33

1954/55
Oberliga Nord / 1. Liga
1. Hamburger SV   30 108:41   47:13
4. FC Altona 93   30   73:51   38:22
7. FC St. Pauli   30   45:41   31:29

1955/56
Oberliga Nord / 1. Liga
1. Hamburger SV   30   89:35   41:19
9. FC Altona 93   30   43:52   29:31
13. FC St. Pauli   30   36:47   27:33

1956/57
Oberliga Nord / 1. Liga
1. Hamburger SV   30   86:34   41:19
4. FC St. Pauli   30   40:52   33:27
11. FC Altona 93   30   51:51   28:32

1957/58
Oberliga Nord / 1. Liga
1. Hamburger SV   30   78:35   43:17
3. FC Altona 93   30   49:44   35:25
9. FC St. Pauli   30   44:51   29:31

1958/59
Oberliga Nord / 1. Liga
1. Hamburger SV   30   98:29   52:8
7. FC St. Pauli   30   52:54   32:28
8. FC Altona 93   30   51:46   31:29

1959/60
Oberliga Nord / 1. Liga
1. Hamburger SV   30   96:38   45:15
4. FC St. Pauli   30   54:38   36:24
11. FC Altona 93   30   44:49   26:34

1960/61
Oberliga Nord / 1. Liga
1. Hamburger SV   30 101:29   50:10
4. FC St. Pauli   30   60:46   36:24
6. FC Altona 93   30   49:53   30:30

1961/62
Oberliga Nord / 1. Liga
1. Hamburger SV   30 100:34   50:10
4. FC St. Pauli   30   72:51   40:20
9. Bergedorf 85   30   45:55   27:33

1962/63
Oberliga Nord / 1. Liga
1. Hamburger SV   30 100:40   49:11
6. FC St. Pauli   30   48:45   30:30
11. Bergedorf 85   30   44:57   26:34

1963/64
Regionalliga Nord / 2. Liga
1. FC St. Pauli   34   87:35   51:17
4. FC Altona 93   34   82:46   44:24

1964/65
Regionalliga Nord / 2. Liga
1. Holstein Kiel   32   94:41   52:12
2. FC St. Pauli   32   79:45   42:22
3. FC Altona 93   32   69:45   41:23

1965/66
Regionalliga Nord / 2. Liga
1. FC St. Pauli   32   84:39   44:20
9. Concordia Hbg.   32   49:52   32:32

1966/67
Regionalliga Nord / 2. Liga
1. Arminia Hann.   32   78:28   47:17
5. FC St. Pauli   32   71:44   39:25
6. Concordia Hbg.   32   50:40   36:28

1967/68
Regionalliga Nord / 2. Liga
1. Arminia Hann.   32   64:25   44:20
4. FC St. Pauli   32   60:30   41:23
10. Sperber Hbg.   32   53:63   32:32

1968/69
Regionalliga Nord / 2. Liga
1. VfL Osnabrück 32 94:27 53:11
3. FC St. Pauli 32 64:37 43:21
10. BU 32 48:57 27:37

1969/70
Regionalliga Nord / 2. Liga
1. VfL Osnabrück 32 75:38 47:17
4. FC St. Pauli 32 56:33 42:22
10. BU 32 42:45 30:34

1970/71
Regionalliga Nord / 2. Liga
1. VfL Osnabrück 34 70:39 44:24
2. FC St. Pauli 34 53:31 43:25
5. BU 34 63:39 41:27

1971/72
Regionalliga Nord / 2. Liga
1. FC St. Pauli 34 86:37 54:14
4. BU 34 53:33 45:23

1972/73
Regionalliga Nord / 2. Liga
1. FC St. Pauli 34 94:33 56:12
5. BU 34 47:35 40:28

1973/74
Regionalliga Nord / 2. Liga
1. E. Braunschw. 36 125:23 63:9
2. FC St. Pauli 36 113:48 56:16
5. BU 36 48:38 43:29

1974/75
2. Bundesliga Nord
1. Hannover 96 38 93:39 54:22
3. FC St. Pauli 38 77:48 50:26
20. BU 38 34:86 20:56

1975/76
2. Bundesliga Nord
1. Tennis B. Berl. 38 86:43 54:22
14. FC St. Pauli 38 70:82 34:42

1976/77
2. Bundesliga Nord
1. FC St. Pauli 38 69:36 54:22

1977/78
1. Bundesliga
1. 1. FC Köln 34 86:41 48:20
10. Hamburger SV 34 61:67 34:34
18.FC St. Pauli 34 44:86 18:50

1978/79
2. Bundesliga Nord
1. B. Leverkusen 38 87:34 59:17
6. FC St. Pauli 38 56:49 43:33

1979/80
Amateur-Oberliga Nord / 3. Liga
1. VfB Oldenburg 34 55:27 50:18
10. FC St. Pauli 34 48:50 31:37
11. BU 34 56:60 31:37

1980/81
Amateur-Oberliga Nord / 3. Liga
1. FC St. Pauli 34 68:28 50:18
9. Concordia Hbg. 34 72:67 37:31

1981/82
Amateur-Oberliga Nord / 3. Liga
1. Werder (A) 34 78:49 48:20
6. FC St. Pauli 34 58:39 37:31
14. Concordia Hbg.34 51:82 30:38

1982/83
Amateur-Oberliga Nord / 3. Liga
1. FC St. Pauli 34 87:34 55:13
11. Concord. Hbg. 34 60:67 31:37

1983/84
Amateur-Oberliga Nord / 3. Liga
1. Werder (A) 34 84:53 47:21
2. FC St. Pauli 34 76:37 45:23
3. SV Lurup 34 61:55 40:28

Das Beste fehlt noch:

GOLD für Genießer

Sieger feiern ihre außergewöhnlichen Leistungen gerne gemeinsam. Sie wissen, daß sie ohne starke Partner nicht da stehen würden, wo sie jetzt sind – ganz oben.

Deshalb sponsort Hasseröder seit einigen Jahren den Sport. Von erstklassigen Profis und Weltmeistern bis hin zum Vereinssport. Oder zum Beispiel mit den Live-Spiel-Übertragungen der Zweiten Fußballbundesliga im DSF. Hasseröder ist immer für Sie am Ball.

Und so können Sie Ihr goldenes, kühles Hasseröder bei einem heißen Spiel genießen.

Für Könner und Kenner:

Hasseröder Sport-Highlights im Internet:
www.hasseroeder.de
www.sporthighlights.de
www.Sport1.de

Harzhaft frischer Biergenuß

1984/85
2. Bundesliga Nord
1. 1. FC Nürnberg 38 71:45 50:26
17. FC St. Pauli 38 48:59 33:43

1985/86
Amateur-Oberliga Nord / 3. Liga
1. FC St. Pauli 34 70:32 50:18
4. FC Altona 93 34 47:30 41:27

1986/87
2. Bundesliga Nord
1. Hannover 96 38 86:48 56:20
3. FC St. Pauli 38 63:45 49:27

1987/88
2. Bundesliga Nord
1. Stuttg. Kickers 38 89:49 51:25
2. FC St. Pauli 38 65:38 47:29

1988/89
1. Bundesliga
1. FC Bayern 34 67:26 50:18
4. Hamburger SV 34 60:36 43:25
10. FC St. Pauli 34 41:42 32:36

1989/90
1. Bundesliga
1. FC Bayern 34 64:28 49:19
11. Hamburger SV 34 39:46 31:37
13. FC St. Pauli 34 31:46 31:37

1990/91
1. Bundesliga
1. Kaiserslautern 34 72:45 48:20
5. Hamburger SV 34 60:38 40:28
16. FC St. Pauli 34 33:53 27:41

1991/92
2. Bundesliga Nord
1. B. Uerdingen 32 47:29 39:25
4. FC St. Pauli 32 40:38 35:29

1992/93
2. Bundesliga
1. SC Freiburg 46 102:57 65:27
17. FC St. Pauli 46 47:52 43:49

1993/94
2. Bundesliga
1. VfL Bochum 38 56:34 48:28
4. FC St. Pauli 38 47:39 45:31

1994/95
2. Bundesliga
1. Hansa Rostock 34 66:30 46:22
2. FC St. Pauli 34 58:33 44:24

1995/96
1. Bundesliga
1. Bor. Dortmund 34 76:68 68
5. Hamburger SV 34 52:47 50
15. FC St. Pauli 34 43:51 38

1996/97
1. Bundesliga
1. FC Bayern 34 68:34 71
13. Hamburger SV 34 46:60 41
18. FC St. Pauli 34 32:69 27

Ewige Tabellen

Oberliga Nord (1947-1963)

		Spiele	Tore	Punkte
1.	Hamburger SV	466	1488:619	699:233
2.	Werder Bremen	466	1163:792	567:365
3.	FC St. Pauli	466	911:693	550:382
4.	VfL Osnabrück	466	917:732	527:405
5.	Eintr. Braunschweig	436	865:785	470:402
6.	Holstein Kiel	444	840:783	469:419
7.	Hannover 96	444	799:750	464:424
8.	Bremerhaven 93	444	747:830	434:454
9.	Altona 93	362	654:708	353:371
10.	SC Concordia	376	640:752	329:423
11.	Arminia Hannover	316	556:629	287:345
12.	Göttingen 05	294	515:594	265:323
13.	VfR Neumünster	240	351:396	239:241
14.	Eimsbütteler TV	234	419:454	225:243
15.	Bremer SV	256	436:552	216:296
16.	VfB Lübeck	254	346:509	202:306
17.	VfB Oldenburg	212	312:428	177:247
18.	VfV Hildesheim	150	246:248	153:147
19.	Bergedorf 85	150	215:287	129:171
20.	VfL Wolfsburg	150	228:299	117:183

Regionalliga Nord (1963-1974)

1.	FC St. Pauli	364	847:412	511:217
2.	VfL Osnabrück	364	745:473	460:268
3.	Holstein Kiel	364	691:413	432:296
4.	VfL Wolfsburg	364	687:482	423:237
5.	Arminia Hannover	364	645:493	412:318
6.	Göttingen 05	330	634:397	410:250
7.	VfB Lübeck	364	632:541	375:353
8.	Bremerhaven 93	364	518:593	345:383
9.	VfB Oldenburg	330	573:594	307:353
10.	Barmbek-Uhlenhorst	300	445:487	293:302
11.	Itzehoer SV	308	418:631	227:369
12.	SC Concordia	262	331:443	220:304
13.	Phönix Lübeck	234	321:421	212:256
14.	Bergedorf 85	226	360:449	173:259
15.	Altona 93	162	274:262	169:155
16.	Olymp. Wilhelmsh.	170	222:221	162:178
17.	TuS Celle	166	231:321	132:200
18.	Heider SV	170	226:305	127:213
19.	Sperber Hamburg	164	202:318	123:305
20.	Leu Braunschweig	134	198:237	112:256

Ergebnisse aus Meisterschaftsend- und Aufstiegsrunden

Meisterschaft der Britischen Zone
1948:
Viertelfinale: FC St. Pauli – STV Horst-Emscher 3:1
Halbfinale: Borussia Dortmund – FC St. Pauli 2:2 n.V., 0:1
Endspiel: HSV – FC St. Pauli 6:1

Endrunden zur Deutschen Meisterschaft
1948:
Viertelfinale: FC St. Pauli – Union Oberschöneweide 7:0
Halbfinale: 1. FC Nürnberg – FC St. Pauli 3:2 n.V.
Endspiel: 1. FC Nürnberg – 1. FC Kaiserslautern 2:1

1949:
Qualifikation:
FC St. Pauli – RW Essen 4:1
FC St. Pauli – Bayern München 1:1 n.V., 2:0
Viertelfinale:
1. FC Kaiserslautern – FC St. Pauli 1:1 n.V., 4:1
Endspiel: 1. FC Kaiserslautern – Kickers Offenbach 2:1 n.V.

1950:
Achtelfinale: FC St. Pauli – TuS Neuendorf 4:0
Viertelfinale: Spvgg. Fürth – FC St. Pauli 2:1
Endspiel: VfB Stuttgart – Kickers Offenbach 2:1

1951:
Gruppenspiele: Schalke 04 – FC St. Pauli 1:2, 1:0; FC St. Pauli – 1. FC Kaiserslautern 2:4, 0:2; Spvgg. Fürth – FC St. Pauli 4:1, 0:1; Gruppensieger: 1. FC Kaiserslautern
Endspiel: 1. FC Kaiserslautern – Preußen Münster 3:1

Die Aufstiegsrunden zur Bundesliga
1964:
Gruppe 1:

1. Borussia Neunkirchen	9:7	8:4
2. Bayern München	12:7	7:5
3. Tasmania Berlin	12:9	6:6
4. FC St. Pauli	8:18	3:9

Sieger und Aufsteiger aus Gruppe 2: Hannover 96

HOTEL
PACIFIC
Fam. van Riesen

Neuer Pferdemarkt 30/31
20359 Hamburg
Telefon: 040/439 50 95
Fax: 040/432 25 37

Wir sind ein familiengeführtes Hotel, das Ihnen eine persönliche Atmosphäre bietet.

Im Jahre 1994 begann die erfolgreiche
Zusammenarbeit mit dem FC St. Pauli.
Unser Hotel befindet sich in unmittelbarer Nähe zum Stadion.

10 Gehminuten zu den Musicals
„Cats" und „Phantom der Oper"
sowie zum Messegelände,
zwischen Fernsehturm und Hamburger Hafen
am Rande des Vergnügungsviertels gelegen

Unsere Zimmer sind mit
Dusche/WC, Telefon und Kabel-TV
ausgestattet.

Zimmerpreise:
Einzel: DM 95,- / Doppel: DM 140,-
inkl. eines reichhaltigen Frühstücks.

Sie haben die Möglichkeit
Ihren PKW gebührenfrei vor dem Hotel zu parken
oder einen Tiefgaragenplatz
zu DM 10,- / Nacht anzumieten.

Wir würden uns sehr freuen, Sie in unserem Hause begrüßen zu dürfen.

HOTEL PACIFIC
Sylvia van Riesen

Telefon: 040/439 50 95
Fax: 040/432 25 37

1966

Gruppe 2:

1. RW Essen	10:6	8:4
2. FC St. Pauli	10:8	8:4
3. 1. FC Saarbrücken	12:11	5:7
4. Schweinfurt 05	6:13	3:9

Sieger und Aufsteiger aus Gruppe 1:
Fortuna Düsseldorf

1971:

Gruppe 2:

1. Fortuna Düsseldorf	19:7	14:2
2. Boruss. Neunkirchen	11:9	9:7
3. FC St. Pauli	10:14	8:8
4. 1. FC Nürnberg	14:10	7:9
5. Wacker 04 Berlin	6:20	2:14

Sieger und Aufsteiger aus Gruppe 1:
VfL Bochum

1972:

Gruppe 1:

1. Kickers Offenbach	29:7	13:3
2. RW Essen	22:6	13:3
3. FC St. Pauli	7:16	7:9
4. Wacker 04 Berlin	8:29	5:11
5. Röchling Völklingen	14:22	2:14

Sieger und Aufsteiger aus Gruppe 2:
Wuppertaler SV

1973:

Gruppe 1:

1. Fortuna Köln	25:5	13:5
2. FC St. Pauli	23:18	10:6
3. Mainz 05	17:11	9:7
4. Karlsruher SC	17:23	6:10
5. Blau-Weiß Berlin	10:35	2:14

Sieger und Aufsteiger aus Gruppe 2:
RW Essen

1974:

Gruppe 1:

1. Tennis Bor. Berlin	13:11	10:6
2. FC Augsburg	18:17	9:7
3. RW Oberhausen	14:14	9:7
4. Boruss. Neunkirchen	8:11	7:9
5. FC St. Pauli	16:17	5:11

Sieger und Aufsteiger aus Gruppe 2:
Eintracht Braunschweig

Die Aufstiegsrunden zur 2. Liga

1983:

Gruppe Nord:

1. RW Oberhausen	8:6	8:4
2. SC Charlottenburg	10:7	6:6
3. Eintracht Hamm	8:10	5:7
4. FC St. Pauli	8:11	5:7

Aufsteiger aus Gruppe Süd: SSV Ulm,
1. FC Saarbrücken

1984:

Gruppe Nord:

1. Blau-Weiß Berlin	13:8	11:5
2. FC St. Pauli	12:7	11:5
3. 1. FC Bocholt	11:11	8:8
4. FC Gütersloh	14:17	6:10
5. SV Lurup	13:20	4:12

Aufsteiger aus Gruppe Süd:
FC Homburg, VfR Bürstadt

1986:

Gruppe Nord:

1. FC St. Pauli	16:8	12:4
2. RW Essen	16:12	11:5
3. SC Charlottenburg	16:9	9:7
4. VfB Oldenburg	12:18	5:11
5. ASC Schöppingen	8:21	3:13

Aufsteiger aus Gruppe Süd:
SSV Ulm, FSV Salmrohr

Deutsche Amateur-meisterschaft

1981:

Viertelfinale: Mainz 05 - FC St. Pauli 0:1,
1:3

Halbfinale: FC St. Pauli – MTV Ingolstadt 2:1, 2:2

Endspiel (in Köln): 1. FC Köln (A) – FC
St. Pauli 2:0

Wir stehen zwar nicht mehr vorne drauf, aber immer noch voll dahinter.

Seit 15 Jahren sind wir treuer Partner des FC St. Pauli – eine Beziehung, wie es sie im deutschen Profifußball nur einmal gibt. Und die 1983 in der Oberliga Nord genauso gut funktioniert hat wie in der ersten und zweiten Bundesliga. Daß wir beim FC St. Pauli am Ball bleiben und den Verein weiterhin unterstützen, obwohl unser Name nicht mehr auf dem Trikot steht, ist selbstverständlich.

Wir wünschen dem Team des FC St. Pauli eine erfolgreiche Saison – und immer Fußball erster Klasse.

Versicherungen · Bausparen · Kapitalanlagen

Deutscher Ring und FC St. Pauli. Die längste Partnerschaft im deutschen Profifußball.

Oh, what a night

Ammirati Puris Lintas

Verdammt neu.
PRINZ

Der FC St. Pauli im DFB-Pokal

(berücksichtigt sind nur die Jahre, in denen sich der Klub für die erste Hauptrunde qualifiziert hat):

1952/53:
1. FC Saarbrücken – FC St. Pauli 1:2
Hamborn 07 – FC St. Pauli 1:1 n.V.
und 4:3

1955/56:
TuRa Ludwigshf. – FC St. Pauli 0:1
Kickers Offenbach – FC St. Pauli 2:0

1966/67:
FC St. Pauli – 1. FC Saarbrücken 4:2
FC St. Pauli – Kickers Offenbach 3:1
FC St. Pauli – 1. FC Nürnberg 0:1

1971/72:
FC St. Pauli – Eintr. Frankfurt 2:3 n.V.

1972/73:
FC St. Pauli – RW Oberhausen 1:1 und
1:2

1973/74:
FC St. Pauli – Kickers Offenbach 3:1
und 0:3

1974/75:
FC St. Pauli – SC Bad Neuenahr 3:0
FC St. Pauli – Mainz 05 8:3
1. FC Köln – FC St. Pauli 4:1

1975/76:
FC St. Pauli – FK Pirmasens 1:1 n.V.
(im Volksparkstadion! Wiederholungsspiel 5:2 für Pirmasens)

1976/77:
SC Urania Hamburg – FC St. Pauli 1:6
Bayer Leverkusen – FC St. Pauli 3:1

1977/78:
SG Ellingen/Bonefeld – FC St. Pauli 1:6
FC St. Pauli – VfL Bochum 0:3

1978/79:
FC St. Pauli – Bayern Hof 3:0 n.V.
FC St. Pauli – TuS Neuendorf 1:2

1979/80:
1860 München – FC St. Pauli 5:0

1981/82:
FC St. Pauli – 1. FC Bocholt 1:2 n.V.

1985/86:
FC St. Pauli – Arminia Bielefeld 2:0 n.V.
SSV Ulm – FC St. Pauli 5:2

1986/87:
VfL Bochum – FC St. Pauli 1:2
Bremer SV – FC St. Pauli 0:3
HSV – FC St. Pauli 6:0

1987/88:
FC St. Pauli – Blau-W. 90 Berlin 0:3 n.V.

1988/89:
1. FC Kaiserslautern – FC St. Pauli 2:1

1989/90:
FC St. Pauli – Werder Bremen 1:2

1990/91:
Kilia Kiel – FC St. Pauli 1:4
Werder Bremen – FC St. Pauli 2:0

1991/92:
Vikt. Herxheim – FC St. Pauli 2:3 n.V.
Fortuna Düsseldorf – FC St. Pauli 2:1

1992/93:
FC St. Pauli – 1. FC Nürnberg 2:3 n.V.
(Klaaauuus!)

1993/94:
Sachsen Leipz. – FC St. Pauli 5:6 n.V.u.E.
RW Essen – FC St. Pauli 3:2 n.V.

1994/95:
1. FC Union Berlin – FC St. Pauli 2:3
Tennis Borussia Berlin – FC St. Pauli 3:4
1. FC Saarbrücken – FC St. Pauli 1:4
1. FC Kaiserslautern – FC St. Pauli 4:2

1995/96:
FC Homburg – FC St. Pauli 2:1 n.V.

1996/97:
RW Oberhausen – FC St. Pauli 1:4
Borussia Neunkirchen – FC St. Pauli 1:3
FC St. Pauli – Spvgg. Unterhaching 1:0
Energie Cottb. – FC St. Pauli 5:4 n.V.u.E.

1997/98:
Carl-Zeiss-Jena – FC St. Pauli 5:3
n.V.u.E.

Endspiele im DFB-Pokal auf Hamburg-Ebene (ab 1986 Toto-Pokal)

1982:
Bergedorf 85 – FC St. Pauli 1:0

1984:
Altona 93 – FC St. Pauli 3:0

1986:
FC St. Pauli – Holsatia Elmshorn 5:0

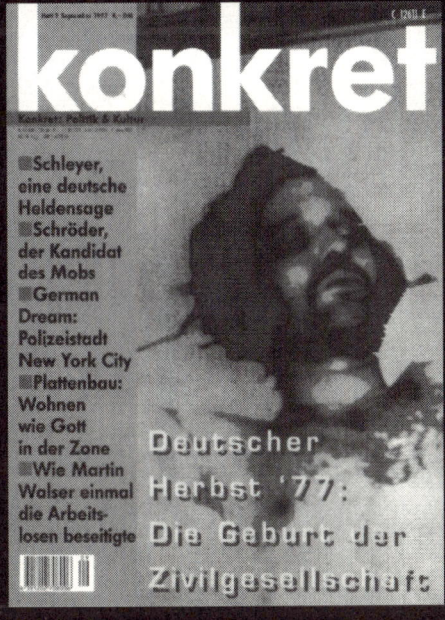

DEN LETZTEN
BEIßEN DIE HUNDE

**JEDEN
ERSTEN:** SZENE HAMBURG

Hamburgs erste Stadtzeitschrifft

Die Präsidenten

1924 – 1931: Henry Rehder
1931 – 1945: Wilhelm Koch
1945 – 1947: Hans Friedrichsen
1947 – 1969: Wilhelm Koch
1970 – 1979: Ernst Schacht
1979 – 1982: Wolfgang Kreikenbohm
1982 – 1990: Otto Paulick
seit 1990: Heinz Weisener

Die Trainer seit 1945

1945 – 1948: Hans Sauerwein
1948 – 1949: Waldemar Gerschler
1949 – 1951: Fred Harthaus
1951 – 1952: Walter Risse
1952: Henner Appel
Oktober 1952 – 1963: Heinz Hempel
1963 – 1964: Otto Westphal
1964 – 1965: Otto Coors
1965 – Dezember 67: Kurt Krause
Dezember 67 – Mai 68: Heinz Hempel
1968 – 1971: Erwin Türk
1971 – 1972: Edu Preuß
1972 – 1974: Karl-Heinz Mülhausen
1974 – 1976: Kurt Krause
1976 – 1978: Diethelm Ferner
1978 – 1979: Sepp Piontek
Juni – Oktober 1979: Werner Pokropp
Oktober 1979 – Februar 1982: Kuno Böge
1982 – 1986: Michael Lorkowski
1986 – November 1987: Willi Reimann
November 1987 – Februar 1991: Helmut Schulte
Februar 1991 – März 1992: Horst Wohlers
März – Juni 1992: Josef Eichkorn
Juni – September 1992: Michael Lorkowski
September 1992 – Juli 1994: Josef Eichkorn
Juli 1994 – April 1997: Ulrich Maslo
April – Juni 1997: Klaus-Peter Nemet
seit Juni 1997: Eckhard Krautzun

Die Kader seit 1947

1947/48:
Delewski, Thiele – Hempel, Miller – Appel, Dzur, Köwitz, Schön, Stender – Börner, Dalton, Famula, Lehmann, Machate, Michael, Schaffer, Wehrmann

1948/49:
Alm, Thiele – Hempel, Miller – Appel, Dzur, Nagel, Stender – Börner, Boller, Famula, Kaster, Lehmann, Machate, Michael, Schaffer, Sump, Wehrmann, Woitas, Zimmermann

1949/50:
Alm, Schönbeck – Famula, Hempel, Miller – Ackermann, Appel, Dzur, Liese, Stender – Beck, Börner, Boller, Eccarius, Kruppa, Lehmann, Sump, Woitas, Zimmermann

1950/51:
Alm, Schönbeck – Famula, Hempel – Appel, Dzur, Gebhardt, Joost, Stender – Beck, Boller, Haß, Kruppa, Seyda, Sump, Woitas

1951/52:
Schönbeck, Wunstorf – Famula, Haß, Hempel – Dzur, Gebhardt, Stender – Beck, Boller, Fiedler, Heitmann, Sommerfeld, Sump, Wöhler, Woitas

1952/53:
Kowalkowski, Wunstorf – Famula, Frahm, Haß, Hempel – Brüggen, Dzur, Gebhardt, Sommerfeld, Stender – Beck, Boller, Ertel, Heitmann, Kühl, M. Rehrbehn, Wehrmann

1953/54:
Kowalkowski, Wunstorf – Famula, Lichtl – Brüggen, Kühl, Sommerfeld, Stender – Beck, Hagel, Heitkamp, Petersen, Ramm, M.Rehrbehn, Schoch, Wehrmann

1954/55:
Kowalkowski, Wunstorf – Famula, Lichtl – Brüggen, Kühl, Sommerfeld, Stender – Beck, Haase, Hagel, Heitkamp, Petersen, M.Rehrbehn, Röwe, Sump, Wehrmann

1955/56:
Kowalkowski, Wunstorf – Famula, Kühl – Brüggen, Sommerfeld, Stender – Ahrens, Eggers, Haase, Hagel, Kuch, Petersen, Ramm, M. Rehrbehn, Röwe, Weber, Wehrmann

1956/57:
Kowalkowski, Wunstorf – Famula, Kühl – Brüggen, Ramm, Schruhl, Sommerfeld, Stender – Ahrens, Bergeest, Böge, Feldmann, Groth, Haase, Porges, M.Rehrbehn, Röwe, Schildt

1957/58:
Kowalkowski, Wunstorf – Famula, Kühl, J.Rehrbehn, Röwe, Stender – Brüggen. Porges, M.Rehrbehn, Sommerfeld – Ahrens, Bergeest, Feldmann, Haecks, Heitmann, Schildt, Stoltenberg, Stothfang

1958/59:
Bruse,Wunstorf – Famula, Kühl, Spreckelsen, Stender – Brüggen, Porges, Sommerfeld – Bergeest, Feldmann, Haecks, Heitmann, Krafczyk, Kruppa, Osterhoff, Schildt, Stothfang

Die Wunderelf von 1946: Oben v.l.: Dzur, Miller, Köpping, Börner, Lehmann, Schaffer; unten: Böhme, Hempel, Delewski, Appel, Stender.

Das Team der Saison 1955/56. Oben v.l.: Kuch, Sommerfeld, Ahrens, Famula, M. Rehrbehn, Brüggen, Ramm, Kühl; unten: Stender, Haase, Kowalkowski, Röwe.

1959/60:
Wunstorf – Huberth, Kühl, Stender – Brüggen, Eppel, Krüger, Porges – Bergeest, Haecks, Heitmann, Krafczyk, Kubbe, Osterhoff, Schildt, Stothfang

1960/61:
Thoms, Wunstorf – Deininger, Eppel, Huberth, Kühl – Brüggen, Gehrke, Krüger, Pokropp, Porges, Stülcken – Bergeest, Haecks, Knubbe, Osterhoff, Schildt, Stothfang

1961/62:
Thoms, Wunstorf – Deininger, Eppel, Gieseler, Huberth, Kühl – Brüggen, Gehrke, Pokropp, Porges, Witt – Bergeest, Dymowski, Haecks, Knubbe, Loss, Osterhoff, Schlagowski, Stothfang

1962/63:
Thoms, Wunstorf – Deininger, Eppel, Gieseler, Huberth – Brüggen, Gehrke, Pokropp, Porges, Witt – Bergeest, Haecks, Hehl, Kokoska, Loss, Osterhoff, Schlagowski, Stothfang

1963/64:
Lombard, Thoms, Wunstorf – Deininger, Eppel, Gieseler – Gehrke, Pokropp, Porges, Stülcken – Acolatse, Bergeest, Bergmann, Danjus, Haecks, Hehl, Kokoska, Loss, Osterhoff, Stothfang

1964/65:
Sannmann, Thoms, Wunstorf – Deininger, Eppel, Gieseler, Gustke – Gehrke, Pokropp, Porges, Stülcken, Weidlandt – Acolatse, Bergeest, Bergmann, Danjus, Haecks, Jung, Kokoska, Osterhoff

1965/66:
Christensen, Thoms – Deininger, Gehrke, Gieseler, Gustke – Pokropp, Porges, Schröder, Weidlandt – Acolatse, Bergeest, Bergmann, Bronnert, Haecks, Jung, Osterhoff, Pape

1966/67:
Christensen, Thoms – Gieseler, Gustke, Hoffmann – Gehrke, Göbel, Pokropp, Porges, Schröder, Wilde – Bergmann, Drews, Gretzler, Haecks, Kallius, Osterhoff, Pape

1967/68:
Christensen, Sannmann, Thoms – Gehrke, Gustke, Hoffmann – Göbel, Hischer, Pokropp, Porges, Schröder, Wilde – Bergmann, Drews, Eikmeier, Kallius, Markloff, Nix, Osterhoff, Pape, Wellnitz, Zanforlini

1968/69:
Christensen, Thoms – Gehrke, Hoffmann, Pokropp, Osterhoff, Samsinger, Zanforlini – Draak, Drews, Eikmeier, Hischer, Löffler, Przybyla, Schröder, Wellnitz – Domagalla, Flamme, Kallius, Nix, Rosellen, Woldmann

1969/70:
Böhs, Christensen – Gehrke, Hischer, Hoffmann, Hustig, Osterhoff, Pokropp, Samsinger, Weschler – Hußner, Löffler, Roschkowski, Wellnitz, Wohlers – Greth, Krause, Krontal, Liedtke, Woldmann

1970/71:
Böhs, Schottmann – K. Beyer, Hischer, Hoffmann, Hustig, Pokropp, Roschkowski, Waack – Hußner, Löffler, Wellnitz, Wieczorkowski, Wohlers – Beuck, Flamme, Greth, Krontal, Liedtke, Romes

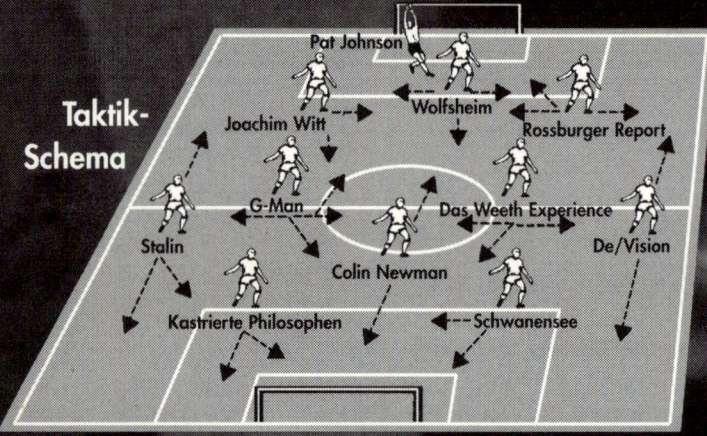

1971/72:
Böhs, Christensen, Schottmann –
K. Beyer, Hischer, Hustig, Waack,
Wieczorkowski, Wohlers – Höfert,
Hußner, Löffler, Meier, Roschkowski,
Wellnitz – S. Beyer, Dobberkau,
Greth, Neumann, Romes, Schulz

1972/73:
Lange, Larsen, Schottmann – Hischer,
Höfert, F. Pätzold, Waack, Wieczor-
kowski – Hußner, Löffler, Münster,
Wellnitz – S. Beyer, Bronnert, Dobber-
kau, Gerber, Greth, Neumann, Nickel,
Paebst, Schulz

1973/74:
Christensen, Lange, Larsen – Breden-
feld, Höfert, Kampf, Münster, F. Pätzold, Wohlers – Köstler, Pilz, Wellnitz,
Wieczorkowski – Brockmüller, Bronnert, Dobberkau, Gerber, Nickel, Schulz

1974/75:
Rietzke, Scheller – Baumann, Box,
Kampf, Münster, F. Pätzold, Waack,
Wohlers – Hansen, Höfert, Malek,
Rosenfeld, Schiller – Bone, Demuth,
Kulka, Neumann, Petersen, Schulz,
Wenzel

1975/76:
Kilian, Rietzke – Baumann, Box,
Demuth, Ferrin, Hägermann, Kampf –
Hansen, Höfert, Kulka, Riegel, Rosen-
feld, Schiller – Fock, John, Marsollek,
Mutapdzija, Neumann, Skov

1976/77:
Rietzke, Rynio – Box, Demuth, Ferrin,
Frosch, Höfert, Tune-Hansen – Kulka,
Mannebach, Oswald, Rosenfeld, Schil-
ler – Gerber, Marsollek, Mutapdzija,
Neumann, Skov

1977/78:
Rietzke, Rynio – Box, Demuth, Ferrin,
Frosch, Sturz, Tune-Hansen, Winkler
– Beverungen, Blau, Feilzer, Höfert,
Kulka, Mannebach, Oswald, Rosenfeld
– Gerber, Milardovic, Neumann

1978/79:
Rietzke, Rynio, Karp – Box, Demuth,
Ferrin, Frosch, Koch, Mathieu, Stäcker,
Tune-Hansen, Winkler – Beverungen,
Feilzer, Gerwalt, Hieronymus, Höfert,
Kawohl, Kulka, Rosenfeld – Grau,
Hannemann, Milardovic, Neumann, C.
Pätzold, Schwager, Steffenhagen

1979/80:
Karp, Rietzke – Box, Frosch, Koch,
Mathieu, Noldt, Strunck, Wohlgemuth
– Denker, Ferrin, Gerwalt, Mackensen
– Belzer, Hannemann, Lauck, C. Pät-
zold, Schwager, Wille

1980/81:
Ippig, R. Karp, Rietzke – Box, Flebbe,
Frosch, Hackstein, Koch, Noldt,
Strunck – Bollow, Degener, Knodel,
Mackensen – Brunnecker, Brunner,
Friese, Hartung, Kollecker, C. Pätzold,
Philipkowski, Schilling

1981/82:
Ippig, Lorkowski, Rietzke – Box,
Frosch, Hackstein, Koch, Noldt,
Strunck – Bargfrede, Gronau, Günter,
Knodel, Mackensen – Friese, Grau,
Hartung, Philipkowski, Schmidt, Schu-
macher

1982/83:
Ippig, Rietzke – Box, Koch, Mackensen, Schelleter, Studer – Bargfrede, Beermann, Gronau, Günter, A. Martens, Smith – Dahms, Hartung, Hinz, Philipkowski, Schmidt

1983/84:
Bonik, Thomforde – Box, Koch, Mackensen, Schelleter, Studer – Bargfrede, Gronau, Hinz, H. Karp, A. Martens, Smith – Dahms, Golke, Hamann, Nemitz, Oldenburg, Philipkowski, Schmidt, Stahlbock

1984/85:
Bonik, Thomforde – Demuth, Nogly, Roloff, Studer – Bargfrede, Beermann, Gronau, Hinz, Mackensen – Böckenhauer, Dahms, Golke, Nemitz, Oldenburg, Philipkowski, Rath, Schmidt, Wenzel

1985/86:
Jahnke, Thomforde, Wroblewski – Demuth, Emmerich, Hinz, Kock, Roloff, Schulte, Streich – Bargfrede, Beermann, Gronau, Nogly, Paulick, Pawlik – Bruszies, Dahms, Golke, Lotz, S. Martens, Oldenburg, Wenzel

1986/87:
Ippig, Thomforde – Afahaene, Demuth, Duve, Koch, Kock, Roloff, Studer, Trulsen – Bargfrede, Beermann, Dahms, Gerber, Gronau, Hofmeister, Paulick, Pfeiffer, Zander – Golke, Klaus, Koy, Lotz, Wenzel

1987/88:
Ippig, Thomforde – Demuth, Duve, Jensen, Kock, Studer, Trulsen, Ulbricht – Bargfrede, Beermann, Dahms, Gerber, Gronau, Pfennig, Olck, Timm – Golke, Klaus, Koy, Wenzel

1988/89:
Ippig, Thomforde – Duve, Kocian, Kock, Trulsen, Ulbricht – Bargfrede, Dahms, Flad, Gronau, Knäbel, Pfennig, Zander – Bistram, Golke, Großkopf, Ottens, Ozaki, Polenski, Steubing, Wenzel

1989/90:
Ippig, Thomforde – Duve, Kocian, Schlindwein, Trulsen, Ulbricht – Bargfrede, Dahms, Flad, Gronau, Knäbel, Meyer, Olck, Zander – Bistram, Golke, Großkopf, Knoflicek, Manzi, Ottens, Steinhauer, Steubing, Wenzel

1990/91:
Ippig, Thomforde, Wessel – Duve, Kocian, Schlindwein, Trulsen, Ulbricht – Dahms, Dammann, Gronau, Hollerbach, Knäbel, Olck, Sievers, Wolf, Zander – Golke, Großkopf, Knoflicek, Manzi, Ottens, Steubing

1991/92:
Hain, Ippig, Thomforde – Dammann, Fröhling, Kocian, Menze, Nikolic, Schlindwein, Ulbricht – Acosta, Gatti, Gronau, Grün, Hollerbach, Knäbel, Sievers, Wolf – Driller, Großkopf, Klauß, Knoflicek, Manzi, Ottens, Sailer

1992/93:
Richwien, Thomforde – Dammann, Fröhling, Kocian, Schlindwein, Schwinkendorf, Ulbricht – Belarbi, Gatti, Gronau, Hollerbach, Järvinen, Knäbel, Nikolic, Philipkowski, Olck, Sievers, Surmann, Wolf – Aerdken, Driller, Fischer, Goch, Hjelm, Jeschke, Manzi, Ottens

1993/94:
Reinke, Thomforde – Dammann, Fröhling, Schlindwein, Stanislawski, Tholen – Gatti, Gronau, Hastedt, Hollerbach, Philipkowski, Pröpper, Zander – Aerdken, Driller, Goch, Hjelm, Manzi, Marin, Scharping

1994/95:
Böse, Müller, Thomforde – Dammann, Fröhling, Schlindwein, Stanislawski, Trulsen – Driller, Gronau, Hanke, Hollerbach, Mayer, Pröpper, Schweißing, Springer, Stenzel, Szubert, Zander – Manzi, Sawitschew, Scharping, Weiland

1995/96:
Böse, Thomforde – Caligiuri, Dammann, Fröhling, Pedersen, Schlindwein, Stanislawski, Trulsen – Becker, Dinzey, Driller, Gronau, Hanke, Mayer, Pröpper, Schweißing, Sobotzik, Springer, Szubert, Zmijani – Manzi, Sawitschew, Scharping, Stisi

1996/97:
Böse, Thomforde, Wehlmann – Dammann, Eigner, Fröhling, Pedersen, Pfennig, Schlindwein, Stanislawski, Tholen, Trulsen – Bochtler, Driller, Gronau, Hanke, Pröpper, Rahn, Scherz, Schweißing, Sobotzik, Springer, Usman – Duric, Göbel, Emerson, Pisarew, Sawitschew, Scharping, Stisi

1997/98:
Dröge, Thomforde, Wehlmann – Dammann, Stanislawski, Trulsen, Werner – Adewumni, Dittmer, Erdogan, Franco, Hanke, Karaca, Mason, Meggle, Pröpper, Rahn, Scherz, Seeliger, Sidibe, Springer – Duric, Goumai, Marin, Sawitschew, Scharping

Literatur (Auswahl)

Christoph Biermann: Wenn du am Spieltag beerdigt wirst, kann ich leider nicht kommen, Köln 1995

Norbert Carsten: 100 Jahre Altona 93, Hamburg 1993

Der Übersteiger (Fanzine): alle Jahrgänge, Hamburg 1993 ff.

Jan Evers/Juliane Pfau: Umkehrung spekulativer Gewinnmaximierung im Wohnungsmarkt, Hamburg 1997

Gemeinwesenarbeit St. Pauli-Süd (Hrsg.): Sankt Pauli während des Nationalsozialismus, Hamburg 1989

Heinrich Hase (Red.): Fünfzig Jahre FC St. Pauli, Hamburg 1960

Hannes Heer: Thälmann, Reinbek 1975

Tom Holert / Mark Terkessidis (Hrsg.): Mainstream der Minderheiten. Pop in der Kontrollgesellschaft, Berlin 1996

Uli Homann (Hrsg.): Höllenglut an Himmelfahrt. Die Aufstiegsrunden zur Fußball-Bundesliga 1963-1974, Essen 1990

Nick Hornby: Fever Pitch, London 1992

Nick Hornby (Hrsg.): My Favourite Year, London 1993

Bernhard Jungwirth: St. Pauli im Wandel, Hamburg 1993

Simon Kuper: Football Against The Enemy, London 1994

Werner Langmaack (Hrsg.): FC St. Pauli. Glaube, Liebe, Hoffnung, Frankfurt/M. 1992

Greil Marcus: Der Mülleimer der Geschichte, Hamburg 1996

Millerntor Roar! (Fanzine): alle Jahrgänge, Hamburg 1989-1993

Volker Pickenpack (Red.): 100 Jahre Fußball in Hamburg, Hamburg 1994

Jens-Reimer Prüß (Hrsg.): Spundflasche und Flachpasskorken. Die Geschichte der Oberliga Nord 1947-1963, Essen 1991

Georg Röwekamp: FC Schalke 04. Der Mythos lebt, Göttingen 1996

Jürgen Roth: Der Ball ist eine Totalität, Tübingen 1994

Dietrich Schulze-Marmeling: Der gezähmte Fußball, Göttingen 1992

Dietrich Schulze Marmeling/Werner Steffen: Borussia Dortmund. Der Ruhm, der Traum und das Geld, Göttingen 1994

Klaus Theweleit: Buch der Könige, 1-2y, Basel; Frankfurt/M. 1989 ff.

Unhaltbar! (Fanzine): alle Jahrgänge, Hamburg 1993 ff.

Verein Jugend und Sport (Hrsg.): Lokalrivalität, Hamburg 1996

Danksagung

Der Autor dankt allen Interviewpartnern sowie allen Personen, die Artikel, Statistiken und Fotos aus ihren Privatarchiven zur Verfügung gestellt haben, insbesondere Gerhard Drewitz, Hartmut Irle, Helmuth Johannsen, Wolfgang Kreikenbohm, Werner Kühn, Brigitte Meyer, Jens-Reimer Prüß und Werner Skrentny, außerdem der Ernst-Thälmann-Gedenkstätte und dem St.-Pauli-Archiv.

IY ER
II REI
IX EUN

Fotonachweis

Die meisten Fotos zu diesem Buch stammen von Herbert Perl:
S. 8/9 (5), 14, 35, 37 oben, 41, 45, 50, 53, 57, 95, 127, 134, 203, 209, 211, 215, 218, 219, 226, 227, 231, 235 unten, 237, 241, 267, 277, 281, 287, 299 rechts.

Weitere Quellen:
Fotoagentur Bongarts: Umschlag Vorderseite, S. 9 oben, 200, 221.
Fotoagentur Horst Müller: Umschlag Rückseite, S. 144, 148, 153, 160, 161, 163, 168, 170, 173.
Moenkebild: S. 263
Dirk Paczia: S. 37 unten
PAN-Foto: S. 27, 33
Norbert Rachel: S. 232, 235 oben, 271 unten, 299 links
Markus Scholz/taz Hamburg: S. 271 oben
Der Anzeigenausriß auf S. 194 ist dem Buch „75 Jahre FC St. Pauli" entnommen.
Die übrigen Abbildungen stammen aus privaten Archiven.

Zum Autor

René Martens, geboren 1964 in Hamburg, war von 1989 bis 1991 Redaktionsleiter bei der Stadtzeitschrift *Szene Hamburg* sowie von 1993 bis 1994 Kulturredakteur bei der Illustrierten *Tempo*. Er arbeitet derzeit als freier Journalist u.a. für *Die Woche, taz, Spex* und *Hattrick*. Buchbeiträge bisher u.a. in: „Das Wörterbuch des Gutmenschen 1 und 2" (Hrsg. Klaus Bittermann / Gerhard Henschel bzw. Klaus Bittermann / Wiglaf Droste, Berlin 1994 und 1995), „Das große Fußball-Lesebuch" (Hrsg. Rainer Moritz, Leipzig 1995), „Wieder keine Anspielstation – Fußballexperten. Die Kommentare des Grauens" (Hrsg. Klaus Bittermann / Jürgen Roth, Berlin 1996) und „Jahrbuch Fernsehen 1996/1997" (Hrsg. Adolf-Grimme-Institut, Marl 1997). Martens ist FC-Fan seit 1977. Seine ewige St.-Pauli-Topelf:

Reinke

Demuth   Dammann   Duve

Golke   Olck   Höfert   Zander   Flad

Gerber   Knoflicek

Yuppies geht Golfen!!!

B.A.F.F.
Postfach 4133
40688 Erkrath

B.A.F.F.

Beim Bündnis Aktiver Fußball-Fans sind über 100 Initiativen, Fanzines und Fan-Clubs sowie über 100 Einzelpersonen von über 45 Clubs aus den ersten vier Ligen als Mitglied eingetragen.

Fans, wenn ihr noch etwas bewegen wollt in euren Vereinen, wenn ihr auch weiterhin der entscheidende Faktor im Fußball sein wollt und nicht mehr länger die Marionette des Merchandise und des Fernsehens, dann werdet Mitglied bei B.A.F.F. Reclaim the game

STINKT GELD DOCH? – DAS BAYERN-BUCH

Auch wenn beide vorübergehend in unterschiedlichen Ligen spielen – der FC Bayern bleibt der krasseste Antipode zum FC St. Pauli. Was den unbestreitbaren Erfolg des „FC Hollywood" ausmacht, schildert Dietrich Schulze-Marmeling in diesem Buch: die weltoffene, avantgardistische Vereinspolitik der 20er und 30er Jahre, der geniale Kick von Müller, Beckenbauer & Co Anfang der 70er, Breitners Geschiebe, Matthäus' Geschwätz und Uli Hoeneß' Geschäfte... Ein Standardwerk für alle, die sich für Geschichte und Gegenwart der Bayern interessieren – und ein Lesegenuß auch für jene, die dem Kaiser und seinem Gefolge kritisch gegenüberstehen.

Dietrich Schulze-Marmeling: Die Bayern. Vom Klub zum Konzern – die Geschichte eines Rekordmeisters. 544 Seiten, mit vielen Fotos, großem Bayern-ABC und Statistik ISBN 3-89533-203-8, DM 44,– / sFr 41,– / öS 321,–

VERLAG DIE WERKSTATT
LOTZESTR. 24a · 37083 GÖTTINGEN